어게인 오바마(Again Obama)

2012 미국 대선과 오바마의 재선

어게인 오바마(Again Obama)
2012 미국 대선과 오바마의 재선

초판 1쇄 발행: 2013년 5월 14일
초판 2쇄 발행: 2014년 7월 10일
엮은이: 미국정치연구회
발행인: 부성옥
발행처: 도서출판 오름
등록번호: 제2-1548호.(1993. 5. 11)
주 소: 서울특별시 서초구 서초동 1420-6
전 화: (02) 585-9122, 9123 / 팩 스: (02) 584-7952
E-mail: oruem9123@naver.com
URL: http://www.oruem.co.kr

ISBN 978-89-7778-400-0   93340

이 도서의 국립중앙도서관 출판시도서목록(CIP)은 서지정보유통지원시스템
홈페이지(http://seoji.nl.go.kr)와 국가자료공동목록시스템(http://www.nl.go.
kr/kolisnet)에서 이용하실 수 있습니다. (CIP제어번호: CIP2013005526)

어게인 오바마(Again Obama)

2012 미국 대선과 오바마의 재선

미국정치연구회 엮음

Again Obama

2012 American Presidential Election and Reelection of Obama

Edited by

Korean Association of American Politics

ORUEM Publishing House

Seoul, Korea

2014

❧ 책 머리에 ❧

　미국은 200년 이상 선거를 해왔다. 2012년 선거는 57번째로 치러진 대통령선거였으며, 1789년 이래 단 한 번도 중단된 적이 없었던 결과다. 미국은 지구상 어떤 국가보다도 오랫동안 민주적 과정을 통한 최고 리더십의 교체를 실현해 왔다. 미국(인들)이 자신들의 신념(creed)에 기초해 헌법을 제정하고 그것을 중단 없이 실행해 온 지구상의 유일 국가임을 상기한다면, 이러한 선거의 안정성 및 지속성이 그리 놀랄 일도 아니다. 미국인들의 자유주의적 신념의 바탕에는 주권을 가진 시민들의 자유로운 선택과 그 결과에 따른 정부 구성권이 핵심을 차지하고 있다. 선거는 권력을 다투는 정치엘리트와 그들의 결사체인 정당이 자신들이 제시하는 정강 정책에 대해 유권자의 선택을 받고 집권하는 밀도 있는 정치과정이다. 이 과정을 통해 구성된 정부는 권력의 정당성과 대표성, 정책 위임권(policy mandate)을 확보한다. 미국처럼 대통령 중심의 정부가, 보장 받은 임기 동안 국정을 책임지는 정부

형태에 있어서 4년마다 치러지는 일반선거(general election)가 갖는 중요성은 재론의 여지가 없을 만큼 크다. 2012년에도 대통령과 435명의 하원의원 전체, 상원의원의 1/3을 새로 선출하는 일반선거가 치러졌다. 본 연구서는 이번 선거의 과정과 결과, 주요 이슈들과 그것들의 정책적 함의, 유권자의 선택과 그 변화를 정밀하게 추적하는 12편의 논문으로 구성되었다. 이를 통해 이번 선거의 의미와 특징, 미국 선거 정치에서의 변화에 대한 '일감'을 가질 수 있을 것이다.

미국의 대통령선거는 두 주요 정당의 예비 후보 간 경쟁과 토론회, 후보 선출 과정 및 본선을 포함하여 1년 반 동안 진행되는 거대한 사회적 이벤트다. 오랜 기간 동안 많은 논의와 검증을 통해 대통령을 선출하는 것은 그에 따른 여러 막대한 사회적 비용을 감안하고서도 일견 장점이 많아 보인다. 유권자들에게 후보들에 대한 정보 탐색의 시간을 충분히 제공함으로써 후보들이 갖는 정책뿐 아니라 인간적인 면면에 이르기까지 속속들이 파악할 수 있게 할 뿐 아니라, 후보들의 정책을 통해 미국의 현재에 대한 진단과 미래 비전에 대한 탐색과 숙의의 기회를 갖는다는 점에서 그렇다. 그럼에도 불구하고 긴 캠페인 과정에서 오는 피로감과 부정적 측면 역시 만만치 않다. 정당 간 대립과 서로 다른 정치이념을 가진 집단들 사이의 경쟁이 장기간 격하게 지속된 결과, 선거 이후의 통합적 국정운영이 어려워질 수 있기 때문이다. 지난 10여 년간 지속되어 온 미국정치의 (양)극화 현상이 더는 이슈가 되지도 못하는 상황에 이르게 된 데는 장기간의 선거 캠페인이 갖는 부정적 속성 역시 적지 않은 영향을 미쳤다.

이번 대통령선거 역시 미국 선거 혹은 미국의 선거정치가 갖는 여러 한계를 그대로 반복했다. 승자독식 선거인단 제도는 정당과 후보자들에게 선거

자원의 효율적 이용을 위한 선택과 집중을 압박하고, 그 결과는 몇몇 주에서의 집중적인 유세와 그 밖의 다른 주들의 배제다. 정당 및 후보에게 안정적 지지를 보내는 주들의 유권자들은 선거 캠페인의 관심이 될 수 없다. 따라서 이들 주의 이해관계가 선거 캠페인 과정에서 정책으로 연결될 가능성 역시 적을 수밖에 없다. 이러한 체계적 혹은 전략적 배제는 비단 주 단위에서만 이루어지는 것이 아니다. 금권과 조직화된 특수 이익의 영향은 여전히 막강해서 특수 이익의 과대 대표와 조직화되지 못한 이익의 배제 역시 지속적으로 계속되고 있다. 낮은 투표율 역시 개선되지 않았다. 정치 엘리트와 조직화된 이익이 주도하는 정치과정은, 일반 시민의 참여가 상대적으로 더 많이 허용되는 선거 정치에서 조차 여전하다. 정책 선거 역시 이루어지지 못했다. 오히려 선거 캠페인은 매우 극단적인 네거티브로 진행되었다. 정당과 정치 엘리트, 일반 시민들 사이에서의 정치이념적 양극화 및 극단적 대립의 감정들 역시 오히려 강화되었다.

이 과정에서 두 주요 정당을 제외한 제3의 정당 혹은 정치세력이 존립할 수 있는 환경은 더 악화되었다. 미국의 선거정치 나아가 미국의 민주주의가 더욱 정밀해진 '선택'과 확대된 '배제', 광범위한 일반 '대중의 참여가 없는 민주주의' 혹은 '대중 동원을 포기한 민주주의'로 나아가고 있다는 진단은 이번 선거에서도 유효하다. 교육받고 자원을 가진 시민들만이 미국식 선거 정치의 대상이다. 이들에게는 전화와 팩스, 인터넷을 통한 투표 독려와 지지 호소가 이루어지지만, 나머지 수천만 미국인들은 정치과정에 거의 참여하지 않으며, 이들의 참여를 이끌어 내려는 노력 역시 비 전략적일 뿐이다.

2008년 선거가 버락 오바마 대통령의 당선으로 미국 역사에 남을 선거로 기록되었다면, 이번 2012년 선거가 갖는 의미는 그에 버금가지는 못한 듯 하다. "변화와 희망"을 약속하며 양극화된 사회를 치유하고, 경제공황 이후

최악의 금융위기를 극복하고, 해외에서의 전쟁들을 수습하겠다는 공약을 내
세워 당선되었던 오바마 후보에 대한 유권자들의 반응은 4년 전의 열광과는
거리가 멀었다. 그에게 기대했던 통합된 '하나의 미국'이나 경제위기 극복과
일자리 회복, 소수인종의 지위 향상 등 어느 과제도 그다지 만족스러운 결과
로 나타나지 않았기 때문이다. 오바마의 재선은, 그래서, 4년 전 열광적 지
지의 '잔영'의 결과일지 모른다. 4년 전보다 지지의 강도는 약화되었고, 지지
의 폭 역시 축소되었다. 이 같은 선거 결과로 판단하자면, 2기 오바마 행정
부의 앞날은 4년 전에 비해 어려울 수밖에 없을 것이다. 사실 오바마 대통령
만큼 어려운 과제를 안고 임기를 시작한 대통령도 많지 않다. 그렇지만 그
앞에는 적어도 2차 대전 후의 역대 어느 대통령보다 힘겨운 과제가 놓여
있다.

　　우선 정당 및 이념에 따른 양극화, 지역 및 인종, 연령에 따른 갈등의 내
연, 대중적 참여나 동원을 통한 정치의 한계 등을 배경으로 거대한 특수 이
익들의 상충하는 이해관계를 조정하면서, 새로운 이민법 및 총기규제법의
제정, 세금 정책과 재정적자 문제의 해결, 국제정치와 세계경제에서의 미국
패권 혹은 리더십의 유지 등, 산적한 대내외 과제들의 해결은 고도의 정치력
이상의, 완전히 새로운 발상의 정치를 요구할지 모른다. 이상을 고려하며
이 책을 읽는다면, 오바마 대통령 당선의 이유와 동시에 그가 당면한 과제를
이해할 수 있는 하나의 밑그림을 마련할 수 있을 것이다.

　　이 책은 미국 선거를 분석한 '미국정치연구회'의 6번째 책이다. '미국정치
연구회'는 그동안 『2000년 미국대선: 민주주의의 위기인가』(오름, 2001), 『미
국의회 선거의 변화와 지속성: 2002년 미국 중간선거 분석』(오름, 2001),
『부시 재집권과 미국의 분열: 2004년 미국대통령 선거』(오름, 2005), 『2008
년 미국 대선을 말한다: 변화와 희망』(오름, 2009), 『미국의 선거와 또 다른

변화: 2012년 중간선거』(오름, 2011)를 통해 미국 선거 결과에 대한 심도 있는 연구서를 발간해오고 있다. 자부하건대, '미국정치연구회' 만큼 성실한 학술 및 저술 활동을 지속해서 수행해 온 연구집단도 흔치 않다. 이러한 성과는 연구자들의 지치지 않는 지적 활동의 결과이지만, 미국정치연구회만의 독특한 문화의 산물이기도 하다. 선배 연구자들의 연구 투혼, 후배 연구자들의 성실함, 매달 토요일 오전에 열리는 안정적인 세미나 및 여름과 겨울의 MT를 통한 지속적 교류와 친교 등등, '미국정치연구회'는 짧지 않은 기간 동안 적지 않은 전통을 만들고 실행해 왔다. 덧붙여 '미국정치연구회' 회원들은 미국정치연구 분야뿐 아니라, 다양한 하위 전공, 예컨대 정당과 선거, 국제정치 및 외교 안보, 국제정치경제 분야에서의 이론 작업을 선도하는 연구자들이며 다양한 학회활동의 주역들이기도 하다. 이번에 펴내는 이 책 역시 미국정치연구회의 전통을 잇는 또 하나의 증표가 될 것이다.

이 책은 성신여자대학교 서현진 교수께서 기획부터 중간 발표, 교정과 색인 작업에 이르기까지 귀한 시간을 내 주셨기에 세상에 나올 수 있었다. 물론 귀중한 원고를 집필해 주신 저자들의 노고를 전제한다. 모든 분께 감사드린다. 이 책이 미국정치를 연구하고 강의하는, 미국정치를 공부하는, 혹은 미국정치에 관심 있는 모든 독자에게, 이번 미국 대통령선거 결과를 나름의 방식으로 평가하는 자료로 활용될 수 있기를 희망한다.

2013년 4월
필자들을 대신하여
류재성

❧ 차례 ❧

❧ 제1부 ❧

선거 과정과 결과

제1장

선거는 후보를 선택하는 것, 지난 4년의 평가가 아니다: 오바마의 재선 캠페인 전략의 분석*

김준석 ┃ 동국대학교

"미국은 바뀌고 있다. 미국의 인구구성이 바뀌고 있다. 더 이상 (우리가 알아왔던) 미국 그 모습은 아닌 듯하다. 미국 유권자 중 절반이 (정부가 베풀) 무언가(stuffs)를 원한다. 그들은 정부로부터 뭐든 받길 바란다. 누가 그들에게 원하는 (금전적) 혜택을 줄 것인가? 버락 오바마다. 그리고 오바마는 이들에게 시혜를 약속하면서 선거운동을 벌였다. 20년 전만 해도 밋 롬니처럼 사회 기득권층(establishment) 후보가 오바마를 크게 이겼을 것이다. 하지만, 백인 기득권층(white establishment)은 지금 소수가 되었다. 유권자 중 많은 수는 (미국의 현) 경제체제가 자신들에게 불리하게 조작되어 있다고 생각하고, (정부로부터) 뭔가를 받아내려고 한다."

_빌 오라일리(Bill O'Reilly, 폭스 뉴스 시사평론가)

---

* 이 글은 "An election is a choice, not a referendum"이란 공화당 선거전략가 칼 로브 (Karl Rove)의 말을 번역·활용한 것이다.

I. 들어가며

2012년 11월 6일 저녁, 전 세계가 이목을 집중했던 미국 대선은 치열했던 선거전과 달리 생각보다 싱거운 결말을 맺었다. 오바마 대통령은 538명의 선거인단 중 332명을 차지함으로써 206명에 그친 롬니 후보에 크게 이겼다. 전체 득표에서도 오바마는 51%를 기록하여, 47%에 그친 롬니에 약 4%라는 적지 않은 격차를 벌렸다. 선거를 좌우한 10개 경합주를 놓고 벌인 경쟁에서도 오바마는 플로리다, 오하이오를 위시한 9개 주를 독식한 반면, 롬니는 노스캐롤라이나 한 주밖에 그것도 힘겹게 건지는 데 그쳤다. 선거 막바지 롬니 후보가 오바마와 여론조사 오차범위 내에서 앞서거니 뒤서거니 하며 선거에 극도의 긴장감을 불어넣었던 것과는 완전히 다른 결과가 나온 것이다.

롬니의 승리를 철석같이 믿고 있었던 공화당 수뇌부와 핵심 보수층의 경우 단순한 실망을 넘어 절망으로까지 이어지고 있다. 공화당과 그 지지그룹은 오바마의 재선을 막는 데 거의 모든 것을 걸었다. "오바마의 연임을 막는 것이 우리의 가장 중요하고도 유일한 목표다"라고 공언한 에릭 칸터(Eric Cantor) 공화당 상원의원의 말이 이를 그대로 보여준다. 롬니 후보와 친 공화당 이익단체들은 10억 달러에 가까운 천문학적 규모의 선거자금을 지출하였다.[1] 무엇보다 2012년의 상황은 공화당 후보가 '일부러 지려고 해도 지기 어려운' 선거 판세였다. 실업률이 8%를 오르내리고, 경제회복은 여전

---

[1] 텍사스의 기업가 해롤드 시몬스(Harold Simmons)는 2,690만 달러의 거액을 롬니 후보를 지원하는 정치행동그룹에 쏟아 부었고, 시카고 컵스 야구단 구단주이기도 한 존 리켓(John Rickets)은 1,300만 달러를 오바마 낙선을 위한 슈퍼팩(Super PACs)에 지원하였다. 보수파이자 공화당의 막후 지원세력인 코치 형제(Charles and David Koch)는 4억 달러에 상당하는 금액을 모금하여 롬니 선거운동 본부와 반 오바마 정치행동위원회에 기탁하였다. 카지노 재벌인 쉘던 아델슨(Sheldon Aldelson)은 6,000만 달러가 넘는 돈을 정치행동위원회에 지원하기도 했다. "Conservative cash flood yields few tangible results," *The New York Times*(Nov. 9, 2012).

히 더뎠으며, 오바마의 최대 '치적(?)'이라는 건강보험개혁은 유권자에게 가
장 인기 없는 정책 중 하나로 대통령 스스로도 선거캠페인 내내 감추기에
급급했다. 그럼에도 크게 패배한 것이다.

환호하는 오바마 진영과 민주당과는 달리, 공화당은 선거 결과에 대한 해
석과 책임을 놓고 여전히 의견이 분분하다. 우선 밋 롬니(Mitt Romney) 후
보의 패배 원인에 대한 진단도 위의 빌 오라일리의 주장과 크게 다르지 않
다. 롬니는 오바마가 승리한 이유가 자신의 캠페인이나 정책이 잘못된 것이
아니라 오바마가 저소득층이나 소수인종, 젊은 사람들에게 정부 제공의 복
지혜택을 늘리는 등의 선물(gifts)을 줬기 때문이라고 탓했다. 이러한 롬니
와 공화당 지지층 일부의 투덜거림은 2012년 오바마의 선거캠페인이 얼마
나 성공적이었는지를 그대로 보여주고 있다. 브루킹스의 윌리엄 갤스턴
(William Glaston)은 오바마 선거 팀이 역사상 가장 성공적인 재선운동을
계획하고 그대로 수행해 냈다고 평가한다.

이 글은 2012년 미국 대선에서 오바마의 선거운동 전략을 분석하는 데
그 목적이 있다. 빛은 어둠과 대비되어 존재하는 것처럼 오바마의 전략적
성공은 상대 후보인 롬니의 전략적 실패와 대비되어 빛날 수밖에 없다. 이
글은 오바마 재선 전략의 성공 요인으로 ①전통적 선거 프레임의 성공적
적용: 현직 대통령 심판론을 후보 간 양자 선택의 구도로 전환, ②상대 후보
에 대한 초기 부정적 이미지 덧씌우기 전략의 성공, ③산토끼보다 집토끼
— 기존 지지층의 지킴이 전략과 선거연합의 성공적 유지, ④공중전과 밑바
닥 선거의 연합 — 지역 사무소를 활용한 잠재적 지지층의 투표장 동원의 네
가지를 제시하고 이를 구체적으로 살펴본다.

글의 구성은 다음과 같다. 먼저, 미국 대통령선거의 특징인 선거인단제도
와 승자독식이 가져오는 후보자의 전략적 유인에 대해 점검한다. 그리고 오
바마와 상대 후보인 롬니의 선거전략의 배경을 살펴보기 위해 오바마 정부
4년의 정치·경제적 변화와 성취를 구체적 지표 비교를 통해 살펴본다. 또
한, 그간의 대통령 후보 선거캠페인에 대한 사례와 패턴을 간략하게 살펴보
고, 이를 위해 간단한 문헌분석이 시도될 것이다. 다음 절에서는 오바마의

선거 전략을 구체적으로 살펴볼 것이다.

II. 미국 대통령선거제도 자체가 후보를 전략가로 만든다:
선거인단과 승자독식제도

미국의 대통령선거제도는 선거인단(electoral college)이 대통령을 선출하는 간접선거이면서도, 선거인단은 유권자의 투표에 의해 선출되는 직접선거이기도 하다. 미국 대선은 직접선거와 간접선거의 성격을 모두 포괄하는 혼합형 제도이다. 1차적으로 각 주에서 대중투표를 행사하고, 각 주는 그 결과를 개별 합산하여, 각 주에 배당된 선거인단의 수로 환산한 후, 합산하여 선거인단의 과반을 확보한 후보자가 연방대통령으로 당선된다. 선거인단은 연방 상원의 수에 개별 주의 인구비례에 따라 배정된 하원의원의 수를 더한 538명으로 구성하며, 전체 과반인 270명을 확보한 후보를 당선자로 선출하되, 해당자가 없을 경우 다수득표자를 대상으로 하원에서 대통령을 선출한다.2) 미국 대선은 한 마디로 설명하기 힘들고, 미국의 탄생배경과 제도의 형성과 변화를 살펴보지 않고서는 이해하기 어려운 전 세계에서 가장 복잡한 선거 중 하나이다. 이러한 맥락이 후보자로 하여금 '합리적으로 선거자원을 할당하여 규칙에 맞게끔 선거를 승리하려 하는' 전략적 유인을 발생시킨다.

이런 독특한 선거제도는 미국 건국의 역사적 산물이다. 미국헌법은 인민의 의사를 통한 대의정부를 보장하고 있고, 정부의 목적이 국민의 동의에

---

2) 텍사스 주의 경우 상원의원 2명과 하원의원 32명을 더한 총 34명이, 노스다코다 주의 경우 상원의원 2명에 하원의원 1명을 더한 3명의 선거인단이 배정됨으로써, 인구비례에 따른 선거인단배분의 제 원칙하에 작은 주가 큰 주의 의견에 일방적으로 매몰되지 않도록 배려하고 있다.

기초하고 있음을 명시하고 있으나, 헌법초안자그룹(the Founding Fathers)을 비롯한 연방의회는 정작 대통령의 선출 권한을 '합리적 사고능력이 결여된' 일반대중에게 넘겨주는 데 주저하였다. 또한 건국에 참여한 13개 주의 정치적 목소리를 어떻게 연방지도자의 선출에 반영할 것인가라는 이슈에 있어서 상당한 갈등이 야기되었다.3) 미국헌법은 그 조문의 작성에 있어 의회와 민중, 대형주와 중소형주의 갈등을 조율하는 내용을 광범위하게 반영하였다. 미국 대통령의 선출방식 또한, 이러한 다양한 대립관계의 타협의 산물이다.

왜 선거인단 제도가 채택되었을까? 헌법의 제정 당시 대통령은 권한이 미약한 상징적인 존재였다. 대통령의 권한은 100년 가까이 지나면서 정부의 성장과 함께 동반 성장하였다. 하지만, 초기에는 대통령은 '자신들이 내쫓은 왕을 대신하는' 미국의 '어른'과 같은 존재로 인식되었다. 미국 건국 초기 대통령의 선출이 각 주의 의회에서 대통령을 선출할 선거인단을 보내고, 이 선거인단이 연방의회에서 대통령을 선출하는 간접선거였다는 점도 이를 반영한다.

여러 논란을 겪으면서 대통령의 직접 선거가 앤드류 잭슨 대통령 때에 채택되고 각 주는 자기주의 이익을 극대화하려면 표를 여러 후보에게 분산하기보다 한 후보에게 집중하는 것이 좋다는 것을 깨닫게 되었다. 이는 개별 주의 승자가 그 주에 속한 모든 선거인단의 표를 가져가는 '승자독식주의'의 전통으로 굳어졌다. 이러한 승자독식전통의 점진적 도입은 대통령선거의 선거인단을 어떻게 뽑을지, 승자독식으로 할지 인구비례로 뽑을지를 결정하는 것은 연방법이 아니라, 주 자체가 규정한 '주 법'에 의하기에 가능했다. 각 주는 자신이 원하는데로 '자신에게 할당된 대통령선거인단'을 어떻게 뽑을지를 결정하였다. 메인(Maine)과 같은 주는 각 당이 일단 4명의 선거인단을 1명씩 나누고, 남은 2명을 득표율에 따라 나누는 전통을 갖고 있

---

3) 뉴욕 등의 대형주들은 인구비례에 따른 연방정부 내 대표성의 차등부여를 주장하는 반면, 작은 주들은 인구에 관계없는 각 주 간의 동등한 대표성의 부여를 주장하였다.

다. 최근의 예로 2004년 콜로라도 주는 승자독식을 폐지하고, 인구비례에 따라 선거인단을 배분하는 주민 발의안에 대해 투표를 벌였고, 이는 부결되었다.

2000년 미국 대선의 조지 부시는 일반투표에는 지고, 선거인단의 확보에서 우위를 점하여 대통령에 당선됨으로서 그 정당성에 대한 논란은 물론, 미국 대통령선거제도에 대한 논의를 환기하였다. 〈표 1〉은 1960년~2004년 미국 대선 주요 후보자들의 일반득표율과 선거인단수 확보율을 비교한 것이다. 당선자 및 낙선자의 경우 모두 일반득표율과 선거인단수 확보율 간 상당히 심각한 괴리를 보여주고 있다. 1980년, 1984년의 선거는 당선자 로널드 레이건(R. Reagan)이 과반을 약간 넘는 일반투표지지를 확보하였음에도 불구하고, 선거인단의 확보에 있어 91%, 97.6%로 상대후보를 압도하는 결과로 환원되었다. 또 1992년, 1996년의 클린턴 당선의 경우도 43.1%와 50.1%로 과반에 미달하거나 과반의 지지율을 얻었음에도, 전체 선거인단수의 68.8%와 70.4%를 가져갔다. 선거인단제도와 승자독식규칙은 제3의 후보와 정당에 대한 진입장벽으로 작용한다. 1968년 조지 윌라스(George Wallace) 후보가 46명(유효투표 중 13.6%)을 확보한 이래로, 민주-공화 양당 이외의 다른 후보·정당이 선거인단을 획득한 사례는 없다. 1992년과 1996년 대선에서 로스 페로(Ross Perot) 후보는 각각 19%(19,741,065표)와 8%(7,886,284표)의 총 지지를 획득했음에도 불구, 단 한 명의 선거인단도 획득하지 못했다.

선거인단제도와 승자독식제도의 정치 환경은 대통령선거에 임하는 후보의 전략적 행위를 유도하고 선거 전략을 구체화하게 만든다. 전국적으로 다수 유권자의 일반 지지의 확보가 대통령선거의 승리를 보장할 수 없는 까닭에 후보자와 정당은 선거인단의 확보에 전력을 기울이게 된다. 각 선거캠프는 상대적으로 선거인단이 많으면서 후보 간 경쟁이 치열한 지역에 선거유세와 후보자 방문·연설, 선거자원을 집중하게 되고, 선거인단 수가 많아도 해당 후보가 안정적인 우위를 확보하고 있거나, 선거인단 수가 적은 지역에는 자연적으로 관심을 덜 집중한다. 대통령 후보들은 제한된 정치자산을 효

〈표 1〉 미국 대통령선거 일반투표가 선거인단제도로 환산되는 과정의 왜곡 정도(1960~2004)

선거연도	정당	후보	일반투표와 선거인단제도의 간극			
			일반득표율(%)	선거인단수	선거인단 확보율(%)	왜곡비(%)
2004	공화당	조지 W.부시	50.7	286	53.1	4.7
	민주당	존 케리	48.3	251	46.7	-3.3
2000	공화당	조지 W.부시	47.9	271	50.4	5.2
	민주당	앨 고어	48.4	266	49.4	2.1
	녹색당	랄프 네이더	2.7	0	0	-∞
1996	공화당	밥 돌	41.4	159	29.6	-28.5
	민주당	빌 클린턴	50.1	379	70.4	40.5
	독립당	로스 페로	8.5	0	0	-∞
1992	공화당	조지 H.부시	37.7	168	31.2	-17.2
	민주당	빌 클린턴	43.3	370	68.8	58.9
	무소속	로스 페로	19.0	0	0	-∞
1988	공화당	조지 H.부시	53.0	426	79.2	49.4
	민주당	마이클 듀카키스	46.0	111	20.6	-55.2
1984	공화당	로널드 레이건	59.2	525	97.6	64.9
	민주당	월터 먼데일	40.8	13	2.4	-94.1
1980	공화당	로널드 레이건	50.8	489	90.9	78.9
	민주당	지미 카터	41.0	49	9.1	-77.8
		존 B 앤더슨	6.6	0	0	-∞
1976	공화당	제럴드 포드	48.1	240	44.6	-7.3
	민주당	지미 카터	50.1	297	55.2	10.2
1972	공화당	리처드 닉슨	61.8	520	96.7	56.5
	민주당	조지 맥거번	38.2	17	3.2	-91.6
1968	공화당	리처드 닉슨	43.5	301	55.9	28.5
	민주당	허버트 험프리	42.9	191	35.5	-17.2
		조지 왈라스	13.6	46	8.6	-36.8
1964	공화당	배리 골드워터	38.7	52	9.7	-74.9
	민주당	린든 존슨	61.3	486	90.3	47.3
1960	공화당	리처드 닉슨	49.9	219	40.7	-18.4
	민주당	존 F.케네디	50.1	303	56.3	12.4
		헨리 F 버드	-	15	2.9	∞

과적으로 할당하여, 과반을 확보하고자 하는 유인을 갖게 되며, 결국 미국 대통령선거환경 자체가 전략적 성격을 내포하고 있다.

III. 오바마 재선 가도의 최대의 고민: 지지부진한 국내 경제회복

'희망과 변화(Hope and Change)!' 워싱턴 정가 입문 3년의 미국 정계 최고의 신데렐라가 2008년 11월 미국 최초의 흑인 대통령으로 당선되는 과정에 내건 핵심 슬로건(slogan)이다. 하지만, 재선을 앞둔 오바마는 더 이상 희망과 변화의 아이콘이 될 수 없었다. 오바마의 지난 4년은 기존의 워싱턴 정치와 크게 다르지 않았고, 오바마 대통령이 가져온 변화는 그다지 인기가 없었다. 더구나 오바마의 변화는 2010년 중간선거의 대패와 하원을 장악한 공화당 앞에 그저 무력하기만 했다. 2012년 오바마의 선거 구호가 "4년 더(Four More Years)"였다는 점은 자신이 왜 4년을 더 해야 하는지를 제대로 설득할 수 없는 인기없는 현직 대통령의 현실을 그대로 보여준다.

특히나 미국 경제의 더딘 회복은 재선을 노리는 오바마의 최대 취약점이었다. 전임 부시 대통령의 실정과 금융위기 극복을 위해 '새로운 인물'을 원했던 시대적 흐름이 2008년 오바마를 당선시킨 가장 큰 요인이었다. 하지만 임기를 마치고 재선을 노리는 오바마의 경제 성적표는 차라리 초라하기만 했다. 〈표 2〉는 미국의 주요 경제·군사지표의 변화를 오바마 취임일인 2009년 1월 20일과 재선 한 달 전인 2012년 10월 10일을 기준으로 상호 비교한 것이다.

미국의 경제지표 중 그나마 완연한 회복을 보이는 것은 주식시장과 에너지 자급률 정도다. 다우존스 주가지수(Dow Jones Industrials)는 1929년 대공황 이래 최악의 경제상황이라는 2009년 1월 7,900 대였던 것이 2012년 10월 13,400 대로 올라섬으로써 70%가량 상승하였다. 에너지 자급률은

2009년 75.9%였던 것이 2012년 83.4%로 올라갔다. 하지만 이는 오바마의 에너지 정책이 성공해서가 아니라, 기존의 지층매장 석탄 층에서 추출되는 셰일가스의 생산량 증가에 기인한 것이다. 오히려 오바마 대통령의 풍력·태양열 등의 청정에너지정책(Clean Energy Initiatives)은 뚜렷한 성과를 거두지 못했다.

연방정부의 재정적자는 취임 전 0.43조 달러였던 것이 2012년 10월 1.1조 달러에 이르러 151% 더 늘었다. 두 차례에 걸친 경기부양책과 3차례의 양적 완화를 통해 얼어붙은 국내경제를 진작시키려 했지만, 이는 재정적자 규모를 연방정부가 감당할 수 없을 정도로 불려 놓았다. 2010년 연방정부의 채무한도를 놓고 오바마와 공화당 주도의 하원이 격돌해 정부가 채무불이행의 위기에 몰리기까지 했다.

미국 실물경기는 살아났는가? 미국 무역적자는 377억 달러에서 420억 달러로 4년 전 대비 12% 악화되었다. 실업률은 2009년 7.8%에서 시작, 10%까지 치솟았다가 선거 직전 시작점인 7.8%로 돌아왔다. 미국 가구당 소득(중간값)은 2009년 $50,590에서 2012년 $50,678로 약간 상승한 듯 보이지만, 그간의 물가상승을 고려하면 훨씬 감소한 것이다. 주택경기의 회복세는 미미하기만 하다. 주택경기의 하락은 2009년과 비교해서 크게 달라지지 않은 연간 거래량 지표와 주택담보대출 이율의 30%가량의 하락에서 그대로 나타난다. 대출을 받아 주택을 구입하려는 미국 가구의 수가 점점 줄고 있다는 것이다.

그나마 위안은 미국인의 현재의 미국 경제에 대한 인식이 2009년에 비해 조금 나아졌다는 정도일 것이다. 2009년 오바마 취임당시 소비자만족지수는 −53으로 매우 나쁜 상황이었지만, 2012년 −36.9로 취임 당시보다는 소폭 회복되었다. 하지만 여전히 미국인들은 국내 경기가 '보통(0)'과는 한참 거리가 먼 매우 안 좋은 상황으로 인식하고 있다.[4]

---

4) 블룸버그(Bloomberg)에서 조사하는 소비자 만족지수(US Weekly Consumer Comfort Index)는 미국인의 현재 국내 경기에 대한 인식, 각 개인의 재정상황, 재화와 서비스의

〈표 2〉 오바마 4년의 경제·군사 지표의 변화

		오바마 4년 주요 지표의 변화		
		취임일 (2009.1.20)	재선 한 달 전 (2012.10.10)	비교
경제 지표	다우존스 주가지수 (Dow Jones Industrials)	7,949.09	13,473.53	▲70%
	실업률(%)	7.8	7.8	●0%
	재정적자 (Budget Deficit)	0.43조 달러	1.1조 달러	△151%
	무역(흑)적자규모(월)	-377억 달러	-420억 달러	△11%
	GDP(년)	14.1조 달러	15.6조 달러	▲12%
	평균 시간 당 임금 (시간)	22.03달러	23.58달러	▲7%
	가구 당 소득 (중간값, 년)	50,590달러	50,678달러	물가인상 미반영
	30년 고정 주택담보대출 이율(%)	5.06	3.53	▽30%
	신규주택판매 수(년)	336,000	373,000	▲11%
	소비자만족지수 (Bloombert U.S. Weekly Consumer Comfort Indext, %)	-53	-36.9	▼30% (보다 긍정적)
	에너지 자급률(%)	75.9	83.4	▲10%
아프간/이라크 주둔미군	아프간 주둔(명)	34,000	67,000	△95%
	이라크 주둔(명)	139,500	200	▼99.9%
	아프간 +이라크(명)	173,900	67,200	▼61%

자료: *Bloomberg Businessweek* (2012.10.15~2012.10.21) 내용을 토대로 재구성

구입의지 등을 설문을 통해 조사하는 지표로서 0(보통)을 기준으로 100(최고의 경제상
황)에서 -100(최악의 경제상황)으로 측정한다.

지지부진한 국내 경기회복에 비해서 오바마 대통령은 국제·외교 분야에서의 상당한 성취를 거두었다. 그간 경색되었던 우방국과의 관계는 상당부분 회복되었고, 오사마 빈 라덴을 제거함으로써 사실상 '테러와의 전쟁'을 종결하였다. 아프가니스탄과 이라크에 파병되었던 미군의 철수도 순조롭게 이루어지고 있다. 아프가니스탄의 파병군은 2009년 34,000명에서 2012년 67,000명으로 두 배 가까이 늘었지만, 이라크 파병 미군의 거의 대부분이 철수 하였다. 아프가니스탄과 이라크에 파병된 미군의 총 규모는 2009년 173,900명에서 67,200명으로 약 61%가 축소되어 미국의 부담을 덜어주었다.

IV. 오바마의 2012년 재선 전략의 배경

1. 미국 대선 후보들의 선거전략 패턴

황과 쇼(Huang and Shaw 2009)는 미국의 선거인단제도하에서의 대선 후보의 선거전략의 패턴을 〈표 3〉과 같이 구분한다. 대부분의 주가 승자독식(winner-takes-all)의 선거인단 선출방식을 택하고 있다는 점은 후보의 선거전략이 경합주, 더 넓게는 정당색이 옅은 주에 선거역량을 전략적으로 집중하게 한다. 민주당과 공화당의 양당제하의 2인 경쟁을 전제로 각 주를 공화당 토대(Base Republican), 공화당 우세(Lean Republican), 초 접전 경합(Battleground), 민주당 우세(Lean Democratic), 민주당 토대(Base Democratic)의 5개의 지지성향으로 구분한다. 그간의 사례를 살펴볼 때 선거캠페인 전략은 공격형(Offensive), 방어형(Defensive), 혼합형(Mixed), 고위험 집중형(Focused with High Risk)의 네 가지의 양태로 나타난다.

공격형은 말 그대로 초박빙 경합주는 물론 상대 후보 우세 주에 집중해 지지를 극대화하는 전략이다. 반면 수비형은 초박빙 경합주와 자신에 지지

가 기운 주에 대하여 선거 역량을 집중하는 전략이고, 혼합형은 초박빙 경합
주에 많은 선거 역량과 자원을 투여하되 각 당의 토대 주가 아닌 지역에도
선거자원의 일부를 할애하는 방식이다. 혼합형의 경우 대중적 지지기반이
취약한 대통령에 대해 활용되는 것이 대부분으로, 경제 불황과 이란 등 대외
문제의 처리미숙으로 지지율 하락을 겪었던 카터 대통령에 대해서 도전자
레이건 후보가 쓴 1980년 대선이 한 예이다. 고위험 집중형(Focused with
High Risk) 전략은 후보의 모든 선거 역량을 초박빙 경합주에만 투여하는
방법이다. 지난 2000년 대선에서 민주당의 고어 부통령은 경합주 선거운동
에만 모든 역량을 결집하였고, 결국 공화당의 부시 후보에 대통령 자리를
내주고 말았다.

각 후보의 선거운동은 상대 후보의 전략이 무엇이냐에 따라 상대적으로
결정되고 시시각각 변화함은 물론이다. 2000년 선거의 경우 고어 후보의
경합주 올인 전략에 맞서 부시 후보는 공화당 우세 주는 안전하다는 전제하
에서 초박빙 경합주는 물론 민주당 우위 지역도 함께 공략하는 공격형 선거
전략을 펼쳤다. 이는 부시 후보의 승리를 낳았음은 주지의 사실이다. 많은

〈표 3〉 미국 대선 후보자의 선거인단 전략 패턴

선거전략	각 주의 정당 지지성향(Inclination of state)				
	공화당 토대	공화당 우세	초박빙 경합	민주당 우세	민주당 토대
공격형 (Bush 2000)	전혀	전혀	많이	많이	전혀
수비형 (Dole 1996)	전혀	많이	많이	전혀	전혀
혼합형 (Reagan 1980)	전혀	약간	많이	약간	전혀
고위험 집중형 (Gore 2000)	전혀	전혀	모두 투입	전혀	전혀

자료: Shaw(2006); T.Huang and D.Shaw(2009)에서 재인용(p.276)

이들이 2000년 선거를 회고할 때 재검표 논란에 이어 대법원까지 가서 대통령이 결정된 계기인 플로리다 주의 재검표만 주목한다. 하지만 고어 후보가 자신의 출신지이자, 1992년, 1996년 양 대 대선에서 클린턴에게 표를 몰아주었던 테네시(Tennessee) 주의 선거인단을 잃지 않았다면, 역사는 부시가 아닌 고어 대통령을 기록하고 있었을지 모른다.

2. 오바마의 재선전략의 대 전제:
유권자에 '롬니는 대통령 감이 아니다'는 인식을 심어라

"선거는 선택이지, 국민투표가 아니다(an election is a choice, not a referendum)." 전임 부시 대통령의 선거전략가 칼 로브(Karl Rove)의 이 말은 2004년 당시 부시의 재선 전략을 한 마디로 함축한다.[5] 흥미롭게도 재선을 앞둔 환경과 대응 전략에 있어서 2012년의 오바마와 2004년 부시는 많은 면에서 닮아 있다. 오바마의 2008년 대선 성공의 발판이 전임 부시 대통령의 거의 모든 것을 부정하는 데서 시작되었음에도 말이다.

2004년의 부시와 2012년의 오바마는 어떠한 공통점을 가질까? 먼저, 현직 대통령이 유권자에게 그다지 인기가 없다. 대통령이 업적으로 내세울 수 있는 업적이 별로 없거나, 일부에선 '실패'로까지 인식되기도 한다. 무당파 및 중도적 유권자의 지지도 취임 초에 비해 크게 하락하였고, 정치적 신선감 및 신뢰의 하락으로 새로운 지지층의 '발굴' 및 '포섭'이 어렵다. 또한, 대통령의 임기 중 주요 정책이나 사업이 상대 정당의 유권자에게 매우 부정적으로 인식이 됨은 물론, 대통령 업무수행에 대한 부정적 평가로 이어진다. 더 나아가 상대 정당 유권자의 극심한 반발까지 유도하여, 현직 대통령 낙선을 목표로 유권자 결집이 이루어진다. 부시에게는 이라크 전쟁이 진보적 성향의 유권자

---

5) "(대통령이 인기가 없다 해서) 공화당이 자동적으로 선거에서 승리하는 것은 아니다. 오바마가 아니기에 대통령에 당선되기 충분하다는 건 말 장난에 불과하다." 오바마의 선거 참모인 데이빗 악셀로드(David Axelrod) 역시 이와 비슷한 맥락의 언급을 한다.

의 '부시 낙선' 움직임을 유도하였다면, 오바마에게 건강보험개혁은 티파티로 대표되는 보수 유권자의 결집과 2010년 중간선거 대패로 나타났다.

〈그림 1〉은 오바마 대통령의 직무 수행에 대한 평가를 유권자의 정당지지에 따라 나타낸 것이다. 먼저, 민주당 지지성향의 유권자의 오바마에 대한 직무만족도는 매우 높게 나타나고 있으며, 선거를 불과 7개월여 앞두고도 84~85%선을 유지한다. 또한, 무당파 성향의 유권자에서 대통령에 대한 지지가 취임 초에 비해 크게 하락했다. 2009년 무당파 유권자의 61~68% 지지가 4년이 채 안 되어 42~46%로 3분의 1이 날아갔다. 현직 대통령에게 중도 유권자의 지지하락은 일반적이지만, 이러한 하락 폭은 매우 큰 것으로 오바마의 새로운 지지층 발굴이 쉽지 않을 것임을 예고한다.

공화당 지지층의 오바마 대통령에 대한 미약한 지지는 주목할 만하다. 공화당 지지 응답자 중 오바마 직무수행에 만족을 표시한 비중은 허니문 기간 동안에도 30%(남성), 43%(여성) 정도에 불과했다. 이후 지속적으로 하락하여 임기 1년차에 10%대까지 내려갔고, 2012년 4월에도 11~13%의 바닥권에 머물고 있다. 2009년 금융위기라는 국가적 위기 상황에서도 이를 수습해야 할 신임대통령에 대한 공화당 지지자의 직무만족도가 50%를 한참 하회하였다는 점은 여러 해석의 여지를 남긴다. 공화당 지지자의 반(反)오바마 성향은 건강보험법안 통과 이전에 이미 결정되어 있었던 것, 그리고 이들은 오바마가 뭘 해도 어차피 반대할 사람들이란 의미도 된다. 즉 재선 가도에서 순수하게 득표만을 생각하면 잊어버려도 되는 층인 것이다.

지지율과 재선을 둘러싼 정치·경제적 환경에 대한 분석을 토대로 추론할 수 있는 오바마의 선거 전략의 큰 틀은 세 가지 명제로 나타난다. 첫째, 순전히 표 셈법만 고민하면 공화당 특히 공화당지지 남성의 표는 상당부분 고민할 필요가 없다. 둘째, 2010년 이후 40% 중후반을 맴돌고 있는 중도 성향의 유권자를 오바마 지지로 돌리거나, 그게 안 되면 최소한 상대 후보를 지지하지 못하게 만들 선거 구도가 필요하다. 셋째, 민주당 성향의 지지자, 아니 자신의 2008년 대선 주요 당선기반이었던 히스패닉(Hispanic 혹은 Latino), 흑인, 청년, 여성층이 적극적으로 투표장에 나오게 해야 한다.

〈그림 1〉 오바마 대통령의 직무수행 평가(2009.1~2012.4)

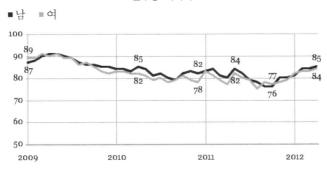

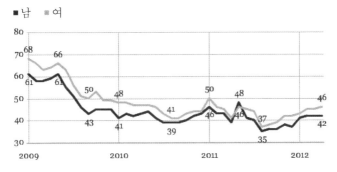

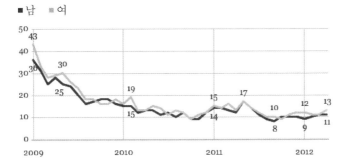

출처: Monthly averages, January 2009~April 2012, GALLUP

V. 오바마의 재선 전략의 내용

1. 선거 구도를 대통령에 대한 평가에서 '오바마냐 롬니냐?'의 양자택일로 전환하라

재선을 향해 달리는 오바마를 바라보는 중도 성향의 (혹은 무당파 성향의) 유권자의 마음은 어떠할까? 일단 중도 유권자 한 명을 가정해서 오바마의 재선을 앞둔 생각을 정리해보면 다음과 같지 않았을까?

오바마의 지난 4년. 오바마는 그 등장부터 대통령이 되기까지 아메리칸 드림의 상징이자, 새로움 그 자체였다. 부시 정부의 8년 동안의 테러와의 전쟁을 명분으로 미국이 겪어야 했던 아프가니스탄과 이라크 전쟁은 물론, 막판에는 대 공황 이후 최악의 금융위기까지 미국이 몰렸었다. 오바마가 외치는 '희망과 변화(hope and change)'는 정말로 달라보였고, 지금의 고통스럽고 힘들었던 생활은 나아질 거라 믿었다. 하지만 오바마 집권 3년, 현재의 고통스런 내 삶은 달라지지 않았다. 내 가정의 경제 궁핍은 물론, 내 주변, 아니 미국의 경제도 고통스러운 상황 그대로다. 오바마도 기존의 워싱턴 정치인과 크게 다르지 않았다. 워싱턴은 우리의 삶과는 동떨어진 분열과 싸움으로 얼룩졌고, 국가는 부도위험까지 내몰렸다. 그리고 그 난리를 겪고도 나온 방책이 유효기간 2년 땜질용 정책이다.

하지만, 모든 걸 오바마의 탓으로 돌리기는 맘이 찜찜하다. 현재 미국 경제가 엉망이 된 원인의 장본인은 오바마가 아니라 전임 부시 대통령 아닌가? 그리고 오바마가 뭘 해보려면 사사건건 딴지를 걸고 나온건 공화당 의회가 아닌가? 그리고 오바마의 국제정치와 외교는 나름 평가해 줄만 하지 않은가? 이라크 전은 끝났고, 10년이 넘게 쫓았던 오사마 빈 라덴을 사살했다.

오바마는 경제위기는 그리 쉽게 극복되는 것이 아니라면서 '4년 만 더 주면(four more years)' 미국을 위대한 나라로 만들 것이라고 한다. 그리고 기껏 지난 4년 힘들게 참아왔으면서 회복을 목전에 두고, 선장과 정책을 바꿔 다시 새로운 4년을 고생하겠느냐고 한다. 솔직히 오바마의 주장과 약속이 미덥지는 않다. 하지만, 공화당 후보 밋 롬니? 누군지 아직 잘 모르겠다.

만약 중도 성향의 유권자층이 이러한 생각을 하고 있다면, 오바마 선거운동본부는 어떠한 전략으로 대응해야 할까? 이들은 이미 대통령으로서 오바마를 경험하였고, 그 결과에 대해서 그다지 후하게 평가하고 있지 않다. 그리고 오바마가 재선을 앞두고 새로운 약속을 쏟아낸다고 하더라도, 쉽사리 설득될 리 없다. 이들 유권자의 마음을 내 쪽으로 돌리기 어렵다면, 다른 방법은 선거에서 '오바마' 외에는 대안이 없게끔 만들어 버리면 된다. 다행히 미국의 양당제 정치에서 유권자의 선택은 오바마와 공화당 후보 단 둘 중의 하나일 수밖에 없고, 유권자들은 아직 공화당 후보를 잘 모른다. 오바마 캠프의 가장 손쉬운 전략은 유권자들에 상대 공화당 후보를 시대착오적이거나, 유권자와 동떨어진 인물이거나, 비윤리적이거나, 말을 쉽게 바꾸는 등 줏대가 없고 신뢰할 수 없는 인물로 인식되게 하는 것이다.

오바마 캠프의 선거전략의 큰 틀은 2012년 대선을 현직 대통령 심판 구도에서 양자 선택의 구도로 전환하는 것이다. 2012년 선거가 오바마 정권의 지난 4년의 업적에 대한 평가나 심판 구도로 진행되어서는 안 되고, '오바마냐, 롬니냐?'의 인물 선택의 구도가 되어야만 했던 것이다. 이를 위해선 오바마의 대안이 될 수 있는 공화당 후보에 대해 유권자들이 어떠한 이미지를 갖기 전에 초기부터 부정적 이미지를 덧씌우는 전략이 필요하다. 이 점에서 오바마의 2012년 선거 전략은 2004년의 전임 부시의 전략과 많이 닮았다.

2004년 부시는 상대 후보였던 존 케리(John Kerry) 후보에 '정치적 이해관계에 따라 상습적으로 말을 바꾸는 원칙 없는 정치인(flip-flopper)'의 이미지를 덧 씌웠다. 케리 후보의 강점이었던 베트남 참전 기록을 '진실을 위한 순찰정 참전용사들' 이란 TV 광고를 통해 무차별 의혹을 제기하였고, 케리의 이후 반전운동 경력을 반(反)미국적 인 것으로 깎아 내렸다. 무엇보다 케리 후보의 실언, "나는 (상원에서) 이라크 전 군비 지원 안에 반대 투표를 하긴 했지만, 사실 실제론 찬성투표를 하려 했었다(I actually did vote for the $87 billion before I voted against it)"는 실언은 이러한 부시 진영의 케리 후보 신뢰성 흠집 내기에 불을 붙인 격이었다.

2012년 6월 밋 롬니(Mitt Romney)가 공화당 대선후보로 사실상 확정되면서, 오바마 진영은 롬니에 대한 부정적 광고를 쏟아 붓기 시작했다. 6월 한 달간 오바마 선거캠프 단독으로 지출한 선거자금이 약 5,800만 달러에 달했고, 민주당도 1,271만 달러, 친(親)민주당 성향의 정치행동위원회인 프라이어티스 미국(Priorities USA)도 788만 달러의 막대한 자금을 '롬니 죽이기'에 쏟아 부었다. 이 대부분은 당시 유권자에겐 낯선 밋 롬니의 이미지를 부정적으로 덧칠하는 네거티브 광고에 사용되었다.6) 롬니에 대한 네거티브 광고의 대부분은 롬니 후보를 '기업 사냥꾼', '돈벌이를 위해서 멀쩡한 기업을 파산시켜 노동자를 해고하는 냉혈한', '상황에 따라 말과 신념까지 바꾸는 동떨어진 귀족'으로 묘사하였다. 롬니 후보의 잇단 말실수, 나무토막 같은 무뚝뚝함, 스위스 은행 비밀 계좌 논란, 조세 회피 의혹 등은 이러한 네거티브 광고와 잘 버무려져 롬니 진영은 덧씌워진 부정적 이미지를 회복하는 데 오랜 시간과 자원을 낭비해야 했다. 그리고 선거일까지 훼손된 이미지를 회복하지 못했다.

더구나 롬니 후보가 예비선거에서 낙태 등 사회이슈에 대한 자신의 기존 입장을 완전히 뒤집은 것도 롬니 후보의 신뢰성에 커다란 의문을 던져주었다. 사실 오바마 진영의 네거티브 광고가 중도 유권자에 효과적으로 작동한 데는, 롬니 후보와 공화당의 책임이 크다. 후보 자체로 보았을 때 롬니는 경제회복이 핵심쟁점인 2012년 대선에 공화당이 제공할 수 있는 최선의 후보였을 뿐 아니라, 이념적 온건함으로 중도적 유권자 (혹은 무당파) 층에 효과적으로 어필할 수 있는 자질을 갖고 있었다. 문제는 대선행 1차 관문으로서 공화당 후보경선이 티파티(Tea Party)로 대표되는 이념적 급진보수의 영향에 크게 좌우되었다는 점이다. 공화당 경선과정에서 급진보수는 롬니의 보수 정체성에 대해 끊임없이 문제를 제기했고, 롬니는 이를 방어하기 위해 경제는 물론 사회 이슈에 있어 자신의 기존 입장을 버리고 급진 보수파의

---

6) 이와는 대조적으로 2012년 6월 롬니 선거운동본부가 지출한 선거자금은 1,562만 달러, 공화당 824만 달러, 친(親)공화당 정치행동위원회인 우리의 미래회복(Restoring our Future)은 476만 달러에 불과하였다. 오바마 진영의 초기 네거티브 공세에 제대로 대응하지 못한 롬니의 실책은 대선 실패의 가장 중요한 요인으로 간주되고 있다.

〈그림 2〉 오바마 진영의 롬니 비난광고(anti-Romney)의 예

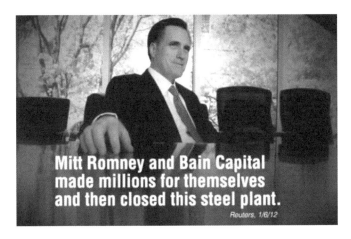

입맛에 맞는 입장으로 탈바꿈하였다. 이에 따라 낙태와 총기 규제에 찬성하고, 기후 변화에 따른 탄소배출량의 규제에 찬성하며, 국민개보험제(individual mandate)에 찬성하던 (진보성향의) 매사추세츠 전(前) 주지사는 이 모든 이슈에 반대하는 보수의 총아 롬니로 변신한 것이다.

또한 국정 경색의 책임에 대한 '물 타기 전략'의 일환으로써 공화당 동반 책임론이 지속적으로 제기되었다. 이는 공화당 의회에 대한 미국민의 지지도가 오바마 보다 낮음은 물론, 역대 최저 수준이기에 가능했다. 오바마는 재선을 1년 앞둔 2011년 10월부터 재선 전략의 주요 슬로건 중 하나로 '우리는 기다릴 수 없다(We can't wait)' 프로젝트를 진행하였다. 미국의 미래를 위해선 사사건건 발목잡기를 시도하는 공화당 의회를 무한정 기다릴 수 없고, 꼭 필요한 내용은 공화당 하원을 거쳐야 하는 법률안 통과가 아닌 의회를 우회하는 행정명령(Executive Orders)을 통해서 시행하겠다고 공언하였다. 대통령의 정책안은 내용적으로 의회를 건너뛰어 시행하면서, 국정경색의 책임을 공화당 하원으로 넘기는 하나의 전술적 접근의 예이다.

2. 4년 전의 표 지킴이 전략: 무지개 연합(Rainbow Coalition)의 유지

2008년 오바마를 최초의 흑인 대통령으로 당선시킨 핵심 지지층은 무당파와 더불어 여성, 히스패닉(라틴계 미국인), 흑인 등 인종적 소수, 게이 등 성적 소수, 그리고 통상 정치참여에 덜 적극적이었던 청년층이었음은 이미 잘 알려진 바다. 당시의 CNN 출구조사 결과를 보면 전체 인구의 74%를 차지하는 백인 유권자 중 55%가 공화당의 매캐인(McCain) 후보를 지지하였고, 오바마를 지지한 백인은 44%에 불과하였다. 이러한 백인 주류층의 지지열세를 극복할 수 있었던 것은 여성·인종·성적 소수계와 젊은 층 유권자를 하나로 엮어낸 소위 '무지개 연합(Rainbow Coalition)'의 압도적 지지였다. 〈표 4〉는 2008년 대선 출구조사에 나타난 무당파와 무지개 연합의 각 후보 지지를 표로 정리한 것이다.

재선을 앞둔 오바마 진영의 주요 고민은 이들 핵심 지지층을 다시 투표장으로 끌어내는 문제였다. 오바마의 핵심 지지층은 여전히 지지를 보내고 있었지만, 그 지지의 강도와 열기는 상당 부분 퇴색되었다. 이러한 오바마 진영의 고민은 재선 가도에 임하는 모든 대통령의 고민이자, 전임 부시 대통령의 고민이기도 했다. 2004년 부시 대통령의 재선 전략은 새로운 유권자라는

〈표 4〉 2008년 미국 대선에서 나타난 무당파 및 무지개 연합의 각 후보 지지

지지층 전체 유권자 비중		격차	오바마 지지	매케인 지지
무당파(29%)		8%	52%	44%
무지개 연합	여성(53%)	14%	57%	43%
	청년층(18~29세, 18%)	34%	66%	32%
	히스패닉(9%)	36%	67%	31%
	흑인(13%)	91%	95%	4%
	게이·레즈비언(LGBT 4%)	53%	70%	27%

자료: CNN 2008년 출구조사 결과를 토대로 정리·재구성

산토끼 사냥보다는 기존 지지층의 투표장 동원이라는 집토끼 지키기에 모든 것이 걸려있었다.[7] 특히 복음주의 기독교인으로 대표되는 사회적 보수층을 투표장으로 끌어내기 위해서 선거 프레임을 '가치(values)'에 관한 것으로 전환하려 노력하였고, 대선과 동시에 치러지는 각 주의 선거에는 동성결혼에 대한 주민 찬반투표 등을 함께 붙임으로써 이들의 투표 동인을 극대화하려 치밀한 노력을 기울였다. 또한, 상대후보에 대한 네거티브 공세를 통해 무당파 층을 최소화한 것도 부시의 선거전략 중 하나였다.

오바마의 핵심 지지층의 투표소 동원 전략은 각 그룹이 원하는 맞춤 '당근(carrots)'을 제공하는 것이었다. 그 첫 시작은 2012년 5월 9일 ABC 방송과의 인터뷰에서 밝힌 동성결혼지지 발언이다. 오바마는 "나는 동성커플이 결혼을 할 수 있어야 한다고 생각한다. 이런 생각을 분명히 밝히고 확인하는 것은 중요하다"고 단호히 자기의 입장을 밝혔고, 부통령 조 바이든(Joe Biden)과 교육부장관 앤 던컨(Ann Dunkun)도 이와 같은 맥락의 발언을 했다.[8] 오바마의 발언은 자신의 평소 신념을 밝힌 것일 수도 있으나, 자신의 핵심 지지층이나 중요한 선거자금 지원 세력인 성적 소수자 계층에 대한 정치적 셈법이 담겨있다는 것이 일반적 해석이다. 미국인의 동성결혼에 대한 입장은 부정에서 긍정으로 서서히 변해왔다. 〈그림 3〉의 동성결혼에 대한 여론의 변화 추이를 살펴보면 1996년 첫 조사에서 동성결혼에 대한 찬성이 27%에 불과했던 것이 2011년 50%를 넘어섰다. 오바마의 동성결혼 발언이 있기 전 갤럽의 조사에서는 동성결혼이 허용되어야 된다고 생각하는 미국인이 50%, 반대하는 미국인이 48%로 나타났다.

오바마의 동성결혼에 대한 지지발언의 속내는 동성결혼에 대한 시민 설

---

7) '대법원이 미국 대통령을 결정했다'고 조롱거리가 될 만큼 홍역을 치렀던 2000년 대선을 두고 부시의 핵심 참모 칼 로브(Karl Rove)가 "우리가 예상했던 대로 복음주의 기독교인이 200만 명이 더 투표장에 나왔더라면 손쉬운 승리였을 텐데"라고 아쉬움을 표한 일화는 2004년 부시 재선 전략으로 이어졌다.

8) 오바마가 동성결혼을 지지하는 발언은 했지만 연방정부가 현재는 동성결혼을 법제화하려 시도하진 않을 것임을 분명히 했다.

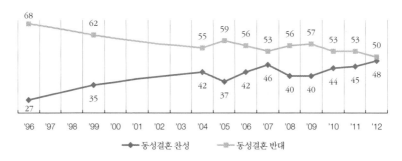

〈그림 3〉 동성결혼에 대한 여론의 변화 추이(1996~2012)(2012년 5월 3~6일, Gallup Poll)

* 2012년 조사는 오바마의 발언이 있기 전인 5월 3일부터 6일까지 실시된 결과임
자료: Gallup(www.gallup.com)

문의 내용을 정당 지지자 별로 나누어 살펴보면 구체적으로 나타난다. 민주당 지지자 중 65%가 동성결혼의 합법화에 동조하는 경향을 보였다. 공화당 지지자의 경우 거의 4명 당 3명의 비율(74%)로 동성결혼에 대해 반대를 뚜렷이 했다. 주목할 것은 무당파의 동성결혼에 대한 입장이다. 무당파 유권자의 경우 동성결혼의 합법화에 찬성이 57%, 반대가 40%로 찬성의 입장이 훨씬 높게 나타났다. 오바마의 입장에서 동성결혼 지지발언은 분명 선거 셈법으로만 계산했을 때 자신의 주요 선거자금원과 핵심지지 세력을 기쁘게 하면서, 무당파의 다수입장에도 반하지 않는 '잃을 게 없는' 정책입장표명(position-taking) 전략이었다. 〈표 5〉는 동성결혼에 대한 유권자의 입장을 지지정당에 따라 분류한 것이다.

20대 청년 유권자의 마음을 사로잡기 위해 오바마가 빼어든 카드는 연방학자금 대출 금리의 동결에 대한 약속이었다. 오바마는 2012년 4월 24일과 25일 노스캐롤라이나대학과 콜로라도대, 아이오와대를 방문해 학생들을 만나고 학자금 대출 금리 인하를 약속했다.9) 연방정부는 학생이 빌린 학자금의 대부분을 정부가 지급·보증하는 저리 학자금 대출 정책을 운영하고 있

9) 이들 대학들은 모두 2012년의 주요 경합주에 위치하고 있다.

〈표 5〉 동성결혼에 대한 유권자의 입장: 지지 정당별 분류

	합법화되어야 한다(%) (Should be legal)	합법화되어선 안 된다(%) (Should not be legal)
민주당 지지자	65	34
무당파(independents)	57	40
공화당 지지자	22	74

자료: 갤럽여론조사(2012.5.3~5.6 www.gallup.com)

다. 민주당은 상·하원에서 다수당이었던 2007년 6.8%인 대출 금리를 3.4%로 단계적으로 인하하는 내용의 법률을 통과시켰다. 하지만 해당 법안은 5년이 지나면 자동 폐기되도록 만든 일몰법으로, 오바마는 이를 법 개정을 통해 계속 유지하겠다고 공언한 것이다.[10]

오바마의 여심(女心) 잡기는 「공정임금법(the Paycheck Fairness Act)」과 낙태 문제의 이슈화를 통해 전개되었다. 오바마는 2012년 6월 5일 연방의회에 「공정임금법」의 조속한 처리를 압박하며 "이 법은 단지 공정함을 추구하는 그 이상의 의미가 있다"며 "여성들은 많은 가족의 가장 역할을 하고 있는 만큼 동일한 일을 하고도 여성이 남성보다 적은 임금을 받는다는 것은 곧 가족들이 적은 임금을 받는다는 것"이라고 강조하였다.[11] 공정임금법은 표면상으로는 '성별에 관계없는 동일 노동 동일 임금'을 모토로 남녀간의 노동현장에서의 평등을 강조하고 있지만, 그 내용은 친(親)기업을 표방하는 공화당이 도저히 포용할 수 없는 내용을 담고 있다.[12] 사실 공화당이 하원을 장악하고 있는 상황에서 민주당의 공정임금법 추진이나 오바마의

---

10) "세계 대선화두는 학자금 대출금리," 『주간 경향』(2012.5.8).

11) "오바마의 여심 잡기, 여성에 동일 임금을," 연합뉴스(2012.6.5).

12) 그간 기업 등 고용주가 동일 직장의 노동자 간 임금에 대한 정보를 노동자 상호간 공개하지 못하도록 하였던 것을 금지한 내용이나, 노동자 간 임금 차별의 입증 책임을 고용주가 지게 한 것 등이 특히 그러한 내용들이다.

압박은 대선을 염두에 둔 선거운동의 성격이 강하다.

낙태 문제의 경우 공화당 상원 후보와 보수 지도자의 잇단 실언과 그로 인한 파장으로 인해 선거이슈로 점화되었다. 특히 이러한 말실수는 극우적 성향의 티파티의 지지를 받는 공화당 후보들을 통해서 나왔다. 미주리의 공화당 상원의원 후보 토드 아킨은 "진짜 성폭행(legitimate rape)을 당한 여성이 임신할 가능성은 거의 없다"고 발언하여 사회적 파장을 가져왔다. 인디애나 주의 리처드 머독 후보는 "강간으로 인한 임신도 신의 뜻"이라는 막말로 공화당의 '꼴통 보수' 이미지 고착은 물론, 여심 표 떨 구기에 일조하였다. 극우 보수파의 대표적 인물이자, 라디오 토크쇼 진행자 러쉬 림보는 오바마의 건강보험을 지지한 대학생에 막말을 퍼부었다. 이러한 사건들은 여성 유권자의 상당수가 공화당을 외면하게 함으로써 오바마 지지 확대로 이어졌다.

히스패닉 유권자들의 마음을 사로잡기 위해서 오바마는 꾸준히 이민법의 개혁을 외쳐왔으며, 2012년 6월에는 일정 요건을 갖춘 30세 이하의 불법 이민자에 대한 추방 조치를 중단하는 내용의 행정명령을 발표하였다. 또한 7월에는 연방의회에 이민법 개혁을 촉구하면서, 주요 공약으로 이민법의 개혁을 내세우는 등 각별한 공을 들였다. 하지만, 공화당의 경우 국경지역에 대한 철저한 감시를 강조하는 기존의 입장에서 한 발자국도 더 나가지 못했다. 심지어 롬니 후보는 불법이민자가 미국 내에서 버틸수 없는 환경을 조성하여 스스로 출국하게끔 유도하자는 자진 출국(Self-Deportation)을 주요 선거 플랫폼으로 내거는 무리수를 범했다.

3. 경합주 공략: 매스미디어를 이용한 공중전과 선거사무소를 통한 지상전의 결합

선거자금의 모금과 지출의 규모에 있어서 오바마와 롬니는 거의 차이가 벌어지지 않았다. 오바마 진영은 10억 7,260만 달러의 선거자금을 모금해서, 이 중 9억 8,570만 달러를 지출하였다. 롬니 진영은 오바마 진영보다 조금 적은 9억 9,250만 달러의 선거자금을 모금하였으나, 지출액은 9억 9,200만 달러로 사실상 오바마 진영보다 더 많은 자금을 쓴 것으로 나타났다. 두 후보 모두 대부분을 TV·라디오·인터넷 등을 통한 광고, 특히 네거티브 광고의 제작과 방송에 투여하였다. 하지만 두 후보의 전략에서 큰 차이가 있다면, 오바마는 매스컴을 통한 공중전과 함께 (주로 경합주에 집중된) 선거사무소를 중심으로 지상전도 함께 병행한 반면, 본선 5개월 전까지 공화당 예선에서 힘겨운 싸움을 벌여야 했던 롬니는 지상전을 치러낼 준비가 갖춰지지 않았다.

2012년 선거의 성패는 각 후보의 지역사무소(Ground Office)의 수적 차이에서부터 드러난다. 오바마는 2008년 대선 때 활용했던 각 지역별 선거사무소를 문화센터, 지역모임, 사교장 등으로 바꾸어 꾸준히 관리·유지하여 왔으며 2011년 말을 기점으로 재선사무소로 전환하였다. 오바마와 롬니 모두 선거사무소의 대부분을 오하이오, 플로리다, 노스캐롤라이나 등 경합주에만 집중적으로 설치·운영하고 있다는 점이 유사하지만, 오바마의 선거사무소가 롬니에 비해 훨씬 더 많은 수가 운영되었다.

〈그림 4〉는 사실상 2012년 경합주에서 운영된 선거사무소 현황을 각 후보별로 구분하여 비교한 것이다. 오하이오 주의 경우 오바마 진영은 131개의 사무소를 운영한데 비해, 롬니는 40개로 3분의 1에 불과했다. 27명의 선거인단이 걸린 플로리다의 경우도 오바마 진영 106개, 롬니 47개로 더블스코어 차이를 기록하였고, 버지니아도 오바마 진영 61개, 롬니 30개로 역시 큰 차이를 보였다. 경합주 11군데 중 선거사무소의 수에 있어서 오바마 대 롬니의 비중이 2:1이 안 되는 곳은 뉴멕시코 주가 있으나, 뉴멕시코는 사실 민주당의 지지가 강한 곳으로 많은 선거전문가들이 롬니의 성공가능성에 물음표를 던졌던 곳이다. 즉 선거자금의 규모로만 보았을 때 비슷해 보였던 게임은 바닥에서 보면 화력과 진지구축에 있어 상대가 되지 않는 일방적 싸움이었던 것이다.

이러한 선거사무소의 역할은 오바마의 승리에 어떠한 역할을 했을까? 직

<그림 4> 경합주의 선거사무소 수의 차이: 11개 주를 중심으로

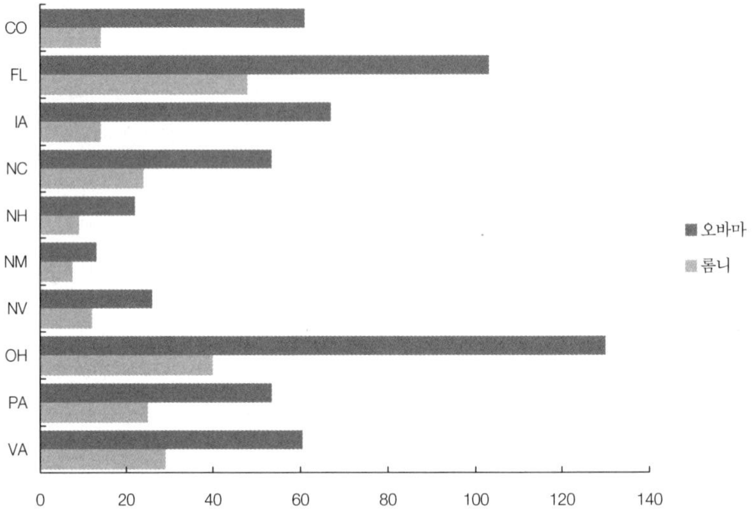

자료: 워싱턴포스트

접적 자료를 통해 검증하기는 어렵지만 경합주 일부의 정당별 등록유권자의 수에서 그 영향을 간접적으로나마 추론할 수 있다. <표 6>은 2012년 미국 대선 경합주의 등록유권자의 수를 정당별로 비교한 것이다. 7개 주 중에 공화당의 등록유권자가 민주당보다 많은 주는 콜로라도와 뉴햄프셔 두 곳에 불과했다. 하지만 그 수적 차이는 콜로라도가 7,243명, 뉴햄프셔가 33,799명에 그쳤다. 하지만, 펜실베이니아, 플로리다 등 5곳에서 민주당의 등록 유권자의 수는 공화당을 압도하였으며, 특히 펜실베이니아의 경우 그 차가 약 109만 명에 이른다. 선거사무소와 등록유권자의 직접 인과관계를 가정하기 어려운 면은 있으나, 선거사무소의 활발한 운영이 친(親) 오바마 투표 의향 층의 결집과 투표 등록을 동원하는 데 유리하다는 가설은 일반적 상식의 수준에서 가늠할 수 있다.

〈표 6〉 2012년 미국 대선 주요 경합주의 정당별 등록 유권자 수의 비교

주 명	민주당 등록유권자 수	공화당 등록유권자 수	민주당과 공화당의 차이
콜로라도	1,149,329	1,156,572	공) +7,243
플로리다	4,754,289	4,237,547	민) +516,742
아이오와	682,475	669,647	민) +12,828
노스캐롤라이나	2,833,900	2,034,170	민) +799,730
뉴햄프셔	224,915	258,714	공) + 33,799
네바다	625,482	501,185	민) +124,297
펜실베이니아	4,214,523	3,114,868	민) +1,099,655

자료: 워싱턴포스트(Washington Post)

VI. 글을 맺으며

2012년의 미국 대선은 최초의 흑인 대통령이 최초의 재선 흑인대통령이 되는 것으로 막을 내렸다. 민주당과 공화당 양 진영이 사상 초유의 선거자금을 뿌려대고, 선거 광고의 70% 이상이 네거티브였을 만큼 공방은 치열했지만, 결과를 놓고 보면 선거 전후로 그다지 바뀐 것이 없다. 여전히 대통령은 오바마이고, 상원은 민주당이, 하원은 공화당이 장악한다. 하원과 상원에서 민주당이 약간의 의석을 늘리긴 했지만 2010년 이래 미국 정국을 분열과 갈등으로 경색시켰던 그 구도는 그대로이다. 심지어 하원의장도 상하원 대표도 그대로 돌아왔다. 워싱턴은 대통령 재선 이후에도 미국을 재정절벽의 목전까지 밀어 넣었었다.

오바마 2기 첫 해를 바라보는 미국인의 마음이 환호와 기대가 아닌 미래

에 대한 부정적인 평가로 얼룩진 것도 이러한 미국 정치의 현실을 반영한
것 일거다. 2013년 첫 해를 여는 여론조사에서 현재 미국이 가고 있는 방향
에 대해 만족하는 유권자의 비율은 고작 23%에 불과했다. 지난 4년 오바마
정부에 대한 신비감과 기대가 상당 부분 퇴색되었다고 하더라도 이러한 수
치는 전임 재선 대통령에 비해서도 지나치게 낮다. 레이건 대통령 2기 동일
조사에서는 52%가 만족을 나타냈었고, 클린턴 2기 첫해에도 43%의 만족도
였다. 심지어 이라크 전쟁에다 여러 가지 논란에 휩싸였던 아들 부시 2기에
도 45%는 나오던 수치였다. 새해 소망을 담는 2013년 첫날의 조사에서 미
국 유권자들은 세금은 오르고(83%), 재정적자 위기는 계속될 것이며(85%),
경제는 어려움을 겪을 것이라고(63%) 생각했다. 이러한 난국을 타개해야
할 정치는 오히려 심각한 위해를 끼칠 것이라고 응답한 이들이 열에 여덟
(77%)에 이르렀다. 국제관계는 삐걱거릴 것이고, 절반 이상이 미국의 시대
는 이미 지났다(50%)라고 생각하고 있었다.[13]

　4년 전 희망과 변화를 내걸고 미국 정가의 신데렐라가 되었던 오바마의
재선 가도는 이전의 재선 대통령의 행보와 크게 다르지 않았다. 엄청난 돈
과 광고로 상대후보의 이미지를 부정적으로 깎아내리는 데 집중했으며, 롬
니는 중앙무대에 서보기도 전에 '서민 삶과는 동떨어진 귀족' 이미지의 핸디
캡을 안고 시작할 수밖에 없었다. 지난 4년의 공과를 걸고 자신의 재선을
요구한 것이 아니라, 오바마냐 롬니냐의 선택을 강요하는 선거였다. 상대
당의, 중도의, 새로운 유권자의 확장이 아니라 집토끼 사수에 열을 올렸으
며, 이민 완화 대통령령 반포, 동성애자 결혼에 대한 긍정적 의사 표현 등
당근 던지기도 서슴지 않았다.

　2012년 대선을 앞두고 『파이낸셜타임스(the Financial Times)』, 『이코노
미스트(the Economist)』 등의 미디어는 신문 지면을 통해 오바마 대통령에
대한 공개적 지지선언을 했다. 그런데 그 이유를 들면서 두 신문이 '이미
아는 악마(the Devil we know)'라는 동일한 표현을 동시에 썼다는 점이

---

13) "2013? Americans simply wince," *USA Today* (Jan 02, 2013).

흥미롭다. 오바마 4년의 공과를 평가하면 결코 재선될 만하다고 볼 순 없지만, 그렇다고 대안으로 나온 밋 롬니 공화당 후보가 영 마땅치 않아 어쩔 수 없이 지지한다는 의미다. 뉴요커, 뉴욕타임스 등의 언론도 오바마를 지지하긴 했지만 이와 비슷한 논조였다. 오바마 대통령의 선거운동 큰 틀 자체가 '롬니는 대통령 감이 아니다'를 중심으로 전개되었고, 역사적으로 가장 성공적(?)인 재선 운동이었다는 평가도 얻었지만, 2012년 오바마 재선의 일등 공신은 롬니와 공화당임을 그대로 보여준다.

【참고문헌】

Huang, Tuofang, and Duron Shaw. 2009. "Beyond the Battlegrounds? Electoral College Strategies in the 2008 Presidential Election." *Journal of Political Marketing.* 8(4): 272-291.

제2장

SNS 선거운동과 오바마의 재선

서현진 ㅣ 성신여자대학교

I. 서론

미국의 대통령선거운동에서 TV의 영향력은 여전히 크지만 1990년대 중반 인터넷이 등장한 이래 다른 매체보다 인터넷의 영향력이 증가해왔다. 온라인 선거운동을 통해 유권자들은 수동적 정보 수용자에서 적극적 응답자로 전환되었다. 그런데 최근에는 소셜 미디어(Social Media)의 등장과 인터넷과 모바일 웹 등을 활용한 선거운동으로 인해 온라인 선거운동의 영향력이 더욱 커지고 있다. 온라인 선거운동은 빠르게 진화하여 인터넷을 이용해 유권자의 의견을 수렴하는 단계를 지나 유권자 스스로 선거운동을 조직하는 시대가 열렸다. 다양한 소셜 미디어가 활성화된 2008년 대선에서 유권자들이 선거와 정치의 주인으로 참여하여 선거운동을 펼친 것이다. 그리고 소셜 미디어 사용자의 67%가 오바마 후보에게 투표를 한 것으로 나타나 오바마 대통령의 당선에 실제로 기여한 것을 알 수 있다.

하지만 그 사실보다 더 중요한 것은 2008년 오바마 대통령선거를 기점으로 온라인 선거운동이 10년 만에 유권자 중심으로 조직화된 네트워크 선거운동 구조로 전환되었다는 점이다. 이전의 온라인 선거운동이 홈페이지를 기반으로 하거나 UCC(User Created Contents 또는 User Generated Contents) 중심이었다면 2008년 선거운동에서는 유투브(U-Tube)뿐 아니라 페이스북(Facebook), 트위터(Twitter) 등의 다양한 소셜 네트워크 서비스(Social Network Service)가 정치 콘텐츠 서비스를 제공하는 장이 되면서 네트워크 선거운동이 본격화되었다. 오바마 선거운동 캠프는 모바일폰 서비스와 연계하여 유권자를 동원할 뿐 아니라 정치자금도 적극적으로 모금했다. 이와 같이 2008년 대선에서 오바마 대통령의 당선에 소셜 미디어를 통한 선거운동이 결정적인 역할을 한 것으로 평가되면서 이에 대한 학문적, 사회적 관심이 커지고 있다.

2012년에는 2008년에 비해 소셜 미디어 사용자뿐 아니라 모바일폰 사용자가 증가했다. 그리고 2011년 11월 현재 소셜 미디어와 모바일폰을 연계해서 사용하는 유권자의 88%가 이미 유권자 등록을 마친 것으로 조사되었다. 따라서 2012년 대선에서도 소셜 미디어 선거운동이 오바마 대통령의 재선에 결정적인 역할을 할지가 중요한 관심사가 되었고, 이런 관심을 바탕으로 2012년 대선 경쟁에서도 과연 소셜 미디어가 중요한 선거운동 수단으로 활용되었는지에 대해 살펴보았다. 구체적으로 오바마 후보와 롬니 후보가 어떤 소셜 미디어 선거운동을 펼쳤는지, 두 후보 간 선거운동 전략에서 차이점이 있었는지, 그런 차이점은 오바마 대통령의 재선에 어떤 영향을 미쳤는지에 대해 살펴보았다. 먼저 II절에서는 미국 선거에 영향을 미친 온라인 선거운동의 역사적 사례와 영향력에 대해 간단하게 검토하였다. III절에서는 2012년 대선 당시 인터넷과 소셜 미디어 이용 현황을 살펴보고 이를 기반으로 한 오바마와 롬니 후보의 소셜 미디어 선거운동 전략을 비교 검토해보았다. 마지막 결론에서는 2012년 대선에서 고찰된 소셜 미디어 선거운동의 의미와 시사점에 대해 논의하였다.

II. 온라인 선거운동의 변화와 SNS의 등장

최근 들어 가장 중요한 선거운동 매체로 급부상하고 있는 인터넷이 등장한 것은 1990년 중반이다. 기존의 대중 매체를 활용하는 선거운동은 TV 토론, 정치광고 등과 같이 간접적 또는 일방향적 형태를 띠지만 인터넷은 수평적이며 쌍방향적인 매체로서 메시지 전달과 수신이 외부의 간섭 없이 자유롭게 행해질 수 있다. 그러므로 후보자와 유권자 간의 직접 커뮤니케이션뿐 아니라 협송(narrowcasting)도 가능하기 때문에 섬세한 타깃팅(targeting)이 가능하다. 또한 매스컴 선거운동은 많은 비용이 들기 때문에 선거자금이 풍부한 다수당과 후보에게 유리했고 선거운동 전략도 공약이나 정책 이슈에 대한 구체적인 메시지 전달보다는 후보자의 인지도 향상, 이미지 구축, 쟁점 부각 등 압축적이고 간결한 메시지 전달에 중점을 두었다. 그런데 인터넷의 등장으로 인해 후보자들은 많은 양의 정보를 저렴한 비용으로 빠르게 다양한 포맷으로 시공간의 구애 없이 24시간 유권자에게 전달할 수 있게 되었다(Morris 1999).

때문에 이런 장점을 잘 활용하여 선거운동을 벌인 후보자들은 소수당 후보일지라도 불이익을 덜 받게 되었다. 최초의 온라인 선거운동 성공 사례는 1998년 미국 미네소타 주지사 선거로 널리 알려져 있다. 이 선거에서 전직 프로레슬링 선수였던 제시 '더 바디' 벤추라(Jesse 'The Body' Ventura) 후보가 제3당인 개혁당 후보임에도 불구하고 민주당과 공화당 후보들을 제치고 승리할 수 있었던 것은 인터넷 선거운동 덕분인 것으로 분석되고 있다. 2000년 공화당 예비선거에서는 존 매케인 상원의원이 전체 모금액의 1/4에 육박하는 370만 달러를 인터넷을 통해 개미군단으로부터 모으기도 했다.

이런 후보자 중심의 인터넷 선거운동 방식은 이후 유권자 중심으로 변화되었다. 2004년 대선 민주당 후보 경선과정에서는 각 후보를 지지자들이 UCC와 블로그를 통해 선거자금을 모금하고 지지자 모임을 결성하며 자원봉사자를 모집하는 등 유권자 중심으로 선거운동이 조직되고 전개되었다.

2006년 중간선거에서도 UCC 동영상으로 인해 몇몇 의원들이 선거에서 패하였다는 보도도 있었다. 대표적 사례는 버지니아 주 상원선거에서 공화당 후보였던 조지 앨런 의원이 인도계 청년을 마카카(원숭이)라고 비난한 동영상이 유투브 닷컴(YouTube.com)을 통해 유포되어 낙선한 것이다. 물론 이 동영상 때문에 앨런 의원이 낙선했는지 명확하지는 않으나 UCC가 새로운 선거운동 매체로 등장한 것은 사실이다.

이처럼 빠르게 진화해 온 인터넷 선거운동은 2008년 대통령선거를 기점으로 10년 만에 네트워크 선거운동으로 전환되었다. 이전 선거운동이 홈페이지와 UCC 중심이었다면 2008년 선거운동에서는 유투브뿐 아니라 페이스북, 트위터 등의 소셜 네트워크 서비스가 정치 콘텐츠 서비스를 제공하는 장이 되면서 네트워크 선거운동이 본격화되었다. 2007년 3월 유투브에서 이미 모든 대선후보와 유권자들 간의 소통을 위해 'You Choose 08'이라는 선거캠페인이 시작된 것처럼 2008년 대선에서도 UCC는 인터넷 캠페인의 중요한 기반이 되었다. UCC의 영향력은 2008년 대선 민주당 예비선거 캠페인에서도 입증되었는데 오바마 후보는 지지율 경쟁에서 뒤지고 있었는데 인터넷에 올린 한 동영상으로 인해 힐러리 후보보다 높은 지지를 받게 된 것이다.

게다가 2006년 3월 개설된 트위터는 불과 몇 년 사이에 영향력 있는 의사소통 매체로 자리 잡았다. 블로그와 트위터에서 입소문을 통해 여론이 형성되고 개인의 의견이 집합적 의견이 되면서 풀뿌리 여론이 형성되는 공간이 생긴 것이다. 인터넷 공간에서 시작된 소셜 네트워킹은 아이폰 등 다양한 스마트폰의 등장으로 인해 급속하게 이동통신 공간으로 확장되었다. 이런 소셜 미디어와 스마트폰 등 커뮤니케이션 기술의 급속한 발달은 선거운동의 지형 변화에 큰 영향을 미쳤다. 2008 대선과정에서 미국인의 10%가 정치참여를 위해 소셜 네트워킹을 활용하는 새로운 현상이 나타난 것이다.

2009년 4월 15일에 발표된 〈Pew Internet & American Life Project〉에 따르면, 2008년 대선에서 이메일과 문자메시지, 트위터는 정보를 수집하는 도구보다는 정보를 공유하고 소통하는 도구로 더 많이 활용되었다. 또한 온라인을 정치뉴스 매체로 이용하는 사람의 44%는 정치정보의 공유 및 전달 행위를 해 본적이 있다고 답했다. 30세 이하 네티즌 중 66%가 페이스북이나 마이스페이스와 같은 소셜 네트워킹 사이트를 활용하여 후보자와 캠페인에 대한 정보를 얻거나 공유했다. 또한 민주당원들이 공화당원들에 비해 소셜 네트워킹 사이트 프로파일 생산자 역할에 더 적극적이었는데, 온라인 공화당원 21%가 프로파일을 갖고 있는 반면 민주당원은 36%가 갖고 있었다. 정치후원금 기부 또는 자원봉사 관련해서도 11%가 온라인으로 정치후원금을 기부했으며 8%는 자원봉사를 신청한 것으로 조사되었다.

특히 당내 경선과정에서 오바마 지지자들이 힐러리 지지자들보다 블로그나 다른 형태의 정치적 논평을 13% 대 23%로 더 자주 회람하였고, 캠페인 비디오도 43% 대 65%로 더 많이 시청하였다. 가장 중요한 것은 기존 온라인 선거운동이 주로 정당과 정치인에 의해 전개되었지만 오바마 지지자들은 자발적인 시민정치 조직을 만들어 선거운동을 주도했다는 점이다. 유권자들이 자발적이고 집단적인 협력을 통해 예비선거에서부터 기부금 모금과 자원봉사자 모집 등 저렴한 비용으로 선거운동을 벌였다. 오바마 선거운동 캠프도 모바일폰 서비스와 연계하여 유권자 동원뿐 아니라 정치자금을 적극적으로 모금했는데, 당내 경선 중인 2008년 2월에 5,500만 달러의 기부금을 모금했고 이 중 4,500만 달러가 소셜 네트워킹을 통한 온라인 기부금이었다. 그리고 별도의 무선 인터넷 사이트를 개설하여 뉴스, 동영상, 벨소리 등 다양한 서비스를 제공하고 부통령 선거 발표 때에는 290만 명에게 휴대폰 문자 메시지를 보낼 정도로 적극적인 홍보수단으로 모바일을 활용했다(Harfoush 2009).

요약하면, 온라인 선거운동은 후보자 중심에서 유권자 중심으로 그리고 2008년 대선을 통해 후보자와 유권자가 연결되는 선거운동으로 변화되었다. 2008년 경선 및 대선과정에서 나타난 두 가지 획기적인 점은 첫째, 정보 소비의 주체였던 유권자가 능동적이고 참여적인 주체로 전환되었다는 점이다. 둘째, 소셜 네트워크 선거운동을 통해 유권자와 후보자 간 또는 유권자 간의 상호적 쌍방향 소통이 이루어졌다는 것이었다. 선거운동의 공급자와 수요자의 경계가 불분명해지고 소셜을 통해 정치적 정보와 의견을 나누고 자발적 참여를 조장했다는 점에서 큰 의미가 있다. 즉 오바마 선거운동은 지지자를 조직하기보다는 스스로 조직되도록 하는 네트워크 방식을 활용했다는 점에서 성공적이었다는 평가를 받았다(Jonhson and Perlmutter 2011). 이후 2010년 중간선거와 2011년 지방선거를 통해서도 유권자들의 투표 참여와 선택에 있어서 소셜 미디어의 영향력이 입증되었다. 이런 전례로 인해 2012년 대선에서도 소셜 미디어는 중요한 선거운동 수단이 되었다. 다음에서는 2012년 대선에서 이용된 인터넷과 소셜 미디어 현황을 살펴보고, 이를 이용한 오바마와 롬니 후보의 소셜 미디어 선거운동 전략을 비교 검토해보았다.

III. 오바마와 롬니 후보의 소셜 미디어 선거운동 전략 비교

1. 인터넷과 소셜 미디어 이용 현황

2008년에 미국인들의 72%인 2억 1,900만이 소셜 미디어를 사용했고 2012년에는 2억 4,300만으로 증가했다. 소셜 미디어 사용 증가와 더불어 이를 통해 뉴스를 보는 비율도 증가하고 있다. 2012년 9월에 조사된 〈Pew Internet & American Life Project〉에 따르면 온라인과 디지털 매체를 이용하여 일주일에 세 번 이상 정기적으로 뉴스를 보는 미국인이 지속적으로 증가하고 있다. 이는 지난 2년간 소셜 미디어 사용자 비율이 증가했기 때문인 것으로 조사되었다. 전통적 방식인 구글(Google), 빙(Bing), 야후(Yahoo) 등 온라인 검색 엔진을 통해 뉴스를 보는 비율은 1990년 중반 이래 가파르게 높아졌고 아직도 가장 높다. 하지만 2010년 이후 현재까지 그 비율은 더

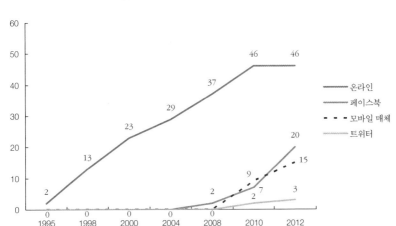

〈그림 1〉 소셜 네트워킹 뉴스 이용률(%)

출처: Pew Research Center(http://www.pewresearch.org), 2012 News Consumption Survey

이상 증가하지 않았다. 또한 이메일로 뉴스를 받아 보거나 블로그 또는 팟캐스트(podcast)를 이용하는 비율도 그대로였다.

이에 반해 〈그림 1〉을 보면, 최근 들어 모바일 매체와 소셜 미디어를 이용하는 비율이 급증하고 있음을 알 수 있다. 2010년에 핸드폰과 태블릿 PC 등 모바일 매체를 이용해 뉴스를 본다는 비율이 9%였는데 2012년에는 15%로 증가했다. 이는 현재 미국인의 48%가 스마트폰을 사용하고 21%가 태블릿 PC를 소유하면서 생겨난 현상이다. 또한 뉴스 앱도 많이 생겨났는데 모바일 인터넷 사용자의 45%가 뉴스 앱을 다운 받은 것으로 나타났다. 2010년에 전체 미국인의 16%, 모바일 인터넷 사용자의 20%가 뉴스 앱을 다운받은 것과 비교하면 비율 증가가 매우 크다고 볼 수 있다. 이들은 인구학적으로 젊은 고학력 부유 계층이다.

또한 페이스북, 구글 플러스(Google Plus), 링트인(LinkedIn) 같은 소셜 네트워킹 사이트를 이용해서 뉴스를 본다는 비율도 2008년 불과 2%에서 2010년 7%, 2012년 20%로 급격히 증가했다. 특히 전체 유권자가 아닌 SNS

사용자만을 대상으로 했을 경우, 2010년 16%에서 2012년에는 36%로 20%
포인트 증가했다. 2010년 조사에서는 미국 성인의 30%가 소셜 네트워킹
사이트를 이용한다고 답했는데 2012년에는 41%로 비율이 증가했다. 이런
이용 비율 증가에 따라 뉴스를 보는 비율도 증가한 것으로 보인다. 또한
젊은 유권자층에서 SNS 사용률이 높은 것으로 나타났는데 18~39세 유권자
중 정기적으로 뉴스를 본다는 비율은 33%가 넘었다. 2010년 15% 수준인
것에 비하면 이 또한 놀라운 증가 추세이다.

　반면 트위터를 이용해서 뉴스를 본다는 비율은 전체 미국인을 대상으로
했을 때 2010년 2%에서 2012년 3%로 증가했지만 다른 소셜 네트워크와
비교했을 때 아직 미비한 수준이다. 아직도 미국 성인의 13%만이 트위터를
사용하고 있는 것으로 조사되었다. 그러나 트위터 사용자만을 대상으로 했
을 때 정기적인 뉴스 이용자 비율은 2010년 17%에서 2012년 27%로 증가했
다. 트위터 이용자들의 비율은 낮지만 이들은 전문 저널리스트나 뉴스 기관
들과 매우 친밀하게 연결되어 있는 것으로 나타났다. 그리고 다른 소셜 네
트워킹 사용자들이 뉴스를 공유하는 반면 트위터 사용자들은 정기적으로 뉴
스 헤드라인을 팔로우 하면서 트윗과 리트윗을 통해 확산시키는 것으로 나
타났다.

　이와 같이 소셜 네트워크를 통해서 뉴스를 보는 이용자 비율은 늘어나는
추세이며 이들의 대부분은 젊고 고학력자인 것으로 조사되었다. 그리고 특
정 정치적 이념성향이 없는 뉴스 출처를 선호하는 것으로 나타났는데 소셜
네트워크 이용자의 56%가 정치적 견해가 없는 뉴스를 본다고 한 반면 25%
는 특정한 정치적 견해가 있는 뉴스를 본다고 답했다. 뉴스 정보원으로 소
셜 미디어를 이용하는 유권자 비율이 늘어나고 과거 동네 교회나 커피숍에
서부터 조성된 바닥 민심과 여론이 지금은 소셜 네트워크 대화에서 생겨나
면서 정치인들은 더 이상 이를 무시할 수 없게 되었다. 무엇보다 2008년
대선에서 소셜 미디어가 오바마의 당선에 결정적 기여를 한 것으로 평가되
면서 선거에서 정보 제공뿐 아니라 유권자 선택에도 중대한(critical) 영향을
미치는 매체로 부상했다. 따라서 이번 대선에서도 이에 대한 관심이 집중

되었다.

디지타스(Digitas)가 18세 이상 미국인 2,361명을 대상으로 한 설문조사에 따르면, 2011년 11월 1일 현재 미국 유권자의 82%가 소셜 미디어를 사용하고 있고 소셜 미디어 사용자의 86%가 모바일폰을 가지고 있으며 소셜미디어 모바일폰 사용자의 88%가 유권자 등록을 한 것으로 조사되었다(Rowinski, 2011). 특히 18세에서 34세 소셜 미디어 사용자 중 24%는 모바일폰을 통해 후보자에 대한 정보를 얻는다고 했다. 또한 전체 소셜 미디어 사용자의 38%는 소셜 미디어를 통해 얻는 정보가 후보자 선택에 중대한 영향력을 행사한다고 답했다. 연령별로 보면, 18세에서 34세 사용자의 51%가 이에 동의했고 35세에서 47세 유권자의 38%, 45세에서 54세 유권자의 29%, 55세 이상의 23%로 연령대가 높아질수록 비율이 줄어들었다. 이처럼 소셜 미디어는 젊은 세대가 가장 많이 사용하고 영향력도 이 세대에서 가장 큰 것으로 나타났다.

그런데 선거 초반에 캠페인 뉴스 이용 현황을 보면 예상 밖으로 소셜 미디어 이용률은 저조했다. 2012년 1월 〈Pew Research Center〉 조사에 따르면, 선거 초반 공화당 후보 경선만 치열했기 때문에 예년에 비해 캠페인 뉴스에 대한 관심은 전반적으로 저조했다. 이전 캠페인에 비해 인터넷을 이용해서 캠페인 뉴스를 보는 비율이 감소했는데, 이유는 인터넷 뉴스 이용자가 주로 젊은 유권자층이기 때문이다. 왜냐하면 젊은 층은 공화당보다는 민주당 지지층이 많은데 이번 민주당 경선은 초반에 오바마 후보로 정해졌기 때문에 캠페인에 대한 이들의 관심이 저조했던 것이다. 이런 맥락에서 소셜 네트워크를 이용해서 캠페인 뉴스를 보는 비율도 저조했다. 유권자의 20%가 정기적 또는 때때로 페이스북을 통해 캠페인 정보를 얻는다고 답했고 5%만이 트위터를 이용한다고 했다. 이렇듯 선거 초반 페이스북과 트위터 등 소셜 미디어는 캠페인 정보에 유용한 출처가 되지 못했다.

한편 캠페인을 벌이는 후보 측이 유권자에게 다가가기 위해 사용한 여러 가지 방법 중에 가장 유용한 것도 캠페인 광고였던 것으로 조사되었다. 등록 유권자의 72%가 캠페인 광고를 보았다고 한 반면, 후보의 웹사이트를 방문했다는 비율은 15%, 트위터나 페이스북을 통해 후보를 팔로우했다는 비율은 6%에 불과했다. 그럼에도 불구하고 소셜 네트워킹을 통해 후보를 팔로우하는 비율은 2008년 같은 시기에 조사된 3%에 비해 두 배로 증가했다. 또한 젊은 유권자들에게는 매우 중요한 역할을 한 것으로 나타났는데, 50세 이상 소셜 미디어 이용자의 24%가 페이스북을 통해 캠페인 뉴스를 접한다고 답한 반면, 50세 이하는 40%가 그렇다고 답했다.

선거직후 인 2012년 11월 8일에서 11일간 〈Pew Research Center〉에서 조사된 바에 따르면, 인터넷이 선거 뉴스의 중요한 정보 매체로 이용된 비율은 예전보다 증가하였다. 〈그림 2〉에서 보는 바와 같이, TV가 여전히 캠페인 뉴스와 정보를 얻는 가장 중요한 출처임에도 불구하고 인터넷을 주요 캠페인 뉴스 정보원으로 이용하는 유권자 비율은 꾸준히 증가했다. 1996년에는 유권자의 3%만이 인터넷에서 선거관련 뉴스를 보았는데 2000년에는 11%가 인터넷 뉴스를 이용했다. 2004년 대선에서 인터넷을 가장 중요한 선거 뉴스 매체로 사용한 유권자는 22%였고 2008년에는 36%가 주요 매체

〈그림 2〉 캠페인 뉴스 이용률(%)

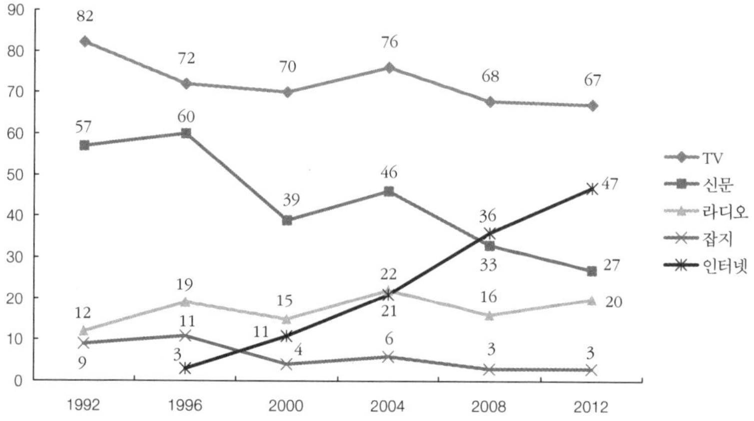

출처: Pew Research Center(http://www.pewresearch.org), 2012, "Low Marks for the 2012 Election"

로 이용했다. 그리고 2012년 대선에서 인터넷을 통해 선거 정보를 얻은 유권자 비율은 47%나 되었다. 2008년 대선에 비해 무려 11% 포인트나 높아진 것이다. 물론 연령에 따라 차이가 있었는데 30세 이하 유권자의 64%는 인터넷을 가장 중요한 정보원으로 이용했고 56%는 TV를 이용했다. 30~49세 유권자의 65%도 인터넷을, 60%는 TV를 사용한 것으로 조사되었다. 반면 50세 이상 유권자 중 인터넷을 이용한 비율은 31%에 불과했고 74%는 TV를 이용한 것으로 나타났다.

소셜 미디어 사용에 대해서는 오바마와 롬니 지지자 간 차이가 나타났다. 선거 당일 개표방송을 친구들과 인터넷으로 공유하면서 보았다는 유권자는 16%였고, 페이스북이나 트위터 등 소셜 미디어로 팔로잉했다는 유권자는 8%였다. 40세 이하 유권자 중 친구들과 공유 한 비율은 24%, 소셜 미디어 팔로워는 12%였다. 이는 65세 이하 유권자 비율 7%, 3%와 비교하면 매우 높은 비율이다. 이런 연령차이는 롬니와 오바마 지지자 간 차이로 이어졌다. 롬니 투표자보다 오바마에게 투표한 유권자들 중에 선거당일 개표방송을 친구들과 공유하거나 팔로잉한 비율이 높은 것으로 나타났다. 오바마 투표자 21%가 친구들과 함께 보았다고 한 반면, 롬니 투표자의 10%가 친구들과 보았다고 답했다. 또한 SNS를 통해 개표방송을 팔로잉한 비율도 오바마 투표자의 11%로 롬니 투표자의 4%보다 높았다.

이상의 설문조사 자료의 내용을 근거로 2012년 대선에서도 인터넷은 중요한 정보원이었으며 소셜 미디어는 어느 정도 선거 결과에 영향을 미쳤음을 유추해 볼 수 있다. 인터넷과 소셜 미디어 사용자 간 세대 차이는 여전하며, 젊은 유권자층과 민주당 또는 오바마 지지자들이 공화당이나 롬니 지지자들보다 이를 더 많이 활용했음을 알 수 있다. 그렇다면 2012년 대선에서도 아직까지 전체 유권자 중 다수를 차지하는 것은 아니지만 2008년에 비해 그 비율이 크게 증가한 소셜 미디어 사용자들이 오바마 대통령의 재선에 결정적인 역할을 했을까? 오바마는 롬니보다 소셜 미디어를 더 잘 활용하는 선거운동을 벌였을까? 다음에서는 오바마와 롬니 후보의 소셜 미디어 선거운동 전략을 간단하게 비교 정리하였다.

2. 오바마와 롬니의 SNS 선거운동 전략 비교

2012년 대선 경쟁이 본격화될 무렵 재선에 도전하는 오바마 대통령에 대한 유권자의 반응은 호의적이지 않았다. 투표 의향을 조사한 갤럽(Gallup) 설문조사 결과를 보면, 투표 등록을 한 유권자를 대상으로 반드시 투표할 것인지를 물은 질문에 대해 65세 이상 유권자층을 제외한 모든 연령대에서 지난 선거 대비 하락세가 나타났다. 투표 등록을 한 18세에서 29세 유권자들 중 반드시 투표하겠다고 답한 유권자 비율은 2004년에 81%, 2008년에 78%였지만 2012년에는 58%로 크게 하락했다. 30에서 49세 유권자 비율도 2004년 88%, 2008년 87%에서 2012년 78%로 떨어졌고 50에서 64세 유권자 비율도 마찬가지로 91%, 89%, 85%로 하락했다.

하지만 가장 큰 폭으로 하락한 유권자층은 18세에서 29세의 젊은 유권자층이었다. 이들은 늘 평균보다 낮은 투표율을 보이는 집단이지만 이번 조사의 경우 무려 평균보다 20%나 낮게 나타났다. 이들은 2008년 대선 당시 오바마 대통령의 당선에 결정적인 역할을 했던 그룹이며 이번 대선에서도 역시 전반적으로 오바마 대통령을 지지하고 있다. 따라서 이들이 누구를 지지하는지 보다는 이들 중 얼마나 많은 유권자를 투표장으로 끌어낼 것인지는 선거운동의 주요 관건이 되었다.

인종별로 보면, 2008년 대선에서 흑인의 90% 이상이 오바마 대통령을 지지했던 만큼 흑인은 오바마 대통령의 당선에 중요한 역할을 했다. 그런데 이번 대선에서 흑인의 투표 의향은 76%로 평균 78% 수준에 머물렀다. 또한 히스패닉 집단 중 18세에서 29세의 젊은 유권자는 롬니 후보에 비해 오바마 후보를 2배 이상 지지하고 있는 것으로 나타났다. 그런데 히스패닉 유권자층의 투표 의향은 인종 집단 중 가장 낮은 64%를 기록했다(Jones 2012/07/13).

게다가 오바마 대통령 측에게는 불행하게도 7월 19일부터 22일에 이루어진 유에스에이 투데이와 갤럽조사(USA Today/Gallup poll)에 따르면, 2012년 대선에 대한 민주당 지지자들의 투표 열정은 39%로 2004년과 2008년 68%와 61%에 비해 상당히 하락한 반면, 공화당 지지자들의 열정은

51%로 2008년 35%보다 상승하여 2004년 51%와 같은 수준으로 나타났다 (Jones 2012/07/25). 이는 투표에 대한 공화당과 민주당 지지자들의 기대 성향을 반영한 것으로 공화당 지지자들이 공화당 후보가 대선에서 승리할 것에 대해 민주당 지지자들보다 더 낙관적으로 보고 있음을 의미한다. 다시 말해 오바마 대통령의 재선에 대한 민주당 지지자들의 기대치가 2008년보 다 낮아졌음을 의미한다.

이처럼 본선 경쟁 초반에 투표 등록 유권자들의 대통령 후보 선호도가 동등한 수준인 점을 감안하여 공화당 지지자들의 투표 열정이 민주당 지지 자들보다 높은 현상이 선거 결과에 긍정적 영향을 미칠 것이란 전망이 나왔 다. 역사적으로 공화당 지지자들의 투표 참여가 민주당 지지자들보다 높았 기 때문이다. 오바마 대통령과 롬니 공화당 대통령 후보의 경쟁이 치열한 시점에서 잠재적 투표자들의 투표 참여는 2012년 대통령의 당선에 결정적 인 영향을 미칠 것이므로 선거 초반부터 양 후보 측의 선거운동도 치열했다. 양 후보 진영은 지지 그룹에 대한 투표 참여 독려에 중점을 두었는데 오바 마 대통령뿐 아니라 공화당 롬니 후보 진영도 소셜 미디어를 활용하여 지지 자들을 투표장으로 이끌어내는 선거운동에 주력했다.

본선 경쟁이 시작된 시점부터 2012년 대선 후보자들은 소셜 미디어 캠페 인 경쟁을 본격적으로 시작했다. 두 후보의 소셜 미디어 선거 전략은 〈표 1〉에 간단하게 정리되어 있다. MDG 광고(Advertising) 연구에 따르면 소 셜 미디어를 사용하는 인터넷 사용자 비율은 2008년에 비해 두 배로 증가되 었고 페이스북 사용자는 지난 4년간 9,900만 명으로 늘어났기 때문에 후보 자들이 소셜 미디어를 사용한 선거운동을 벌일 것이라고 전망했다. 유권자 의 62%도 소셜 미디어가 후보자들에게 가장 중요한 선거운동 도구가 될 것이라고 전망했는데 페이스북이 가장 중요한 네트워크가 될 것으로 기대했 다. 트위터와 유튜브, 링트인도 그 뒤를 이어 후보자들에게 중요한 선거운동 매체가 될 것이라고 전망했다(Weber 2012).

이런 예상대로, 오바마와 롬니 후보 측은 먼저 다양한 소셜 미디어와 모 바일폰을 연계하는 선거운동을 시작했다. 2012년 7월 14일 CBS뉴스에 따

〈표 1〉 오바마 대 롬니 후보의 소셜 미디어 선거운동 전략 비교

	오바마	롬니
공통점	▪ 모바일폰 앱 개설 - 자원봉사자들이 다양한 정보 교환 - 주변 친구나 이웃 유권자들에 대한 정보와 의견 공유	▪ 모바일폰 앱 'Mitt's VP' 개설 - 앱을 통해 부통령 후보 명단 배포 - 가장 먼저 공식적으로 알려줌
	▪ 민주당 디지털 회사 NGP VAN - NGP 유권자 파일과 페이스북 친구 데이터를 연결 - 리타깃팅: 잠재적 지지자인 유권자 데이터 구축	▪ 공화당 회사 Targeted Victory - 온라인 정치광고의 공략대상이 될 유권자 데이터 수집 - 히스패닉 유권자 공략 위해 Pulpo Media와 파트너 관계
차이점	▪ 21세기 형 데이터와 전통적 door to door 융합 전략이 재선에 기여 - 60명의 기술팀 구성: 유권자와 자원봉사자들에 대한 다양하고 새로운 정보 수집, 통합 하는 새로운 시도 - 수천 개의 통계 모델 사용: 여론조사 정보, 방문, 선거운동 광고와 비용 등에 대한 내용 분석 - 선별적이고 개인적인 타깃팅 - SNS 사용과 가정 방문 접목 ⇒ 공화당 지지자들 중 티파티 운동 불만으로 무당파가 된 히스패닉 은 주요 선거운동 대상이 됨 ⇒ 2008년보다 2억 달러 많은 7억 달러를 온라인으로 모금 ⇒ 롬니 후보보다 14% 많은 선거자 금 모금에 효율적 기여 ⇒ 2008년보다 4% 많은 흑인 지지 자 동원	▪ 주요 패인 - 보고 듣고 읽는 시대는 지났음 - '스스로 선택한 미디어를 활용하는 시대'에 맞지 않는 캠페인 전개 - 선택과 참여의 폭이 넓어진 시대 에 맞는 새로운 공화당을 만드는 데 실패 - 오바마가 팬덤에 들어온 지지자들 에게 정치적 메시지를 바탕으로 지 지를 호소한 반면, 롬니는 여전히 엔터테인먼트 중심의 선거운동과 이기기 위한 기능적 전략에 주력 - 근본적으로 바뀌야 할 것은 아이 패드 웹 등 소프트웨어가 아닌 '소 통하는 법'을 배워야 함

르면, 롬니 후보는 오바마 대통령에 비해 소셜 미디어 선거운동 기반이 매우 약한 것을 알 수 있다. 롬니 후보의 트위터에는 652,787명, 페이스북에는 2,360,387명이 친구와 팔로워로 등록되어 있는 반면, 오바마 대통령의 트위터에는 17,495,991명, 페이스북에는 27,320,687명의 팔로워가 있었다. 롬니 후보보다 훨씬 많은 친구와 팔로워를 보유한 오바마 대통령 캠페인 본부는 2008년과 같이 2012년에 또다시 모바일폰 앱을 개설하고 이를 통해 친구와 팔로워, 자원봉사자들이 다양한 정보를 주고받을 수 있도록 했다. 또한 투표 등록이나 새로운 유권자 아이디 법(voter ID law)에 대한 정보를 제공할 뿐 아니라 주변 친구나 이웃 유권자들에 대한 정보와 의견 등을 함께 공유하도록 했다.

공화당 롬니 후보 측도 오바마 대통령 캠프처럼 본선 경쟁이 시작된 지 얼마 되지 않은 시점에서 모바일폰 앱을 만들고 소셜 미디어 선거운동을 시작했다. 롬니 후보는 'Mitt's VP'라는 앱을 통해 사용자에게 부통령 후보가 정해지면 가장 먼저 공식적으로 알려줄 것이라고 했다. 그리고 7월 셋째 주에 롬니 후보 측은 가능한 부통령 후보자들의 명단을 트위터를 통해 배포했다.

또한 6월 28일 오바마 대통령의 의료보험법(health care law)에 대한 대법원 판결 직후 이에 대한 대응으로 소셜 미디어 캠페인을 벌였다. 최후의 판결(The Final Verdict)이라는 유투브 동영상 광고를 내보냈고 페이스북에도 'Repeal It Now' 라는 페이지를 만들어 소송과 기금 마련(petition and fund-raising) 사이트와 링크되도록 했다. 게다가 유권자들에게 의료보장에 있어서 자유 시장 경쟁이 비용은 줄이고 보장은 늘린다는 정보를 제공하기 위해 새로운 웹 사이트 People v. Obamacare도 만들었다. 공화당 지도자들은 트위터를 통해 오바마 대통령의 재선을 막고 이 법을 없애야 한다는 '#fullrepeal' 메시지를 퍼트리는 전략도 펼쳤다. 이를 위해 공화당은 이 법에 대한 정보를 찾는 유권자를 새로운 웹 사이트로 연결하는 소위 'promoted tweet'이라 불리는 트위터 상의 광고 공간을 샀다(Preston 2012).

2012년 대선 캠페인에서 가장 중요한 전략은 리타깃팅(retargeting) 전략이었다. 대선 관련 정치광고는 페이스북 등 다양한 소셜 미디어 사용자를 대상으로 이들이 어떤 정치 조직과 연관성이 있는지, 정치 성향은 어떤지, 어떤 정치 이슈에 관심이 있는지 등에 따라 타깃팅되었다. 예를 들면, 2011년 페이스북 광고를 통해 오바마 대통령은 동성혼에 대한 지지를 호소했는데 이때 지지를 표명한 유권자들은 재선 캠페인의 타깃 그룹이 될 가능성이 높다. 또한 롬니 후보도 이전에 한 번이라도 네트워크를 통해 공식 캠페인 사이트를 방문한 적이 있는 유권자를 대상으로 선거운동을 벌일 것으로 예상되었다(Kaye 2012). 이런 단순한 형태의 행동을 바탕으로 한 타깃팅을 리타깃팅(retargeting)이라 한다.

여러 정치광고 업체는 이런 유권자를 대상으로 한 새로운 형태의 온라인 광고를 만드는 일에 주력했는데 롬니 후보의 온라인 정치광고 회사인 타깃 빅토리(Targeted Victory)는 히스패닉 유권자를 공략하기 위해 펄포 미디어(Pulpo Media)와 파트너 관계를 맺었다. 공화당 디지털 자문회사인 타깃 빅토리는 지난 4년간 그들만의 데이터를 수집하고 온라인 정치광고의 공략 대상이 될 유권자층을 만들어냈다. 민주당 측 디지털 회사인 NGP VAN도 선거운동에 활용하기 위해 페이스북의 친구 데이터를 NGP의 유권자 파일과 연결하여 투표 등록 유권자들 중 오바마 대통령의 잠재적 지지자가 될 만한 유권자의 데이터를 구축하는 작업을 했다.

이런 작업이 이루어진 이유는 소셜 미디어 사용자들의 성향과 의견이 일반 유권자들과는 분명히 다른 점이 있기 때문이다. 2012년 7월 설문조사에 따르면, 자신의 페이스북에 정치 메시지를 올린 적이 있다고 응답한 소셜 미디어 사용자는 51%였으며, 다른 페이스북이나 트위터 사용자의 의견으로 인해 자신의 견해가 바뀐 적이 있다고 답한 사용자는 36%나 되었다. 이들에게 가장 중요한 정치 이슈는 의료보험(18%)이었으며 그 다음은 연방 예산(14%), 교육(13%), 세금(12%) 순이었다. 제3당 후보나 무소속 후보를 지지할 수도 있는지에 대해서는 59%가 그렇다고 답했다(Fox 2011). 따라서 후보자들의 타깃팅이나 리타깃팅 전략은 매우 적절한 소셜 미디어 사용자에 대한 공략법으로 여겨졌다.

하지만 이것이 유권자나 소셜 미디어 사용자 측면에서도 효과적인 전략인지에 대해서는 단언할 수 없었다. 18세 이상 인터넷 사용자 1,500명을 대상으로 4월 23일부터 5월 6일간 조사한 프린스턴 설문조사(Princeton Survey Research Associates International)에 의하면, 85%의 응답자가 페이스북이 후보자의 정치광고에 이용되거나 타깃팅된다면 "화가 날 것(angry)"이라고 했다. 이런 정치광고에 대한 부정적인 반응은 상업적 선전이나 할인 쿠폰에 대한 것보다 훨씬 큰 것으로 응답자의 61%가 자신들의 관심사에 적합한 상업적 광고나 서비스를 원치 않고 46%는 할인 쿠폰 등을 받고 싶지 않다고 답했다. 또한 64%의 응답자는 자신들이 지지하는 후보가 유권자에 대한 데이터를 사서 각 유권자 그룹의 구미에 맞는 온라인 광고를 따로 제작하여 배포한다면 그런 후보자에게는 투표하고 싶은 마음이 줄어들 것이라고 답했다.

한편 소셜 미디어가 선거 캠페인에 있어서 중요한 영향력을 행사하는지 자체에 대해 문제 제기를 하는 의견도 있었다. 한 소셜 미디어 전문가는 좋아하고 따르는 것은 단지 상징적(liking and following are really only symbolic)이기 때문에 팔로워가 많은 오바마 후보가 롬니 후보보다 반드시 유리한 것은 아니라고 진단했다. 마치 자동차 범퍼에 스티커를 붙이거나 캠페인 뱃지를 착용하는 것처럼 상징적 행위일 뿐이라는 것이다. 또한 오바마 대통령의 경우, 미국 시민뿐 아니라 호기심으로 팔로잉하는 다른 나라 사람들도 많기 때문에 실제적으로 오바마 대통령의 재선에 소셜 미디어 선거운동이 영향을 미칠지는 미지수라는 것이다(Almany 2012).

이상에서 살펴본 바와 같이 오바마 후보와 롬니 후보는 팔로워와 친구 숫자에서 큰 차이가 날 뿐 모바일 앱을 개설하고 리타깃팅 전략을 통해 유권자 데이터를 구축하고 동원하는 등 기본적인 소셜 미디어 선거운동 전략에는 큰 차이가 없어 보인다. 오히려 오바마 후보는 본격적인 선거운동 초반에 조사된 여러 설문조사 결과에 나타난 바와 같이 지지자들의 열정과 투표 의향 면에서 롬니 후보보다 열세이기 때문에 재선에 성공하기 어려워 보였다. 하지만 11월 대선에서 오바마 대통령은 예상보다 큰 득표 차로 롬니 후보를 제치고 재선에 성공했다. 그리고 차이가 없어 보였던 소셜 미디어 선거운동은 오바마 대통령의 재선에 또다시 큰 기여를 한 것으로 평가되고 있다.

여기서부터는 기본 전략 면에서 비슷해 보였던 오바마 대통령의 소셜 미디어 선거운동이 롬니 후보 선거운동과 실제로는 어떻게 달랐는지 그 차이점에 대해 살펴보겠다. 이번 선거에서 두 후보 간 경쟁이 치열하다는 기존 매체와 여론조사 기관의 보도는 사실상 잘못된 것으로 나타났다. 이는 여론조사 기관이 전통방식을 고수하면서 핸드폰 사용자들을 조사대상에서 누락시켰기 때문이었다. 연방정부는 여론조사 기관이 핸드폰 사용자들을 대상으로 하는 것을 규제하고 있고 이들을 대상으로 하는 조사는 비싸기 때문에 여론조사 기관도 전통 방식을 고수하고 있다. 따라서 오바마 대통령을 지지하는 젊은이들이나 흑인 또는 히스패닉, 게이 등 소수자들이 샘플에서 제외되어 조사 결과가 왜곡되게 나타났다.

하지만 실제로 오바마 대통령의 승리에 있어서 결정적 요인 중 하나는 게이 유권자들의 투표였다. 라티노와 소수자들뿐 아니라 게이, 레즈비언, 양성애자들도 오바마 후보를 압도적으로 지지했다. 출구 조사에 따르면 게이가 아닌 유권자 그룹에서 오바마와 롬니 후보는 전국적으로 거의 동등한 비율의 지지를 받았다. 게다가 대표적 격전지인 오하이오 주와 플로리다 주에서 게이가 아닌 유권자들은 롬니 후보에게 근소한 차이지만 더 많은 표를 던진 것으로 조사되었다. 갤럽과 UCLA 법학대학의 개리(Gary J. Gates) 교수가 함께 분석한 바에 따르면, 게이 정체성을 가진 유권자는 전체의 5%를 차지하며 이들 중 22%만이 롬니 후보에게 투표했고 76%는 오바마 대통령을 선택한 것으로 나타났다. 반면 게이가 아니라고 한 유권자층에서는 오바마와 롬니 후보 선택이 49% 대 49%로 동등하게 나타났다. 따라서 이 연구는 게이 그룹이 이번 오바마 대통령의 재선에 결정적인 영향을 미쳤다고 결론지었다(Cohen 2012/11/15).

〈퓨 리서치 센터(Pew Research Center)〉에 따르면 선거 전 불어 닥친 허리케인 샌디에 대한 오바마 대통령의 대응은 대통령으로서의 오바마에 대한 모습을 보여주긴 했지만 이런 모습이 선거 결과에 직접적인 영향을 미치지는 않았다고 했다. 하지만 샌디로 인해 롬니 후보에 대한 미디어의 조명이 줄어들었던 점은 큰 영향을 미쳤다고 보았다. 59개 매체의 660개 보도기사를 대상으로 분석한 결과, 10월에는 오바마와 롬니 후보의 선거운동에 대한 미디어 보도 횟수가 거의 비슷했다. 그러나 선거 마지막 주에는 10개 선거운동 보도 중 8개 보도에서 오바마 대통령이 부각된 반면 롬니 후보는 10개 중 6개에서 주목을 받았다.

게다가 이전에 비해 선거 마지막 주에 오바마 대통령의 선거운동에 대한 미디어 보도는 훨씬 호의적으로 변한 반면 롬니 후보에 대한 보도는 변함이 없었다. 또한 10월 29일부터 11월 5일까지 주요 매체를 통해 보도된 내용을 보면 오바마 대통령에 대한 호의적인 내용은 29%로 부정적인 내용 19%보다 긍정적 내용이 10% 포인트 많았다. 롬니 후보에 대한 내용은 부정적 내용 33%, 긍정적 내용 16%로 부정적 내용이 17% 포인트 많았다. 그러나 마지막 주에 트위터 대화를 분석한 결과는 기존 미디어와 같은 양상으로 나타나지는 않았다. 롬니 후보에 대한 소셜 미디어 대화는 전 선거운동 기간 중 11월 초에 가장 긍정적이었던 반면 오바마 대통령에 대한 대화는 이전과 변함이 없었다(Flock 2012/11/19).

이에 대해 오바마 재선 캠프 담당자인 메시나(Jim Messina)는 새로운 시대에 부합하는 오바마 대통령의 선거운동 전략이 적중했다고 말했다. 그는 오바마 대통령의 선거운동은 역사상 가장 발전된 테크놀로지를 이용한 캠페인이었다고 평가했다. 오바마 대통령은 한 번도 선거운동에 참여한 적이 없는 매우 재능 있는 새로운 인물 60명으로 기술팀을 구성하고 유권자와 자원봉사자들에 대한 다양하고 새로운 정보를 수집하고 통합하는 새로운 기술적 시도를 했다. 유권자들이 지지 호소 전화를 걸었을 때 얼마나 빨리 끊어버리는지, 현관문을 얼마나 빨리 닫는지 등 사소해 보이는 모든 데이터를 구축했다. 이런 빅데이터를 구축하고 관리하는 사람들은 수천 개의 통계 모델을 이용해 여론 조사 정보, 방문, 선거운동 광고와 비용 등에 관한 내용을 분석했다.

이를 기반으로 오바마는 지지자가 될 잠재적 성향이 있는 유권자를 선별하고 타깃팅 했다. 10년전 만 해도 저녁 뉴스를 통해서 정보를 얻던 유권자들이 이제는 15개 이상의 다른 정보원을 이용한다는 점에 주목하여 전통적인 매스컴 마케팅을 줄이고 온라인 광고를 통한 선별적이고 개인적인 마이크로 타깃팅 전략을 세운 것이다. 2008년에는 트위터를 통해 하나의 메시지를 전했다면 2012년에는 트위터 팀을 구성하고 페이스북과 텀블(Tumblr)뿐 아니라 다른 여러 가지 소셜 미디어를 활용하는 등 온라인 운동에서도 큰 변화를 꾀했다. 이처럼 선거운동 초반에 빅데이터 구축과 타깃팅 그리고 선별적 광고 제작에 많은 돈을 쏟아 부었기 때문에 선거 막바지에 소셜 네트워크 대화에서 큰 변화가 일어나지 않고 안정적인 지지층이 형성된 것이다.

가장 주목할 만한 오바마 캠프의 선거운동 전략은 대시보드 시스템을 이용하는 개개인에게 페이스북에 있는 친구들 중 아직 후보를 선택하지 않은 사람들과 연계할 수 있도록 허락을 받고 그들과 접촉했다는 점이다. 지지자들을 직접 만나기 위해서는 그 지역에 오래 거주하여 이웃들의 투표 성향과 사정을 잘 알고 있는 지역민의 도움이 전적으로 필요했기 때문에 대시보드 시스템을 통해 그런 사람들과 접촉한 것이다. 그리고 지지자들을 직접 만나기 위해 오하이오 같은 경합주에서 오바마는 이발관, 미용실 등을 찾았고 친구들을 투표장으로 나오도록 하거나 자원봉사자로 활동하도록 격려했다. 이렇듯 소셜 미디어 사용과 전통적 방식의 가정 방문을 접목하여 지지자와 직접 접촉하는 전략은 효과를 냈다.

결과적으로 이런 데이터와 전략을 통해 오바마 대통령은 2008년보다 4% 많은 흑인 지지자들을 투표장으로 끌어낼 수 있었다. 오바마 후보는 롬니 후보에 비해 14%나 많은 선거자금을 효율적으로 모금할 수 있었으며 2008년에 자신이 모은 모금액보다 2억 달러 많은 7억 달러를 이번 선거에서 온라인으로 모금하는 데 성공했다. 그리고 마이크로 타깃팅을 통해 공화당 지지자들 중 티파티 운동에 불만이 있어서 무당파가 된 히스패닉 유권자들을 주요 선거운동 대상으로 삼아 자신의 지지층으로 끌어들였다. 즉 오바마 대통령은 소셜 미디어를 이용한 풀뿌리 선거운동에 다시 한번 성공한 것이다.

오바마 캠프 관계자는 '우리는 사람들이 자원봉사자가 되길 원하는 캠페인을 만들었다(We built the kind of campaign that made people want to be volunteer)'고 말했다(Gibson 2012). 21세기형 데이터와 전통적인 도어 투 도어 전략을 융합한 이 전략으로 인해 오바마는 재선될 수 있었다는 것이다. 그러나 기술융합 전략보다 중요한 것은 수백만 명의 미국인들이 오바마와 그의 메시지를 믿었기 때문에 온라인 'Obama for America' 운동에 사인했다는 점이라고 했다. 이처럼 오바마 대통령은 2008년 유권자와 후보자가 연결되는 네트워크 선거운동을 한 단계 업그레이드시킨 융합형 선거운동을 시도했다. 보다 중요한 것은 이런 융합이 소셜 네트워크의 활용이라는 기술적 측면보다는 오바마 대통령의 메시지와 유권자가 추구하는 가치가 공유되는 공간을 만들어 낸 캠페인이었다는 점이다.

반면 롬니 후보도 앞서 살펴본 바와 같이 오바마 진영처럼 소셜 미디어를 활용한 선거운동을 벌였으나 이를 제대로 활용하지는 못했다. 그의 패인에 대해 허리케인과 유권자 동원 실패 때문이라는 지적이 있지만 보다 근본적인 이유는 '스스로 선택한 미디어를 활용하는 시대'에 맞지 않는 캠페인을 벌였기 때문이라는 의견이 지배적이다. 페이스북과 트위터 뉴스가 신문의 헤드라인 뉴스보다 중요한 시대에 유권자는 뉴스를 취향대로 골라보면서 이전 보다 훨씬 선택과 참여의 폭이 넓어졌다. 그런데 소셜 미디어가 스스로 선택하는 것을 더욱 쉽게 만들었다는 점을 공화당 후보는 알지 못했다고 젊은 공화당 전략가들은 비판했다.

젊은 공화당 전략가들은 민주당 후보와 지지자들은 선택적 미디어인 소셜 미디어를 통해 그들이 원하는 소리가 공유되고 계속해서 메아리치는 공간을 만들었는데 반해 공화당은 이런 환경에 맞는 새로운 공화당을 만들려고 할 때마다 장벽에 부딪혔다고 평가했다. 오바마 대통령은 거대한 에코우(echo) 시스템을 건설하고 그 안에서 지지자들에게 정치적 이유를 들어 지지를 호소한 반면 보수주의자들은 여전히 엔터테인먼트 중심의 선거운동과

이기기 위한 기능적 전략에 주력했다고 비판했다.

따라서 젊은 공화당 전략가들은 공화당이 근본적으로 바뀌야 할 것은 아이패드 웹이나 롬니 캠프에서 사용된 GOTV 같은 '인터넷 소프트웨어'가 아니라 '소통하는 법'이라고 주장한다. 공화당 전략가 무서(Phil Musser)는 변화하는 유권자 그룹을 제대로 파악하고 폭스 뉴스(Fox News) 애청자가 아닌 다른 부류의 유권자들이 존재함을 인정하고 그들과 '소통하는 법'을 배워야 한다고 말했다. 다른 전략가 해리(Todd Harris)도 보수주의 운동에는 보수 매체의 등장이 큰 기여를 했지만 이제는 새롭게 유권자에게 다가가야 할 때라고 말했다. 단순히 보고 듣고 읽는 시대는 지났다는 것을 화요일 선거를 통해 알 수 있었으며 공화당 지지자들은 존재하는 줄도 몰랐던 거대한 새로운 유권자층이 있었다는 사실에 우리는 엄청난 충격을 받았다고 했다(Martin 2012).

이상의 논의를 정리해 보면, 본선 경쟁이 시작된 선거운동 초기부터 양 후보 측의 소셜 미디어 운동은 시작되었지만 그 영향력을 가늠하기는 어려웠다. 오바마 대통령과 롬니 후보가 각각 소셜 미디어 선거운동을 적극적으로 전개했지만 구체적인 활동 상황이 나타나지는 않았기 때문이다. 정당과 후보자 홈페이지를 통한 선거 홍보에서 선거자금 모금까지 연계되는 소셜 미디어 네트워크를 구축했고, UCC 등 동영상과 모바일폰을 활용하여 좀 더 적극적으로 타킷팅 된 유권자들을 결집하는 운동도 펼쳤다. 기존 미디어 선거운동이 너무 많은 비용을 요구한다는 점에서 인터넷의 등장은 반가운 일이었지만 리타깃팅 선거운동이 전개되는 상황을 보면서 온라인 공간도 풍부한 자원을 가진 정당과 후보가 수준 높은 인프라와 네트워크를 구축하기 때문에 선거자금을 많이 모금한 후보에게 유리한 공간이 될 가능성도 보였다.

그러나 앞서 살펴본 바와 같이 이번 선거에서는 각 후보가 어떤 기술과 네트워크를 구축하는가보다는 질적으로 어떤 가치를 공유하는 선거운동이 전개되는가가 더 중요했음을 알 수 있다. 선거운동이 본격화되면서 소셜 미디어 운동의 영향력이 커졌는데 TV 선거운동과 달리 소셜 미디어는 도어 투 도어(door to door)와 같은 개인적 접촉 효과를 냈고 실제로 현장에서 지지자들을 만나는데도 기여했다. 오마마 대통령이 재선에 성공할 수 있었던 것은 소셜 미디어라는 새로운 기술 때문이라기보다는 이를 통해 메시지를 전달하고 지지자들과 대화하며 가치를 공유하고 신뢰를 쌓았기 때문인 것으로 보인다. 2010년 중간선거에서 오바마 대통령은 그의 조직과 기술을 민주당 후보들에게 전수했지만 이를 전수받은 대부분 후보들이 선거에서 좋은 결과를 내지는 못했다. 이번 선거에서 롬니 후보 측도 오바마 후보처럼 소셜 미디어를 활용한 운동 전략과 기술적 측면에서 유사한 선거운동을 펼쳤다. 하지만 선거운동 기술은 전수될 수 있어도 지지자와의 질적인 연대는 전수될 수 없음을 이번 선거운동을 통해 알 수 있었다.

IV. 결론

이글에서는 2008년 오바마 대통령을 당선시키는 데 결정적인 영향을 미친 것으로 알려진 소셜 미디어 선거운동이 2012년 오바마 대통령의 재선에는 어떤 역할을 했는지를 살펴보았다. 선거 직후 트위터 사용자에 대한 설문조사 자료를 확보하지 못한 시점이어서 경험적 자료를 근거로 한 통계적 분석은 불가능하였다. 때문에 소셜 미디어 사용이 대선 결과에 중대한 영향을 미쳤는지에 대한 인과적 관계를 경험적으로 분석하는 것은 어려웠다. 따라서 2012년 대선에서도 소셜 미디어 선거운동이 중요했는지, 오바마와 롬니 후보가 펼친 선거 전략에는 어떤 차이점이 있었는지, 결과적으로 오바마 대통령의 재선에 어떤 기여를 했는지를 시론적으로 살펴보았다.

이번 선거에서 소셜 미디어 선거운동에 대한 관심이 집중되었지만 선거 초반 소셜 미디어에 대한 기대는 낮았다. 왜냐하면 예전에 비해 소셜 미디어 사용자 비율이 증가했지만 아직도 전체 유권자 중 소셜 미디어 사용자 비율은 낮은 수준이고 이들의 선거에 대한 관심도 저조한 것으로 조사되었기 때문이다. 게다가 본선 경쟁이 시작된 후 오바마 후보뿐 아니라 롬니후보도 소셜 미디어 선거운동을 적극적으로 펼쳤고 선거 직전까지 두 후보간 지지율은 접전 양상을 보였기 때문에 두 후보 간 차이는 없어보였다. 오바마 후보의 트위터 친구와 팔로워가 롬니 후보에 비해 엄청나게 많았지만 이런 차이가 선거의 승패를 가르지는 못할 것으로 전망되었다.

하지만 11월 대선에서 오바마 대통령은 예상보다 큰 득표 차로 롬니 후보를 제치고 재선에 성공했고 선거 직후 조사된 바에 따르면 이번 선거에서도소셜 미디어는 선거와 후보자에 대한 정보 제공뿐 아니라 유권자 선택에도중대한 영향을 미친 것으로 나타났다. 별다른 차이가 없어 보였던 소셜 미디어 선거운동은 오바마 대통령의 재선에 또 다시 큰 기여를 한 것으로 평가되고 있다. 오바마 대통령 캠프는 선거 초반 이미 유권자에 대한 빅데이터를 구축하고 다양한 소셜 미디어를 활용하여 선별적이고 개인적인 마이크로 타깃팅 전략을 세웠다. 그리고 21세기형 기술과 전통적 도어 투 도어접촉 방식을 융합하여 유권자와 소통하는 선거운동을 통해 선거 막바지까지안정적인 지지층을 형성해 나갔다. 무엇보다 중요한 것은 소셜 네트워크의활용이라는 기술적 측면보다는 오바마 대통령의 메시지와 유권자가 추구하는 가치가 공유되는 공간을 만들어 낸 융합형 캠페인이었다는 점이다.

블로그와 트위터 등 소셜 미디어는 사용자가 아직 소수 임에도 불구하고입소문을 통해 여론이 형성되고 개인의 의견이 집합적 의견이 되면서 풀뿌리 여론이 형성되는 공간이 되고 있다. 이런 소셜 네트워크 서비스가 정치나 선거에서 중요한 이유는 네티즌들이 이메일이나 트위터 블로그 등을 통해 메시지를 형성하고 확산시키기 때문이다. 리트윗(retweet)은 내가 팔로우한 사람의 의견을 나의 친구들에게 전달하는 것을 의미하는데 트위터는이를 통해 개인의 의견을 폭발적으로 확산시킬 수 있는 구조적 특성을 갖는다. 따라서 여론 형성 매체로서 접근의 용이함, 신속성, 순환성, 확산성이트위터의 강점이다.

이번 선거에서도 후보자 간 TV 토론 후, 정책 연설 후, 논란이 되는 선거 이슈가 있을 때마다 유권자들은 트위터에서 개인의 의견을 표출하는 동시에 리트윗을 통해 자신이 팔로잉한 사람의 의견을 팔로우에게 전달하는 전달자 역할을 했다. 이런 140자 단문이 실시간으로 올라오는 트위터를 통해 논란이 되는 쟁점에 대해 유권자 다수가 지지하는지 반대하는지 인지적 측면에서 여론을 파악할 수 있었다. 또한 개인의 감정이 보다 다양하고 적나라하게 표출되기 때문에 감정적 측면에서의 여론도 파악할 수 있었다. 오바마 대통령은 이런 여론에 반응하고 소통하고 때론 이끌어 가면서 유권자와 대화하고 공유하고 신뢰를 쌓아가는 선거운동을 벌인 것이다. 새로운 기술을 통해 유권자에게 다가갈 수 있었지만 단지 이를 통해 더 많은 선거자금을 모금하고, 더 많은 지지자를 투표장으로 끌어낸 것은 아니었다.

미국과 마찬가지로 한국 선거에서도 최근 들어 SNS가 중요한 역할을 하고 있다. 2007년 대선 이후 웹 2.0 방식의 소셜 네트워크 선거운동에 대한 다양한 논의가 있어왔고, 2012년 대선에서는 이를 활용한 적극적인 선거운동이 전개되기도 했다. 지지의 강화와 동원 효과에 대한 논란이 계속되고 있지만 이제 우리 선거에서도 SNS는 무시할 수 없는 중요한 선거운동 매체가 되고 있는 것이 사실이다. 이런 맥락에서 2012년 미국 대선을 통해 본 SNS 선거운동은 우리에게 시사하는 바가 크다. 아직까지 우리나라에서는 선거운동의 주체가 후보자나 정당인 경우가 많고 SNS 활용도 투표 독려나 지지집단 강화 수준에서 벗어나지 못했다. 하지만 현재 빠른 속도로 소셜 미디어 사용인구가 증가하고 있고 18대 대선에서 정치적 활용의 영향력이 어느 정도 입증되었기 때문에 향후 매우 중요한 선거운동 수단이 될 가능성이 매우 크다. 유권자의 자발적 조직과 참여 그리고 동원이 일어나는 선거운동을 위해 후보자가 자발적 참여자들과 대화하고 아이디어와 가치를 공유하며 이를 바탕으로 정책을 만들어 내려는 노력이 필요하다.

【참고문헌】

Davis. Richard. 1999. *The Web of Politics: The Internet's Impact on the American Political System*. New York: Oxford University Press.

Harfoush, Rahaf. 2009. *Yes We Did: An Inside Look at How Social Media built the Obama*. New Riders.

Johnson, Thomas J., and David D. Perlmutter (eds.). 2011. *New Media, Campaigning and the 2008 Facebook Election*. New York: Routledge.

Morris. Dick. 1999. *Vote. com*. St. Martin Press.

Almany, David. 2012. "Social Media Battle Royale: US Presidential Election 2012." http://www.alexisbeckett.com/2012/07/15/social-media-battle

Flock, Elizabeth. 2012. "Report: Obama Coverage Turned More Favorable In Final Week of Election." http://www.usnews.com/news/blogs/washington-whispers/2012/11/19

Fox, Zoe. 2011. "Study: Half of Facebook Users Post Political Messages." http://mashable.com/2011/11/21/social-media-politics/

Gibson, Ginger. 2012. "Jim Messina: What I learned in the election." http://dyn.politico.com/printstory.cfm/2012/11/20

Jones, Jefferey M. 2012. "Eight in 10 Swing-State Voters Have Seen Campaign Ads." www.gallup.com//poll/2012/07/09

_____. 2012. "Young U.S. Voters' Turnout Intentions Lagging." www.gallup.com//poll/2012/07/13

_____. 2012. "Democratic Voting Enthusiasm Down Sharply From 2004, 2008 Republicans more enthusiastic than in 2008." www.gallup.com//poll/2012/07/25

Kaye, Kate. 2012. "Americans Say No to Popular Political Facebook Ad Targeting." http://www.clickz.com/clickz/news/2012/07/24

Martin, Jonathan. 2012. "The GOP's media cocoon." http://dyn.politico.com/printstory.cfm/2012/11/12

Morales, Lymari. 2012. "Americans' Confidence in Television News Drops to

New Low." www.gallup.com//poll/155585/2012/07/10

Pew Internet & American Life Project. 2009. "The Internet's Role in Campaign 2008." http://www.pewinternet.org/~/media//Files/Reports/2009

Pew Research Center. 2012. "Law Marks for the 2012 Election: News Sources, Election Night and Views of Press Coverage." http://www.people-press.org/2012/11/15/section-4-news-sources

_____. 2012. "In Changing News Landscape, Even Television is Vulnerable Trends in News Consumption 1991-2012: Online and Digital News." http://www.people-press.org/2012/09/27

_____. 2012. "Cable Leads the Pack as Campaign News Source: Twitter, Facebook Play Very Modest Role." http://www.people-press.org/2012/02/07

Preston, Jennifer. 2012. "Republicans Wage Repeal Campaign on Social Media." http://thecaucus.blogs.nytimes.com/2012/06/28

Rowinski, Dan. 2011. "Survey: 88% of U.S. Social Media Users are Registered Voters." http://www.readwriteweb.com/archives/survey/2011/11/01

Weber, Harrison. 2012. "Social Media Matters more than ever in this US presidential election." http://thenextweb.com/us/2012/01/31

제3장

2012년 미국 대선의 선거 구도와 유권자 선택

류재성 | 계명대학교

I. 서론

오바마(Barack Obama) 대통령이 재선에 성공했다. 유권자의 51.4%가 그를 선택한 반면, 공화당 롬니(Mitt Romney) 후보는 48.6% 유권자의 지지를 받았다. 크지 않은 차이의 지지율 격차지만, 주별 선거인단 수로 환산된 결과는 332 대 206으로 나타났다. 2012년의 오바마 대통령은 2008년의 오바마 후보만큼 강하진 않았지만, 재선에 성공하는 데는 부족함이 없었다.

이로써 오바마 대통령은 2차 대전 후 재선에 성공한 대통령 가운데 조지 W. 부시 대통령 다음으로 낮은 대통령 업무수행 만족도를 가진 재선 대통령으로 기록되었으며,[1] 더불어 가장 높은 실업률을 보이는 경제상황에서

---

1) 2차 대전 후 재선에 성공한 대통령들의 재선 득표율은 다음과 같다: 아이젠하워

재선에 성공한 대통령이 되었다. 낮은 대통령 업무수행 만족도와 가장 높은 실업률은 그의 재선을 불투명하게 했던 가장 큰 변수였다. 그럼에도 불구하고 오바마 대통령이 재선에 성공할 수 있었던 가장 큰 요인은 젊은층, 여성, 소수인종, 저소득층 및 고학력자의 변함없는 지지였다. 오바마 후보가 이들 지지층으로부터 2008년 대선에서만큼의 지지를 획득하지는 못했지만, 이들 지지층의 상대적으로 높은 투표참여율 및 이들이 전체 인구에서 차지하는 높아진 비중이 오바마 승리의 주요 요인이라는 분석이 일반적이다.

본 연구는 2012년 미국 대통령선거 결과를 다음의 세 차원에서 분석한다. 첫째는, 선거 구도다. 재선에 도전하는 오바마 후보는 지난 4년간 대통령으로서의 업무 수행에 대한 유권자의 회고적 평가를 피할 수 없었다. 회고적 평가의 주요 대상 혹은 준거는 현직 대통령에 대한 지지율 및 실업률로 대표되는 경제상황이다. 앞서 언급했듯, 이 구도에서 오바마 대통령은 결코 유리한 입장에 있지 못했다. 더불어 민주당과 공화당에 대한 유권자의 정당 일체감 등의 정당별 지지율분포 및 보수·진보의 분포로 나타나는 유권자의 기본적인 정치정향 역시 선거 결과를 결정하는 장기 요인이다. 이들 요인에 대한 시계열적 변화를 2008년 대통령선거와 비교하여 분석할 것이다.

두 번째는, 유권자의 선택이다. 분석의 초점은 2008년 오바마 당선을 가능하게 했던 민주당 및 진보 성향 유권자 연합의 규모 및 강도에 있어서의 변화다. 알려져 있듯 2008년 선거에서 오바마 후보는 새로운 유권자 동원에 성공하면서, 2004년 대선에서 존 케리(John Kerry) 민주당 후보가 획득했던 지지를 상회하는 득표를 거의 모든 계층 및 인종별 유권자 집단에서 획득한 바 있다. 이번 2012년 선거는 이러한 규모의 지지를 기대하기 어려운 상황에서 전개되었으며, 따라서 2008년 오바마 지지연합이 어느 정도로 변화되었는가에 대한 분석이 중요하다고 할 수 있다.

세 번째는, 유권자의 개별적 선택이 주(state)별로 할당된 선거인단(Electoral College) 의석으로 분배되는 미국식 선거제도의 효과에 대한 분

54.5%, 레이건 58.8%, 닉슨 60.7%, 클린턴 49.2%, 조지 W. 부시 50.7%.

석이다. 미국 대선은 538석의 대통령선거인단 대의원 중 과반수, 즉 270석 이상을 어느 후보가 확보하느냐에 따라 결정된다. 이 가운데 정당별 혹은 후보별 지지가 매우 안정적인 주들을 제외한, 10여 개의 소위 격전주 (battleground, toss-up, or swing states)에서의 승리를 통해 당선에 필요한 270석의 선거인단을 확보하느냐가 승리의 관건이다. 이들 10여 개 주에서는 선거 직전까지 어느 후보의 승리도 예단할 수 없을 만큼의 초박빙 접전이 진행되었다. 선거 결과는 이들 격전주 모두에서 오바마 대통령의 승리로 나타났지만, 선거 전 여론조사 결과는 대부분의 주에서 통계적 오차범위 내의 접전이 벌어졌다. 이들 격전주에서의 선거전 여론조사 결과와 실제 투표 결과를 비교하고, 이들 격전주 가운데 플로리다 주와 오하이오 주에서의 오바마 대통령의 승리 원인을 분석할 것이다.

미리 밝혀둘 것은, 이 글은 선거 결과를 '분석'하는 것을 목적으로 하지만 그 분석의 대부분은 선거 후 실시된 출구조사(The National Election Pool)에 근거한 '서술'이다. 여기에서는 '이론적' 질문을 제기하고 그에 대한 인과분석을 시도하지 않으며, 경쟁하는 이론들을 경험적으로 검증하지 않는다. 더불어 기존 이론이 설명하지 못하는 이론적 비정상 현상(anomaly)에 대한 새로운 이론적 설명을 추구하지도 않는다. 이 글은 2008년 선거 및 2004년 선거와의 비교, 서술이 될 것이다.

이 장은, 따라서 선거의 구조적 변수에 대한 서술로 시작하여, 유권자 선택에서의 특징적 변화에 대한 분석, 이어서 격전 주에서의 승패를 가늠했던 주요 변수를 중심으로 한 결과분석의 순서로 전개한다.

II. 오바마 행정부의 성과와 평가

재선에 도전하는 현직 대통령은 자신의 집권 기간 동안의 성과에 대한
유권자 평가라는 도전에 직면할 수밖에 없다. 역대 대통령 중 재선에 나서
지 않은 5명의 대통령[2]을 제외한다면, 재선에 도전했으나 실패한 대통령은
15명이다. 34.9%(15/43)에 이르는 작지 않은 비율이다. 이들 15명 중 5명
은 정당 지명을 받는 데 실패한 대통령이며,[3] 정당 지명을 받고 본선에서
패배한 현직 대통령은, 따라서 10명이다.[4] 재선 성공이 만만치 않은 과제임
을 보여주는 역사적 선례들이다.

1. 경제 상황

2차 대전 후의 사례들로 초점을 맞춘다면, 재선에 도전하는 현직 대통령
에게 가장 중요한 혹은 기본적인 변수는 '경제'다. 2차 대전 후 역대 어느

2) 이들은 다음과 같다: 11대 제임스 폴크(James Polk), 19대 러더포드 헤이즈(Rutherford
   Hayes), 30대 캘빈 쿨리지(Calvin Coolidge, 대통령 승계 후 당선, 이후 도전하지 않
   음), 33대 해리 트루먼(Harry S. Truman, 프랭클린 루스벨트 대통령 사후 대통령직
   승계, 당선, 3선이 가능했으나 도전하지 않음), 36대 린든 존슨(Lyndon B. Johnson,
   대통령 승계 후 당선, 이후 도전하지 않음).
3) 이들은 다음과 같다: 10대 존 타일러(John Tyler, 정당 지명에 실패하고 제3정당의
   후보로 본선 출마했으나, 중도 사퇴), 13대 밀라드 필포어(Millard Fillmore), 14대 프
   랭클린 피어스(Franklin Pierce), 17대 앤드류 존슨(Andrew Johnson), 21대 체스터
   아써(Chester Arthur).
4) 이들은 다음과 같다: 2대 존 아담스(John Adams), 6대 존 퀸시 아담스(John Quincy
   Adams), 8대 마틴 반 뷰랜(Martin Van Buren), 22대 그로버 클리블랜드(Grover
   Cleveland, 재선에 실패, 재도전에 성공, 동시에 24대 대통령), 23대 벤자민 해리슨
   (Benjamin Harrison), 27대 하워드 태프트(Howard Taft), 31대 허버트 후버(Herbert
   Hoover), 38대 제럴드 포드(Gerald Ford), 39대 지미 카터(Jimmy Carter), 41대 조지
   H.W. 부시(George H.W. Bush).

현직 대통령도 7.2% 포인트 이상의 실업률 상황에서는 재선에 성공하지 못했다. 실업률 지수로만 본다면 오바마 대통령의 재선은 불가능한 것이었다. 오바마 대통령 집권기간 중 실업률은 최고 10.0%(2009년 10월)였으며, 선거 직전 발표된 실업률은 집권기간 중 최저인 7.7%였다.

그러나 보다 정확히 문제를 보고자 한다면, 2008년 이후의 경기침체와 그에 따른 고실업 상태의 본질 및 오바마 행정부의 제반 경제 정책에 대한 유권자의 평가 혹은 유권자가 인지하는 경제 현실이 보다 중요하다. 관련하여 논의해야 하는 첫 번째 이슈는 경제위기의 책임 소재 문제다. 선거 후 실시된 출구조사에 따르면,[5]유권자의 53%가 경제위기의 책임을 부시(George W. Bush) 전임 대통령에게 돌린 반면, 오바마 대통령의 책임이라고 응답한 유권자는 38%에 그쳤다. 말하자면 미국 유권자의 다수가 2012년 현재의 경기침체와 높은 실업률에 대한 책임이 오바마에게 있지 않다고 인식하고 있다는 것이다.

둘째, 미국의 진행 중 경제 상황에 대한 유권자 판단이다. 경기가 호전되고 있다고 판단하는 유권자(39%) 및 현상을 유지하고 있다는 유권자(29%)가 악화되었다는 유권자(30%)를 압도하는 것으로 조사되었다.[6] 미국 유권자의 다수가 경제상황에 대해 비관적으로 판단하고 전망하기보다는 낙관적으로 판단하고 전망하고 있었다는 것은 지난 4년 동안의 경제위기가 적어도 '관리'되고 있다고 인식하는 것이며, 따라서 높은 실업률에 대한 현직 대통령의 책임을 근거로 회고적 처벌 투표를 할 가능성이 있는 유권자는 30% 남짓에 불과했다.

셋째, 유권자의 59%가 미국이 당면한 가장 중요한 문제로 '경제'를 꼽았지만, 경제문제를 해결할 수 있는 적임자로는 오바마와 롬니가 비슷한 정도의 지지를 받았다. 경제문제 해결 적임자가 롬니 후보라고 응답한 유권자는

---

5) 출구조사(The National Election Pool).
6) 『뉴욕타임스』, 2012/11/07(http://www.nytimes.com/2012/11/08/opinion/obama-won-on-values-not-demographics.html?pagewanted=all&_r=0).

49%인 반면, 오바마 후보가 적임자라고 생각하는 응답자 역시 48%인 것으로 나타났다. 이러한 결과는 경기침체에 대한 책임 소재와 더불어 당면한 경제문제를 해결할 수 있는 능력에 있어서 공화당 롬니 후보가 오바마 대통령을 압도하지 못했음을 보여주는 것이다. 출구조사 결과에 따르면, 무당파 유권자의 54%가 경제회생을 위한 정치적 리더십의 역할은 중산층의 복원에 있다고 답한 반면, 40%는 기업활동을 위한 환경 조성에 있다고 응답한 것으로 나타났다. 과반이 넘는 유권자가 롬니의 정책을 친부유층적이라고 평가한 반면, 다수의 유권자가 오바마의 정책을 친 중산층적이라고 평가했다. 전체적으로, 경제문제 해결의 적임자로서 스스로를 프레이밍(framing)하는 데 총력을 기울였던 롬니 후보로서는 실망스런 결과이며, 반면 오바마 후보에게는 매우 불리하다고 평가된 위기의 경제상황하에서도 경제문제 해결 적임자로서 롬니 후보와 균형을 유지하며 대등한 캠페인을 벌일 수 있었다.

2. 대통령 업무수행 만족도

오바마 대통령의 업무수행에 대한 선거전 한 달 동안의 평균 만족도는 50%였다. 재선을 위한 선거에서 낙승했던 빌 클린턴 대통령(1996년)이나 로널드 레이건 대통령(1988년)의 선거 한 달 전 평균 만족도 56%에 비해 뒤처지는 수치다. 닉슨 대통령의 재선 선거(1972년)에서의 한 달 전 평균 만족도는 51.5%, 린든 존슨 대통령(1964년)은 60.9%의 업무수행 만족도를 보였다. 재선에 실패했던 조지 H.W. 부시 대통령(1992년)의 한 달 전 평균 만족도는 34%였으며, 역시 재선에 실패했던 지미 카터 대통령(1980년)의 한달 전 평균 만족도는 37%였다. 결국 오바마 대통령의 한 달 전 평균 만족도는 재선에 성공했던 조지 W. 부시 대통령(2004년)의 49% 평균 만족도와 비슷한 수치다. 대통령 업무 수행 만족도로만 판단한다면 오바마 대통령의 재선 가능성은 성공과 실패의 '경계'에 있었던 셈이다.

오바마 대통령의 선거 한 달 전 업무수행 만족도는 그 이전에 비해 향상

된 수치다. 오바마 대통령의 업무수행 만족도는 2012년 내내 50%를 넘지 못한 것은 물론이거니와 45~47%에 머물렀다. 전술했듯이 이러한 정도의 업무수행 만족도를 가지고 재선에 성공한 대통령이 없었다는 점에서 그의 승리는 매우 불투명한 것이었다. 그럼에도 불구하고 오바마 대통령에 대한 이러한 낮은 지지율이 롬니 후보의 승리를 점치게 하는 요인 역시 될 수 없었다. 롬니 후보가 승리를 확신하기에는 '너무도' 부족한 후보였기 때문이다. 공화당 예비선거를 마친 시점에서 롬니 후보에 대한 호감도는 40%에 불과했다. 그에게 호감을 갖고 있지 않다고 응답한 유권자가 49%에 이르렀는데, 이러한 결과는 두 주요 정당의 지난 30년간의 후보 가운데 가장 낮은 수준의 호감도다.[7] 요컨대 오바마 대통령이 인기 있는 현직 대통령은 아니었지만, 롬니 후보 역시 인기 있는 경쟁 후보는 아니었다.

오바마 대통령은 재선에 나서는 역대 대통령 가운데 가장 위험한 혹은 안전하지 않은 상황에서 선거 캠페인을 치러야 했으나, 같은 맥락에서 공화당 롬니 후보 역시 매우 낮은 호감도를 가진 상황에서 선거 캠페인을 치러야 했다. 결국 2012년 미국 대선은 어느 후보도 자신만의 비전과 가치, 공약, 메시지, 혹은 정치인 개인으로서의 매력 및 자산을 가지고 상대 후보를 압도할 수 없는 상황에서, '백병전' 혹은 '난타전'의 양태로 전개될 수밖에 없었다.

달리 말하면 두 후보가 기존의 자신들의 지지자를 (겨우) 결집한 상황에서, 승리를 위한 새로운 유권자의 동원 및 설득이 후보가 가진 비전과 가치, 공약, 메시지, 정치인 개인으로서의 매력 및 자산을 중심으로 전개되지 못하고 캠페인의 양상은 상대 후보에 대한 공격 즉 네거티브가 중심이 될 가능성이 매우 높았다. 실제로 선거 캠페인은 역대 어느 선거 캠페인보다 상대에 대한 공격에 집중되었다. 이 과정에서 선거 캠페인이 무당파 및 중도 유권자의 설득 및 견인을 목표로 하는 듯 하지만, 이것이 매우 어려운 과제

---

7) abc 뉴스, 2012.8.8(http://abcnews.go.com/Politics/OTUS/tale-unelectable-candidates/story?id=16959356#.UNFe5eRimo0).

임이 분명하다면, 선거의 승패는 결국 기존 지지자의 투표 참여가 될 수밖에 없었다. 결과적으로 오바마의 재선 승리는, 오바마 대통령이 기존의 자신의 지지 세력을 결집하고 동원해 내는 데 '상대적'으로 성공한 결과라고 할 수 있다.

III. 유권자의 선택

1. 투표 참여 인구구성의 변화

오바마 대통령의 재선은 미국의 소수인종과 젊은 유권자, 여성 유권자들로부터의 압도적인 지지의 결과다. 〈표 1〉에 제시했듯, 미국의 비백인 유권자 비율은 2008년 대비 2% 포인트 증가한 28%였다. 오바마 후보는 이들 중 무려 80%의 지지를 획득했다. 소수인종이 차지하는 유권자 비중에서의 증가는, 비록 그것이 소폭이긴 하지만, 백인 유권자의 롬니 후보에 대한 압도적인 지지(59%)를 상쇄하는 데 기여했다. 실제로 롬니 후보에게 투표한 유권자 가운데 백인 유권자의 비율은 89%에 이른 반면, 오바마 후보에게 투표한 유권자 가운데 백인 유권자가 차지하는 비율은 56%에 불과했다. 롬니 후보에 대한 백인 유권자의 지지율은 2008년 매케인 후보에 대한 지지율 55%를 4% 포인트 상회하였지만, 소수인종의 오바마 후보에 대한 압도적 지지를 상쇄하지 못했다.

〈그림 1〉은 연령과 인종을 기준으로 한 투표 참여자 구성의 변화다. 특기할 점은 18~29세 연령층에서의 비백인 투표 참여자의 가파른 증가 추세다. 이 연령대에서 2000년 26%(흑인 12% + 히스패닉 10% + 기타 인종 4%)였던 비백인 투표 참여자는 2004년 32%(흑인 15% + 히스패닉 13% + 기타 인종 4%), 2008년 38%(흑인 18% + 히스패닉 14% + 기타 인종 6%)로 상승

〈표 1〉 인구 집단별 유권자의 후보 지지 분포

(단위: %)

	투표자 구성 비율		2008년 대선 지지자 비율		2012년 대선 지지자 비율	
	2008	2012	오바마	매케인	오바마	롬니
전체	-	-	53%	46%	50%	48%
남성	47%	47%	49	48	45	52
여성	53	53	56	43	55	44
백인	74	72	43	55	39	59
흑인	13	13	95	4	93	6
히스패닉	9	10	67	31	71	27
18~29	18	19	66	32	60	37
30~44	29	27	52	46	52	45
45~64	37	38	50	49	47	51
65+	16	16	45	53	44	56
공화당 일체자	32	32	9	90	6	93
민주당 일체자	39	38	89	10	92	7
무당파	29	29	52	44	45	50

자료: 출구조사(The National Election Pool)

하고 2012년에는 42%(흑인 17% + 히스패닉 18% + 기타 인종 7%)에 이른 것으로 나타났다. 그 결과 2000년 선거에서 74%에 이르렀던 백인 유권자의 투표 참여자 비율은 2004년 68%, 2008년 62%, 2012년 58%로 감소하였다.

다른 한편, 30세 이상 투표 참여자의 인종별 구성은 상대적으로 안정적이다. 그럼에도 불구하고 같은 시기 30세 이상 연령층의 비백인 투표 참여자 비율 역시 2008년 18%에서 2012년 24%로 상승한 것으로 조사되었다. 동시에 이 연령층에서 백인 투표자 비율은 2000년 82%에서 2004년 79%, 2008년 77%, 그리고 2012년에는 76%로 낮아졌다. 전술했듯이 18~29세 연령층

〈그림 1〉 투표 참여자의 인종/연령별 구성의 변화

(단위: %)

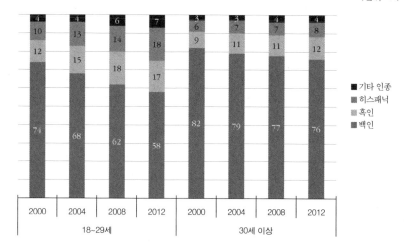

자료: 출구조사(The National Election Pool)

에서의 오바마 후보에 대한 지지는 2008년 66%에서 2012년 60%로 낮아진 것으로 나타났지만, 이들이 전체 투표자에서 차지하는 비중이 38%에서 42%로 증가함으로써 낮아진 지지율을 상쇄할 수 있었다.

선거 후에 이루어진 각종 분석에서 유권자의 연령별 및 인종별 구성의 변화가 가져올 효과에 주목한 것은 연령별 및 인종별 집단에 따른 투표 성향의 뚜렷한 차이 때문이다. 이들 유권자들의 민주당 혹은 진보에 대한 선호를 고려한다면 앞으로의 각종 선거에서 공화당의 구조적 불리함에 대한 논의 역시 지나친 과장은 아닌 것으로 보여진다.

관련해서 〈그림 2〉의 전망을 참고할 만하다. 2011년 현재 63%인 백인 인구는 2050년에는 과반 이하인 47%로 떨어질 것으로 예측되는 반면, 히스패닉 인구는 17%에서 29%로 상승하고, 아시아계 인구 역시 5%에서 9%로 상승할 것으로 예측된다. 2000년 이후 선거에서 나타난, 인종별 집단에 따른 일종의 몰표(block voting) 경향이 강화되고 있음을 고려한다면, 인구

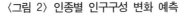

〈그림 2〉 인종별 인구구성 변화 예측

(단위: %)

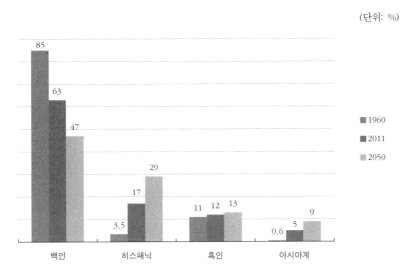

자료: 퓨 리서치 센터(Pew Research Center)

구성의 이러한 변화는 공화당으로서는 중대한 위험 요소다. 공화당의 선거 전략 및 공공정책 전체에 대한 접근 전략의 변화가 불가피해 보인다.

2. 정당일체감(Party Identification) 및 정치이념(Political Ideology)

선거 후 출구조사에 따르면 전체 투표자 가운데 민주당 일체자 혹은 지지 자는 38%였으며, 공화당 일체자가 32%, 무당파 유권자는 24%인 것으로 나 타났다. 오바마 후보는 무당파 유권자의 45%를 획득한 반면 롬니 후보는 50%를 획득했다. 오바마 후보는 2008년 대선에서 52%의 무당파 유권자를 획득하며 매케인 후보의 44%를 넘어섰었다. 따라서 이번 대선에서 오바마 후보는 무당파 유권자의 다수를 획득하는 데 실패했을 뿐 아니라, 경쟁 후보 에게도 뒤졌다. 일반적으로 열성 혹은 핵심적인 지지자(base voters)를 확보하고 중도 성향의 무당파 유권자의 다수를 확보하는 것이 선거 전략의 핵심이라면, 오바마 후보가 2012년 선거에서 무당파 유권자의 다수를 획득하는 데 실패한 것은 선거 승패를 좌우할 수 있는 결정적 요인이었다.

이러한 결과는 2012년 선거에서 오바마 후보가 2008년 선거 캠페인에서 보여주었던 정도의 강렬한 메시지를 전달하는 데 실패했다는 반증이다. 그럼에도 불구하고 오바마 후보가 승리할 수 있었던 것은 민주당 일체자가 차지하는 전체 유권자 가운데서의 비중이 6% 포인트(민주당 일체자 38% 대 공화당 일체자 32%)만큼 높았다는 점과, 이들로부터 매우 응집적인 지지를 받았기 때문이다. 결국 중도 무당파 유권자의 다수를 획득하지는 못했지만, 기존 핵심 지지자의 높은 투표 참여와 이들로부터의 압도적인 지지가 만든 승리라고 할 수 있다.

다른 한편, 정치이념 분포는 진보 25%, 보수 35%, 중도 41%로 나타났다. 이들 집단 중에서 오바마 후보는 진보의 86%, 보수의 17%, 중도의 56%로부터 지지를 획득한 반면, 롬니 후보는 진보의 12%, 보수의 82%, 중도의 41%로부터 지지를 획득했다.

〈표 2〉는 정당일체감과 정치이념의 분포를 연령대별로 구분한 것이다. 두드러진 특징은 역시 18~29세의 젊은 유권자들의 정당일체감 및 정치이념 성향이다. 이들은 다른 연령대의 유권자와 비교하여 큰 격차로 민주당 일체자의 비율이 높으며(44%), 정치이념 역시 다른 연령대 유권자보다 진보적 성향(33%)을 보인다. 이들은 모두 오바마 후보에 대한 높은 지지 성향을 갖는 유권자 집단이다.

전체적으로, 정당일체감과 정치이념의 분포 정도는 민주당과 진보 집단에 유리한 상황은 아니었지만, 젊은 유권자 집단에서 민주당에 대한 일체자 비율이 높고 진보 성향 역시 강하게 나타나면서, 이들의 오바마 후보에 대한 지지가 선거 결과에 큰 영향을 미친 것으로 보인다. 정당일체감과 정치이념의 전체적인 분포뿐만 아니라 그것의 연령별 분포, 연령별 투표 참여 및 특정 후보 지지의 강도 등 역시 중요한 변수였다. 요컨대 정당 지지자와 이념 성향을 갖는 유권자, 즉 핵심 지지자의 성공적인 동원이 오바마 재선의 동력

<표 2> 연령별 정당일체감 및 정치이념 분포

	전체	18~29세	30~44세	45~64세	65세 이상
공화당 일체자	32%	26%	32%	34%	37%
민주당 일체자	38	44	37	37	36
무당파	29	29	31	29	27
보수	35	26	34	37	42
중도	41	41	40	42	39
진보	25	33	26	22	19

자료: 출구조사(The National Election Pool)

이었다고 할 수 있다.

3. 오바마 지지 강도의 변화

2008년 대선에서 오바마 후보를 지지했던 유권자들의 지지 강도와 비교하면 2012년 대선에서의 오바마 후보에 대한 지지 강도는 다소 떨어졌다. 30세 미만 유권자 집단에서 오바마 후보에 대한 지지율은 60%로 2008년에 비해 6% 포인트가량 떨어졌다. 30세 이상 유권자 집단에서의 오바마 후보에 대한 지지는 2008년 50%에서 2012년 48%로 떨어졌다. 30세 이상 유권자 집단에서의 지지율의 변화는 30세 미만 유권자 집단에 비해 지지의 절대적 크기는 작지만 지지율의 감소는 상대적으로 소폭이다. 30세 이상과 미만 유권자 집단에서의 오바마 후보에 대한 지지율의 차이는 2008년 16% 포인트에서 12% 포인트로 줄었다. 그럼에도 불구하고 연령별 지지율의 차이는 지난 1972년의 12% 포인트와 같은 수치이며, 2008년 대선을 제외한다면 가장 큰 세대별 지지율의 격차다.

〈그림 3〉에서 보듯이, 1976년 선거 이래 연령에 따른 후보 선택의 분화

는 2004년 대선에서의 7% 포인트가 최대치다. 2008년 선거가 연령별 투표 성향의 예외적인 분화를 보여준 가장 특징적인 선거였으며, 2012년 선거 역시 후보 및 정당 지지 성향에 있어서 연령에 따른 극심한 분화를 보여준 선거라고 할 수 있다. 젊은 유권자들의 민주당 지지 성향은 미국 선거 정치의 가장 두드러진 특징 중의 하나이며, 이러한 경향은 당분간 지속될 것이란 전망이 지배적이다.

이번 선거에서 연령별 지지율 차이는 2008년 선거와 비교해 감소했지만, 인종별 지지율 차이는 오히려 확대된 것으로 나타났다. 흑인 유권자의 압도적인 지지(2008년 95%, 2012년 93%)는 예외적이라 하더라도, 〈그림 4〉에 따르면, 히스패닉 유권자 집단에서의 오바마 대통령에 대한 지지는 2008년 67%에서 2012년 71%로 증가했고, 히스패닉 유권자의 이러한 압도적인 오바마 대통령 지지는 2004년 존 케리 후보가 얻은 58%의 득표율을 고려한다면 대단한 규모의 지지율 상승이다. 전술했듯이, 이번 선거에서 히스패닉 유권자가 전체 투표자에서 차지하는 비중은 10%로 역대 최고 수치이며

〈그림 3〉 역대 대선에서의 세대별 지지율 격차

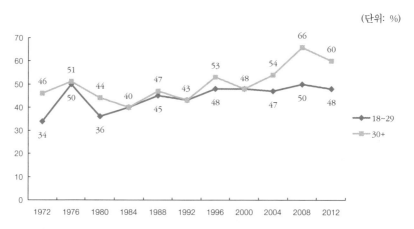

자료: 퓨 리서치 센터(Pew Research Center)

〈그림 4〉 2004년~2012년 대통령선거에서의 인종별 지지 성향

(단위: %)

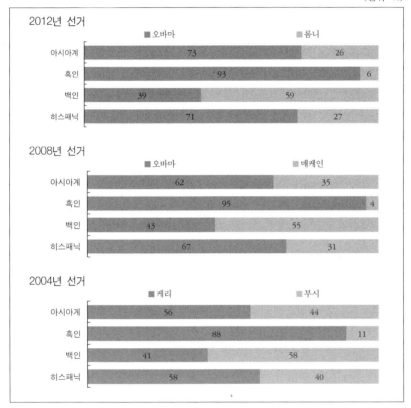

자료: 퓨 리서치 센터(Pew Research Center)

2008년 대비 1% 포인트 증가한 수치다. 결과적으로 오바마 후보는 증가된
히스패닉 투표 참여자로 부터 더 높은 비율의 득표를 확보한 것이다.

〈그림 5〉는 지난 1980년 선거로부터 이번 선거에서의 히스패닉 유권자
의 지지율의 변화를 보여 준다. 1980년 이래의 대선에서 민주당 후보는 최
소 21% 포인트(1980년)에서 최고 51%(1996년) 포인트의 격차로 더 많은
히스패닉 유권자의 지지를 받았다.

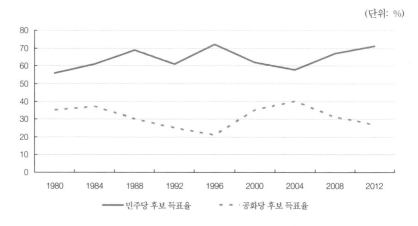

〈그림 5〉역대 대선에서의 히스패닉 유권자 지지율 변화

(단위: %)

	(1) 민주당 후보 득표율		(2) 공화당 후보 득표율		(1) - (2)
1980	지미 카터	56	로날드 레이건	35	+21
1984	월터 먼데일	61	로날드 레이건	37	+24
1988	마이클 듀카키스	69	조지 H.W. 부시	30	+39
1992	빌 클린턴	61	조지 H.W. 부시	25	+36
1996	빌 클린턴	72	밥 돌	21	+51
2000	앨 고어	62	조지 W. 부시	35	+27
2004	존 케리	58	조지 W. 부시	40	+18
2008	버락 오바마	67	존 매케인	31	+36
2012	버락 오바마	71	미트 롬니	27	+44

자료: 퓨 리서치 센터(Pew Research Center)

이러한 경향은 아시아계 유권자로부터도 발견된다. 아시아계 유권자의 오바마 후보 지지율은 2008년 62%에서 73%로 증대되었다. 2004년 선거에서 존 케리 민주당 후보가 얻은 아시아계로부터의 득표율 56%로부터 17% 포인트 증가한 지지율이다.

오바마 후보에 대한 인종별 지지율에서 감소한 유권자 집단은 백인 유권자 집단이 유일하다. 이 집단에서 오바마 후보에 대한 지지율은 43%에서 39%로 감소한 것으로 나타났다. 2008년 선거에서 오바마 후보의 백인 득표율이 2004년 선거에서 케리 후보가 획득한 41% 보다 높았음을 고려한다면, 작지 않은 비율의 백인 유권자가 오바마 대통령의 첫번째 임기에 대한 불만족을 표현한 선거라고 할 수 있다.

성별 유권자 구성은 2008년과 2012년 선거에서 변화가 없었다. 여성 유권자가 전체 투표자의 53%, 남성 유권자가 47%였다. 두 선거 모두에서 여성 유권자의 투표 참여 비중이 높았으며, 이들 여성 유권자의 오바마 후보에 대한 지지는 2008년 56%, 2012년 55%로 유지되었다. 여성 유권자들은 두 번의 선거 모두에서 10% 포인트 이상의 격차로 오바마 후보를 지지함으로써 오바마 대통령의 재선 성공에 기여한 것으로 평가할 수 있다.

2008년 대선과 비교하여 2012년 선거에서의 소득수준별 후보 지지율은 변화는 크지 않다. 3만 달러 이하 소득계층에서 오바마 후보에 대한 지지율은 2008년 65%에서 2012년 63%로 조금 낮아졌다. 3만 달러에서 5만 달러 사이의 소득계층에서 오바마 후보에 대한 지지율은 2008년 55%에서 2012년 57%로 소폭 상승했다. 5만 달러 이상의 소득 계층에서 오바마 후보에 대한 지지율은 2008년 49%에서 2012년 45%로 소폭 감소했다. 전체적으로 3만 달러 이하 저소득층에서의 오바마 후보에 대한 지지가 이어진 것으로 나타났다.

거주 지역 크기별 지지율의 변화 역시 전체적으로는 두드러지지 않는다. 대도시에서의 압도적인 오바마 후보 지지가 유지되었고(2008년 70%, 2012년 69%), 중소도시에서의 지지율 역시 변화가 없었다(2008년 59%, 2012년 58%). 소도시(small town)에서의 오바마 지지율은 2008년 45%에서 2012년 42%로 소폭 감소했다. 거주 지역 크기에 따른 지지율을 분석할 때 주목해야 할 곳은 교외지역(suburbs)이다. 이 지역 거주 인구가 전체 유권자의 47~49%에 이르고, 더불어 핵심적인 중산층 거주 지역이기 때문이다. 교외지역은 중산층 상층부가 거주하는 지역으로, 이들의 대체적인 가구당 연평균 소득은 20만 달러 정도다. 이 지역 거주자들은 일반적으로 '스타벅스 부

모(Starbucks Moms and Dads)'로 불리는데, 이들은 중도적 무당파이며 큰
정부에 비판적이고 사회적 이슈에서는 중도성향이며, 교육과 안보에 관심이
많은 유권자들이다. 특히 이들은 세금정책과 경기부양정책에 특별한 관심을
가진 유권자 집단이기도 하다. 이들의 선택은 오바마 후보의 '공정한 부담
(fair share)' 세금 공약을 '자신들을 포함한 부자증세'로 이해할 것인가, '자
신들을 포함한 중산층 살리기'로 받아들일 것인가로 요약된다.[8] 출구조사
결과는 후자로 나타났다. 이 지역에서 오바마 후보에 대한 지지율은 2008년
48%에서 2012년 50%로 증가했다.

4. 정책 이슈별 선호 및 지지 행태

2012년 선거에서 유권자가 생각하는 가장 중요한 이슈는 역시 '경제'였
다. 69%의 유권자가 경제를 가장 중요한 문제로 꼽았고, 18%의 유권자가
건강보험 문제를, 15%의 유권자가가 재정적자 문제를 선택했다. 이어 4%의
유권자가 외교정책을 중요한 문제로 생각하는 것으로 나타났다.

후보자에게 기대하는 자질로서는 29%의 유권자가 미래에 대한 비전을
제공하는 후보를 꼽았고 28%의 유권자들은 자신들과 '가치'를 공유하는 후
보를 원하는 것으로 조사되었다. 다른 한편 20%의 유권자는 자신들과 같은
(평범한) 유권자에 대한 관심을 가진 후보를, 19%의 유권자는 강력한 지도
자를 원하는 것으로 조사되었다.

경제상황과 관련해 유권자의 20%는 '양호'로 판단하고 그들의 90%가 오
바마 후보에게 투표한 것으로 나타났다. '양호하지 않음(not so good)'으로
평가한 유권자는 45%이고, 이들 가운데 55%는 오바마 후보를 지지한 반면,
42%는 롬니 후보를 지지했다. 경제상황을 '불량(poor)'으로 판단한 유권자

---

8) 『월 스트리트 저널』, 2012.7.17(http://online.wsj.com/article/SB100014240527023
0368400457750870173456764.html).

31% 중 12%가 오바마 후보를 지지한 반면, 85%는 롬니 후보를 지지한 것으로 조사되었다. 경제상황에 대한 긍정과 부정의 판단이 지지 후보를 결정하는 매우 결정적 역할을 했음을 보여주는 여론조사 결과다. 다른 한편, 2012년 9월 실시된 여론조사 결과9)에서 경제상황을 양호 혹은 양호하지 않음으로 판단한 유권자는 각각 16%와 42%였음을 고려한다면, 선거 직전의 경제상황에 대한 유권자 판단은 7% 포인트만큼 호전된 수치다. 2012년 10월과 선거 직전 발표된 실업률에서의 긍정적인 변화가 오바마 후보에 대한 지지를 확대했다고 해석할 수 있겠다. 경제 상황에 대해 긍정적으로 평가할수록 재선에 나서는 현직 대통령에 대한 지지율이 상승하는 경향이 이번 대선에서도 확인된다. 선거 직전 발표된 실업률의 하락은 따라서 오바마 후보 승리에 긍정적인 요인으로 작용했다고 보인다.

외교문제를 중요한 정책 이슈로 선택한 유권자 가운데 56%가 오바마 후보를 선택한 것으로 나타났다. 국제문제에서의 위기 상황에 대한 대처 능력에서도 57%의 유권자가 오바마 후보가 더 믿을 만하다고 응답했다.

정부의 역할과 관련한 이슈에 있어서 43%의 유권자는 문제 해결을 위한 정부의 적극적 행위를 선호하는 반면, 51%의 유권자는 정부가 너무 많은 일을 하고 있으며 더 많은 일들이 기업과 개인에게 맡겨져야 한다고 응답했다. 후자의 보수 성향 유권자의 75%가량이 롬니 후보를 지지한 반면, 전자의 진보 성향 유권자의 80%가량은 오바마 후보를 지지한 것으로 나타났다. 정부의 적극적-소극적 역할에 대한 이러한 출구조사 결과는 2012년 9월에 실시되었던 여론조사 결과와 크게 다르지 않은 것이다.10) 결국 정부의 역할에 대한 미국 유권자의 선호는 반분되어 있으며 여기에서의 차이가 투표 선택에서의 차이로 그대로 이어졌다.

투표 참여자 중 18%가 건강보험 문제를 가장 중요한 이슈라고 응답했다.

---

9) 『워싱턴 포스트』, 2012.9.29(http://www.washingtonpost.com/wp-srv/politics/polls/postabcpoll_20120929.html).

10) Quinnipiac's National Poll(http://www.quinnipiac.edu/institutes-centers/polling-institute/national/release-detail/?ReleaseID=1801).

이들 중 49%의 유권자는 건강보험 개혁법안의 폐기를 원하는 유권자였으며 이들 중 80%가 롬니 후보에게 투표했다. 반면 이들 유권자 중 44%의 유권자는 건강보험 개혁법의 유지 및 확대를 원하는 유권자였으며, 이들 가운데 90% 가량이 오바마 후보에게 투표한 것으로 나타났다. 2012년 9월 여론조사[11]에서의 건강보험 개혁법안 폐기를 선호하는 유권자가 54%였으나, 이들이 차지하는 비중이 투표일 직전 감소했다. 불과 두 달여 만에 건강보험 폐기를 원하는 유권자가 54%에서 49%로 감소한 것은 건강보험 관련 캠페인 메시지에서 오바마 후보의 전략이 더 효과적이었음을 반증하는 것이다.

세금정책과 관련하여, 33%의 유권자가 증세를 지지하는 것으로 조사되었고, 이들 가운데 73%가 오바마 후보를 지지했다. 반면 증세에 반대하는 유권자는 63%였으며, 이들은 61% 대 37%로 롬니 후보를 더 많이 지지하는 것으로 나타났다. 다른 측면에서, 모든 시민들에 대한 증세를 지지하는 유권자는 13%였으며, 47%의 유권자는 25만 달러 이상의 시민들을 대상으로 한 증세를 지지했고, 35% 유권자는 어떤 방식의 증세에도 반대하는 것으로 조사되었다. 부자증세에 찬성하는 유권자는 70% 대 29%로 오바마 후보를 더 지지한 반면, 부자증세에 반대하는 유권자는 75% 대 23%로 롬니 후보를 더 지지하는 것으로 나타났다.

Ⅳ. 주별 지지의 변화(2008~2012)

미국 대통령선거 결과는 538석의 선거인단에서 어떻게 270석을 확보하느냐의 문제로 귀결된다. 역대 선거에서 민주당과 공화당을 안정적으로, 혹

---

11) FOX News Polls(http://www.foxnews.com/politics/2012/09/12/fox-news-poll-obama-has-lead-over-romney-in-post-convention-poll/).

은 특정 정당을 예외 없이 지지한 주들의 경우 대선 후보 및 여론의 주목을
받지 못한다. 선거 결과가 충분히 예측되기 때문이다. 후보 및 정당의 입장
에서 이들 안전주(safe states)에서 지지를 호소하는 선거 캠페인을 전개하
는 것은 일종의 자원의 낭비일 뿐이며, 열세에 있는 후보 및 정당이 이들
주에서 선거 캠페인을 전개하는 것은 전략적 실패일 뿐이다. 선거 캠페인은
소위 격전주에서 진행되고 이들 주에서의 승리가 대선 승리의 관건이다. 이
러한 주들이 이번 대선에서 유독 많은 것으로 전망되면서 선거 직전까지
선거 결과를 예측할 수 없는 상황이 전개되었다.

　그러나 〈그림 6〉에 제시되었듯, 결과는 이들 격전주 모두에서 혹은 노스
캐롤라이나 주를 제외한 모든 격전주에서 오마바 후보의 승리로 끝났다. 특
히 오하이오 주는 최대 격전주로 간주되면서, 이곳에서의 승리가 롬니 후보
나 오바마 후보 모두에게 결정적으로 필요했다. 특히 역대 공화당 후보 가
운데 오하이오 주에서 승리하지 못한 후보가 대통령선거에서 승리한 전례가

〈그림 6〉 주별 선거인단 분포 결과

〈그림 7〉 2012년 대선과 오하이오 주

〈그림 설명〉 그림 왼편에 있는 학생은 다음처럼 말한다: "새 미국 지도가 좋아. 50개 주를 암기하는 것보다 훨씬 쉬운 지도잖아." 미국의 2012년 선거 결과는 50개 주 전체가 아니라 오하이오 주(등 몇몇 주)의 선거 결과가 좌우했다.

없다는 점이 강조되면서 선거 직전까지 집중적인 관심의 대상이었다. 〈그림 7〉이 그러한 상황을 대변한다. 같은 논리로 플로리다 주, 콜라라도 주, 노스 캐롤아나 주, 버지니아 주, 네바다 주, 뉴 햄프셔 주, 위스콘신 주, 아이오와 주 등이 마지막까지 박빙의 대결을 이어갔다.

〈표 3〉은 주별 선거 결과를 요약한 것이다. 격전 주 가운데에서도 플로리다 주에서의 두 후보 간 지지율 차이가 가장 적어서 0.88% 차이로 오바마 후보가 승리했다. 오하이오 주에서의 오바마 후보와 롬니 후보의 지지율 차이는 2.98%, 버지니아 주에서는 3.87%, 뉴 햄프셔 주는 5.58%인 것으로 나타났다.

플로리다 주에서의 인종별 인구 구성에서 특기할 만한 변화는 2008년 대선 대비 백인 유권자의 감소(71%에서 67%) 및 히스패닉 유권자의 증가(14%에서 17%)다. 이들 인종별 유권자 집단 중 히스패닉 유권자 집단에서

〈표 3〉 주별 후보별 득표율 및 선거인단 배분

	민주당 선거인단 수	공화당 선거인단 수	총 투표자	(오바마 투표자 수)- (롬니 투표자 수)	(오바마 득표율)- (롬니 득표율)(%)	오바마 득표율 (%)	롬니 득표율 (%)
앨라배마	0	9	2,074,338	-460,229	-22.19	38.36	60.55
알라스카	0	3	300,495	-42,036	-13.99	40.81	54.80
애리조나	0	11	2,306,559	-208,422	-9.04	44.45	53.48
아칸소	0	6	1,069,468	-253,335	-23.69	36.88	60.57
캘리포니아	55	0	13,038,547	3,014,327	23.12	60.24	37.12
콜로라도	9	0	2,569,217	137,948	5.37	51.49	46.12
코넷티컷	7	0	1,558,993	270,210	17.33	58.06	40.72
델라웨어	3	0	413,890	77,100	18.63	58.61	39.98
워싱턴 D.C.	3	0	293,764	245,689	83.63	90.91	7.28
플로리다	29	0	8,490,162	74,309	0.88	49.91	49.04
조지아	0	16	3,900,050	-304,861	-7.82	45.48	53.30
하와이	4	0	434,697	185,643	42.71	70.55	27.84
아이다호	0	4	656,742	-208,124	-31.69	32.40	64.09
일리노이	20	0	5,242,014	884,296	16.87	57.60	40.73
인디애나	0	11	2,624,534	-267,656	-10.20	43.93	54.13
아이오와	6	0	1,582,180	91,927	5.81	51.99	46.18
캔자스	0	6	1,159,971	-251,908	-21.72	37.99	59.71
켄터키	0	8	1,797,212	-407,820	-22.69	37.80	60.49
루이지애나	0	8	1,994,065	-343,121	-17.21	40.58	57.78
메인	4	0	713,180	109,030	15.29	56.27	40.98
메릴랜드	10	0	2,707,327	705,975	26.08	61.97	35.90
매사추세츠	11	0	3,167,767	732,976	23.14	60.65	37.51
미시간	16	0	4,737,975	449,313	9.48	54.13	44.64
미네소타	10	0	2,936,561	225,942	7.69	52.65	44.96

미시시피	0	6	1,285,584	-147,797	-11.50	43.79	55.29
미주리	0	10	2,757,323	-258,644	-9.38	44.38	53.76
몬태나	0	3	484,048	-66,089	-13.65	41.70	55.35
네브래스카	0	5	774,851	-174,844	-22.56	37.87	60.43
네바다	6	0	1,014,918	67,806	6.68	52.36	45.68
뉴햄프셔	4	0	710,972	39,643	5.58	51.98	46.40
뉴저지	14	0	3,645,887	644,698	17.68	58.22	40.54
뉴멕시코	5	0	783,757	79,547	10.15	52.99	42.84
뉴욕	29	0	6,660,442	1,757,642	26.39	62.45	36.06
노스캐롤라이나	0	15	4,505,372	-92,004	-2.04	48.35	50.39
노스다코다	0	3	322,932	-63,354	-19.62	38.70	58.32
오하이오	18	0	5,580,822	166,214	2.98	50.67	47.69
오클라호마	0	7	1,334,872	-447,778	-33.54	33.23	66.77
오레곤	7	0	1,789,270	216,313	12.09	54.24	42.15
펜실베이니아	20	0	5,753,506	309,840	5.39	51.97	46.59
로드아일랜드	4	0	446,049	122,473	27.46	62.70	35.24
사우스캐롤라이나	0	9	1,964,118	-205,704	-10.47	44.09	54.56
사우스다코다	0	3	363,815	-65,571	-18.02	39.87	57.89
테네시	0	11	2,458,577	-501,621	-20.40	39.08	59.48
텍사스	0	38	7,993,851	-1,261,719	-15.78	41.38	57.17
유타	0	6	1,019,815	-488,787	-47.93	24.69	72.62
버몬트	3	0	299,290	106,541	35.60	66.57	30.97
버지니아	13	0	3,854,489	149,298	3.87	51.16	47.28
워싱턴	12	0	3,125,516	464,726	14.87	56.16	41.29
웨스트버지니아	0	5	670,228	-179,313	-26.75	35.54	62.29
위스콘신	10	0	3,071,434	210,019	6.84	52.78	45.94
와이오밍	0	3	249,061	-101,676	-40.82	27.82	68.64
전체	332	206	128,690,507	4,737,032	3.68	50.96	47.28

오바마 후보는 21% 포인트의 지지율 우위를 보였으며(60% 대 39%), 이러
한 지지율 차이는 2008년 15% 포인트 우위를 상회하는 것이다. 이러한 히
스패닉 유권자 집단에서의 지지율 차이의 확대와 히스패닉 유권자의 비중
확대가 오바마 후보의 플로리다 주에서의 승리의 결정적 요인이다.

오하이오 주에서의 투표 참여자 인구 구성의 변화는 백인 유권자의 감소
(83%에서 79%)와 흑인 유권자 비중의 증대(11%에서 15%)로 요약될 수 있
다. 롬니 후보는 백인 유권자 집단에서 16% 포인트의 우위를 확보하면서
2008년 매케인 후보의 6% 포인트의 우위를 훨씬 상회하는 지지율을 확보하
는 선전을 했다. 그럼에도 불구하고 백인 투표자의 비중 감소와 96%의 지지
를 보이는 흑인 투표자의 비중 확대로 인해 오하이오 주에서 승리할 수 없
었다.

V. 나가며

2012년 미국 대통령선거는 오바마 대통령의 재선으로 막을 내렸다. 선거
막판까지 선거결과를 예단할 수 없을 만큼 박빙으로 전개되었다. 선거 결과,
일반 유권자 득표율에서는 큰 차이를 보이지 않았지만, 선거인단 득표수에
서는 큰 차이를 보였다.

미국 대선 역사상 최고액의 선거 캠페인 자금이 소진되었고 네거티브 선
거 캠페인 역시 역대 최고 수준으로 평가되는 선거 과정이었다. 그 과정에
서 보수와 진보의 정치세력이 공화당과 민주당을 중심으로 결집하면서 보수
―공화당 대 진보―민주당의 일대 회전이 이루어진 선거였다. 더불어 인구
구성에서의 변화와 그들 집단에서의 지지 성향의 차이가 승패를 가르는 주
요한 요인이었다는 분석이 지배적이다. 인종별 투표참여자의 구성변화 및
젊은층 유권자의 증가 등이 두드러진 특징을 보였다.

다른 한편, 캠페인 과정에서의 정책 이슈의 제기와 유권자 검증이 적극적으로 이루어지지 않았다는 점에서 오바마 대통령의 당선에 따른 정책에서의 통치위임(policy mandate)은 크지 않을 것으로 예상할 수 있다. 실제로 오바마 대통령은 재선 성공 이후에도 직무수행에 대한 만족도에서의 증가가 통상적인 수준에서만큼 이루어지지 않은 것으로 나타나고 있다. 선거 후 2013년 1월 9일 실시된 여론조사에 따르면,[12] 오바마 대통령의 업무수행 만족도는 52% 수준이다. 트루먼 대통령 이후 재선에 성공한 대통령 가운데 조지 W. 부시의 재선 시작 해(2005년)의 업무수행 만족도 50% 다음으로 낮은 만족도다. 대중으로부터 낮은 지지를 받는 대통령이 성공적으로 자신의 정책을 추진하는 것은 당연히 쉽지 않은 과제다. 이러한 결과는 2000년 이후 가속화되고 있는 정당간 대립이 일반 대중 사이에서도 강화된 결과이지만, 부분적으로는 선거를 통한 통합, 혹은 선거과정에서의 정책에 대한 통치위임이 적극적으로 이루어지지 않은 결과이기도 하다.

정책 대결보다는 후보자 개인 역량이 주된 관심과 평가의 대상이었던 한국의 대선 역시 광범위한 정책 위임이 이루어졌다고 보기 어렵다. 당연히 대통령 당선자가 임기 중 풀어가야 할 정책 과제 및 목표에 대한 광범위한 대중적 합의가 없다. 선거과정이 정책 과제와 목표에 대한 대중적 숙고를 통해 이루어 지지 못하면, 선거 이후 정치과정이 더 많은 갈등 속에 진행될 수밖에 없다. 51.4%와 51.8%의 득표율로 당선된 미국과 한국의 대통령들이 어떤 정치적 리더십을 통해 정책과제를 실현할 것인가의 새로운 테스트가 시작되었다.

---

12) (http://www.pbs.org/newshour/rundown/2013/01/obamas-approval-ratings-soar-advisers-work-on-campaign-orgs-legacy.html).

제4장

2012 미국 의회선거:
과정과 결과 그리고 의미

유성진 | 이화여자대학교

I. 서론

매 4년마다의 대통령선거와 매 2년마다의 의회선거라는 미국 선거에 있어서 선거주기의 차이는 그 자체로 독특한 모습을 발생시킨다. 선거주기의 차이에 따른 선거 결과의 일반적인 경향은 대통령선거와 의회선거가 동시에 치러지는 경우(on-year elections)에는 대통령 당선자의 정당이 의회선거에서도 승리를 거두는 경우가 많으나, 중간선거(midterm or off-year elections)의 경우에는 대통령 소속 정당이 의석을 잃는 경우가 빈번히 발생한다는 것이다.[1]

---

[1] 그러나 최근 네 차례의 중간선거 중 두 차례(1998년, 2002년)에서 대통령 소속정당이 이례적으로 의석수를 늘리는 결과로 이어졌다. 이러한 이례적 결과는 1998년의 경우

　동시선거에서 대통령 소속정당이 의회에서 승리하는 이유는 지난 정부에 대한 평가(retrospective voting)가 대통령선거와 의회선거의 결과에 유사한 영향을 미친다는 점, 그리고 대통령 당선자의 개인적 호감도가 의회선거의 결과에도 영향을 준다고 보는 편승효과(coattail effect)로 설명된다. 반면, 중간선거에서 대통령 소속정당이 의석수를 잃는 현상(midterm loss)은 대통령 당선자로부터 유도되는 편승효과가 부재할 뿐만 아니라, 현직 대통령 혹은 여당에 대한 초반의 높은 기대감이 시간이 흐름에 따라 실망감으로 이어져 임기 중반에 치러지는 선거에서는 정부 정책에 대해 부정적인 평가를 하는 유권자들이 적극적으로 투표에 임하게 됨으로써 집권 정당의 패배가 목격된다는 것이다.

　선거주기의 차이로 인해 나타나게 되는 미국 선거에서의 특징은 선거의 양상이 어떠한 모습을 갖고 있느냐에 따라 결과에 대한 설명이 달라질 수 있음을 의미한다. 특히 대통령선거와 의회선거가 동시에 벌어지는 경우에 두 선거 간 결과의 연동성은 학문적인 관심을 넘어서 향후 나타날 정치적 변화를 가늠할 수 있다는 점에서 실천적으로도 매우 중요하다. 높은 관심 속에서 치러진 대통령선거와 달리 의회선거는 그 중요성에도 불구하고 논의가 상대적으로 부족하였다. 이는 연방제 국가라는 미국 정치제도의 특성으로 인해 지역적으로 매우 다른 양상 속에서 치러지는 까닭에 그 내용이 대단히 복잡하기 때문이다. 그러나 입법부와 행정부를 축으로 엄격한 권력분립이 이루어져 있는 미국에서 행정부 권력을 결정하는 대통령선거와 함께 입법부의 권력을 결정하는 의회선거의 결과 역시 중요한 의미를 갖게 됨은 두말할 나위가 없다.

　이러한 차원에서 이 글은 의회선거의 과정과 결과를 중심으로 2012년 미국 선거의 모습을 재조명하려는 목적을 가지고 쓰여졌다. 2012년은 대통령

당시 미국의 경제호황 속에서 클린턴 대통령의 탄핵에 여론이 호의적으로 반응하지 않았다는 점, 그리고 2002년은 그 전 해 9월에 발생한 테러의 여파가 아직 가시지 않았다는 점이 작용한 것으로 이해된다.

선거와 의회선거가 같이 행해지는 동시선거로서 오바마 행정부의 향방은 물론 향후 미국정치의 변화를 살펴볼 수 있는 중요한 시기였다. 그렇다면 2012년 미국의 의회선거는 어떠한 구도 속에서 치러졌고 그 과정과 결과는 어떠하였는가? 과거의 동시선거와 비교해 볼 때 차이점과 유사점은 무엇이 있는가? 대통령선거의 결과와 결부하여 의회선거의 결과는 향후 미국 정당정치의 전개에 어떠한 의미를 주는가?

II. 예비적 논의: 미국 의회선거의 역사적 경향 그리고 동시선거

4년 임기의 대통령, 2년 임기의 하원의원, 6년 임기의 상원의원 등 각기 다른 임기를 갖고 있는 미국 선출직의 임기 차이로 인해 2년마다 치러지는 연방의회선거는 주기적으로 대통령선거와 동시에 진행되기도 혹은 대통령선거 없이 의회선거만으로 치러지게 된다. 2012년 미국 선거는 대통령선거와 의회선거가 동시에 치러지는 '동시선거(On-year election)'로서 대통령선거와 의회선거 간 연동이 나타날 가능성이 높은 선거였다. 미국 의회선거 결과의 일반적인 역사적 경향에 관한 논의와 함께 동시선거에서의 특징을 분석한 논의들을 정리하면 다음과 같다.

미국 의회선거 결과에서 목격되는 가장 일반적인 현상은 현직의원들의 재선율이 매우 높다는 점이다. 이러한 경향은 6년 임기의 상원에 비해 2년 임기의 하원에서 더욱 뚜렷하게 나타난다. 짧은 임기로 인해 재선을 가장 큰 당면과제로 삼고 있어 지역구 유권자들의 이해관계를 최우선으로 할 수밖에 없는 하원의원들은 높은 인지도를 누릴 뿐 아니라 정부의 각종 정책 입안과정에 직/간접적으로 관여하였음을 홍보할 수 있는 이점을 갖고 있기에 선거환경에서 도전자보다 유리한 입장에 서게 된다(Mayhew 1974).

〈표 1〉은 1980년 이후 미국 의회선거에서 현직의원들의 재선성공률을

〈표 1〉 미국 의회 현직의원 재선성공률(%): 1980~2010

연도	상원	하원
1980	55	91
1982	93	90
1984	90	95
1986	75	98
1988	85	98
1990	96	96
1992	83	88
1994	92	90
1996	91	94
1998	90	98
2000	79	98
2002	86	96
2004	96	98
2006	79	94
2008	83	94
2010	84	85
평 균	84.8	93.9

주: 수치는 각 연도의 재선율. 어둡게 표시된 연도는 정당 간 행정부 권력이 교체된 해임
출처: http://www.opensecrets.org/bigpicture/reelect.php?cycle=2010

보여주고 있다. 평균적으로 보았을 때, 미국의 상원의원들은 재선에 임할
때 84.8%의 성공률을 보여주며 하원의 경우 93.9%의 현역의원들이 재선에
성공하는 비율을 보여준다. 내용을 조금 더 자세히 살펴보면, 상원은 55퍼
센트를 기록했던 1980년을 제외하곤 대부분 80퍼센트를 상회하는 재선성공
률을 보였으며, 하원의 경우 1992년과 2010년을 제외하고는 모두 90퍼센트

가 넘는 성공률을 기록했다.[2] 이와 같은 수치가 보여주는 바는 열 명 중 8~9명의 상원의원이, 열 명 중 아홉 명이 넘는 하원의원이 경쟁자들의 도전을 물리치고 재선에 성공했다는 점이다.[3]

정당정치라는 측면에서 보면 이렇듯 현역의원들의 높은 재선성공률은 의회 내에서 정당 간 권력교체가 그리 빈번하게 발생하지 않음을 의미한다. 실제로 1949~50년 2년을 제외하면 하원은 1931년 72대 회기 이래로 1994년까지 60년 이상 민주당에 의해 주도되었던 바 있고 이러한 상황은 일정부분 현역의원들의 높은 재선성공률에 의한 수치이다.[4]

미국 의회선거에서 나타나는 또다른 경향은 선거의 양상이 동시선거이냐 혹은 중간선거이냐에 따라서 다른 결과를 보인다는 것이다. 즉, 대통령선거와 의회선거가 동시에 치러지는 동시선거의 경우 대통령선거와 의회선거의 연동이 높게 나타나 대통령 소속정당이 의회선거에서도 선전하는 경우가 많다. 하지만 대통령 임기 중반에 치러지는 선거의 경우 의회선거만 진행되기 때문에 중간평가의 성격을 띠게 되는 경우가 많아서 대통령 소속정당이 의석을 잃는 경우가 빈번히 발생한다. 이와 같은 특징은 미국 의회선거의 역사적 결과에서 명확히 목격된다. 1980년 선거 이후 미국 의회선거결과를 정리한 〈표 2〉를 보자.

---

2) 상원에서 발견되는 한 가지 흥미로운 사실은 민주당에서 공화당 혹은 공화당에서 민주당으로 행정부의 정치권력이 교체되는 동시선거시기에 재선성공률이 상대적으로 낮았다는 점이다. 그러나 매 선거마다 1/3만이 선거에 임하는 상원의 구조적 특성은 재선에 실패한 상원의원들이 실제 수치에 있어서 그리 많지 않음을 시사한다.

3) 여기서 한 가지 간과되지 말아야 할 점은 재선성공률이 재선에 임한 현역의원들 중 선거에서 승리한 의원들의 비율을 나타낸다는 점이다. 즉, 은퇴나 당내 경선에서 실패하여 본선거에 임하지 않은 의원들은 계산에서 제외된다. 때때로 현역의원들이 여러 가지 이유로 본선거에 진출하지 못하는 경우가 있는데 1980년과 1992년, 그리고 2010년의 경우가 그러하다.

4) 현역의원들의 높은 재선성공률은 그 이후에도 여전히 유지되었으나, 1990년대 중반 이후에는 정당 간 세력균형이 이루어진 까닭에 의회권력의 교체가 이전보다 상대적으로 빈번해졌다. 오랜 기간 민주당에 의해 주도되어왔던 의회를 1995년 탈환한 공화당은 12년 후인 2006년 중간선거에서 민주당에게 의회권력을 내주었고, 2010년 중간선거에서 의회권력은 다시 공화당으로 넘어갔다.

〈표 2〉 미국 의회선거결과: 1980~2012

연도	상원		하원	
	민주당	공화당	민주당	공화당
1980	46 (-12)	53 (+11)	244 (-33)	191 (+33)
1982	46 -	54 (+1)	272 (+28)	163 (-28)
1984	47 (+1)	53 (-1)	253 (-19)	182 (+19)
1986	55 (+8)	45 (-8)	258 (+5)	177 (-5)
1988	55 -	45 -	258 -	177 -
1990	56 (+1)	44 (-1)	270 (+12)	164 (-13)
1992	57 (+1)	43 (-1)	258 (-12)	176 (+12)
1994	47 (-10)	53 (+10)	204 (-54)	230 (+54)
1996	45 (-2)	55 (+2)	206 (+2)	228 (-2)
1998	45 -	55 -	211 (+5)	223 (-5)
2000	50 (+5)	50 (-5)	211 -	221 (-2)
2002	48 (-2)	50 -	205 (-6)	229 (+8)
2004	44 (-4)	55 (+5)	201 (-4)	232 (+3)
2006	49 (+5)	49 (-6)	233 (+32)	202 (-30)
2008	55 (+6)	41 (-8)	256 (+23)	178 (-24)
2010	51 (-4)	47 (+6)	193 (-63)	242 (+64)

주: 수치는 의석수, 괄호안 수치는 증감
　어둡게 표시(■)된 연도는 동시선거를, 그렇지 않은 연도는 중간선거를 나타냄

〈표 2〉에서 어둡게 표시된 부분은 동시선거의 경우를, 그렇지 않은 경우는 중간선거의 경우를 나타낸다. 역사적 경향을 보다 선명하게 보기 위해서 하원에 집중해 보면, 선거의 양상에 따라 의회선거의 결과는 분명한 차이를 보인다. 즉, 한두 차례 예외적인 경우를 제외하곤 대부분의 동시선거에서 대통령 소속정당이 의석을 늘린 반면, 중간선거에서는 대통령 소속정당이 의석을 잃고 있다. 공화당 레이건 행정부 시절 1980년, 1984년, 1988년 세 차례의 동시선거 중 두 차례에서 공화당이 의석수를 늘렸던 반면, 1982년, 1986년, 1990년 세 차례의 중간선거에서는 모두 야당이었던 민주당이 이전보다 많은 의석수를 가졌다. 그 이후 의회선거의 결과를 보면 민주당 클린턴 행정부 시기였던 1990년대에 1994년 공화당의 역사적인 중간선거 승리가 두드러지며, 2000년대 이후에도 2004년, 2006년, 2008년, 2010년 등 대부분의 선거를 보면 동시선거에서 대통령 소속정당의 선전, 중간선거에서 야당의 약진이라는 역사적 패턴을 반복하고 있음을 알 수 있다.

동시선거에서는 여당이, 중간선거에서는 야당이 우세를 나타내는 이러한 경향은 일반적으로 '부침이론(surge and decline theory)'에 근거해서 설명된다. 캠벨(Angus Campbell 1960)에 따르면, 동시선거에서는 평소 정치적 관심과 투표 의사가 낮은 "주변부 유권자들(peripheral voters)"조차 후보와 이슈 등 단기적 자극에 고무되어 투표에 참여할 뿐 아니라, 우세한 대통령 후보와 그의 소속 정당에 표를 몰아주는 현상을 보인다. 반면에 의회선거만 치러지는 중간선거에서는 선거에의 참여유인이 그리 많지 않은 까닭에 주변부 유권자들의 투표 참여율이 떨어지고 열성 유권자들만이 투표에 참여하게 되는데 특히, 집권정당에 불만을 가진 유권자들이 항의 및 심판을 목적으로 투표에 적극적으로 임하게 됨으로써 야당에게 유리한 결과가 발생하는 경향을 보이게 된다(Campbell 1960; Erikson 1988; Katona 1975; Key 1964; Lau 1985).

같은 맥락에서 동시선거에서 대통령 소속정당의 우세는 "편승효과(Coattail Effect)"에도 근거하여 설명된다. 즉, 동시선거에서 인기 있는 대통령 후보의 존재는 같은 소속 정당의 의회선거 후보들에게 긍정적인 효과를 가져와 해당 정당의 의회선거 우세로 이어지는 경우가 많은데, 중간선거의 경우 이러한 효과가 부재하기 때문에 대통령 소속 정당이 의회선거에서 열세를 보이는 경향이 있다는 것이다(Calvert and Ferejohn 1983; Campbell 1991; Ferejohn and Calvert 1984; Oppenheimer *et al.* 1986).[5]

이른바 "편승효과"에 근거한 설명은 대통령의 인기 정도가 의회선거의 결과에 영향을 미치며 이에 따라 대통령 소속정당이 의회선거에서 약진 혹은 열세를 보일 수 있다는 것이다. 이러한 경향을 확인하기 위해서는 대통령 업무수행지지율과 의회선거결과 간의 연동성을 살펴볼 필요가 있다. 즉, 선거 직전의 대통령 업무수행지지율이 의회선거에서 대통령 소속정당의 성과에 영향을 미칠 수 있다는 전제가 성립하며 이러한 전제 아래 역사적 추이를 살펴볼 필요가 있는 것이다. 1980년대 이후 대통령 업무수행지지율과 의회선거에서 대통령 소속정당이 어떠한 성과를 거두었는지 정리하면 〈표 3〉과 같다.

2012년과 같이 현직대통령이 재선에 임한 동시선거의 경우에 초점을 맞추어 보면 유사한 경우는 1984년, 1996년, 2004년 세 차례였다. 1984년의 레이건과 1996년의 클린턴 당시 대통령은 50퍼센트가 넘는 지지율을 보이고 있고 이들의 업무수행을 불신하는 비율은 30퍼센트 대에 지나지 않는다. 해당 연도의 의회선거 결과를 보면 1984년에는 레이건의 소속정당인 공화당이 하원에서 크게 약진하는 모습을 보였던 반면, 1996년 클린턴의 소속정당인 민주당은 대통령의 높은 인기에도 불구하고 의회선거에서 그다지 좋은 성과를 보이지 못했다. 한편, 부시(George W. Bush) 대통령이 재선에 임했던 2004년의 경우는 대통령지지율이 50퍼센트에 미치지 못했고 불신임률 또한 같은 수치를 보여 상반된 평가가 공존하는 모습을 보였으나 의회선거

---

5) 중간선거에서 집권당의 실패에 관한 또다른 설명으로는 알리시나와 로젠탈의 논의가 있다. 중간선거에서는 임기 중반에 치러져 처벌할 집권정당이 분명하게 존재할 뿐 아니라 동시선거에서 발현된 행정부-유권자 간 정책적 합의점이 시간이 흘러갈수록 멀어지는 경향이 존재하기 때문에 정책적 균형회복을 위한 유권자들의 욕구가 강렬하게 분출될 계기가 된다(Alesina and Rosenthal 1995).

〈표 3〉 선거직전 대통령지지율(%)과 의회선거

현직 대통령	조사기간		지지율 (민주/공화/무당)	불신임률	소속정당 의석수 증감	
					상원	하원
레이건	1984	10.25~28	58 (26/92/62)	33	-1	+19
	1988	10.20~23	51 (25/86/55)	38	0	0
부시(Sr.)	1992	10.12~14	34 (13/64/32)	56	-1	+12
클린턴	1996	10.25~28	54 (86/19/46)	36	-2	+2
	2000	10.24~27	57 (84/23/56)	38	+5	0
부시(Jr.)	2004	10.28~30	48 (8/90/42)	48	+5	+3
	2008	10.22~25	31 (7/63/24)	66	-8	-24

출처: 갤럽(http://www.gallup.com/poll/124922/Presidential-Approval-Center.aspx)

에서 공화당이 의석수를 늘리는 성과를 보였다. 이와 같은 상반된 결과는 최근 들어 대통령의 인기 여부에 따른 편승효과가 과거에 비해서 약화되고 있음을 보여준다.

이상의 내용을 종합해보면, 미국 의회선거의 결과는 현직의원들의 높은 재선율에 따라 그 변동의 폭이 그리 크지 않다. 그러나 대통령선거와의 선거주기의 차이로 인해 나타나는 구도상의 차이 즉, 동시선거 혹은 중간선거라는 선거의 양상은 역사적으로 미국의 의회선거 결과에 특징적인 경향성을 보여왔고 이는 '편승효과', '선거의 강렬성,' 그리고 '중간평가' 등의 논의를 통해 설명되어왔다. 그렇다면 2012년의 선거양상은 어떠하였고, 그 결과는 어떠한 모습으로 귀결되었는가?

III. 2012년 미국 의회선거의 구도와 결과

2012년은 대통령선거와 의회선거가 동시에 진행되는 동시선거(On-year election)의 경우였다. 미국 헌법에 규정되어 있는 임기에 따라 하원 435석과 상원의 1/3인 33석이 선거의 대상이었으며, 동시선거인 만큼 대통령선거와 의회선거의 연동이 나타날 가능성, 소위 '편승효과'가 나타날 가능성이 높은 선거였다. 2012 의회선거에서의 주요 관심사는 민주당에 의해 근소하게 지배되고 있는 상원에서 과연 다수당 교체가 일어날 것인가와 2010년 중간선거에서의 압승을 통해 장악한 공화당 지배의 하원에서 정당 간 균형이 얼마나 회복될지였다.

1. 선거의 구도 I: 현직자 효과

선거직전 의회선거의 구도를 살펴보자. 2012년 의회선거의 전체적인 양상을 보면 〈표 4〉 및 〈표 5〉와 같다. 상원의 경우를 먼저 보면, 2010년 중간선거 결과 상원은 51석의 민주당이 근소하게 우위를 점하고 있었다. 그러나 2012년 임기가 끝나 새로이 선거에 나서는 의석수는 민주당 21석,

〈표 4〉 2012 미국 의회선거 양상: 상원

정당	2010년 선거결과	2012 임기계속	2012 선거대상*	현직자 재선도전	공석선거
민주당	51	30	21	15	6
공화당	47	37	10	7	3

* 선거 대상 33석 중 2석은 소속정당이 없는 무소속 후보의 당선이 유력한 버몬트 주와 메인 주임. 버몬트 주에서는 샌더스(Bernie Sanders), 메인 주에서는 킹(Angus King)이 당선이 유력한 무당파 후보로 민주당 지지성향임

〈표 5〉 2012 미국 의회선거 양상: 하원

정당	2010년 선거결과	2012년 선거직전	현직자 재선도전	공석선거			
				선거구 재획정	경선패배	은퇴	소계
민주당	193	190	162	5	2	21	28
공화당	242	240	215	3	3	19	25

공화당 10석으로 선거의 기본구도는 민주당이 잃을 것이 많은 선거였다고 볼 수 있다. 비록 1980년 이후 상원의원선거에서 현직자가 승리했던 비율이 84.8%로 현직자가 유리한 결과가 나타났지만 선거의 대상이 민주당이 압도적으로 많다는 점, 그리고 민주당 21석 중 30%에 달하는 6석이 공석선거라는 사실은 현직자 효과에도 불구하고 선거결과에 따른 위험부담이 공화당보다는 민주당에게 큰 구도였음을 알려준다.

하원의 경우는 상원과 달리 의석수 전체가 선거에 임하게 됨으로 전체적인 구성이 결과에 중요한 영향을 미치게 된다. 〈표 5〉가 보여주듯이 선거직전의 구성은 240석을 차지한 공화당이 190석의 민주당을 크게 앞서는 모습이었다. 앞에서 논의된 "현직자 효과"와 관련하여 주목해야 할 사실은 이번 선거에서 재선에 나서는 현직자들의 양 당 분포인데, 162명의 민주당 하원의원들이 재선에 도전한 반면에 공화당의 재선도전 현직자는 215명에 달했다. 현직자이지만 당내 경선에서 패배했거나 선거구 재획정, 은퇴 등의 이유로 재선에 임하지 않는 경우는 민주당 28석, 공화당 25석으로 나타났다. 이러한 양상은 1980년 이후 하원에서 현역의원이 승리하는 비율이 93.9%였다는 점을 상기할 때 2012년 하원의원선거에서 공화당이 구도상의 우위를 점하고 있음을 알려주는 것이다.

2. 선거의 구도 II: 편승효과?

2012년 선거와 같이 대통령선거와 의회선거가 같이 치러지는 동시선거의 경우 두 선거 간 연동성 즉, 편승효과의 영향이 나타날 가능성이 높다. 이는 동시선거에서 대통령의 인기에 힘입어 대통령 소속정당 후보들이 선거에서 선전하는 경향으로 재선에 임하는 오바마 대통령의 지지율이 어떠한 모습을 보였느냐가 중요하다.

오바마 대통령의 지지율 검토에 앞서 과거 현직 대통령이 재선에 임할 때 지지율의 패턴이 어떻게 나타났는지 살펴보면 〈표 6〉과 같다. 1980년 선출되어 1984년 재선에 임했던 공화당 레이건 대통령은, 첫 임기 4년 동안 평균 50.3%의 지지율을 기록하였고 첫 임기 마지막 해인 1984년의 지지율 평균은 55.9%, 선거 직전의 지지율은 58%로 나타났다. 절반이 넘는 유권자들에게 지지를 받은 레이건의 공화당은 1984년 동시선거로 치러진 하원선거에서 19석을 늘리는 성공적인 결과를 보였다(〈표 3〉 참고). 1992년 선출되어 1996년 재선에 임한 민주당 클린턴 대통령의 경우 첫 임기 4년 동안 평균 49.6%, 첫 임기 마지막 해인 1996년에 평균 55.8%, 그리고 선거 직전의 여론조사에서는 54%의 지지율을 기록하여 레이건과 유사한 양상을 보였지만 1996년 의회선거의 결과는 차이를 보였다. 이 해 동시선거로 치러진 의회선거에서 민주당은 상원에서 2석을 잃고 하원에서 2석을 늘려 대통령

〈표 6〉 대통령 지지율(%): 1980년 이후 연임대통령

	첫 임기(4년)	첫 임기 마지막 해	선거 직전
레이건	50.3	55.9	58
클린턴	49.6	55.8	54
부시(Jr.)	60.9	50.2	48
오바마	49.1	48.1	51

출처: 갤럽(http://www.gallup.com/poll/124922/Presidential-Approval-Center.aspx)

지지율에 따른 편승효과가 나타나지 않았다.

한편, 2000년 민주당 후보 고어를 논란 끝에 누르고 대통령이 된 공화당 부시(George W. Bush) 대통령은 첫 임기 4년 평균 60.9%라는 높은 지지율을 누렸으나 첫 임기 마지막 해인 2004년에는 50.2%, 선거 직전의 여론조사에서는 48%로 지지율이 하향세를 그렸다. 그러나 2004년 동시선거로 치러진 의회선거에서 공화당은 상원에서 5석, 하원에서 3석을 늘려 대통령 지지율이 의회선거 결과와 무관한 모습을 나타냈다.

2012년 재선에 임한 민주당 오바마 대통령은 첫 임기 평균 49.1%, 첫 임기 마지막 해인 2012년 평균 48.1%의 지지율을 보였고, 선거 직전의 여론조사에서는 51%로 지지율이 소폭 상승하는 모습으로 선거를 맞게 되었다. 이와 같은 수치는 레이건과 클린턴의 경우보다 낮으나 전임 부시 대통령와 비교해서는 유사한 지지율이다. 동시선거에서 대통령 지지율과 의회선거의 연동성이라는 측면에서 오바마 대통령의 지지율은 역사적인 전례에 비추어 판단할 때 민주당에 긍정적인 효과를 기대하기 어려운 구도였다. 다만 한 가지 민주당에 긍정적인 신호는 오바마 대통령 첫 임기 동안 지지율의 변화모습이다. 〈그림 1〉이 보여주는 것처럼 오바마 대통령은 임기 첫 해에

〈그림 1〉 오바마 대통령 업무수행 지지율: 2009~2012

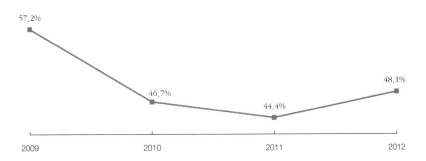

57.2%
46.7%
44.4%
48.1%

2009   2010   2011   2012

주: 임기 중 각 해의 평균임
출처: Gallop Daily Tracking(http://www.gallup.com/poll/159965/obama-averages-approval-first-term.aspx?utm_source=tagrss&utm_medium=rss&utm_campaign=syndication)

기록했던 57.2%라는 높은 지지율이 두 번째, 세 번째 해에 접어들면서 44.4%로 낮아지는 추세를 보였지만, 첫 임기 마지막 해인 2012년에 48.1%로 다시 높아져, 지지율의 상승국면에서 선거를 맞이하게 되었고 이러한 변화는 민주당이 의회선거에서 선전할 수 있는 밑바탕으로 작용할 가능성을 보여주었다.

3. 선거의 구도 III: 2010 인구센서스와 선거구재획정

2012년 동시선거의 선거구도에 영향을 미칠 또 하나의 특징적 요인은 선거구재획정이다. 미국의 의회선거는 매 10년마다 치러지는 인구센서스 결과에 따라 새로이 획정된 선거구에 근거해서 치러진다. 2012년 의회선거는 2010년 인구센서스에 따라 재획정된 선거구에서 치러지는 첫 번째 선거가 되는데 2010년 인구센서스에 따른 선거구재획정 결과를 보면 〈표 7〉과 같다.

재획정 결과 선거구가 증가한 주는 텍사스, 플로리다, 애리조나, 조지아, 사우스캐롤라이나, 유타, 네바다, 워싱턴 주 등 모두 8개 주인데 대부분 공화당이 강세를 보이는 지역이거나 민주/공화가 접전을 벌이는 지역이다. 반면, 선거구가 감소한 주들은 뉴욕, 매사추세츠, 뉴저지, 펜실베이니아 주 등 민주당 강세지역으로 구성되어 있어 전체적인 구도에 있어서 공화당에 유리한 결과를 보여준다.

선거구의 재획정에 다른 지역구의 숫자 변화와 더불어 중요한 사실은 변화된 지역구 숫자에 근거하여 지역구를 조정하는 권한이 대부분 주 의회에 부여되어 있다는 사실이다. 〈표 7〉에 나타난 것처럼 2010년 인구센서스에 따라 지역구 개수가 변한 18개 주 중 14개 주가 주의회의 다수당에게 지역구 재획정 권한을 부여하고 있는데, 이 중 10개 주의 의회에서 공화당이 다수당의 위치를 차지하고 있다. 구체적으로 선거구가 어떻게 재획정되었는지에 관해서는 세밀한 분석이 선행되어야 하겠지만 재획정 권한을 갖고 있는 주의회의 대다수를 공화당이 장악하고 있었다는 사실은 재획정의 결과가

〈표 7〉 2010 인구센서스에 따른 선거구재획정 결과

선거구 증가 주			선거구 감소 주		
		재획정 주체			재획정 주체
텍사스	(+4)	주의회다수당(공화)	뉴욕	(-2)	주의회다수당(양분)
플로리다	(+2)	주의회다수당(공화)	오하이오	(-2)	주의회다수당(공화)
애리조나	(+1)	독립위원회*	일리노이	(-1)	주의회다수당(민주)
조지아	(+1)	주의회다수당(공화)	아이오와	(-1)	자문위원회**
사우스캐롤라이나	(+1)	주의회다수당(공화)	매사추세츠	(-1)	주의회다수당(민주)
유타	(+1)	주의회다수당(공화)	미시간	(-1)	주의회다수당(공화)
네바다	(+1)	주의회다수당(양분)	뉴저지	(-1)	정당위원회***
워싱턴	(+1)	독립위원회*	펜실베이니아	(-1)	주의회다수당(공화)
			루이지애나	(-1)	주의회다수당(공화)
			미주리	(-1)	주의회다수당(공화)

* Independent Commission, ** Advisory Commission, *** Party Commission
출처: http://www.electionprojection.com/2012elections/redistricting12.php

적어도 공화당에게 불리하지는 않을 것임을 짐작케 한다.6)

4. 2012 의회선거: 예측과 결과

전체적인 구도에서 공화당에 유리하였던 2012년 의회선거의 예측과 결과
는 어떠하였는가? 지역 여론조사 결과에 기반하여 선거 직전에 발표된 2012
년 미국 상원의원선거의 전망은 〈표 8〉, 하원의원선거의 전망은 〈표 9〉와

---

6) 앞에서 제시된 〈표 5〉의 내용은 이러한 짐작을 간접적으로 뒷받침한다. 선거구재획정
   으로 지역구가 조정된 결과 민주당은 5곳의 지역구가 공석선거지역이 되어 손실을 입
   었다. 같은 방식으로 재조정된 공화당 지역구는 세 곳에 불과하다.

같다.[7]

먼저 상원의원선거의 전망을 살펴보면, 무당파의 승리가 점쳐지는 지역을 제외하고 민주/공화 양 당의 후보들이 격돌한 총 31개 의석 중 민주당의 승리가 점쳐지는 지역은 12석, 공화당의 승리가 점쳐지는 지역은 6석으로 예측되었다. 박빙의 승부를 펼치고 있지만 민주당 후보가 근소하게 앞서고 있는 지역은 플로리다, 오하이오, 펜실베이니아 주 등 세 곳이었으며, 민주/공화 양 당의 후보들이 접전을 벌이고 있는 지역은 모두 10곳으로 전망되었

〈표 8〉 2012 미국 의회선거 예측전망: 상원[8]

민주당 (45)*				공화당 (43)*		
확실(6)	우세(6)	경합우세(3)	경합(10)	경합우세	우세(1)	확실(5)
캘리포니아 델라웨어 매릴랜드 미네소타 뉴욕 로드아일랜드	하와이 마이애미 뉴저지 뉴멕시코 워싱턴 웨스트버지니아	플로리다 오하이오 펜실베이니아	애리조나 코네티컷 인디애나 매사추세츠 미주리 몬태나 네바다 노스다코타 버지니아 위스콘신		네브래스카	미시시피 테네시 텍사스 유타 와이오밍

* 이번 선거에서 재선에 나서지 않는 민주당과 공화당의 상원의원들(각각 30명과 37명)을 포함한 수치임

출처: http://www.realclearpolitics.com/epolls/2012/senate/2012_elections_senate_map.html

---

7) 예측치에 관한 내용은 모두 리얼클리어폴리틱스(www.realclearpolitics.com)의 자료를 기반으로 하여 재구성되었다.

8) 무당파로 선거에 임한 버몬트 주의 샌더스(Bernie Sanders) 의원은 71%라는 압도적인 득표율로 재선에 성공하였고, 메인 주의 킹(Angus King)은 53%의 득표율로 연방상원의원이 되었음.

다. 여론조사를 통해 전망한 대로 결과가 나온다면 민주당과 공화당이 각각 45석과 43석을 확보하고 있어 상원의 다수당 여부는 10개 주의 경합지역에서 어느 정당이 승리를 거두느냐에 달려 있었다.

선거의 최종결과는 열 곳의 경합지역 중 애리조나와 네바다를 제외한 8곳에서 민주당 후보가 승리를 거둠으로써 기존 30석에 이번 선거에서 승리한 23석을 더해 상원에서 다수당의 위치를 더욱 공고히 하였다. 반면 공화당은 경합지역의 패배로 인해 최종 45석으로 지난 의회보다 두 석을 잃고 말았다. 애초의 예상대로 선거의 승패는 경합지역에서 갈렸는데 특히 10곳 중 7곳에 해당하는 공석선거지역에서 민주당이 6곳을 석권하면서 승리하였다.[9] 이와 같은 사실은 2012년 상원의원선거에서도 기존과 같이 현직자 우세현상이 지속되었음을 보여주는 것으로 현직자가 재선에 나서지 않은 지역 즉, 공석선거에서의 결과가 여전히 의회선거에서 중요함을 의미한다.

다음으로 하원의 예측과 결과를 살펴보자. 〈표 9〉는 지역 여론조사 결과에 기반하여 전망된 2012년 하원의원선거의 예측을 보여주고 있다. 이에 따르면, 접전지에서의 우세지역을 포함해 민주당이 178석, 공화당이 224석을 차지할 것으로 예상되었으며 승부를 알 수 없는 경합지역은 33곳으로

〈표 9〉 2012 미국 의회선거 예측전망: 하원

민주당 (178)			경합*	공화당 (224)		
확실	우세	경합우세		경합우세	우세	확실
156	9	13	33	13	18	193

* 경합지역(33개): 애리조나, 캘리포니아 7개 선거구, 콜로라도, 코네티컷, 플로리다, 조지아, 아이오와 2개 선거구, 일리노이 4개 선거구, 켄터키, 미시간 2개 선거구, 미네소타, 뉴햄프셔, 네바다, 노스캐롤라이나, 뉴욕 3개 선거구, 오하이오 2개 선거구, 펜실베이니아, 텍사스, 유타
출처: http://www.realclearpolitics.com/epolls/2012/house/2012_elections_house_map.html

---

9) 경합으로 분류된 지역 중 공석선거지역은 애리조나, 코네티컷, 인디애나, 매사추세츠, 노스다코타, 버지니아, 위스콘신 주 등 7곳이다. 이 지역 중 애리조나 주의 플레이크(Jeff Flake)만이 유일하게 승리를 거둔 공화당 후보이다.

나타났다. 이러한 전망은 2012년 연방하원에서도 공화당의 우세가 이어질 것임을 의미하는 것으로 관심의 초점은 경합지역의 승부가 어떻게 될지 그리고 그것이 하원에서 민주/공화 양당 간 격차에 어떠한 결과를 가져올지 여부였다.

경합지역의 결과에 초점을 맞추어 보면, 총 33개의 경합지역에서 민주당과 공화당은 각각 21곳, 12곳에서 승리를 거두었다. 이를 보다 세분화해서 살펴보면, 민주당과 공화당의 현역의원들이 도전자를 물리치고 승리한 경우(총 14석)가 각각 7차례씩 있었고, 도전자가 상대정당의 현역의원을 물리치고 승리한 경우(총 11석)가 민주당 8석, 공화당 3석, 그리고 8개 지역구에서 벌어졌던 공석선거에서 민주당이 6석, 공화당이 2석을 차지하였다. 이러한 사실은 경합지역에서 민주당은 공화당 현역의원을 상대로 한 선거와 공석선거에서 우세를 보였고 이를 바탕으로 공화당과의 격차를 39석에서 23석으로 줄일 수 있었음을 보여준다.

전체적으로 보아 2012년 의회선거의 결과는 민주당 지배의 상원, 공화당 지배의 하원이라는 선거 이전의 양상을 그대로 유지시킴으로써 의회의 다수당이라는 측면에서 큰 변화를 보이지 않았다. 그러나 민주당은 상원에서 2석을 더 얻음으로써 다수당의 위치를 공고히 하는 한편, 하원에서 8석을 더 얻음으로써 다수당인 공화당과의 격차를 23석으로 줄였다. 결국 우세한 선거 구도에도 불구하고 2010년 중간선거에서 역사상 최대의 승리를 거둔 공화당은 하원의 다수당 위치는 유지할 수 있었지만 이번 선거에서 실질적으로 패배하였다고 말할 수 있다.

〈표 10〉 2012년 의회선거의 결과

상원		하원	
민주당	공화당	민주당	공화당
53	45	201	234
(+2)	(-2)	(+8)	(-8)

IV. 결론: 2012년 의회선거의 결과와 미국 정당정치

2012년 미국 선거는 대통령선거와 의회선거가 같이 치러졌던 동시선거였다. 이 글에서는 대통령선거에 대한 높은 관심과 연방제 정치제도가 야기하는 복잡성으로 인해 상대적으로 논의가 부족하였던 의회선거에 초점을 맞추어 선거의 구도, 그리고 과정과 결과를 살펴보았다.

20세기 후반 미국정치의 특징은 뉴딜연합의 여파로 1952년 이후 15차례 있었던 대통령선거에서 여섯 차례를 제외하고는 모두 공화당이 승리한 반면에 같은 기간 대부분 민주당이 의회를 장악하고 있는 모습을 보였다. 이렇듯 공화당 주도의 행정부와 민주당 주도의 의회로 양분되었던 미국의 정치권력은, 최근 들어 1994년 공화당의 역사적인 하원 장악과 2006년 민주당의 하원 탈환, 2010년 공화당의 하원 재탈환 등 의회권력의 교체가 빈번하게 일어난다는 점에서 차이를 보인다. 또한 행정부 권력에 있어서도 1990년대 이후 클린턴 행정부 8년, 부시 행정부 8년, 그리고 이번에 오바마가 재선에 성공함으로써 다시 민주당 행정부 8년이라는 권력교체의 모습을 보임으로써 정치권력의 구도가 과거보다 한층 더 복잡한 양상으로 변화하고 있음을 알려주고 있다.

이러한 변화는 미국의 정당정치에서 어느 한 정당이 절대적인 우위를 갖기 보다는 민주/공화 양 당이 대등한 수준에서 경쟁하고 있는 구도에서 선거마다 등장하는 이슈와 후보에 따라 결과가 좌우되는 선거의 가변성이 더욱 높아지고 있음을 보여주는 것이다. 2012년 의회선거의 결과는 민주당 상원/공화당 하원이라는 기존의 양상을 크게 변화시키지 못했지만 하원에서 민주당이 공화당과의 격차를 좁힘으로써 정당정치에 있어서 힘의 균형이 다시금 팽팽해지는 상황을 가져왔다. 이는 민주/공화 양 당이 팽팽한 힘의 균형 속에서 행정부권력과 의회권력을 두고 서로 각축을 보이는 모습이 현재 미국 정당정치의 가장 특징적인 모습임을 확인시켜주는 결과이다.

이번 선거의 결과를 두고 많은 이들이 지적하듯이 오바마 대통령은 젊은 유권자 계층과 히스패닉 유권자들의 지지를 성공적으로 이끌어냄으로써 재선에 성공하였으며, 의회선거에서 민주당 역시 이들의 지지를 결집시키는 데 전략을 집중하였음을 부인할 수 없는 사실이다. 반면 공화당의 경우 전통적인 공화당원들과 티파티세력들이 선거에서의 승리를 앞두고 일시적으로 결집하는 모습을 보였으나 지나친 보수화로 인해 패배하였고, 선거에서의 패배가 당내 위기의식을 높임으로써 공화당 내부의 이념과 전략투쟁을 더욱 격화시킬 조짐을 보여주었다.

어찌되었건 오바마 행정부와 민주당은 이번 선거에서의 승리를 바탕으로 향후 정책결정의 우선권을 쥘 것이며, 하원을 장악하고 있는 공화당은 선제적인 정책입안보다는 오바마 대통령과 민주당의 정책방향에 견제자로서의 입지를 유지하면서 내부의 돌파구를 모색할 가능성이 높다. 한 가지 확실한 점은 현재 행정부권력과 의회권력을 양분하고 있는 구도상 민주/공화 양 당 중 어느 하나도 다른 쪽으로 책임을 전가하기 어려운 상황에 처해 있어 앞으로 미국 정치의 전개는 어떤 식으로든 초당적 협력이 이루어질 것으로 보인다. 다른 어떤 이슈보다도 민주/공화 양 당이 재정절벽 등 당면한 경제현안을 어떻게 해결해 나갈지, 그리고 히스패닉 유권자들의 주된 관심사안인 이민문제를 어떠한 방식으로 풀어낼지가 향후 미국 정당정치의 변화를 가늠할 수 있는 중요한 잣대가 될 것이다.

【참고문헌】

윤광일. 2011. "미국 중간선거의 이해: 선거주기론을 중심으로." 미국정치연구회 편. 『미국의 선거와 또다른 변화: 2010년 중간선거』 서울: 오름.

Alesina, Alberto, and Howard Rosenthal. 1995. *Partisan Politics, Divided Government, and the Economy.* New York: Cambridge Unviersity Press.

Calvert, Randall L., and John A. Ferejohn. 1983. "Coattail Voting in Recent Presidential Elections." *American Political Science Review* 77: 407-19.

Campbell, Angus. 1960. "Surge and Decline: A Study of Electoral Change." *Public Opinion Quarterly* 24: 397-418.

Campbell, James E. 1991. "The Presidential Surge and Its Midterm Decline in Congressional Elections, 1868-1988." *Journal of Politics* 53: 477-87.

Erikson, Robert S. 1988. "The Puzzle of Midterm Loss." Journal of Politics 50: 1011-29.

Ferejohn, John A., and Randall L. Calvert. 1984. "Presidential Coattails in Historical Perspective." *American Journal of Political Science* 28: 127-46.

Katona, George. 1975. *Psychological Economics.* New York: Elsevier.

Key, V. O., Jr. 1964. *Politics, Parties, and Pressure Groups* (5th ed.). New York: Thomas Y. Crowell.

Lau, Richard R. 1985. "Two Explanations for Negativity Effects in Political Behavior." *American Journal of Political Science* 29: 119-38.

Mayhew, David R. 1974. Congress: *The Electoral Connection.* New Haven: Yale University Press.

Norpoth, Helmut. 2004. "Bush v. Gore: The Recount of Economic Voting." In *Models of Voting in Presidential Elections: The 2000 U.S. Election* (ed. by Herbert F. Weisberg and Clyde Wilcox). Stanford: Stanford University Press.

Oppenheimer, Bruce I., James A. Stimson, and Richard W. Waterman. 1986.

"Interpreting U.S. Congressional Elections: The Exposure Thesis." *Legislative Studies Quarterly* 11: 227-47.

⊰ 제2부 ⊱

유권자 집단과 정당 지지

제5장

공화당 예비선거에서 티파티 운동 지지자들의 후보 선택

손병권 | 중앙대학교

I. 서론

2009년 초 오바마 대통령이 GM 등 자동차회사에 대해서 구제금융을 실시하고 또한 미국 경제회복 및 재투자법(the American Recovery and Reinvestment Act of 2009) ─ 일명 경기부양법안 ─ 을 통과시키면서 이에 대한 불만과 분노로 촉발된 티파티 운동(the Tea Party movement)은 2010년 의회 중간선거에서 위력을 발휘하면서 미국정치의 지형을 바꾸어 놓기에 이르렀다. 2009년 초반 이후 전국적인 수준에서 동시다발적으로 등장한 티파티 운동은 오바마 행정부의 구제금융 실시, 의료보험개혁 추진, 무분별한 연방적자 재정지출 확대 등에 대한 우려 및 반발로 인해 촉발된 보수적 풀뿌리 사회운동의 하나였다. 연방정부의 팽창과 이와 관련된 재정지출의 확대가 식민지 미국인의 동의 없이 각종 악법적인 조세를 부과한 혁명전쟁 전야의 영국의 조치와 유사하다는 역사 유추에서 출발한 티파티 운동은 헌법해석에 대한 근본주의적 입장을 고수하면서,[1] 2010년 미국 중간선거의 예비선거와 본선거, 그리고 이후 2012년 대통령 예비선거 과정에서 맹위를 떨치면서 공화당 후보군과 공화당 자체가 극단적으로 우경화하는데 일조하였다.[2]

알려져 있는 바와 마찬가지로 티파티 운동은 연방정부 지출의 확대로 표상되는 연방정부의 역할 팽창이 건국의 아버지들이 원래 의도한 헌법정신에 어긋나는 것이며, 미국과 미국인의 정체성을 위협하는 조치라는 위기인식에서 출발하였다고 판단된다. 경제불황 속에서 오바마 행정부가 정책추진 과정에서 빚어낸 연방정부의 적자재정 조치에 대한 일반적인 분노가 이러한 헌법정신과 미국의 정체성에 대한 위기의식으로 인해서 더욱 증폭되기에 이르렀고, 마침내 전국적인 수준에서 오바마 행정부의 정책 및 공화당의 미온적인 보수적 성격에 대한 공격으로 나타나 2010년 공화당 예비선거 과정과 중간선거에서 본격적으로 위력을 발휘하기에 이르렀다.

이 글은 이와 같이 연방정부의 역할확대 그리고 재정적자 등에 대한 우려에서 시작한 티파티 운동과 관련하여, 이러한 티파티 운동의 취지에 공감하는 티파티 운동 지지자들이 2012년 대통령선거 당시 공화당 예비선거에서 과연 자신들의 이러한 이념에 충실한 후보를 선발하였는지를 살펴보고자 한다.[3] 따라서 공화당 예비선거에 참여한 티파티 운동 지지자들이 자신들의 이념을 보다 잘 실현할 것으로 보이는 보수적인 후보에게 좀 더 많은 지지의사를 보냈는가를 분석하는 것이 이 글의 제일차적 목적이라고 할 수 있다.

---

[1] 티파티 운동이 미국 헌법에 대한 근본주의적 해석에 경도되어 있어서 그 미국 역사인식에 문제가 있다는 주장에 대해서는 Lepore(2010)을 참조하기 바란다. 티파티 운동의 기원과 확산과정에 대해서는 Skocpol and Williamson(2012), Zernike(2010)을 참조하기 바란다.

[2] 2010년 미국의회 중간선거에 티파티 운동이 미친 영향력을 선거결과를 통해서 분석하면서 향후 티파티 운동의 미래를 예측한 글로는 유성진·정진민(2011)을 참조하기 바란다.

[3] 티파티 운동 지지자와 티파티 운동 적극 참가자의 전반적인 성향에 관해서는 손병권(2012)을 참조하기 바란다.

이러한 분석을 위해서 이 글은 *The New York Times* 홈페이지의 "정치 (politics)" 섹션에 링크되어 있는 2012년 대통령선거 당시 공화당 예비선거 의 출구조사 결과를 이용하고자 한다. 이들 출구조사는 다른 기준에 따른 공화당 예비선거 참가자의 롬니(Mitt Romney), 샌터럼(Rick Santorum), 깅그리치(Newt Gingrich) 등 공화당 내 여러 후보에 대한 선택과 그 비율 뿐만 아니라, 티파티 운동 지지 여부에 따른 공화당 예비선거 참가자들의 후보선택 및 비율을 적어놓고 있어서 이 글의 분석을 가능하게 만들었다. 이러한 분석에 앞서서 다음 절에서는 일반적인 티파티 운동 지지자들의 성 향을 두 가지 여론조사를 중심으로 먼저 개괄적으로 살펴보고자 한다.

II. 분노와 위협의 대상으로 본 티파티 운동 지지자들의 성향

일반적으로 사회운동 혹은 집단적 저항운동의 기원 및 유지에 관한 주류 의견은 분노나 좌절감과 같은 심리적인 변수보다는 자원동원이나 정치적 기 회구조와 같은 요소에 주목하여 왔다.[4] 사회운동에 대한 자원동원이론 등 은 분노, 좌절감, 박탈감과 같은 변수를 강조한 초기의 연구를 비판하면서 비록 개인적인 분노가 사회 내에 존재한다고 해도 모든 분노가 집단적 저항 운동을 비화하는 것은 아니라고 보면서, 저항운동의 본격적인 전개는 다양 한 형태의 자원동원을 필요로 한다고 주장한 바 있다(Gamson 1968; 1975; McCarthy and Zald 1977).[5]

---

4) 사회운동에 관한 초기 저작 가운데 심리적 요인을 강조한 것으로는 Gurr(1970)와 Smelser(1962) 등이 있다.

5) 정치적 기회구조 모델에 관해서는 Kitschelt(1986)을 참조하기 바란다. 한편 자원동원 모델이 등장한 이후 이에 대한 비판적 시각을 살펴보기 위해서는 Piven and Cloward (1991)을 참조하기 바란다.

　그러나 사회운동에 대한 이와 같은 자원동원의 중요성에도 불구하고 티
파티 운동의 경우 그 최초 기원을 유심히 살펴보면 상당한 수준에서 개인적
인 분노나 좌절감 등이 매우 중요한 촉매제 역할을 했음을 알 수 있다.6)
그렇다면 공화당 예비선거에서 티파티 운동 지지자의 투표성향을 살펴보기
에 앞서서 이들을 이해하기 위한 배경적 설명으로 이들이 과연 무엇에 분노
하고 어떠한 현상에 위협을 느끼고 좌절하는지를 먼저 살펴볼 필요가 있다.

<표 1> 티파티 운동 지지자들의 분노 대상

티파티 운동 지지자	전체 응답자
의료보험개혁	16
국민을 대표하지 않는 정부	14
정부 지출	11
실업/경제	8
정부의 규모	6
의회	6
버락 오바마 대통령	6
예산 적자	5
당파적 정치(Partisan Politics)	5

* 출처: "The Tea Party Movement: What They Think," ABC/New York Times Poll, April
14, 2010(http://www.cbsnews.com/htdocs/pdf/poll_tea_party_041410.pdf)

　<표 1>은 티파티 운동 지지자들을 중심으로 이들이 가장 분노하고 있는
대상을 순위별로 열거한 것이다. 위의 도표를 보면 전체적으로 티파티 운동
지지자들은 오바마 행정부가 적극적으로 추진한 의료보험개혁에 대해서 가
장 강한 불만을 표시하고 있으며, 그 다음으로 오바마 대통령에 대한 불만과

---

6) 이와 관련하여 티파티 운동 지지자나 참여자의 분노에 초점을 맞춘 시사적 저작으로는
　Zernike(2010); Rasumssen and Schoen(2010)을 참조하기 바란다.

결부하여 국민을 대표하는 것으로 여겨지지 않는 정부, 그리고 정부지출 등에 대해서 강한 분노를 표시하고 있다. 전반적으로 이러한 세 가지 최대 분노대상을 보면, 대체로 티파티 운동 지지자들은 자신들이 느끼는 바 국민의 의사와 무관하게 의료보험 정책 등을 추진하는 연방정부 권력과, 이러한 권력이 국민의 동의 없이 연방재정을 무책임하게 사용하는 것에 대해서 분노하고 있다고 할 수 있다. 이러한 티파티 운동 지지자들의 분노의 양상은 〈표 2〉에 나타난 대로 티파티 운동 지지자들이 보는 바, 미국에 대한 최대의 위협에 대한 관점과도 일맥상통한다고 할 수 있다.

〈표 2〉 미국의 미래에 대해 "극도로 심각한 위협"으로 간주되는 요인들

	티파티 지지자(%)	공화당원	중립적 입장을 취하는 자	티파티 반대자(%)
연방정부 부채	61	55	44	29
테러	51	51	43	29
연방정부의 규모와 권력	49	43	30	12
의료보험 비용	41	37	37	33
불법이민	41	38	32	14
실업	35	33	34	32
이라크 및 아프간에 대한 미군 주둔결정	24	22	31	22
대기업의 규모 및 권력	16	14	21	32
지구온난화를 포함한 환경	13	10	27	30
소수 집단에 대한 차별	13	9	17	17

* 출처: "Debt, Gov't Power Among Tea Party Supporters' Top Concerns: Eight in 10 say government is doing things that should be left to businesses, individuals," Jeffrey M. Jones, July 5, 2010, USA Today/Gallup Poll(http://www.gallup.com/poll/141119/Debt-Gov-Power-Among-Tea-Party-Supporters-Top-Concerns.aspx₩)

〈표 2〉를 보면 티파티 운동 지지자들은 중립적 입장을 취하는 보통의 미국인이나 혹은 공화당원에 비해서 (테러를 제외하고) "연방정부의 부채"와

"연방정부의 규모와 권력"에 대해서 극도로 심각한 위협을 느끼고 있음을 알 수 있다. 우선 티파티 운동에 대해서 중립적인 입장을 취하는 미국의 일반 유권자들 및 공화당원과 비교해 볼 때, 티파티 운동 지지자들 가운데 가장 많은 비율(61%)이 연방정부의 부채가 극도로 심각한 위협이라고 응답했다는 면에서 이들과 미국의 일반 유권자 및 공화당원과의 사이에 위협의 우선 순위에서 큰 차이가 없다. 공화당원이나 혹은 티파티 운동에 대해서 중립적 입장을 취하는 미국인들 역시 연방정부의 부채가 극도로 심각한 위협이라고 응답한 사람이 각각 55%와 44%에 달해서 가장 많은 응답비율을 보이고 있기 때문이다.

그러나 연방정부의 부채가 극도로 심각한 위협이라고 응답한 비율을 티파티 운동 지지자와 그렇지 않은 응답자 집단과 비교해 보면 그 차이가 상당히 크다는 점을 알 수 있다. 우선 티파티 운동 지지자들의 응답비율인 61%는 공화당원의 응답비율과 중립적 입장을 취하는 일반적 미국인들의 응답비율인 44%보다 무려 17%가 많고 공화당원의 응답비율인 55%보다도 6% 정도 많다. 이와 같은 결과에서 알 수 있는 사실은 티파티 운동 지지자들의 가장 많은 비율이 연방정부의 부채문제를 극도로 심각한 위협이라고 생각하고 있으며, 이러한 의견을 표명하는 비율은 중립적 미국인보다는 훨씬 많을 뿐만 아니라 상당히 구성원 기반이 일치하는 공화당원보다도 상당히 많은 것이다. 이러한 현상은 연방정부의 부채 이슈뿐만 아니라 연방정부의 규모와 권력에 대한 입장에서도 그대로 확인되고 있다.[7]

연방정부의 규모와 권력의 팽창을 극도의 위협이라고 응답하는 티파티 운동 지지자들의 비율은 49%로—국내정치 상황과는 별 관련이 없는 테러 이슈를 제외하면—두 번째로 높은 수치를 보이고 있다. 거의 응답자의 절반에 이르는 티파티 운동 지지자들이 재정확대를 통한 연방정부의 규모 확

---

7) 이 두 이슈에 집중하는 이유는 30% 이상의 티파티 운동 지지자들이 지적한 다른 이슈에서는 티파티 운동 지지자들과—테러를 제외하고—공화당원 및 일반 미국인들과의 응답비율에서 상대적으로 큰 차이가 없기 때문이다.

대와 이에 수반하는 정부의 규제정책 등 연방권력의 팽창을 미국에 대한
극도의 심각한 위협으로 파악하고 있다. 이에 반해서 공화당원의 경우 43%
그리고 일반 미국인의 경우 30% 정도만이 이를 미국에 대한 극단적인 위협
이라고 본다고 응답하여, 티파티 운동 지지자의 응답 비율과 상당히 많은
차이를 보이고 있다. 특히 티파티 운동 지지자와 중립적 입장을 취하는 일
반 국민과의 응답비율의 차이는 연방정부의 부채라는 이슈에 있어서 차이
(17%)보다 2%가 높은 19%의 차이를 보이고 있어서, 이러한 문제에 있어서
일반 미국 시민과 티파티 운동 지지자 간의 차이가 상당히 크게 나타나고
있음을 알 수 있다. 실제 중립적 입장의 미국 시민의 경우 연방정부의 규모
와 권력 확대는 전체 미국에 대한 극단적 위협의 순위에서 아프간/이라크에
대한 미국의 주둔결정보다 아래인 일곱 번째 순서에 위치하고 있어서 미국
의 일반적인 유권자는 연방정부의 확대 문제를 그다지 극단적인 위협으로
보고 있지는 않음을 알 수 있다.

　즉 일반적인 미국인들은 2008년 이후의 경제적 위기 상황에서 연방정부
가 적극적으로 그 역할을 행사하여 경기부양책 등을 강구하는 것이 크게
문제가 되지 않는다고 보고 있는 듯하다. 이에 비해서 티파티 운동 지지자
들은 이러한 연방정부의 확대를 매우 심각한 위협으로 생각하고 있는 듯하
다. 한편 비록 일반적인 미국 시민의 경우보다 그 차이가 크지는 않지만
연방정부의 규모와 권력이라는 이슈를 미국에 대한 극단적인 위협으로 본다
는 티파티 운동 지지자들의 응답 비율과 공화당원 간의 응답비율에도 연방
정부의 부채 이슈 정도인 6%의 응답차이가 나타나고 있다.

　〈표 1〉 및 〈표 2〉에 나타난 결과를 종합해 볼 때 티파티 운동 지지자의
경우 연방정부의 부채와 (의료보험의 제정 노력으로 상징되는) 연방정부의
규모 및 권력의 확대 등을 미국의 미래에 대한 극단적인 위협으로 파악하고
있으며, 이러한 경향은 일반적인 미국의 유권자는 물론 공화당원과도 상당
한 차이를 보이고 있음을 알 수 있다. 이러한 분노와 위협인식은 우스꽝스
럽지만 오바마 대통령의 출신지가 미국이 아니라는 '출생지 확인 운동
(Birther movement)' 등 극단적인 양상을 보이기까지 했고, 오바마 대통령

을 사회주의자로 몰아 붙이는 촌극을 빚기도 했다.[8]

III. 공화당 예비선거에서 티파티 운동 지지자들의 후보 선택

1. 총괄적 분석

이 절에서는 구체적으로 1월 3일부터 시작된 공화당 예비선거에서 티파티 운동 지지자들의 공화당 후보 선택을 알아보고자 한다. 이러한 분석을 위해서 필자는 *The New York Times* 지의 홈페이지 인터넷으로부터 공화당 예비선거 결과에 관한 출구조사를 토대로 논의를 진행하였다. 필자는 1월 3일 아이오와 코커스에서 시작하여 4월 10일 공화당 내에서 롬니 후보에게 가장 강력한 도전자로 거론되었던 샌터럼 후보의 사퇴시기까지를 분석의 대상으로 삼아서, 이 시기 내에 실시되었던 (코커스 포함) 19개 주의 예비선거 가운데 구체적인 출구조사 자료가 제공된 15개주를 대상으로 분석을 진행하였다. *The New York Times*의 출구조사 자료는 티파티 운동에 대한 지지, 반대 등의 여부에 따라서 이들의 공화당 후보 선택의 비율을 적어놓고 있는데, 이 가운데에서 필자는 티파티 운동에 지지의사를 표명한 공화당 예비선거 참가자들의 투표성향을 살펴보았다.

무엇보다도 필자는 이러한 연구를 통해서 과연 티파티 운동 지지자들이 자신들의 최우선 선호 후보로서 누구를 선택하였는지를 분석해 보고자 한다. 이러한 분석에서 가장 중요한 연구질문은 과연 티파티 운동 지지자들이 자신

---

8) 이러한 극단적인 티파티 운동 지지자들의 행태는 냉전기 미국의 보수주의 우파세력을 분석하면서 외부 위협에 대해 극단적이고 과장된 집단 히스테리를 보이는 현상이 이들 극단적 우파의 특징이라고 분석한 홉스태터(Richard Hofstadter)의 논의를 상기시키기까지 한다. Hofstadter(1964)를 참조하기 바란다.

들의 이념에 일치하는 공화당 적자를 선택하였는지, 아니면 가장 선거경쟁력
이 있는 것으로 알려진 롬니 후보를 선택하였는지를 분석해 보는 것이다.

〈표 3〉 롬니 후보 승리 여부와 티파티 운동 지지자들의 선택: 개괄적 결과

예비선거에서 롬니 후보의 승리여부	총 주의 숫자	티파티 운동 지지자들이 롬니 후보를 가장 많이 선택한 주의 숫자			티파티 운동 지지자들이 비롬니 후보를 가장 많이 선택한 주의 숫자		
롬니가 승리한 주	9개	8개	보수주	1개	1개	보수주	1개
			진보주	7개		진보주	0개
롬니 이외의 후보가 승리한 주	6개	0개	보수주	0개	6개	보수주	5개
			진보주	0개		진보주	1개
합계	15개	8개	= 8개		7개	= 7개	

〈표 4〉 각 주별 티파티 운동 지지자의 비율과 티파티 운동 지지자의
1위 선택후보 및 그 비율

주의 성향		주이름	진보지수 (+진보; - 보수)	예비선거 승리자 및 득표율(%)	티파티 운동 지지자의 비율(%)	티파티 운동 지지자의 1위 선택후보 및 비율(%)
진보 (오바마 승리주)	1	아이오와	5.6	샌터럼(24.56)	64	샌터럼(29)
	2	뉴햄프셔	6.1	롬니(39.3)	51	롬니(41)
	3	플로리다	1	롬니(46.4)	65	롬니(54)
	4	네바다	6.6	롬니(50.1)	75	롬니(47)
	5	미시간	9.5	롬니(41.4)	52	롬니(41)
	6	매사추세츠	15.1	롬니(72.2)	46	롬니(70)
	7	오하이오	1.9	롬니(37.9)	59	샌터럼(39)
	8	일리노이	16.2	롬니(46.7)	56	롬니(47)
	9	위스콘신	6.7	롬니(44.1)	56	롬니(49)
보수 (오바마 패배주)	10	사우스 캐롤라이나	-10.6	깅그리치(40.3)	64	깅그리치(45)
	11	애리조나	-10.1	롬니(47.3)	64	롬니(41)
	12	조지아	-8	깅그리치(47.2)	69	깅그리치(51)
	13	테네시	-20	샌터럼(37.2)	62	샌터럼(39)
	14	앨라배마	-22.3	샌터럼(34.5)	62	샌터럼(36)
	15	미시시피	-12	샌터럼(32.8)	66	깅그리치, 샌터럼(34)

먼저 두 도표를 보면 티파티 운동 지지자들의 선택은 롬니 후보가 승리한 주와, 반대로 롬니 후보 이외의 후보(비(非)롬니 후보)가 승리한 주에서 확연히 구분되는 차이를 보이고 있다. 우선 이 글의 분석대상이 된 전체 15개의 주 가운데에서 롬니 후보가 승리한 주는 위의 〈표 3〉에 나타나 있듯이 9개의 주이며, 비롬니 후보가 승리한 주는 나머지 6개의 주이다. 〈표 3〉이 잘 보여 주듯이 롬니 후보는 자신이 승리한 주 9개 주 가운데 8개 주에서 티파티 운동 지지자들의 지지를 가장 많이 얻은 후보가 될 수 있었다. 그리고 롬니 후보가 승리하였지만 티파티 운동 지지자들로부터 최대의 지지를 받지 못한 주는 오하이오 주로서, 여기에서는 샌터럼 후보가 가장 많은 티파티 운동 지지자들이 지지를 받을 수 있었다. 한편 롬니 후보가 아닌 다른 후보─샌터럼 후보나 깅그리치 후보─가 승리한 6개 주의 경우를 보면 티파티 운동 지지자들이 롬니 후보를 최우선적인 선호 후보로 지지한 주는 없다. 이들 6개 주에서는 모두 티파티 운동 지지자들이 샌터럼 후보 혹은 롬니 후보를 자신들의 최적의 후보로 선택하였다.

한편 롬니 후보가 승리한 9개의 주를 다시 나누어 살펴보면, 티파티 운동 지지자들이 롬니 후보를 제일의 선호 후보로 선택한 주 8개 주 중 7개의 주가 2012년 대통령선거에서 오바마 대통령이 승리한 주(이 글에서 편의상 "진보주"로 부름)로서 전체적으로 이들 주는 진보성향의 주였음을 알 수 있다. 한편 이미 지적한 대로 롬니 이외에 샌터럼 후보나 깅그리치 후보가 최종 승리한 6개 주는 모두 티파티 운동 지지자들이 이들 비롬니 후보들을 제일의 선호 후보로 선택한 주들인데, 이들 주 가운데 2012년 대선에서 오바마 대통령이 당선된 진보성향의 주는 아이오와 주 단 한 개에 불과하다.

이러한 전반적인 결과로부터 우리는 티파티 운동 지지자들은, 롬니 후보가 예비선거에서 승리한 주에서는 대체로 그를 강하게 지지하는 경향을 보였음을 알 수 있다. 롬니 후보가 승리한 이들 주가 대체로 대선 본선거 결과 오바마 대통령이 승리한 주였음을 감안할 때, 전반적으로 진보적 성향의 주에서 실시된 공화당 예비선거에서 티파티 운동 지지자들의 후보선택 경향은 보수성향의 이념적 적자를 선택하는 경향보다는 오바마 대통령에 대한 본선 승리 가능성이 큰 롬니 후보를 지지하는 경향이 컸던 것으로 보인다. 다시 말해서 티파티 운동 지지자들의 일반적인 성향이 작은 정부를 지향하고 정부의 규제를 거부하며, 연방 재정적자와 연방부채의 문제 등을 가장 심각한 문제로 생각하는 경향이 강한 것임에도 불구하고, 이들은 이러한 자신들의 철학에 가장 근접한 폴(Ron Paul) 후보나, 혹은 롬니 후보보다 보수적인 성향이 강한 샌터럼 후보나 깅그리치 후보보다는, 오바마 후보와 경합했을 때 선거경쟁력이 크다고 여긴 롬니 후보를 지지하는 경향을 보였다고 할 수 있다.

이와는 반대로 비롬니 후보가 승리한 나머지 6개의 주를 보면 전반적으로 2012년 대선에서 롬니 후보가 궁극적으로 승리한 보수적 성향의 주들로서, 이러한 주들에서 티파티 운동 지지자들은 롬니 후보보다는 자신들의 보수적인 이념성향에 더욱 가까운 후보를 선택하였다고 판단된다. 물로 롬니 후보가 예비선거에서 승리한 주와 마찬가지로 롬니 후보가 예비선거에서 패배한 주에서도 출구조사 결과에서 롬니 후보의 본선 경쟁력을 중요시하는 예비선거 참가자들은 한두 경우를 제외하고 롬니 후보의 본선 경쟁력이 크다고 본 것은 사실이다. 그럼에도 불구하고 이들 보수적 성향의 주에서는 진보적 성향의 주와는 달리 티파티 운동 지지자들은 제일위 선호 후보로서 롬니 후보보다는 깅그리치나 샌터럼 등 보다 보수적인 성향의 후보를 지지하였다.

전체적으로 볼 때 티파티 운동 지지자들의 공화당 후보 선택은 반드시 공화당의 보수적인 이념을 잘 지키고 있는 후보에 대해서 집중된 것은 아니었음을 알 수 있다. 즉 진보적 성향의 주에서는 비록 보수적 이념을 내건 티파티 운동을 지지하는 공화당 유권자라고 할지라도 롬니 후보를 가장 선호하는 경향을 보였고, 그렇지 않은 보수적인 주의 경우는 이와는 달리 보다 보수적 성향을 보이는 비롬니 후보를 지지했다고 할 수 있다.

이러한 내용을 티파티 운동 지지자의 제일의 선호 후보 선택별로 분류된 전체적인 티파티 운동 지지자의 비율을 통해서 분석해 보면 다음과 같다. 우선 〈표 4〉에 나타난 내용을 토대로 보면, 롬니 후보가 예비선거에서 승리한 9개 주 가운데 티파티 운동 지지자의 비율이 60%를 넘은 주는 단지 3개 주로 전체 9개 주의 33.3%에 불과하다. 전체적으로 롬니 후보가 승리한 예비선거에서 티파티 운동 지지자들의 비율은 평균 58.2%로 비롬니 후보가 이긴 주의 티파티 운동 지지자 비율인 63.7%보다 5% 이상 적다. 마찬가지로 롬니 후보가 예비선거에서 최종적으로 승리한 진보적 성향의 주만을 별개로 볼 때, 이들 8개 주에서 티파티 운동 지지자들의 비율은 평균 57.5%로 전체 롬니 후보가 승리한 주의 평균보다 약간 낮다.

한편 비롬니 후보가 예비선거에서 승리한 나머지 6개 주를 보면, 그러나, 이들 지역에서 티파티 운동 지지자들의 비율은 예외 없이 모두 60%를 상회하고 있다. 실제로 비롬니 후보가 이긴 주에서 예비선거에 참가한 티파티 운동 지지자들의 비율의 전체 평균은 64.8%에 이른다. 이러한 통계에서 얻을 수 있는 결론은 전체적으로 롬니 후보가 승리한 주의 경우 전체 예비선거 참가자 가운데 티파티 운동 지지자의 비율이 낮았고, 비롬니 후보가 승리한 주의 경우 티파티 운동 지지자의 비율이 높았다는 점이다. 이러한 현상은 티파티 운동 지지자의 비중이 높을수록 롬니 후보보다는 비롬니 후보를 선택하였다는 점을 알 수 있다.

2. 사례 분석: 아이오와, 사우스 캐롤라이나, 오하이오, 미시간[9]

〈표 5〉 아이오와(1월 3일: 대의원 23명)

구분/후보자		롬니	폴	깅그리치	샌터럼
득표율(%)		24.54	21.43	13.31	24.56
티파티 운동 지지 여부	지지	64	19	19	15	29
	중립	24	32	28	10	17
	반대	10	43	21	9	13

9) 선택된 개별 주의 예비선거 결과에 대한 분석은 필자가 연구책임자로 참여한 2012년도 국회 연구용역과제 연구보고서인 "2012년 미국선거 관찰과 결과 전망 및 한국의 정치제도 개선에 대한 함의" 가운데 필자가 작성한 부분을 일부 수정을 거쳐 다시 수록한 것이다.

가장 중요한 이슈	낙태	13	7	7	9	**58**
	연방재정적자	34	21	**28**	15	19
	경제	42	**33**	20	13	19
	건강보험	4	-	-	-	-
정치이념	매우 보수	47	14	15	14	**35**
	온건 보수	37	**23**	21	16	19
	중도	15	**38**	34	7	9
	진보	2	-	-	-	-
가장 중요한 이슈	낙태	13	7	7	9	**58**
	연방재정적자	34	21	**28**	15	19
	경제	42	**33**	20	13	19
	건강보험	4	-	-	-	-
후보의 가장 중요한 자질	오바마에 대한 경쟁력	31	**48**	9	20	13
	진정한 보수주의자	25	1	**37**	4	36
	강한 윤리감	24	11	23	5	**40**
	적합한 경험	16	**35**	16	28	6

* 출처: http://elections.nytimes.com/2012/primaries/states/iowa/exit-polls

〈표 6〉 사우스 캐롤라이나(1월 21일: 대의원 25명)

구분/후보자		롬니	폴	깅그리치	샌터럼
득표율(%)		27.8%	13.0%	40.3%	17.0%
티파티 운동 지지 여부	지지	64	25	12	45	17
	중립	27	30	15	35	18
	반대	8	32	21	19	13
가장 중요한 이슈	낙태	8	6	13	29	51
	연방예산적자	22	23	19	45	13
	경제	63	32	11	40	14
	불법이민	3	-	-	-	-

정치이념	매우 보수	36	19	9	38	23
	온건 보수	32	34	18	31	13
	중도 혹은 진보	32	34	18	31	13
후보의 가장 중요한 자질	오바마에 대한 경쟁력	45	37	4	51	7
	진정한 보수주의자	14	2	27	38	33
	강한 윤리감	18	19	31	6	41
	적합한 경험	21	34	11	49	2

* 출처: http://elections.nytimes.com/2012/primaries/states/south-carolina/exit-polls

〈표 7〉 오하이오(3월 6일: 대의원 66명)

구분/후보자		롬니	폴	깅그리치	샌터럼
득표율(%)		37.9	9.2	14.6	37.1
티파티 운동 지지 여부	지지	59	36	7	17	39
	중립	27	39	12	12	37
	반대	10	45	13	8	30
가장 중요한 이슈	낙태	12	23	3	8	66
	연방예산적자	26	38	16	13	33
	경제	54	41	8	18	33
	불법이민	5	-	-	-	-
정치이념	매우 보수	32	30	7	15	48
	온건 보수	34	40	9	16	34
	중도 혹은 진보	34	43	14	11	29
후보의 가장 중요한 자질	오바마에 대한 경쟁력	42	52	5	16	27
	진정한 보수주의자	17	13	18	18	51
	강한 윤리감	21	19	12	8	60
	적합한 경험	17	48	10	17	24

* 출처: http://elections.nytimes.com/2012/primaries/states/iowa/exit-polls

〈표 8〉 미시간(2월 28일: 대의원 30명)

구분/후보자			롬니	폴	깅그리치	샌터럼
득표율(%)			**41.4%**	11.6%	6.5%	37.9%
티파티 운동 지지 여부	지지	52	**41**	8	8	**41**
	중립	29	**43**	18	6	30
	반대	17	33	16	5	**39**
가장 중요한 이슈	낙태	14	13	5	3	**77**
	연방예산적자	24	**41**	10	9	31
	경제	55	**47**	13	7	30
	불법이민	3	-	-	-	-
정치이념	매우 보수	30	35	6	7	**50**
	온건 보수	31	**50**	10	7	31
	중도 혹은 진보	39	**37**	18	7	33
후보의 가장 중요한 자질	오바마에 대한 경쟁력	32	**61**	4	8	24
	진정한 보수주의자	17	17	16	6	**57**
	강한 윤리감	25	16	22	2	**57**
	적합한 경험	21	**56**	10	14	14

* 출처: http://elections.nytimes.com/2012/primaries/states/iowa/exit-polls

공화당 예비선거 과정에서 가장 먼저 실시된 아이오와주 코커스의 선거 결과는 오바마 대통령을 이길 수 있는 경쟁력 있는 후보를 원하면서도 공화당 보수주의의 정통성을 이어받은 것으로는 여겨지지 않는 롬니 후보에 대한 아이오와 공화당 유권자들의 유보적 입장을 그대로 반영한 것으로 나타났다. 즉 아이오와 코커스에서는 보수주의를 표방하지만 실제로는 중도성향의 전력을 지닌 롬니 후보와, 강한 보수주의 노선을 고수했지만 최종 후보당선 가능성은 매우 불투명한 샌터럼 후보가 박빙의 대결이 펼쳐진 것이었다.

〈표 5〉에 나타나 있는 대로 아이오와 코커스는 샌터럼, 롬니, 폴 간의 3파전 양상을 띠었다고 볼 수 있다. 그만큼 아이오와 유권자들의 머리와 마음은 각각 따로 움직였다고 보인다. 실제로 위의 도표에 제시된 투표결과를 보면 오바마에 대한 경쟁력을 투표결정의 가장 중요한 요인으로 본 31% 정도의 공화당 유권자는 롬니 후보에게 48%의 지지율을 보낸 반면, 진정한 보수주의자가 공화당 후보가 되어야 한다고 본 25%의 유권자들은 36%와 37% 정도로 각각 샌터럼 후보와 폴 후보를 지지하였고, 이들 유권자들의 롬니 후보에 대한 지지율은 1%에 그쳤다. 즉 아이오와주 코커스 참여 공화당원의 경우 보수주의적 유권자로서의 마음은 샌터럼과 폴 후보를 지지하였지만, 이성적인 당선 가능성을 생각하는 머리는 롬니 후보를 지지했다고 할 수 있다.

이러한 마음과 머리의 양분화 현상은 코커스에 참여한 공화당원의 티파티 운동 지지 여부에서도 잘 나타나 있다. 보수주의적인 풀뿌리 민주주의 운동인 티파티 운동을 적극적으로 지지하는 64%의 공화당원은 샌터럼 후보에게 29%의 지지를 보내고 롬니 후보에게는 19%만의 지지를 보내는 데 그쳤다. 반면, 비록 소수이지만 티파티 운동을 반대하는 10%의 공화당원은 샌터럼 후보에게 23%의 지지를 보내는 한편, 롬니 후보에게는 43%의 지지를 보여 준 것으로 나타났다.

아이오와 코커스의 결과에서 나타난 것과 같은 공화당 지지층의 분열은 최종적으로 샌터럼 후보 및 깅그리치 후보가 롬니 후보에게 최종적인 후보직을 양보할 때까지 지속되는 경향을 보여 왔다. 〈표 6〉, 〈표 7〉, 〈표 8〉에서 분석되는 사우스 캐롤라이나, 미시간, 오하이오 주 공화당 예비선거의 결과를 보면 아이오와 코커스에서 나타났던 결과가 사실상 경선 내내 지속적으로 반복되고 있음을 알 수 있다.

아이오와 주 이외의 주에 대한 도표를 보면 아이오와 코커스에서 롬니 후보와 보수적인 도전자였던 샌터럼 후보 간의 분열된 지지성향이 그대로 다른 주에서도 재현되고 있음을 알 수 있다. 다만 주별로 그 분열의 양상의 정도가 다르고 또한 롬니 후보와 대척점에 서 있는 후보가 샌터럼 후보 이외에 깅그리치 후보이기도 하다는 점이 다를 뿐 전반적인 유권자 지지성향에서의 분열상은 그대로 드러나고 있다. 전체적으로 개괄하자면, 대체로 티파티 운동 지지자나 매우 보수적인 유권자, 그리고 진정한 보수주의의 구현을 후보의 가장 중요한 자질로 선택한 유권자들은 샌터럼이나 깅그리치 후보를 지지하는 경향이 높았다. 티파티 운동을 지지하지 않는 유권자나 중도 성향의 유권자, 그리고 오바마 대통령에 대한 선거 경쟁력을 후보선택의 가장 중요한 결정요인으로 본 유권자들은 롬니 후보를 더 지지하는 경향을 보였다.

예컨대 〈표 6〉을 보면, 깅그리치 후보가 상대적으로 강세를 보인 사우스 캐롤라이나의 경우 자신을 티파티 운동 지지자라고 밝힌 유권자의 45%, 매우 보수적이라고 말한 유권자의 38%가 깅그리치 후보를 지지한 반면, 티파티 운동에 반대하는 유권자의 32%, 중도 혹은 진보적 유권자의 34%가 롬니 후보를 지지하였다. 여기에 나타난 지지자의 비율은 모두 다른 후보와 비교해서 해당 유권자층에서 가장 높은 비율이다.

또한 〈표 7〉에 나타나 있듯이 오하이오 주 공화당 예비선거의 결과를 보아도 롬니 후보와 보수적인 공화당 후보로 인식된 샌터럼 후보 간의 지지층의 양극화 현상이 나타나고 있음을 알 수 있다. 롬니 후보와 샌터럼 후보가 각축전을 벌인 끝에 롬니 후보가 가까스로 승리한 오하이오 주 공화당 예비선거의 경우, 티파티 운동 지지자의 39%, 매우 보수적인 유권자의 48%, 진정한 보수주의자를 공화당 대통령 후보로 선발해야 한다고 믿는 유권자의 51%가 보수적 성향의 샌터럼 후보를 지지하였다. 이와는 대조적으로 티파티 운동 반대자의 45%, 중도 혹은 진보적 성향을 보이는 유권자의 43%, 그리고 오바마에 대한 경쟁력을 공화당 후보의 가장 중요한 자질로 보는 유권자의 52%가 롬니 후보를 선발하였다.

이와 같이 아이오와 코커스에서 이어서 개최된 다양한 주의 예비선거에 이르기까지 전체적인 공화당 예비선거에서 나타난 특징은 공화당 내부에서 롬니 후보에 대한 지지자와 롬니 후보를 진정한 공화당 적자(嫡子)로 파악하지 않는 반롬니 후보 유권자 간의 분열상이었다고 보인다. 이러한 과정을 거치면서 롬니 후보는 자신을 매우 '극심한 보수주의자(severely conservative)'라고 부르면서까지 공화당 베이스(Republican base)를 구성하는 핵심유권자의 지지를 확보하기 위해서 노력하였고, 이러한 과정에서 오바마 의료보험제도를 강력하게 비난하고, 지구온난화 문제를 과장된 것으로 몰아붙이며, 동성결혼에 대해서 반대하는 입장을 명확히 취하면서 보수화 노선을 밟아왔다.

IV. 결론: 정리, 의의, 한국 정치에의 함의

이 글에서는 공화당 예비선거에 국한해서 티파티 운동 지지자들의 공화당 후보선택의 다양한 측면을 분석해 보았다. 티파티 운동 지지자들의 공화당 예비선거 후보자 선택을 보면 이들 극단적으로 보수적인 유권자들이 반드시 자신들의 이념적인 성향에 부합하는 후보를 지지하는 것만은 아니었음을 알 수 있다. 이들이 미국의 주류 유권자와는 달리 상당히 이념적으로 우경화된 보수적인 성향의 유권자인 것은 분명하지만, 이들의 공화당 후보선택은 오바마 대통령과의 본선거를 염두에 두고 진행된 경향이 분명히 존재했다. 롬니 후보의 최종적인 선택을 두고 볼 때 이들 티파티 운동 지지자들은 오히려 이념보다는 본선거 경쟁력을 염두에 두고 롬니 후보를 선출했다는 결론도 도출이 가능하다. 그만큼 티파티 운동 지지자들은 진심 투표(sincere voting)보다는 전략 투표(strategic voting)를 수행했다고 생각해 볼 수 있다.

그러나 보수적인 성향이 강한 주들 혹은 티파티 운동 지지자의 비율이 높은 주들에서는 상대적으로 샌터럼 등 매우 보수적인 성향의 비롬니 후보들이 당선되는 경향이 있거나 혹은 이들이 티파티 운동 지지자들로부터 얻어낸 지지율이 다른 주에 비해서 상대적으로 높았음을 알 수 있다. 비록 전체적으로 티파티 운동 지지자들이 투표경향이 전략적인 성격을 띠고 있다는 것은 부정할 수 없지만, 그럼에도 불구하고 특정한 조건하에서는 이들 티파티 운동 지지자들이 상대적으로 진심 투표를 하는 경향도 보이고 있음을 알 수 있다.

이러한 정리된 내용을 토대로 우리는 다음과 같은 질문을 던져 볼 수 있다. 과연 2009년 오바마 행정부 출범 이후 연방정부의 구제금융 실시와 의료보험개혁 과정에서 등장하고 크게 세력을 확대한 후 2010년 중간선거에서 그 영향력이 최고조에 달한 티파티 운동의 미국 정치사적 의의는 무엇이며 그 미래상은 어떻게 전망해 볼 수 있을 것인가? 티파티 운동의 의의나 성격에 대해서는 상당히 다른 상반된 견해가 존재하는 것이 사실이다. 어떤 진보적 인사는 티파티 운동이 인종주의적인 백인들이 참여한 반오바마 운동에 불과하며 소수의 부유한 보수적 단체의 재정지원을 통해서 세력을 확대한 음모론적 조직에 가깝다고 본다(Krugman2009). 반면에 티파티 운동에 대한 긍정적 측면의 입장에서, 반대를 위한 반대로만 볼 것이 아니라 연방정부의 지나친 재정확대를 우려하는 경청할 만한 목소리라고 보면서 이 운동에 대한 균형 잡힌 시각을 촉구하고 있다(Etzioni 2010). 또한 이러한 대조적인 두 시각을 모두 포함하여 티파티 운동이 합리적이고 낙관적이며 미래지향적인 측면과 반지성주의적이며 비관적이고 회고주의적인 측면을 모두 가지고 있는 운동으로 파악하는 사람도 있다(Continetti 2010).

분명히 티파티 운동은 이와 같은 다양한 측면을 모두 지니고 있는 것이 사실이다. 연방재정의 확대로 인한 적자의 누적과 연방부채의 증가는 분명히 미국 국민 전체가 염려해야 할 우려의 대상임이 분명하다. 그리고 자신들의 정책적 과실로 사라져야 할 기업과 금융기관에 대한 연방정부의 구제금융은 이들 티파티 운동 지지자들이 주장하는 대로 미국적인 이념에 위배되는 것이기도 하다. 반면에 이러한 구제금융이나 이후의 의료보험개혁 등 오바마 행정부의 정책을 사회주의적이고 국가주의적으로 몰아붙이는 티파티 운동의 주장은 명백히 사실을 과장하는 히스테리적인 것이며 선동적인 것임에 분명하다. 이와 같이 티파티 운동은 야누스적인 얼굴을 지니고 있는 사회운동이라고 할 수 있다.

정리하자면 무엇보다도 티파티 운동은 오바마 행정부 등장 이후 지속적으로 팽창해 온 연방정부와 재정지출이 시민의 자유를 침해할 수 있다는 우려와 분노에서 출발한 보수적 풀뿌리 운동임은 분명하다. 그리고 자신들이 믿었던 불변의 헌법적 가치가 손상되는 것에 대한 불만이 보수적인 언론과 단체의 지원과 프로파간다에 의해서 보수적 백인 계층 사이에 공유되면서 빠르게 세력을 불려 나가고 마침내 2010년에 그 최고의 영향력을 발휘했다고 판단된다.

그러나 2012년 오바마 대통령의 재선을 계기로 티파티 운동은 상당히 빠른 속도로 영향력을 잃어 가고 있다고 보인다. 프리덤 워크스(FreedomWorks) 등 전국적인 티파티 운동 지원조직 내부의 분열, 티파티 운동의 극단적인 우파적 성향에 대한 유권자의 반감, 2012년 대선 패배 이후 티파티 운동 지지자에 포획된 공화당의 자기반성 등으로 인해서 티파티 운동은 예전과 같은 영향력을 발휘하기는 힘들 것으로 보인다. 티파티 운동을 의회 내에서 주도하던 짐 디민트(Jim DeMint) 의원의 헤리티지 재단(the Heritage Foundation) 이사장 취임 발표 이후, 2012년 오바마 대통령이 대선에서 승리하면서 일단 티파티 운동은 상당히 구심력을 잃고 쇠퇴해 가는 모습을 보인다. 전반적으로 이러한 쇠퇴의 모습은 극우적 성향의 배리 골드워터(Barry Goldwater) 상원의원이 공화당 대통령 후보로 출마한 1964년 선거에서 존 버치 소사이어티(John Birch Society) 등 극우단체들이 등장한 후 급격히 쇠퇴한 현상과 유사하며, 또한 1994년 선거 당시 기독교 연맹(Christian Coalition)이 적극적으로 선거운동과 유권자 동원에 참여한 후 그 역할이 축소되는 등의 현상과 크게 다르지는 않다고 할 수 있다. 다만 다르다면 티파티 운동은 상당히 오랜 기간 동안 영향력을 발휘한 사회운동의 성격이 컸다는 점일 것이다.

그렇다면 이와 같은 티파티 운동의 등장과 쇠퇴 그리고 티파티 운동이 공화당에 미친 영향은 우리 한국정치에 어떠한 시사점을 던져주고 있는 것일까? 아이러니하게도 티파티 운동의 등장과 쇠퇴는 2012년 제18대 대통령 선거에서 친노세력이 암암리에 주도권을 장악하고 선거를 움직여 나갔던 한국 민주당의 행태와 향후 민주당의 정당 리브랜딩(rebranding)에 대해서 상당한 함의를 던져줄 것으로 보인다.

2012년 대통령선거에서 민주당은 비록 안철수 후보의 중도사퇴로 인해서 어설픈 상황에 처하기는 했지만 무당파 후보인 안철수 후보와 나름대로 공조적인 선거운동을 치르면서 정권을 탈환할 기회를 잡은 듯이 보였으나 국민의 신임을 확보하는 데 실패하고 말았다. 이 과정에서 당시 민주당의 재집권을 바라던 온건 진보의 식자층들은 — 예컨대 민주당의 국민통합위원회 윤여준 위원장과 같은 인물 — 민주당이 지나친 친노(親盧) 프레임에 갇혀 있다는 점을 반복적으로 강조하면서, 선거 승리를 위해서 민주당이 이러한 친노 프레임을 탈피해야 한다는 점을 반복적으로 강조하였다.

실제로 전국적인 수준에서 문재인 후보의 선거운동을 지지한 조직적인 세력은 친노적 성향이 강했으며, 이해찬 의원 등의 당직 사퇴 등 표면적인 친노 탈피노력에도 불구하고 민주당의 주류는 친노세력이 장악하고 있었다고 할 수 있다. 이러한 상황에서 노무현 전 대통령의 비서실장을 역임했던 문재인 민주당 후보가 적극적으로 노무현 대통령의 틀을 깨고 중도파 유권자들에게 호감을 얻기 위한 노력을 전개하기는 사실상 불가능했다. 이는 대통령 경선과정에서 자신을 지지해준 친노세력에 대한 배신이자 친노세력이 주도한 선거운동의 동력이 정지되는 것임을 의미했기 때문이다.

이러한 현상은 미국 공화당이 티파티 운동 지지자에게 포획된 나머지 원래 온건성향이며 실용주의적인 입장을 견지하고 있었던 롬니 후보로 하여금 예비선거에서 후보 당선을 위해서 매우 우경화된 정책을 제시하여 결국 본선거에서 중도적 유권자의 지지를 크게 획득하지 못하게 했던 점과 유사하다. 이러한 상황에게 현재 미국의 공화당은 정당의 노선이나 이미지를 리브랜딩하기 위해서 노력하고 있다. 이러한 공화당의 노력은 2012년 대통령선거에서 패배한 민주당이 향후 어떠한 진로로 나아가야 할지에 대해서 시사하는 바가 적지 않다고 보인다.

공화당의 리브랜딩 노력과 마찬가지로 한국의 민주당 역시 향후 새누리당과 자웅을 겨룰 수 있는 실질적인 수권정당으로 그리고 전국정당으로 탈바꿈하기 위해서는 특정한 극단적인 분파에 의해서 포획되지 않는 노선을 채택하는 것이 필요하다. 친노가 지속적으로 정당의 주류가 되어 중도 유권자의 정서와 유리된 정책노선을 계속해서 추구할 경우, 극우 성향의 티파티 운동 지지자들에 의해 포획된 미국의 공화당이 2012년 대선에서 패배한 것처럼 여전히 중도 유권자의 지지를 획득하지 못하고 주변화된 정당에 머무를 우려가 있기 때문이다. 2012년 태평양을 좌우로 두고 나타난 한국의 민주당과 미국의 공화당의 극단적 이념화 현상은—비록 두 정당이 이념의 다른 축을 각각 점유하고 있지만—정당의 리브랜딩이 필요하다는 점을 다시 한번 상기시켜 주고 있다. 이것이 이 글이 분석한 바 티파티 운동 지지자들의 공화당 후보 선발과정이 한국 정치에 던져 주는 시사점 가운데 하나라고 할 수 있다.

【부록】 공화당 예비선거에 대한 총괄 분석:
후보자별 득표율 및 후보선택에서의 기준

출처: http://elections.nytimes.com/2012/primaries/calendar 및 이하의 링크

1. 아이오와 (1월 3일: 대의원 23명)

본문 p.136의 〈표 5〉와 동일한 내용임.

2. 뉴햄프셔 (1월 10일: 대의원 12명)

구분/후보자			롬니	폴	깅그리치	샌터럼
득표율(%)			39.3	22.9	9.4	9.4
티파티 운동 지지 여부	지지	51	41	22	14	14
	중립	30	42	27	6	6
	반대	17	28	19	3	3
가장 중요한 이슈	낙태	6	16	19	7	45
	연방예산적자	24	34	32	12	8
	경제	61	46	20	8	7
	의료보험	5	-	-	-	-
정치이념	매우 보수	21	33	18	17	26
	온건 보수	32	48	19	11	7
	중도 혹은 진보	47	38	26	3	5
후보의 가장 중요한 자질	오바마에 대한 경쟁력	35	63	11	12	6

진정한 보수주의자	13	13	**41**	16	22
강한 윤리감	22	20	**40**	2	17
적합한 경험	26	**36**	14	12	2

3. 사우스 캐롤라이나 (1월 21일: 대의원 25명)

본문 p.137의 〈표 6〉과 동일한 내용임.

4. 플로리다 (1월 30일: 대의원 50명)

구분/후보자		롬니	폴	깅그리치	샌터럼
득표율(%)		**46.4**	7.0	31.9	13.4
티파티 운동 지지 여부	지지	65	**54**	6	37	15
	중립	23	**41**	8	22	10
	반대	9	**57**	15	15	8
가장 중요한 이슈	낙태	7	25	3	**43**	28
	연방예산적자	23	**41**	12	34	12
	경제	62	**52**	6	30	11
	의료보험	3	-	-	-	-
정치이념	매우 보수	33	30	6	**41**	22
	온건 보수	36	**52**	5	32	9
	중도 혹은 진보	31	**59**	11	20	7
후보의 가장 중요한 자질	오바마에 대한 경쟁력	45	**58**	2	33	6

진정한 보수주의자	14	11	13	**44**	30
강한 윤리감	17	**46**	18	8	27
적합한 경험	21	40	8	**45**	4

5. 메인 (2월 4일: 대의원 24명: 출구조사 결과 없음)

구분/후보자	롬니	폴	깅그리치	샌터럼
득표율(%)	**39.2**	35.7	17.7	6.2

6. 네바다 (2월 4일: 대의원 28명)

구분/후보자		롬니	폴	깅그리치	샌터럼
득표율(%)		**50.1**	18.8	21.1	10
티파티 운동 지지 여부	지지	75	**47**	17	25	12
	중립	19	**64**	23	9	4
	반대	5	-	-	-	-
가장 중요한 이슈 (조사 없음)					
정치이념	매우 보수	49	**46**	14	25	15
	온건 보수	34	**57**	17	19	6
	중도 혹은 진보	17	**48**	36	12	4

후보의 가장 중요한 자질	오바마에 대한 경쟁력	43	70	5	20	4
	진정한 보수주의자	18	4	39	31	25
	강한 윤리감	20	51	33	2	15
	적합한 경험	16	51	13	34	2

7. 콜로라도 (2월 7일: 대의원 36명: 출구조사 결과 없음)

구분/후보자	롬니	폴	깅그리치	샌터럼
득표율(%)	34.9	11.8	12.8	40.3

8. 미네소타 (2월 7일: 대의원 40명: 출구조사 결과 없음)

구분/후보자	롬니	폴	깅그리치	샌터럼
득표율(%)	16.9	27.1	10.8	44.9

9. 애리조나 (2월 28일: 대의원 29명)

구분/후보자		롬니	폴	깅그리치	샌터럼
득표율(%)		47.3	8.4	16.2	26.6
티파티 운동 지지 여부	지지	64	41	5	19	35
	중립	24	54	8	15	23
	반대	10	48	16	17	15

가장 중요한 이슈	낙태	6	-	-	-	-
	연방예산적자	30	**41**	15	18	25
	경제	49	**51**	7	15	26
	불법이민	13	**41**	4	23	21
정치이념	매우 보수	38	**41**	5	19	35
	온건 보수	36	**54**	8	15	23
	중도 혹은 진보	26	**48**	16	17	15
후보의 가장 중요한 자질	오바마에 대한 경쟁력	40	**56**	3	19	22
	진정한 보수주의자	15	13	20	24	**43**
	강한 윤리감	19	37	15	2	**39**
	적합한 경험	22	**55**	9	20	16

10. 미시간 (2월 28일: 대의원 30명)

본문 p.139의 〈표 8〉과 동일한 내용임.

11. 워싱턴 (3월 3일: 대의원 43명: 출구조사 결과 없음)

구분/후보자	롬니	폴	깅그리치	샌터럼
득표율(%)	**37.6**	24.8	10.3	23.8

12. 알래스카 (3월 6일: 대의원 27명: 출구조사 결과 없음)

구분/후보자	롬니	폴	깅그리치	샌터럼
득표율(%)	32.4	24	14.1	29.2

13. 조지아 (3월 6일: 대의원 76명)

구분/후보자		롬니	폴	깅그리치	샌터럼
득표율(%)		25.9	6.6	**47.2**	19.6
티파티 운동 지지 여부	지지	69	23	5	**51**	21
	중립	22	30	9	**42**	18
	반대	6	**35**	18	24	16
가장 중요한 이슈	낙태	-	-	-	-	-
	연방예산적자	28	27	10	**44**	20
	경제	58	30	6	**50**	13
	불법이민	2	-	-	-	-
정치이념	매우 보수	39	19	4	**53**	25
	온건 보수	32	31	5	**47**	16
	중도 혹은 진보	29	28	12	**40**	17
후보의 가장 중요한 자질	오바마에 대한 경쟁력	45	38	2	**48**	12
	진정한 보수주의자	17	4	14	**58**	23
	강한 윤리감	17	19	15	13	**53**
	적합한 경험	19	28	5	**62**	3

14. 아이다호 (3월 6일: 대의원 32명: 출구조사 결과 없음)

구분/후보자	롬니	폴	깅그리치	샌터럼
득표율(%)	61.6	18.1	2.1	18.2

15. 매사추세츠 (3월 6일: 대의원 41명)

구분/후보자			롬니	폴	깅그리치	샌터럼
득표율(%)			72.2	9.5	4.6	12
티파티 운동 지지 여부	지지	46	70	8	6	21
	중립	36	76	6	3	12
	반대	14	66	12	3	9
가장 중요한 이슈	낙태	7	42	8	3	45
	연방예산적자	28	70	14	5	10
	경제	59	77	8	4	9
	불법이민	5	-	-	-	-
정치이념	매우 보수	15	64	9	6	15
	온건 보수	35	76	9	5	10
	중도 혹은 진보	49	72	17	4	9
후보의 가장 중요한 자질	오바마에 대한 경쟁력	41	86	2	4	7
	진정한 보수주의자	10	46	21	9	32
	강한 윤리감	19	36	23	2	25
	적합한 경험	27	82	7	6	2

16. 노스다코타 (3월 6일: 대의원 28명: 출구조사 결과 없음)

구분/후보자	롬니	폴	깅그리치	샌터럼
득표율(%)	23.7	28.1	8.5	39.7

17. 오하이오 (3월 6일: 대의원 66명)

본문 p.138의 〈표 7〉과 동일한 내용임.

18. 오클라호마 (3월 6일: 대의원 43명: 출구조사 결과 없음)

구분/후보자	롬니	폴	깅그리치	샌터럼
득표율(%)	28	9.6	27.5	33.8

19. 테네시 (3월 6일: 대의원 58명)

구분/후보자		롬니	폴	깅그리치	샌터럼
득표율(%)		28.1	9.0	23.9	37.2
티파티 운동 지지 여부	지지	62	25	7	28	39
	중립	25	28	11	20	39
	반대	10	41	16	8	29
가장 중요한 이슈	낙태	11	12	10	18	60
	연방예산적자	32	33	11	26	29
	경제	50	31	8	25	34
	불법이민	4	-	-	-	-

정치이념	매우 보수	41	18	6	27	**48**
	온건 보수	32	35	8	23	**38**
	중도 혹은 진보	27	**33**	15	21	28
후보의 가장 중요한 자질	오바마에 대한 경쟁력	38	**40**	3	32	25
	진정한 보수주의자	16	6	19	22	**53**
	강한 윤리감	23	15	13	5	**65**
	적합한 경험	20	**42**	9	35	10

20. 버먼트 (3월 6일: 대의원 17명: 출구조사 결과 없음)

구분/후보자	롬니	폴	깅그리치	샌터럼
득표율(%)	39.7	25.5	8.2	23.7

21. 와이오밍 (3월 6일: 대의원 29명: 출구조사 결과 없음)

구분/후보자	롬니	폴	무명	샌터럼
득표율(%)	44.0	12.2	15.5	27.5

22. 캔자스 (3월 10일: 대의원 40명: 출구조사 결과 없음)

구분/후보자	롬니	폴	깅그리치	샌터럼
득표율(%)	20.9	12.6	14.4	**51.2**

23. 앨라배마 (3월 13일: 대의원 50명)

구분/후보자		롬니	폴	깅그리치	샌터럼
득표율(%)		29.0	5.0	29.3	34.5
티파티 운동 지지 여부	지지	62	26	3	34	36
	중립	24	32	7	23	35
	반대	9	41	11	15	26
가장 중요한 이슈	낙태	9	-	-	-	-
	연방예산적자	25	31	4	38	26
	경제	59	35	6	28	28
	불법이민	3	-	-	-	-
정치이념	매우 보수	36	18	4	36	41
	온건 보수	31	31	2	33	31
	중도 혹은 진보	33	39	9	19	29
후보의 가장 중요한 자질	오바마에 대한 경쟁력	36	51	1	32	15
	진정한 보수주의자	18	5	9	34	51
	강한 윤리감	24	24	7	7	62
	적합한 경험	19	33	5	51	6

24. 하와이 (3월 13일: 대의원 20명: 출구조사 결과 없음)

구분/후보자	롬니	폴	깅그리치	샌터럼
득표율(%)	44.5	19.3	10.9	25.3

25. 미시시피 (3월 13일: 대의원 40명)

구분/후보자			롬니	폴	깅그리치	샌터럼
득표율(%)			30.6	4.4	31.2	32.8
티파티 운동 지지 여부	지지	66	27	4	34	34
	중립	25	35	5	27	32
	반대	6	37	8	21	30
가장 중요한 이슈	낙태	11	-	-	-	-
	연방예산적자	26	30	5	35	29
	경제	56	33	3	31	33
	불법이민	3	-	-	-	-
정치이념	매우 보수	42	22	4	35	39
	온건 보수	29	33	4	31	31
	중도 혹은 진보	29	38	7	26	28
후보의 가장 중요한 자질	오바마에 대한 경쟁력	39	46	1	30	22
	진정한 보수주의자	20	7	5	34	52
	강한 윤리감	20	22	5	8	65
	적합한 경험	19	29	4	59	8

26. 일리노이 (3월 20일: 대의원 69명)

구분/후보자			롬니	폴	깅그리치	샌터럼
득표율(%)			46.7	9.3	8.0	35.0
티파티 운동	지지	56	47	7	10	36

지지 여부	중립	30	**47**	11	6	36
	반대	13	**53**	17	5	23
가장 중요한 이슈	낙태	11	-	-	-	-
	연방예산적자	25	**53**	9	9	29
	경제	59	**52**	10	6	31
	의료보험	3	-	-	-	-
정치이념	매우 보수	29	37	5	9	**48**
	온건 보수	34	**55**	5	8	31
	중도 혹은 진보	36	**48**	17	7	27
후보의 가장 중요한 자질	오바마에 대한 경쟁력	36	**74**	2	7	17
	진정한 보수주의자	19	11	10	9	**69**
	강한 윤리감	23	18	17	2	**62**
	적합한 경험	18	**64**	11	15	8

27. 루이지애나 (3월 24일: 대의원 46명: 출구조사 결과 없음)

구분/후보자	롬니	폴	깅그리치	샌터럼
득표율(%)	26.7	6.1	15.9	49.0

28. 매릴랜드 (4월 3일: 대의원 37명: 출구조사 결과 없음)

구분/후보자	롬니	폴	깅그리치	샌터럼
득표율(%)	49.2	9.5	10.9	28.9

29. 위스콘신 (4월 3일: 대의원 40명)

구분/후보자			롬니	폴	깅그리치	샌터럼
득표율(%)			44.1	11.2	5.9	36.9
티파티 운동 지지 여부	지지	56	49	8	6	33
	중립	25	43	14	6	37
	반대	17	30	18	5	36
가장 중요한 이슈	낙태	12	20	9	8	63
	연방예산적자	27	48	10	6	34
	경제	55	48	11-	5	33
	불법이민	2	-	-	-	-
정치이념	매우 보수	32	44	8	5	43
	온건 보수	29	55	5	5	36
	중도 혹은 진보	39	36	19	7	33
후보의 가장 중요한 자질	오바마에 대한 경쟁력	38	68	4	6	22
	진정한 보수주의자	20	13	16	7	64
	강한 윤리감	22	21	20	2	55
	적합한 경험	16	59	7	10	19

【참고문헌】

1. 한글문헌

손병권. 2012. "미국정치의 집단적 사회운동으로서 티파티 운동 참여자의 성격과 구성." 『세계지역연구논총』 제30집 3호.
유성진·정진민. 2011. "티파티운동과 미국 정당정치의 변화." 『한국정당학회보』 제10권 제1호.

2. 영어문헌

Continetti, Matthew. 2010. "The Two Faces of the Tea Party: Rick Santelli, Glenn Beck, and the future of the populist insurgency." *Weekly Standard* 15(9). June 28.

Dionne, Jr., E. J. 2010. "The Tea Party's Radicalism." OregonLive.com. Feb. 11. http://www.oregonlive.com/opinion/index.ssf/2010/02/the_tea_partys_radicalism.html

Eisinger, Peter K. 1973. "The Conditions of Protest Behavior in American Cities." *American Political Science Review* 67(1) (March): 11-28.

Etzioni, Amitai. 2010. "The Tea partiers are half right." Special to CNN. August 2. http://edition.cnn.com/2010/OPINION/08/02/etzioni.tea.party/index.html#fbid=6p8vt2srQcz&wom+false

Gamson, William. 1968. *Power and Discontent.* Homewood, IL: The Dorsey Press.

Gamson, William. 1975. *The Strategies of Social Protest.* Homewood, IL: The Dorsey Press.

Gurr, Ted Robert. 1970. *Why Men Rebel.* Princeton: Princeton University Press.

Hofstadter, Richard. 1964. *The Paranoid Style in American Politics and Other Essays.* Cambridge: Harvard University Press.

Kitschelt, Herbert P. 1986. "Political Opportunity Structures and Political Protest:

Anti-Nuclear Movements in Four Democracies." *British Journal of Political Science* 16(1): 57-85.

Klandermans, Bert. 1984. "Mobilization and Participation: Socio-Psychological Expansions of Resource Mobilization Theory." *American Sociological Review* 49(5): 583-600.

Krugman, Paul. 2009. "Tea Parties Forever." *The New York Times.* April 12. http://www.nytimes.com/2009/04/13/opinion/13krugman.html?=2&scp =1&sq=tea%20party&st=cse

Lepore, Jill. 2010. *The Whites of Their Eyes: The Tea Party's Revolution and the Battle over American History.* Princeton: Princeton University Press.

McAdam, D. 1982. *Political Process and the Development of Black Insurgency 1930-1970.* Chicago and London: University of Chicago Press.

McCarthy, John D., and Mayer N. Zald. 1977. "Resource Mobilization and Social Movements: A Partial Theory." *The American Journal of Sociology* 82(6) (May): 1212-1241.

Piven, Frances Fox, and Richard A. Cloward. 1991. "Collective Protest: A Critique of Resource Mobilization Theory." *International Journal of Politics, Culture and Society* 4(4): 435-458.

Rasmussen, Scott, and Douglas Schoen. 2010. *Mad As Hell: How the Tea Party Movement Is Fundamentally Remaking Our Two-Party System.* New York: Harper.

Skocpol, Theda, and Vanessa William. 2012. *The Tea Party and the Remaking of Republican Conservatism.* New York: Oxford University Press.

Smelser, J. Neil. 1962. *Theory of Collective Behaviour.* London: Routledge and Kagan Paul, Ltd.

Zernike, Kate. 2010a. *Boiling Mad: Inside Tea Party America.* NewYork: Times Books.

제6장

정당 분극화의 심화와 2012년 미국 대선: 정당 지지기반과 유권자의 정책적 입장 차이를 중심으로*

정진민 ｜ 명지대학교

I. 서론

1930년대의 정당재편성으로 민주당 중심의 뉴딜 정당체계가 형성된 이래 오랫동안 민주당은 정당일체감에 있어 공화당보다 대략 20% 정도의 격차로 우위에 있었다. 하지만 1980년대 레이건 집권 이후 정당일체감에 있어 민주당의 우위는 크게 줄어 들었다. 특히 1984년 레이건 재집권 이후 민주-공화 양당의 정당일체감 격차가 5% 이내로 좁혀진 이후 대통령선거 및 의회선거 등에서 대체로 양당의 유권자 지지 규모가 대등해진 호각의 정당정치(party politics of parity)가 지속되어 왔다(정진민 외 2005). 2007년 이후 최근 5년간 공화당 지지자의 비율이 다소 하락하면서 민주-공화 양당의 정당일체

---

* 이 글은 『한국정당학회보』 12권 1호(2013)에 게재된 바 있음.

감 격차가 그 이전보다 3% 내지 5% 정도 더 벌어지고 있다.[1] 하지만 민주당 지지자들보다 높은 공화당 지지자들의 투표율 등을 감안한다면(Glaeser et al. 2005), 1980년대에 형성된 민주-공화 양당 간의 호각의 정당정치 틀에 근본적인 변화가 일어났다고 보기는 어렵다.

이처럼 1980년대 이후 민주-공화 양당이 대등한 규모의 지지집단을 확보하게 되면서 각 정당이 선거 승리를 위하여 자신들의 지지집단에 집중적으로 지지를 호소하여 이들의 단합을 이루어내려는 유인이 보다 커지게 됨에 따라 미국의 정당정치는 점차 분극화되는 경향을 보여 왔다. 즉 주요 경제·사회적 쟁점들에 있어 민주당과 공화당이 경쟁적으로 지지집단의 요구에 부합하는 정책적 입장을 취하게 되고 이와 관련된 상징들을 활용하여 지지자들을 동원해 내는 데 점점 더 주력하게 된 것이다. 이는 양당의 유권자 지지 규모가 비슷한 상황에서 이러한 방식의 선거운동이 선거에서의 승리 가능성을 높일 수 있다고 보기 때문이다.

정당의 지지기반과 정치적 성향 및 정책적 입장의 차별성이 강화되는 미국 정당정치의 분극화는 특히 근소한 격차의 선거가 반복되고 있는 2000년대 들어오면서 더욱 심화되고 있는데, 이처럼 심화된 정당 분극화는 선거과정뿐 아니라 선거 이후의 국정운영 과정에도 지대한 영향을 미치고 있다(Abramowitz and Saunders 2008; Ceasers and Busch 2005; Fiorina et al. 2006, 2008; Greenberg 2004; Jacobson 2000; Levendusky 2010). 이 글은 미국 정당정치의 분극화와 관련하여 주로 유권자 수준의 정당(party in the electorate)에 초점을 맞추고 있다. 이에 이 글에서는 먼저 정당 분극화가 심화된 배경을 살펴보고, 다음으로 정당 분극화가 심화되면서 실제로 정당의 지지기반 및 유권자들의 정치적 성향과 정책적 입장의 차이가 이번

---

1) 민주-공화 양당의 정당일체감 격차에 있어 최근의 변화가 시작된 것은 2007년부터이다. 2006년까지 민주 33%, 공화 28%로 5% 민주당 우위에서, 2007년 민주 33%, 공화 25%로 8%로 벌어진 이후 2008년 민주 36%, 공화 25%로 11%까지 그 격차가 증가했다. 이후 민주 32~34%, 공화 24~25%로 8% 내지 10% 수준의 격차를 유지하고 있다(Pew Research Center 2012).

2012년 미국 대선에서는 어떻게 나타나고 있는지를 2000년 이후 치러진 최근의 대선들과 비교하여 논의하고자 한다. 또한 미국의 정당정치가 분극화되고 있는 상황에서 최근 들어 그 수가 늘어나고 있는 무당파 유권자들은 민주당 지지자나 공화당 지지자와 같은 당파적 유권자들과 비교하여 정책적 입장뿐 아니라 국정운영 방식과 관련하여 어떻게 다른 태도를 보이고 있는지를 살펴보고, 마지막으로 당파적 유권자들과는 다른 정치적 성향을 갖고 있는 무당파 유권자의 증가가 어떠한 정치적 함의를 갖고 있는지를 논의하고자 한다.

II. 정당 분극화의 심화 배경

1990년대 이후 미국 정당정치의 분극화가 심화되고 있는 데에는 무엇보다도 민주-공화 양당의 유권자 지지규모가 비슷한 호각의 정당정치가 유지되고 있는 것과 밀접한 관련이 있다. 호각의 정당정치가 이루어지면서 공화당은 이전처럼 보다 광범위한 유권자 지지를 얻으려 하기보다는 공화당 지지자들의 지지를 동원해 내는 데 보다 집중하는 당파적(partisan) 선거전략을 구사하게 되고(Wattenberg 1998, 142-143), 이에 따라 공화당의 보수적 정책 입장은 더욱 강화되었다. 이에 대응하여 민주당의 정책적 입장 역시 보다 진보적인 방향으로 변화되면서 민주당 지지자들의 선거참여를 독려하는 방향으로 집중하게 되었다. 그 결과, 〈표 1〉에서 보듯이 대통령선거에서 유권자들이 정당일체감을 갖고 있는 정당의 대선후보에 투표하는, 즉 정당 지지자들의 당파적 투표행태는 더욱 강화되고 있다. 실제로 〈표 1〉은 1992년 대선에서 70% 대였던 당파적 투표 비율이 20년이 지난 2012년 대선에서는 90% 대까지 크게 증가하고 있음을 보여주고 있다.

호각의 정당정치를 가져온 주요 요인이기도 했던 민주-공화 양당의 지역

〈표 1〉 미국 대통령선거에서의 당파적 투표 비율(%)

정당성향에 따른 투표 비율	1992	1996	2000	2004	2008	2012
민주당 지지자	77	84	86	89	89	92
공화당 지지자	73	80	91	93	90	93

출처: New York Times 해당년도 대통령선거 출구조사 자료

적인 기반의 변화 역시 미국 정당정치의 분극화를 심화시키는 데 크게 기여
하고 있다. 특히 남북전쟁 이후 오랫동안 민주당을 지지해 왔던 보수적 성
향의 남부지역 백인 유권자들이 흑인 민권운동에 따른 인종쟁점을 비롯하여
낙태 등 사회적 쟁점에 있어 뚜렷하게 진보적 입장을 취하는 민주당으로부
터 대거 공화당 지지로 선회하면서, 이제 남부지역은 공화당의 가장 강력한
지역적 기반이 되었다.[2] 남부지역의 이러한 정당지지 변화는 민주당 내 보
수적 분파의 힘을 크게 약화시킴으로써 민주당 정책의 진보화를 촉진하고
있다.[3] 반면에 상대적으로 진보적 성향이 강한 북동부 지역 내 공화당의
기반 역시 크게 약화되었는데, 이는 보수적 성향이 강한 남부지역이 공화당
의 중요한 지역적 기반으로 편입되는 것과 맞물려 공화당 정책을 더욱 보수
화시키는 주요 요인으로 작용하고 있다.

　　1980년대 레이건 집권 이후 강화되고 있는 종교적인 균열 역시 정당 분극
화 심화의 또 다른 중요한 원인이 되고 있다. 특히 1990년대 이후 낙태,
동성결혼, 학교예배 문제 등 사회적인 쟁점들과 관련하여 보수적인 성향이
강한 복음주의 기독교도(Evangelical Christian) 유권자 집단의 공화당에 대

---

2) 미국 남부 지역에서의 정당 지지기반 변화에 관한 상세한 논의는 최준영(2007), 정진
민(2000)을 참고할 것.
3) 하원 민주당 내 주로는 남부지역 출신 보수적 의원들의 단체인 Blue Dog은 최근 들어
그 수가 계속 줄어들고 있는데 2012년 선거에서도 24명 중 10명이 낙선하면서 14명으
로 크게 줄어들고 있다(Washington Post, 2012/11/25).

한 영향력이 크게 강화되어 왔다. 이와는 대조적으로 세속화된 또는 비종교적인 유권자들이 민주당의 점차 더 중요한 지지집단이 되고 있으며, 이는 민주-공화 양당 간의 정책적 입장, 특히 사회적 쟁점들과 관련하여 양당 간의 입장 차이를 강화시키고 있다.[4]

현재 미국사회에서 진행되고 있는 또 다른 중요한 변화 중 하나는 유권자 집단의 인종적 구성 비율이 크게 바뀌고 있다는 점이다. 즉 백인 유권자의 비율이 지속적으로 줄어들고 있는 반면 비백인 유권자, 특히 히스패닉계 유권자의 비율이 빠르게 증가하고 있다.[5] 이러한 인종적 구성비율의 변화와 맞물려 인종집단 간 정치적 균열 역시 심화되고 있는데, 공화당이 백인 유권자, 특히 남성 백인 유권자 집단에서 크게 우위에 있는 것과는 대조적으로 민주당은 흑인이나 히스패닉계 유권자들과 같은 비백인 유권자 집단에 그 지지가 집중되어 있다. 이러한 민주-공화 양당 지지집단의 인종적 차이도 정당 분극화를 심화시키는 또 다른 중요한 원인이 되고 있다. 이는 민주-공화 양당 지지집단의 인종적 차이가 백인 유권자들과 비백인 유권자들 간의 소득격차로 인하여 경제적 쟁점들과 관련해서 양당 간 입장 차이를 강화시키고 있을 뿐 아니라, 특히 이민정책과 같은 사회적 쟁점에 있어서의 입장 차이에도 커다란 영향을 미치고 있기 때문이다.

보다 최근 들어서는 지난 2010년 중간선거에서 위력을 발휘한 바 있는 보수적 성향이 강한 티파티(Tea Party) 운동 단체들이 예비선거나 본선거

---

4) Pew Forum(2012) 조사 자료에 따르면 무종교 유권자들의 비율은 2012년 20%에 달하고 있으며, 이처럼 무종교 유권자들의 비율이 크게 증가하면서 미국 역사상 최초로 다수 종교집단인 개신교도의 비율이 전체 인구의 과반수 이하로 떨어져 48%까지 줄고 있다. 특히 젊은 세대에 있어 무종교 유권자들의 비율이 크게 늘고 있어 시간이 지나면서 전체 유권자에서 무종교 유권자들이 차지하는 비율은 지속적으로 증가할 가능성이 많다.

5) 최근 미국의 히스패닉계 인구 증가는 괄목할 만한데 2001년 약 3,700만 명으로 전체 인구의 13%를 차지함으로써 흑인집단을 앞질러 최대의 소수인종 집단으로 부상한 이후 2012년 약 5,300만 명까지 증가하여 전체 인구의 17%를 차지하고 있다(Taylor et al. 2012). 지금과 같은 높은 출산율과 이민자 유입 추세가 지속된다면 21세기 말에는 미국 인구의 절반을 넘어설 거라는 전망까지 있다(Grant 2004, 6).

과정에 적극적으로 개입하면서 공화당에 대한 영향력을 강화하여 온 것도 정부의 역할이나 감세 등과 같은 주요 쟁점들에 있어 공화당의 입장을 더욱 보수화시키고 있으며 이 역시 정당 분극화를 심화시키는 데 적지 않게 기여하고 있다.[6] 이처럼 정당의 선거전략 변화, 남부지역의 정당지지 변화, 정당지지에 미치는 종교적 균열의 영향력 강화, 유권자집단의 인종구성 비율 변화 및 인종집단별 정당지지의 차별성 강화, 보수적인 티파티 운동 단체들의 정치적 영향력 강화 등이 민주-공화 양당 지지자들의 이념적인 성향에 있어 차별성을 더욱 뚜렷하게 만들고 있다.

퓨 리서치(Pew Research Center 2012) 조사 자료에 따르면 실제로 공화당과 일체감을 갖고 있는 유권자 중 보수적인 이념성향을 갖고 있는 유권자의 비율은 2000년 이후 지속적으로 증가하여 2012년에는 68%에 달하고 있다. 이와 같이 보수적인 공화당 지지자가 증가하고 있는 것처럼 민주당 지지자들의 진보적인 이념성향 또한 증가하고 있는데, 민주당과 일체감을 갖고 있는 유권자 중 진보적인 이념성향을 갖고 있는 유권자의 비율 역시 계속하여 늘어나 2012년에는 39%에 달하고 있다. 하지만 공화당 지지자들의 보수적인 이념성향과 민주당 지지자들의 진보적인 이념성향이 각각 늘어나고 있는 것과는 대조적으로 전체 유권자들의 이념적인 성향은 크게 변화하지 않고 안정적으로 유지되고 있는 것은 주목할 필요가 있다. 즉 전체 유권자들의 이념성향 분포는 크게 변화하고 있지 않는 상황에서 이념성향에 따른 결집 또는 이탈로 인하여 민주-공화 양당 지지자들의 이념적 동질성이 한층 더 강화되고 있는 것이다.

이처럼 더욱 강화되고 있는 민주-공화 양당 지지자들의 이념적인 성향이 경제적인 또는 사회적인 주요 쟁점들에 있어 양당이 보다 선명한 정책적인 입장을 갖도록 만들고 있으며, 이는 결국 민주당과 공화당 간의 정책적인 입장 차이를 한층 더 두드러지게 함으로써 미국의 정당 분극화를 더욱 심화

---

6) 티파티 운동의 특성과 미국 정당정치의 변화에 미치는 영향에 대한 상세한 논의는 유성진·정진민(2011)을 참고할 것.

시키는 요인으로 작용하고 있다.

III. 정당 지지기반의 차이와 2012년 대선

민주-공화 양당의 지지기반은 최근 들어 더욱 뚜렷하게 차별성을 보이고 있는데, 정당의 지지기반의 차이는 특히 인종, 종교, 이념, 세대, 소득수준 등을 기준으로 살펴보았을 때 뚜렷하게 나타나고 있다. 최근 들어 가장 분명한 지지기반의 차이는 인종집단별 정당 지지에서 나타나고 있다. 퓨 리서치(Pew Research Center 2012) 조사 자료에 따르면 히스패닉 유권자들의 공화당과 민주당에 대한 지지비율은 각각 11%와 32%로 민주당이 세 배에 달하는 큰 폭의 우위를 보이고 있다. 히스패닉 유권자를 제외한 백인과 흑인 유권자들 중에서 공화당 지지자는 각각 32%와 5%인 반면 민주당 지지자는 각각 26%와 69%를 점하고 있어, 흑인 유권자들의 지지를 민주당이 거의 독점하고 있지만 백인 유권자들 중에서는 공화당이 6% 우위에 있다. 결국 민주당은 백인 유권자 집단에서 열세에 있지만 대표적인 소수인종 집단인 히스패닉과 흑인 집단에서 공화당과 비교하여 압도적으로 우세한 지지를 확보하고 있다.

민주당이 압도적으로 우세한 소수인종 집단을 제외한 백인 유권자들의 종교적인 배경과 관련하여 먼저 복음주의가 아닌 일반 개신교도들에 있어 공화당 지지자 31%, 민주당 지지자 26%로 공화당이 5% 우위에 있다. 하지만 보수적인 성향이 강한 복음주의 개신교도들 중에서 민주당 지지자들은 17%에 불과한 반면 공화당이 49%의 지지를 점하고 있어 절대적인 우위에 있다. 오랫동안 민주당 지지가 우세했던 백인 가톨릭 교도들의 정당지지에도 변화가 있는데 2012년 현재 공화당 지지자 30%, 민주당 지지자 28%로서 오히려 공화당이 약간 앞서고 있지만 큰 차이는 보이고 있지 않다. 이와는 대조적으로 최근 그 수가 빠르게 증가하고 있는 무종교 유권자들의 절반 가량은 지지하는 정당이 없는 무당파 유권자들이지만 정당을 지지하는 무종교 유권자들 중에서는 민주당 지지자 32%, 공화당 지지자 12%로 민주당이 크게 앞서고 있다.

유권자들의 이념적 성향과 관련해서는 2012년 진보적, 중도적, 보수적 유권자가 각각 22%, 37%, 36%로 2000년대 들어온 이후 큰 변화를 보이고 있지는 않다. 하지만 민주당 지지자 중 진보적인 이념성향을 갖고 있는 유권자의 비율은 2000년 27%에서 2006년 30%, 2012년 39%로 지속적으로 늘고 있다. 마찬가지로 공화당 지지자 중 보수적인 이념성향을 갖고 있는 유권자의 비율은 2000년 59%에서 2006년 63%, 2012년 68%로 계속하여 증가하고 있다. 한 가지 흥미있는 것은 진보적 성향의 유권자 중 민주당 지지자가 증가하고 있는 것과는 대조적으로 보수적 성향의 유권자 중 공화당 지지자의 비율은 변화하고 있지 않지만 중도 내지 진보적 성향의 유권자 중 공화당 지지자는 감소하고 있어 공화당 지지자 내에서의 보수적 성향의 유권자의 비율이 상대적으로 증가하고 있다는 점이다.

상이한 성장경험을 중시하여 출생년도에 기초한 연령집단(birth cohort) 또는 세대별로 미국 유권자들을 나누어 보았을 때에도 의미있는 차이가 나타나고 있다. 1928~1945년 기간 중 출생한 사일런트(Silent)세대에서 민주당 지지자와 공화당 지지자가 각각 34%로 동률을 보이고 있는 것을 제외하고, 1946~1964년 기간 중 출생한 부머(Boomer)세대, 1965~1980년 기간 중 출생한 X세대, 1981~1994년 기간 중 출생한 밀레니얼(Millennial)세대 모두에서 민주당이 앞서고 있다. 특히 부머세대와 X세대에서의 민주-공화 양당에 대한 지지도가 5%내지 7%의 근소한 차이를 보이고 있는 것과는 달리 밀레니얼세대 유권자들 중에서는 공화당 지지자 18%, 민주당 지지자 31%로서 민주당이 큰 폭의 우위를 점하고 있다.

소득수준 및 교육수준과 관련해서도 대략 연소득 5만 달러를 기준으로 하여 저소득층의 민주당 지지 우세와 고소득층의 공화당 지지 우세 추세가 유지되고 있으며, 대졸자의 공화당 지지와 고졸 이하의 저학력자와 대학원

이상의 고학력자에서의 민주당 지지가 우세를 보이고 있는 추세도 유지되고 있다. 요약하자면 공화당의 지지기반은 지역적으로 남부지역 집중이 강화되고 있고, 이념적으로 보다 보수화되고 있으며 복음주의 개신교도나 티파티 운동 단체들의 당내 영향력이 더욱 강화되고 있는 반면,[7] 민주당은 흑인이나 히스패닉 유권자들과 같은 비백인 유권자들의 지지가 보다 공고화해지고, 이념적으로 보다 진보화되고 있으며 무종교 유권자와 젊은 세대 유권자 집단에서 지지가 강화되고 있다.

이처럼 강화되고 있는 민주-공화 양당의 지지기반 차이는 2000년 이후 치러진 대선에서 유권자들이 보여준 투표행태로 확인되고 있는데, 2012년 미국 대선에서도 주요 유권자 집단의 민주-공화 양당에 대한 지지도 차이는 뚜렷하게 나타나고 있다. 〈표 2〉를 통하여 2004년부터 2012년까지 치러진 세 차례의 대선에서 유권자들이 보여준 투표행태를 중심으로 살펴보면 지금까지 논의한 양당의 지지기반 차이가 잘 반영되어 나타나고 있음을 확인할 수 있다. 즉 2012년 대선을 포함하여 최근 치러진 세 차례의 미국 대선에서 성별, 인종, 연령집단, 소득수준, 종교 등을 기반으로 하는 유권자집단별 민주-공화 양당 간의 뚜렷한 지지도 격차가 지속되고 있음을 확인할 수 있다. 특히 백인과 비백인, 복음주의 개신교도와 무종교 유권자 집단 간의 정당 지지도 차이가 매우 큰 폭으로 유지되고 있으며, 비백인 유권자 중 히스패닉계 및 아시안계 유권자의 민주당 지지도가 지속적으로 크게 증가하고 있음은 주목할 필요가 있다.

2012년 대선을 포함하여 2000년 이후 치러진 세 차례의 대선에서 나타나고 있는 주요 유권자 집단별 민주-공화 양당에 대한 지지도 평균 격차는 그 이전에 치러진 세 차례(1992, 1996, 2000년) 대선에서의 평균 격차와 비교하여[8] 그 폭이 대체로 더욱 커지고 있으며, 2012년 대선에서 보여주고 있는

---

7) 티파티 운동에 대한 지지도에 있어 공화당 지지자와 민주당 지지자는 각각 67%와 18%로 커다란 차이를 보여주고 있다(Washington Post-Kaiser Family Foundation Poll 2012).

8) 1992년부터 2000년까지 치러진 대선에서 주요 유권자 집단별 민주-공화 양당 간의

〈표 2〉 2004-12 대통령선거에서의 정당 지지기반의 변화

		2004	2008	2012	04~12 평균
성별	남성	-11	4	-4	-3.7
	여성	3	12	10	8.3
인종	백인	-17	-10	-18	-15
	흑인	77	90	86	84.3
	히스패닉	15	34	42	30.3
	아시안	12	24	46	27.3
연령집단	18-29세	9	30	20	19.7
	30-44세	-7	4	6	1
	45-64세	-3	2	-2	-1
	65세 이상	-8	-9	-12	-9.7
연 소득수준	3만 달러 미만	19	30	26	25
	3만 달러-5만 달러	1	10	14	8.3
	5만 달러-10만 달러	-12	0	-6	-6
	10만 달러 이상	-17	0	-8	-8.3
종교	유대교	49	57	39	48.3
	가톨릭	-5	8	3	2
	개신교	-19	-9	-13	-13.7
	백인 복음주의 개신교	-57	-50	-57	-54.7
	무종교	36	52	45	44.3

출처: New York Times 해당년도 대통령선거 출구조사 자료 및 Pew Forum on Religion & Public Life(October 9, 2012)
* 표 안의 수치는 민주당 후보 득표율에서 공화당 후보 득표율을 뺀 값임

양당에 대한 유권자 집단별 지지도 격차는 대부분 2004~2012년 평균 격차를 상회하고 있다. 이러한 결과는 시간이 지나면서 민주-공화 양당을 지지하는 주요 유권자 집단 간의 차별성이 강화되고 있음을 보여주는 것이다.

지지도 격차에 대하여는 임성호(2005, 97)를 참고할 것.

IV. 정당 지지자들의 정책적 입장 차이와 2012년 대선

민주-공화 양당을 지지하는 유권자 집단 간의 차별성이 뚜렷해지면서 양당 지지자들의 주요 정책과 관련된 입장에 있어서의 격차 또한 커지고 있다. 퓨 리서치(Pew Research Center 2012) 조사 자료에 따르면 1987~2012 기간 중 정치적 성향이나 정책적 입장에 있어 민주-공화당 지지자 간의 평균 격차가 1987년 10%에서 2012년 18%로 크게 벌어졌다. 특히 최근 10년 동안, 즉 2002년부터 2012년 사이에 민주-공화당 지지자 간의 격차는 더욱 커졌다. 〈그림 1〉은 민주-공화 양당 지지자들 간의 정치적 성향이나 정책적 입장이 어떻게 변화되고 있는지를 알아보기 위하여 48개 항목의 정치적 성향이나 정책적 입장 차이의 평균 백분율을 보여주고 있는데 지난 25년간 그 차이는 뚜렷하게 커지고 있다.[9]

〈그림 1〉 민주-공화당 지지자들의 정치적 성향 및 정책적 입장 차이

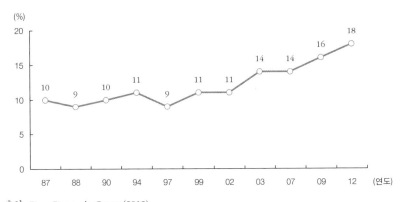

출처: Pew Research Center(2012)

---

9) 민주-공화 양당 지지자들의 정치적 성향과 정책적 입장 차이를 확인하기 위해 사용된 48개 항목의 구체적 내용에 관하여는 퓨 리서치(Pew Research Center 2012) 조사 자료를 참고할 것.

정치적 성향이나 정책적 입장 중 민주-공화당 지지자 간의 격차가 특히 큰 분야는 정부의 역할, 사회안전망, 환경보호에 대한 규제, 기회의 균등, 노조 또는 기업에 대한 태도, 보수적 가치, 종교에 대한 태도, 불법이민자 규제 등이다. 이 중 사회안전망, 환경보호에 대한 규제, 노조의 역할에 대한 태도에서의 격차 확대는 주로 공화당 지지자들의 입장이 더욱 보수적인 방향으로 변화되어서이다. 또한 기회의 균등, 종교에 대한 태도, 불법이민자 규제에 대한 입장에서의 격차 확대는 주로 민주당 지지자들의 입장이 더욱 진보적인 방향으로 변화되어서이며, 정부의 역할, 기업에 대한 태도, 보수적 가치 등에서의 격차 확대는 민주-공화 양당 지지자들의 입장이 동시에 각각 더욱 진보적 또는 더욱 보수적인 방향으로 변화되어서이다(Pew Research Center 2012, 21-23).

민주-공화 양당 지지자들의 정치적 성향이 크게 차이가 나는 분야는 크게 경제적 분야와 사회적 분야로 나누어 볼 수 있다. 먼저 경제적 분야에 있어서는 정부의 역할, 정부 규제, 재정적자 등의 문제가 대표적으로 차이가 나고 있는 분야이다. 사회적 분야에 있어서 민주-공화 양당 지지자들이 크게 대립하고 있는 분야는 정치와 종교와의 관계 및 전통적인 도덕이나 가치를 둘러싼 문제들이다.

경제적 분야에 있어서 민주-공화 양당 지지자들 간의 정치적 성향의 차이를 가져오는 첫 번째 부문은 정부의 역할과 관련하여 정부의 크기와 범위에 관한 문제이다. 즉 보다 많은 대국민 서비스를 제공하는 큰 정부를 지향할 것인지, 아니면 상대적으로 적은 서비스를 제공하는 작은 정부를 지향할 것인지의 문제이다. 다음으로 정부의 기업규제, 시장규제를 보다 강화시킬 것인지, 아니면 최소화할 것인지의 문제이다. 또한 현재 연방정부가 안고 있는 막대한 재정적자가 더 이상 커지는 것을 막기 위하여 정부의 재정지출을 줄여 나갈 것인지, 아니면 경기를 부양하여 일자리를 창출하고 사회 취약계층 지원을 위하여 필요한 정부지출을 확대할 것인지의 문제이다. 〈표 3〉은 경제적 분야의 주요 정치적 성향에 있어서 민주당과 공화당 지지자들이 뚜렷하게 차이가 나고 있음을 잘 보여주고 있다.

〈표 3〉 민주-공화당 지지자와 무당파 유권자의 경제적 분야 정치적 성향(%)

	작은 정부	큰 정부	규제 찬성	규제 반대	재정 확대	적자 축소
민주당	30	65	65	29	73	25
무당파	61	32	48	45	42	53
공화당	80	18	30	64	24	73

출처: Washington Post-Kaiser Family Foundation Poll(July 25~August 5, 2012)

사회적 분야에 있어서 민주-공화 양당 지지자들 사이에 정치적 성향이 크게 차별성을 보여주고 있는 첫 번째 부문은 변화하는 사회적·문화적 관행이나 관습에 맞추어 전통적인 도덕이나 가치의 규범과 기준을 바꾸고 적응시켜 나갈 것인지, 아니면 미국사회의 전통적인 도덕이나 가치 규범을 지켜야 할 것인지의 문제이다. 다음으로 기존의 윤리적 규범이나 기준에 크게 벗어나는 행위나 행태에 대한 현재 미국사회의 관용의 정도가 과도한 것인지, 아니면 적절한 것인지의 문제이다. 또한 정치와 종교의 분리 원칙에 따라 종교가 정치의 영역에 개입해서는 안되는 것인지, 아니면 종교적인 믿음을 정치의 장에서도 밝히고 관련된 정책에도 반영시켜야 되는 것인지의 문제이다. 사회적 분야의 주요 정치적 성향에 있어 민주-공화 양당 지지자들 사이에 커다란 차이가 있다는 것은 〈표 4〉를 통하여 확인할 수 있다.

결국 경제분야에 있어 민주당 지지자들은 의료 등에 있어 더 많은 공공서

〈표 4〉 민주-공화당 지지자와 무당파 유권자의 사회적 분야 정치적 성향(%)

	가치 변화	가치 고수	관용 과도	관용 적절	종교 배제	종교 개입
민주당	61	37	53	44	62	35
무당파	47	52	57	40	59	38
공화당	27	71	77	20	38	60

출처: Washington Post-Kaiser Family Foundation Poll(July 25~August 5, 2012)

비스를 제공하고 환경보호를 위한 정부규제, 또는 금융기관이나 기업의 과도한 이윤추구 및 경제력 집중에 대한 정부규제가 더욱 강화될 필요가 있다고 보는 등 정부의 역할이 강화된 큰 정부를 선호하는 반면 공화당 지지자들은 이러한 정부규제 강화에 반대하고 정부의 효율성을 중시하는 등 작은 정부를 선호하고 있다. 또한 민주당 지지자들이 국가부채 증가나 증세를 감수하고라도 사회 취약층 지원에 대한 정부의 책임이 있다고 보는 반면 공화당 지지자들은 감세를 통한 일자리 창출과 정부지출 축소를 통한 재정적자 감소를 중시하고 있다. 사회적 분야에 있어서도 민주당 지지자들은 도덕이나 가치규범은 변화해 갈 수 있다고 보는 반면 공화당 지지자들은 가족 중시 등 전통적 가치나 규범을 지키는 것이 중요하다고 본다. 또한 민주당 지지자들이 종교가 정치영역에 관여해서는 안 된다고 보는 반면 공화당 지지자들은 신앙의 중요성을 강조하고 종교적 신념이 정치영역에도 반영되어야 한다고 생각한다.

이러한 민주-공화 양당 지지자들 간의 주요 경제적 또는 사회적 분야에서의 근본적인 시각의 차이는 〈표 5〉와 〈표 6〉에서 보듯이 구체적인 주요 정책들에 있어 양당 지지자들 간의 뚜렷한 입장 차이로 이어지고 있다.

경제적 분야에서의 시각 차이가 반영된 주요 정책 쟁점들은 정부의 재정지출 감축, 오바마 대통령의 건강보험개혁법, 고소득자 증세, 법인세 감세, 노인 의료보호(Medicare) 민영화, 온실가스 규제 등의 문제이다. 먼저 정부의 재정지출과 관련하여서 연방정부의 재정적자를 줄이는 일이 무엇보다도 시급하기 때문에 재정적자를 늘리는 연방정부의 재정지출은 과감하게 삭감해야 된다는 입장을 취하는 공화당 지지자들이 압도적으로 많은 데 반하여, 경기를 부양하여 일자리를 창출하고 사회 취약계층 지원을 위하여 재정적자를 감수하고라도 필요한 정부의 재정지출을 확대해야 된다는 입장을 갖고 있는 민주당 지지자들이 적지 않다. 2010년 오바마 대통령의 주도하에 입법화된 건강보험개혁법에 대하여 많은 민주당 지지자들이 과도하게 비싼 의료수가와 건강보험 혜택을 받지 못하고 있는 국민이 대략 4,700만 명에 달하는 실정을 고려할 때 건강보험의 수혜 범위를 획기적으로 늘리고자 하는

〈표 5〉 민주-공화당 지지자와 무당파 유권자의 경제적 쟁점에 대한 입장(%)

	재정지출 감축		건강보험법		고소득자 증세		법인세 감세		의료민영화		온실가스 규제	
	찬성	반대	찬성	반대	찬성	반대	찬성	반대	찬성	반대	찬성	반대
민주당	39	54	64	23	82	17	41	55	29	68	87	8
무당파	56	39	40	49	62	35	55	40	42	53	73	22
공화당	66	29	15	77	46	53	71	26	39	55	61	35

출처: Washington Post-Kaiser Family Foundation Poll(July 25~August 5, 2012)

오바마 대통령의 건강보험개혁법이 필요하다는 입장을 취하고 있다. 하지만 공화당 지지자들의 경우에는 추가적인 세금 부담 등을 이유로 이에 반대하고 있는 비율이 압도적으로 높다.

고소득자 증세 및 법인세 감세와 관련해서도 감세를 통하여 투자와 소비가 증가함으로써 보다 많은 일자리 창출이 이루어질 수 있기 때문에 감세를 지지하고 증세에 반대하는 입장을 취하는 공화당 지지자들이 많다. 이와는 달리 소득세 등의 감세가 재정적자를 키울 뿐 아니라 그 혜택이 주로 고소득자에게 돌아간다고 보아 감세에 반대하고 오히려 고소득자 증세에 찬성 입장을 취하는 민주당 지지자들이 압도적으로 많다. 노인 의료보호 민영화

〈표 6〉 민주-공화당 지지자들의 사회적 쟁점에 대한 입장(%)

	낙태 허용		동성애자 결혼		불법이민 규제		총기규제	
	찬성	반대	찬성	반대	찬성	반대	찬성	반대
민주당	70	28	68	27	75	23	76	23
무당파	58	39	57	39	59	38	44	55
공화당	34	63	30	67	47	49	30	68

출처: Washington Post-Kaiser Family Foundation Poll(July 25~August 5, 2012)

에 대해서도 많은 민주당 지지자들이 노인들이 양질의 의료보호 혜택을 안 정적으로 받기 위해서는 현재의 노인 의료보호 제도가 유지되어야 한다는 입장을 취하고 있다. 반면에 미국사회가 빠르게 고령화되고 있기 때문에 현 재의 노인 의료보호 제도가 부실화되는 것을 막기 위해서는 사적인 보험 선택권 부여 등 개혁을 통하여 기존의 노인 의료보호 제도 유지에 따른 정 부의 재정지출을 줄이고 개인의 선택권을 확대할 수 있도록 할 필요가 있다 는 공화당 지지자들이 적지 않다. 온실가스 규제와 관련하여 민주당 지지자 들이 지구 온난화를 줄이기 위하여 발전소, 자동차, 공장 등으로부터의 가스 배출을 규제할 필요가 있다는 입장이 압도적으로 많은 반면, 온실가스 규제 에 따른 추가적인 경제적 부담으로 어려운 미국 경제가 더욱 힘들어질 수 있다는 입장을 취하고 있는 공화당 지지자들이 적지 않다.

사회적 분야에서의 시각 차이가 반영된 주요 정책 쟁점들은 낙태 허용, 동성애자 결혼, 불법이민자 규제, 총기소지 규제 등의 문제이다. 낙태 허용 문제에 있어서 민주당 지지자들이 낙태 여부는 임산부의 선택의 문제라는 친선택적(pro-choice) 입장을 취하고 있어 대체로 낙태를 허용할 수 있다는 입장인 데 반하여, 공화당 지지자들의 입장은 태아의 생명권을 존중하여 극 히 예외적인 경우를 제외하고는 낙태 허용에 반대하는 친생명적(pro-life) 입장을 취하고 있다. 동성애자 결혼 문제에 있어서도 민주당 지지자들이 성 적인 성향에 있어 소수집단인 동성애자에 대하여 차별을 두어서는 안 되기 때문에 동성애자 간의 결혼도 허용되어야 한다는 입장인 것과는 대조적으로 공화당 지지자들은 결혼은 이성 간에만 허용되어야 한다는 전통적인 입장을 고수하고 있다.

최근 들어 유입되는 불법이민자 수가 늘어나면서 쟁점화 되고 있는 불법 이민자 규제 문제에 있어서 민주당 지지자들은 이미 미국에 거주하고 있는 불법이민자들에 대하여 계속 일할 수 있도록 해주고 합법적인 거주자가 될 수 있는 기회를 주어야 한다는 입장인 반면, 공화당 지지자들의 경우에는 불법이민자들의 증가로 인하여 미국의 전통적인 가치가 위협받을 수 있으므 로 규제를 강화하여야 하고 본국으로의 송환조치도 필요하다는 입장을 취하고 있다. 또한 잦은 총기사고로 미국사회의 심각한 쟁점이 되고 있는 총기소지 규제 문제에 있어서도 민주당 지지자들은 무차별적인 총기사고가 빈발하고 있는 상황에서 보다 엄격하게 총기소지를 규제하는 입법이 필요하다는 입장을 갖고 있지만, 공화당 지지자들은 스스로를 보호하기 위한 총기소지의 헌법적 권리는 계속하여 지켜져야 한다는 입장을 취하고 있다.

정치적 성향이나 정책적 입장에 있어 민주-공화 양당 지지자들간의 격차뿐 아니라 정당 지지자들과 미국의 일반 유권자들, 즉 전체 유권자들의 평균적인 성향이나 입장 사이의 격차 역시 시간이 지나면서 더욱 커지고 있는데, 〈표 7〉의 낙태 문제와 전통적 가치 홍보를 위한 정부의 역할에 대한 설문조사 결과를 통하여 이를 부분적으로 확인할 수 있다.

낙태는 임산부의 생명이 위협을 받는 경우에만 허용되어야 한다는 입장을 갖고 있는 일반 유권자 평균 비율과 당파적 유권자 비율은 시간이 갈수록 그 격차가 벌어지고 있다. 즉 일반 유권자 평균과 민주당 또는 공화당 지지자들과의 격차의 합이 1969년 5%에서 2000년 9%, 2004년 13%, 2008년 18%까지 커지고 있다. 마찬가지로 전통적인 가치를 홍보하기 위하여 정부가 더 많은 노력을 기울여야 된다는 입장을 갖고 있는 당파적 유권자들의 비율 역시 시간이 지나면서 일반 유권자 평균으로부터 멀어지고 있는데, 당파적 유권자들과 일반 유권자 평균 간의 격차의 합이 1996년 4%에서 2000년 19%, 2004년 35%로 크게 증가하고 있다. 또한 일반 유권자 평균으로부터 멀어지고 있는 당파적 유권자들의 입장은 민주당 지지자들보다 공화당 지지자들의 경우에 더욱 큰 격차를 보이고 있다.

정당 지지자들보다 당파성이 더욱 강한 정당 활동가들의 경우 정치적 성향이나 정책적 입장에 있어 일반 유권자들의 평균적인 성향이나 입장과의 격차는 정당 지지자들의 경우보다 한층 더 클 것으로 예상할 수 있다. 이러한 예상은 〈표 7〉을 통하여 확인할 수 있는데, 대표적인 정당 활동가 집단이라고 볼 수 있는 민주-공화 양당의 전당대회에 참여한 대의원들의 정치적 성향이나 정책적 입장과 일반 유권자 평균과의 격차가 정당 지지자들의 경우보다 더욱 크게 벌어져 있음을 보여주고 있다.

〈표 7〉 낙태와 전통적 가치에 대한 일반 유권자, 정당 지지자 및 정당 대의원의 입장(%)

		임산부 생명이 위태로운 경우만 낙태 허용	전통적인 가치 홍보를 위한 정부 역할 강화
1996	민주당 대의원	3	27
	민주당 지지자	13	41
	일반 유권자	14	42
	공화당 지지자	18	44
	공화당 대의원	27	56
2000	민주당 대의원	2	20
	민주당 지지자	12	36
	일반 유권자	15	43
	공화당 지지자	21	55
	공화당 대의원	23	44
2004	민주당 대의원	2	15
	민주당 지지자	12	26
	일반 유권자	17	40
	공화당 지지자	25	61
	공화당 대의원	23	55
2008	민주당 대의원	2	12
	민주당 지지자	11	NA
	일반 유권자	18	NA
	공화당 지지자	27	NA
	공화당 대의원	31	48

출처: Bowman and Rugg(2012)

일반 유권자 평균과 큰 격차를 보여주고 있는 민주-공화 양당 지지자들 사이의 정책적 입장 차이는 2012년 대선에서 주요 경제, 사회 분야와 관련된 민주-공화 양당의 정책에 반영되어 양당 간에 뚜렷하게 정책적 입장이 대립되었다. 이처럼 뚜렷한 입장 대립은 연방 하원 예산위원장으로서 예산 감축 및 감세 그리고 노인 의료보호 제도 및 노령연금(Social Security) 제도 개혁의 주창자인 폴 라이언(Paul Ryan)을 공화당의 롬니 대통령 후보가 전당대회 직전 부통령 후보로 선택함으로써 보다 분명해진 바 있다. 특히 2012년 대선에서 유권자들은 2008년 금융위기 이후의 경제적인 어려움을 반영하여 경제와 일자리, 건강보험, 연방재정적자, 감세, 노인 의료보호, 노령연금 문제 등 주로 경제적인 문제에 대하여 높은 관심을 보였으며 주로 이러한 문제들을 중심으로 대선 과정에서 민주-공화 양당이 치열한 정책경쟁을 벌렸다.

경제적인 문제들에 대하여 이처럼 많은 유권자들이 높은 관심을 보여주었던 것과는 대조적으로 2012년 대선에서는 이전 선거에서 자주 주요 쟁점으로 다루어졌던 사회적 문제들의 경우, 불법이민자 규제 문제를 제외하고 낙태, 동성애자 결혼, 총기소지 규제 등에 대한 유권자들의 관심은 상대적으로 낮았다. 이에 따라 장기간의 경제 침체에 따라 양산된 약 2,300만 명의 실업자들을 위한 일자리 문제, 16조 달러를 넘는 연방부채 및 매년 1조 달러 이상씩 누적되고 있는 재정적자 해소를 위한 연방정부 지출축소 문제, 경기활성화를 위한 감세문제, 고령화에 따라 기금고갈의 우려가 있는 노인 의료보호 및 노령연금 제도의 개혁문제 등이 선거의 주요 쟁점으로 다루어졌다.

V. 무당파 유권자와 초당파적 협력정치

앞의 〈표 7〉에서 보았던 것처럼 민주당 또는 공화당 지지자와 같은 당파적 유권자들의 정치적 성향이나 정책적 입장이 일반 유권자들의 평균으로부

터 점차 멀어지고 있다는 것은 민주-공화 양당 어느 쪽도 지지하지 않는
유권자들이 결코 적지 않다는 것을 말하여 주는 것이기도 하다. 실제로 최
근의 미국 정당정치에서 공화당과 민주당 지지자 간의 정책적 입장 차이가
점점 더 커지고 있는 것과 함께 주목할 필요가 있는 것은 어느 정당에 대해
서도 지지의사를 표명하고 있지 않는 무당파 유권자들이 크게 증가하고 있
다는 점이다. 〈그림 2〉에서 보듯이 최근의 Pew Research 조사 자료에 따
르면 특히 2008년 이후 무당파 유권자(Independent)들이 크게 증가하여
민주당 지지자나 공화당 지지자와 같은 당파적 유권자들을 앞지르고 있는
데,10) 이처럼 무당파 유권자들이 증가하게 된 데에는 정치적 분극화에 대한
거부감도 크게 작용하고 있다.

물론 이들 무당파 유권자들 중에는 실질적인 정당지지나 투표에 있어 공

〈그림 2〉 미국 유권자들의 정당일체감 변화, 1939~2012

출처: Pew Research Center(2012)

---

10) 정당지지와 관련하여 최근 두드러진 특징 중 하나는 무당파 유권자들의 뚜렷한 증가
　　추세인데, 2004년 공화당 지지자의 비율과 같은 수준인 30%에 머물던 무당파 유권자
　　들이 2008년에 32%, 2012년에 38%까지 증가하여 1939년 이래 역대 최고 수준을
　　보여 주고 있다.

화당이나 민주당 쪽으로 편향되어 있는 소위 편향된 무당파 유권자(Leaner)들이 있는 것이 사실이지만 이들 편향된 무당파 유권자들이 민주당 또는 공화당 지지성향을 가지고 있으면서도 굳이 스스로를 민주당 지지자 또는 공화당 지지자로 밝히지 않고 무당파 유권자로 규정하고 있는 것은 과도하게 분극화된 정당정치에 대한 이들의 거부감이 작용하고 있다고 보는 것이다.

실제로 이들 무당파 유권자들은 경제분야 및 사회분야에서의 기본적인 정치적 성향에 있어서 〈표 3〉과 〈표 4〉에서 보여주고 있는 것처럼 대체로 중도적인 입장을 취하고 있다. 무당파 유권자들의 정치적 성향이 사안에 따라 공화당 지지자 또는 민주당 지지자의 성향에 보다 근접하여 있는 것은 사실이다. 예를 들어, 정부의 크기나 범위와 관련하여 무당파 유권자들은 공화당 지지자들의 성향과 보다 가깝지만 정치와 종교의 관계나 기존의 윤리적 규범에서 벗어나는 행위에 대한 관용 등의 문제에 있어서는 공화당 지지자보다는 민주당 지지자와 보다 비슷한 성향을 보여주고 있다. 하지만 어느 경우에나 무당파 유권자들의 성향은 공화당 지지자와 민주당 지지자의 사이에 위치하고 있다. 이들 무당파 유권자들의 중도적 입장은 〈표 5〉와 〈표 6〉에서 보듯이 경제분야와 사회분야에 있어서의 구체적인 주요 쟁점에 대한 입장에도 잘 반영되어 나타나고 있다. 물론 이 경우에도 무당파 유권자들이 재정지출 감축 문제와 관련해서는 민주당 지지자들 보다는 공화당 지지자들의 입장과 보다 더 가깝고, 낙태 허용 문제에 있어서는 공화당 지지자들 보다는 민주당 지지자의 입장에 더 근접하여 있지만 무당파 유권자들의 입장은 대체로 공화당 지지자와 민주당 지지자의 입장 사이에 위치하고 있다.

경제·사회 분야의 정치적 성향이나 구체적인 쟁점들에 대한 입장에 있어 무당파 유권자들이 당파적 유권자들보다 대부분 중도적인 입장을 취하고 있다는 점 이외에도 국정운영 방식과 관련하여 이들 무당파 유권자들은 당파적 유권자들과 비교하여 중요한 차별성을 갖고 있다. 즉, 무당파 유권자들이 당파적 유권자들과 비교하여 주요 정책 사안에 있어 중도적 입장을 갖고

〈표 8〉 당파적 유권자와 무당파 유권자의 초당적 협력에 대한 태도(%)

	민주당 입장 견지 VS 초당적 협력		공화당 입장 견지 VS 초당적 협력	
	민주당 지지자	무당파 유권자	공화당 지지자	무당파 유권자
견지	43	23	54	25
협력	54	71	43	70

출처: Washington Post-Kaiser Family Foundation Poll(July 25~August 5, 2012)

있는 것 못지않게 중요한 것은 〈표 8〉에서 보여주고 있는 것처럼 당파적 유권자들과 비교하여 이들 무당파 유권자들이 민주-공화 양당의 당파적인 경계선을 뛰어넘는 초당파적 협력정치를 훨씬 더 중시하고 있다는 것이다. 한 가지 흥미 있는 것은 당파적 입장을 견지하는 데 대한 무당파 유권자들의 태도가 민주당 입장 견지의 경우보다는 공화당 입장 견지의 경우에 당파적 유권자들과의 차이가 더욱 크게 나타나고 있다는 점이다. 이러한 결과를 통하여 무당파 유권자들의 초당파적 협력정치에 대한 요구가 민주당 보다는 공화당에 대하여 더욱 강하게 제기되고 있다고 볼 수도 있다.

무당파 유권자들의 이와 같은 초당파적 협력정치에 대한 강한 욕구는 극심한 당파적 대립구도 속에서 치러지는 선거에 대한 관심을 떨어뜨리는 데에도 작용할 수 있다고 본다. 실제로 민주당 지지자나 공화당 지지자와 같

〈표 9〉 당파적 유권자와 무당파 유권자의 선거 관심도(%)

	아주 관심 있음	어느 정도 관심 있음	그다지 관심 없음	전혀 관심 없음
민주당 지지자	55	27	10	7
공화당 지지자	64	22	8	6
무당파 유권자	46	27	13	14

출처: Washington Post-Kaiser Family Foundation Poll(July 25~August 5, 2012)

은 당파적 유권자들과 비교하여 무당파 유권자들의 선거에 대한 관심이 저조하다는 것을 〈표 9〉를 통하여 확인할 수 있다. 그리고 당파적 유권자들에 비하여 저조한 무당파 유권자들의 선거에 대한 관심은 결국 이들 무당파 유권자들의 투표 참여를 떨어뜨리는 요인으로 작용하고 있다.[11]

VI. 결론

앞서 살펴보았던 것처럼 2012년 미국 대선에서 민주-공화 양당의 지지기반 및 양당 지지자들의 정책적 입장에 있어 차이가 보다 뚜렷하게 나타나고 있다. 이처럼 유권자 수준 정당 차원에서 민주-공화 양당의 차별성이 뚜렷해지는 것은 양당의 정체성이 강화되고 있다고도 볼 수 있는데, 이러한 양당의 정체성 강화는 미국 유권자의 구성 비율이 빠르게 변화하고 있는 최근의 추세와도 맞물려 있다. 먼저 인종적 구성에 있어 21세기에 들어오면서 백인 유권자 비율이 지속적으로 감소하고 있는 반면 비백인, 특히 히스패닉계 유권자들은 빠르게 증가하고 있다. 마찬가지로 개신교도 유권자들의 비율이 크게 줄어들면서 무종교 유권자들은 뚜렷하게 늘어나고 있다. 특히 젊은 세대 집단에서 무종교 유권자들의 뚜렷한 증가는 주목을 요한다. 즉 21세기의 미국사회는 빠른 속도로 보다 더 다양하고 복합적인 사회로 변화되고 있는데 민주-공화 양당의 정체성 강화도 이러한 사회적 변화의 맥락 속에서 살펴 볼 필요가 있다.

---

11) 무당파 유권자들의 투표율은 공화당 또는 민주당 지지자들의 투표율과 비교하여 뚜렷하게 낮은데, 정당일체감과 투표율 간의 관계에 관한 연구(Glaeser et al. 2005)에 따르면 무당파 유권자들의 투표율이 가장 낮아서 민주당 또는 공화당과 강한 또는 약한 일체감을 갖고 있는 유권자들 사이에 무당파 유권자들을 놓았을 때 투표율이 V자 형태를 보여주고 있다.

미국사회의 급속한 변화 과정 속에서 민주당은 흑인뿐 아니라 히스패닉, 아시안 등 비백인 유권자 집단으로 또는 무종교 집단으로 지지기반의 외연을 기민하게 확장해 나가고 있다. 이와는 대조적으로 강한 보수 성향의 복음주의 개신교도 집단과 티파티 운동 단체들의 영향을 적지 않게 받고 있는 공화당은 나이든 백인 유권자의 정당이라는 틀에서 크게 벗어나고 있지 못하다. 이러한 공화당의 고착된 지지기반은 불법이민자 규제 문제나 동성애자 결혼 문제 등에서 공화당이 취하고 있는 매우 경직된 보수적인 입장에 잘 반영되고 있다. 결국 새로운 주요 쟁점들에 있어 공화당의 경직된 입장은 빠르게 규모가 커지고 있는 유권자집단들로부터 공화당이 외면받는 결과를 초래하고 있으며, 이는 민주당이 새로운 주요 쟁점들에 있어 유연한 입장을 취하면서 규모가 커지고 있는 유권자집단들로부터의 지지를 확장해 가고 있는 것과 대비되고 있다. 그리고 민주당과 공화당의 이러한 차이는 공화당 지지자들의 정치적 성향이나 정책적 입장이 민주당 지지자들보다 평균적인 미국 유권자들의 성향이나 입장으로부터 더욱 큰 격차를 보여주고 있는 앞의 〈표 7〉을 통해서도 부분적으로 확인되고 있다.

민주-공화 양당 지지기반의 차별성이 강화되면서 경제분야와 사회분야에 있어서의 정치적 성향이나 구체적 쟁점들에 대한 민주당과 공화당 지지자들의 입장은 분명하게 대비되고 있으며 그 차이가 시간이 지나면서 더욱 커지고 있다. 이처럼 정당 지지자들의 정치적 성향이나 정책적 입장 차이가 더욱 커지고 있는 것과 더불어 주목할 것은 대체로 중도적 입장을 취하고 있는 무당파 유권자들이 전체 유권자에서 차지하고 있는 비율 역시 증가하고 있다는 사실이다. 민주-공화 양당 지지자들의 차별성이 강화되면서 동시에 이들과는 정치적 성향을 달리하는 무당파 유권자들이 늘어나는 이중적 구조 속에서 선거 이후 미국의 차기 행정부와 의회의 지도부가 당파적 유권자들의 압력에도 불구하고 초당파적인 리더십을 외면하기는 쉽지 않은 상황이다. 이미 지난 미국 대선과정에서도 당파적 유권자들에 비하여 투표율이 떨어지긴 하지만 무당파 유권자들이 공화당 지지자나 민주당 지지자들에 비하여 적지 않게 분포하고 있을 뿐 아니라 증가하고 있는 추세를 보이고 있어,

오바마와 롬니 두 후보 모두 박빙의 선거 상황에서 이들 무당파 유권자들의 지지를 끌어들이기 위하여 초당파적, 통합적 리더십을 강조하지 않을 수 없었다.[12]

대선 과정에서와 마찬가지로 대선 이후의 국정운영에 있어서도 민주-공화 양당의 지지자들이 팽팽하게 맞서 있는 상황에서 성공적으로 국정을 수행해 나가기 위해서는 전체 유권자의 40%에 육박하는 무당파 유권자들의 지지를 확보하는 일이 매우 중요할 수밖에 없다. 따라서 민주-공화 양당 지도부가 각 당 지지자들의 요구를 수용하면서도 다수의 무당파 유권자들도 아우를 수 있는 초당파적 리더십을 발휘하지 않을 수 없는 상황이다. 더욱이 2012년 연말로 '부시 감세'가 종료되고 현재 16조 4,000억 달러 수준의 국가부채한도(debt ceiling)가 상향 조정되지 않을 경우 감세 종료로 인한 세율 인상과 2013년도부터 2021년까지 1조 2,000억 달러 규모의 재정지출을 자동 삭감하게 됨에 따라 대폭적인 정부지출 감축이 예정되어 있다.

이와 같은 증세와 대폭적인 재정 감축은 소위 '재정절벽(fiscal cliff)'으로 불리는 엄청난 재정적 충격을 야기하게 되고 이로 인하여 미국 경제는 더욱 어려워지게 되는 엄중한 현실에 직면하고 있다. 이처럼 심각한 경제적 상황 역시 민주-공화 양당 지도부로 하여금 지지자들의 당파적 요구에도 불구하고 현실적인 위기를 돌파하기 위하여 초당파적인 타협을 모색할 수밖에 없도록 만들고 있다.[13] 마지막으로 공화당의 감세나 재정지출 감축 입장과

---

12) 초당파적 리더십은 대선 직전 미국 동부를 강타한 허리케인 샌디가 선거 분위기를 당파적 대립에서 국가 위기관리 쪽으로 바꾸면서 더욱 부각된 바 있다. 특히 허리케인의 피해가 집중되었던 뉴저지와 뉴욕 지역에서 오바마 대통령이 그의 저격수로 불리던 Christie 공화당 뉴저지 주지사와 Bloomberg 무소속 뉴욕 시장과 함께 초당파적 복구 노력을 기울였던 점이 오바마의 대선 승리에 긍정적으로 작용하기도 하였다.

13) 초당파적 타협이 이루어지지 못하여 2013년 3월부터 일단 시퀘스터(sequester 연방예산자동삭감)가 발동되었다. 하지만 연방정부 폐쇄를 막기 위한 추가예산조치가 필요하고 연방정부 부채한도 확대 시한이 또다시 임박하는 등 연방예산 지출과 관련하여 파국을 피하기 위해 해결하여야 할 과제들이 계속 이어지고 있어 결국 초당파적인 타협없이 재정위기 상황을 돌파하기는 어렵다고 본다.

관련하여 타협을 어렵게 함으로써 정당 분극화를 더욱 심화시키는 데 기여했던 티파티 운동의 영향력이 2012년 대선에서 상대적으로 약화되고 있는 것도 초당파적인 협력 가능성을 높이는 또 다른 이유가 되고 있다.[14]

---

14) 티파티 운동 단체들의 영향력이 강하게 작용했던 2010년 중간선거에서 당선된 83명의 공화당 초선의원 중 12명이 재선에 실패했고, 이들 재선에 실패한 공화당 초선의원 중 10명이 티파티 운동 단체들의 지지를 받았던 의원들이다(Washington Post, 2012/11/7).

【참고문헌】

유성진·정진민. 2011. "티파티 운동과 미국 정당정치의 변화." 『한국정당학회보』 10
　　권 1호, 137-166.

임성호. 2005. "부시의 전략적 극단주의: 정당양극화, 선거전략 수렴의 부재." 미국정
　　치연구회 편. 『부시 재집권과 미국의 분열』. 오름.

정진민. 2000. "1980년대 이후 미국 정당정치의 변화: 세대요인을 중심으로." 『한국
　　정치학회보』 34집 1호, 237-254.

정진민·손병권·곽진영. 2005. "사회적 이슈와 미국 정당 재편성." 미국정치연구회
　　편. 『부시 재집권과 미국의 분열』. 오름.

최준영. 2007. "공화당의 남벌전략과 남부의 정치적 변화." 『신아세아』 14권 3호,
　　154-177.

Abramowitz, Alan, and Kyle Saunders. 2008. "Is Polarization a Myth?" *Journal
　　of Politics* 70, 542-55.

Bowman, Karlyn, and Andrew Rugg. 2012. *AEI Special Report: Delegates at
　　National Conventions 1968-2008.*

Ceaser, James and Andrew Busch. 2005. *Red Over Blue: The 2004 Elections
　　and American Politics.* Lanham: Rowman & Littlefield.

Fiorina, Morris with Samuel Abrams, and Jeremy Pope. 2006. *Culture War? The
　　Myth of a Polarized America.* New Yok: Pearson Longman.

_____. 2008. "Polarization in the American Public." *Journal of Politics* 70,
　　556-60.

Glaeser, Edward, Giacomo Ponzetto, and Jesse Shapiro. 2005. "Strategic
　　Extremism: Why Republicans and Democrats Divide on Religious
　　Values." *Quarterly Journal of Economics* 120, 1283-1330.

Grant, Alan. 2004. *American Political Process.* 7th ed. London: Routledge.

Greenberg, Stanley. 2004. *The Two Americas: Our Current Political Deadlock
　　and How to Break It.* New York: St. Martin's Press.

Jacobson, Gary. 2000. "Party Polarization in National Politics: The Electoral
　　Connection." In Jon Bond and Richard Fleisher (eds.). *Polarized Politics:*

Congress and the President in a Partisan Era. Washington D.C.: CQ Press.

Levendusky, Matthew. 2010. "Clearer Cues, More Consistent Voters: A Benefit of Elite Polarization." *Political Behavior* 32, 111-31.

Pew Forum on Religion & Public Life. 2012. *Nones on the Rise: One-in-Five Adults Have No Religious Affiliation.*

Pew Research Center. 2011. *The Generation Gap and the 2012 Election.*

_____. 2012. *Trend in American Values 1987-2012: Partisan Polarization Surges in Bush, Obama Years.*

Taylor Paul, Ana Gonzalez-Barrera, Jeffrey Passel, and Mark Hugo Lopez. 2012. *An Awakened Giant: The Hispanic Electorate is Likely to Double by 2030.* Pew Research Center

Wattenberg, Martin. 1998. *The Decline of American Political Parties, 1952-1996.* Cambridge: Harvard University Press.

Washington Post Company. 2012. *Washington Post-Kaiser Family Foundation Poll.*

제7장

2012년 미국 대선과 인종정치

장승진 | 국민대학교
장혜영 | 숙명여자대학교

2012년 11월 실시된 제57대 미국 대통령선거는 오바마 대통령의 승리로 막을 내렸다. 2008년 이후 지속되고 있는 미국의 경제불황 및 그로 인한 낮은 국정운영 지지도에도 불구하고 오바마가 재선에 성공할 수 있었던 원인으로 후보자 및 정당 차원의 여러 가지 요인을 들 수 있겠지만, 그중에서도 빼놓을 수 없는 중요한 것이 소수인종 유권자들의 압도적 지지라고 할 수 있다. 선거 직후 발표된 출구조사에 따르면[1] 93%에 이르는 절대 다수의 흑인 투표자들이 오바마를 지지했을 뿐만 아니라 히스패닉계와 아시아계 투표자들 사이에서도 오바마에 대한 지지가 70%를 상회하는 것으로 나타났다. 반면에 백인 투표자들 사이에서는 오바마에 대한 지지가 40%에도 미치지 못했다. 물론 오바마에 대한 소수인종 유권자들의 지지가 새로운 것은

---

[1] *New York Times*, "President Exit Polls," http://elections.nytimes.com/2012/results/president/exit-polls(검색일: 2013.1.30).

아니며, 2008년에도 이들의 지지가 오바마 대통령의 당선에 크게 기여했다. 결국 1960년대 이민개혁(immigration reform)으로부터 비롯한 미국사회의 인종구성의 변화에 힘입어 소수인종 유권자들의 선택이 선거의 결과에 다시 한번 결정적인 영향을 끼쳤다고 할 수 있다.

이 글은 2012년 미국 대통령선거에서 나타난 인종간 투표 성향의 차이를 살펴보는 것을 목적으로 한다. 특히 2012년의 결과를 통해 2008년 오바마 대통령의 집권을 전후한 미국사회의 인종간 관계(racial relations)의 변화라는 보다 넓은 맥락에서 고찰하고자 한다. 미국 역사상 최초의 소수인종 출신 대통령인 오바마의 당선이 미국사회 내의 근본적 문제 중 하나인 인종간 갈등 양상에 어떠한 변화를 가져왔는지 확인함으로써 2012년 미국 대선에서 나타난 소수인종의 오바마에 대한 지지 패턴을 심도 있게 이해할 수 있는 기반을 제공할 수 있다. 또한 최근 각종 선거에서 주목받고 있는 히스패닉계 유권자들과 아시아계 유권자들의 정치적 성향을 살펴봄으로써 이들이 ─흑인 대통령이라는 특수한 계기를 넘어서서─ 향후 선거에서도 견고한 투표블록(voting bloc)으로 등장할 수 있을지를 파악하고자 한다.

I. 미국사회의 변화와 인종문제

미국의 선거를 이해하는 데 있어서 인종문제가 이전보다도 더욱 중요한 이유는 무엇보다도 히스패닉계나 아시아계와 같은 소수인종의 증가로 인해 미국의 인구 구성이 점차 다양화되고 있기 때문이다. 일례로 최근의 미국의 인구 동향에 대한 분석에 따르면 2011년 현재 전체 인구의 17% 정도를 차지하는 히스패닉계의 비중은 2050년까지 29%까지 상승할 것이라고 예측되었다. 동시에 아시아계 인구 또한 2011년 5%에서 2050년 9%로 증가하는데 반해 백인 인구는 2011년에는 전체 인구의 63%를 차지하던 것이 2050

년에 이르면 절반 이하로 하락하여 47%에 그칠 것으로 추정되었다. 상대적으로 흑인 인구의 비중은 2050년에도 13% 정도를 유지하여 2011년의 12%에 비해 큰 변화가 없을 것이라고 예측되었다.

특히 〈그림 1〉에 따르면 히스패닉계는 다른 어떤 인종 집단보다도 높은 인구 증가율을 보이고 있다. 1965년 이민법 개정으로 가장 큰 수혜를 입은 집단이 히스패닉계라는 사실은 미국 인구에서 히스패닉계가 차지하는 비중이 1960년의 3.5%에서 2011년 현재 17%로 거의 5배 가까이 늘어났다는 사실을 통해서도 잘 드러난다. 결과적으로 히스패닉계는 흑인을 제치고 현재 미국의 가장 큰 소수인종 집단으로 등장했으며, 지속적인 이민과 높은 출산율로 인해 흑인과는 달리 히스패닉계가 미국사회에서 차지하는 비중은 앞으로도 계속 증가할 것이라고 예상되고 있다.

물론 몇 가지 이유로 인해 히스패닉계가 미국 인구 구성에서 차지하는 비중이 아직까지는 그에 상응하는 정치적 영향력으로 이어지지는 않고 있다. 무엇보다도 상당한 숫자의 히스패닉계 이민자들이 불법적으로 미국에 입국하였으며 따라서 시민권 및 투표권을 획득하는 것이 불가능하다. 또한

〈그림 1〉 미국 인구 구성의 변화, 1960~2050

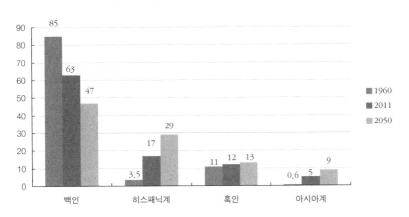

출처: U.S. Census Bureau

다른 인종 집단에 비해 상대적으로 젊은 연령대와 낮은 교육 수준은 이들의 잠재적인 영향력이 실제 선거에서 현실화되는 것을 지속적으로 방해하고 있다(de la Garza and Jang 2011a; DeSipio 1996). 더구나 히스패닉계 인구가 단일한 집단이 아니라 멕시코, 푸에르토리코, 쿠바 등 서로 다른 국가 출신으로 구성된 복잡한 집단이라는 측면에서 이들이 정치적으로 통일된 입장과 태도를 보이는 것도 쉽지 않다(de la Garza and Jang 2011b; Uhlaner and Garcia 2002).

그러나 이러한 한계에도 불구하고 히스패닉계 인구의 증가는 필연적으로 히스패닉계 유권자들의 증가를 동반하기 때문에 이들이 갖는 정치적 영향력은 지속적으로 증가해왔으며 앞으로의 선거에서도 중요한 영향을 줄 가능성이 충분하다. 특히 히스패닉계 인구의 증가에서 흥미로운 부분은 각 주에서 나타난 히스패닉계 청년층의 증가이다. 예를 들어, 2012년 대선에서 경합주(swing state)로 분류되었던 네바다의 경우 18세 미만 인구 중 39%가 히스패닉계이며, 애리조나와 텍사스에서는 18세 미만 인구의 거의 절반이 히스패닉계로 분류되었다. 또한 대부분의 선거에서 경합주로 분류되는 플로리다의 경우에도 같은 연령대의 히스패닉계 인구는 전체 플로리다 인구의 27%를 차지하고 있다.[2] 이들이 앞으로의 선거에서 새로운 유권자로서 참여할 수 있기 때문에 선거가 접전일수록 히스패닉계 유권자들의 선택이 선거 결과를 좌우할 수 있는 파괴력을 가질 수 있음을 시사한다.

히스패닉계를 비롯한 소수인종의 증가는 단순히 새로운 유권자들이 추가되는 것 이상의 정치적 의미를 갖는다. 미국의 인구 구성이 다양화됨에 따라 미국사회의 핵심적인 쟁점 중 하나인 인종간 관계(race relations)가 더욱 복잡한 양상으로 전개되게 된 것이다. 과거 미국사회의 인종문제는 주로 흑인에 대한 차별을 둘러싼 흑·백 간의 갈등이라는 형태로 표출되었다. 그러나 최근에는 미국사회의 인종간 관계에 히스패닉계와 아시아계를 중심으로 다양한 소수인종 집단들이 새로운 행위자로 등장하게 됨에 따라 다양한

---

2) (http://www.trpi.org/PDFs/Table_OncomingVoters.pdf).

인종 집단들이 사안에 따라 합종연횡하는 모습이 관찰되기 시작하였다.

이러한 사안별 합종연횡의 모습은 미국에서도 특히 다양한 인종이 모여 살고 있는 캘리포니아에서 가장 잘 드러난다. 1990년대 중반 이후 걸쳐 캘리포니아에서는 이민 및 소수인종문제와 관련한 다양한 주민제안(Proposition)들이 발의되어 주민투표에 회부되었다. 대표적인 예로써, 1994년에는 불법이민자들에 대해 복지 및 공공서비스를 제한하는 주민제안 187호가 발의되었으며, 1996년에는 주정부의 소수자우대정책(affirmative action policy)을 폐지하는 주민제안 209호가 발의되었고, 1998년에는 공립학교에서의 이중언어교육(bilingual education)을 제한하는 주민제안 227호가 발의되었다. 〈표 1〉에서는 각각의 경우에 있어서 주민투표 당시 출구조사를 통해 파악된 인종 집단별 찬성률을 보여주고 있다.

〈표 1〉에서 주민제안이 주된 대상으로 삼는 대상에 따라서 인종 집단별 찬성률이 크게 달라진다는 것을 확인할 수 있다. 불법이민자에 대한 혜택을 금지하는 주민제안 187호의 경우 히스패닉계를 제외한 다른 인종 집단에서는 과반수가 찬성한 반면에, 소수인종에 대한 우대정책을 철폐하는 주민제안 209호에 대해서는 백인만이 과반수 찬성률을 보일 뿐 다른 모든 소수인종 집단에서 반대표가 찬성표를 능가했다. 특이하게도 이중 언어교육을 제한하는 주민제안 227호에 대해서는 백인과 아시아계가 과반수 찬성률을 보

〈표 1〉 캘리포니아 주민제안에 대한 인종 집단별 찬성률(%)

	주민제안 187호	주민제안 209호	주민제안 227호
백인	83	62	67
흑인	55	27	48
히스패닉계	31	30	37
아시아계	55	45	57
전체 투표자	59	55	61

출처: Cain, Citrin and Wong(2000, 48)에서 재인용

인 반면에 흑인과 히스패닉계가 손잡고 반대 의견을 표시했다. 결국 〈표 1〉이 보여주는 것은 소수인종이 늘어나고 인종 구성이 다양화되면서 미국 사회의 중요한 쟁점에 대해 인종 집단들 사이에 복잡한 형태의 정치적 경쟁 과 협력 관계가 표출되고 있다는 점이다.

II. 오바마 집권 이후 미국사회의 인종간 관계

2008년 11월 제56대 미국 대통령선거는 미국사회를 관통하는 핵심적인 문제인 인종 관계와 관련하여 두 가지 중요한 함의를 던져주었다. 우선 미국 역사상 최초의 흑인 대통령으로 오바마가 당선된 것은 흑인을 비롯한 소수인종의 정치적·사회적 지위 상승을 상징적으로 웅변하는 한편, 미국사회가 인종간 갈등과 반목을 극복하고 '새로운 사회(post-racial society)'로 나아가고 있다는 희망 섞인 전망을 불러일으키기도 했다. 실제로 New York Times와 CBS News가 오바마 집권 100일을 맞이하여 실시한 여론조사에 따르면[3] 전체 응답자의 66%가 미국의 인종간 관계가 전반적으로 좋은 편이라고 대답하여 오바마 당선 이전인 2008년 7월에 실시된 동일한 조사의 53%에 비해 크게 증가한 것으로 나타났다. 특히 흑인의 경우 미국의 인종 관계에 대한 긍정적인 평가가 동일한 기간 동안 두 배 가까이 증가한 것으로 나타났다. 또한 흑인 응답자의 절반 이상은 여전히 흑인보다는 백인에게 더 많은 기회가 주어진다고 믿고 있지만, 그럼에도 불구하고 70%가 미국이 올바른 방향으로 나아가고 있다고 대답하였다.

---

3) Stolberg, Sheryl G. and Connelly, Marjorie, 2009, "Obama Is Nudging Views on Racem a Survey Finds," *The New York Times* (April 27), http://www.nytimes.com/ 2009/04/28/us/politics/28poll.html?_r=0 (검색일자: 2013.1.30).

그러나 이와 같은 변화에 대한 희망과는 별개로 2008년 미 대선은 미국사회에서 여전히 존재하는 인종 간 갈등과 차이가 얼마나 심각한지 또한 잘 보여주었다. 2008년 선거 당시 출구조사에 따르면 흑인 유권자의 95% 그리고 2/3에 달하는 기타 소수인종 유권자들이 오바마에게 투표한 반면에, 백인 유권자 중에서는 과반에도 미치지 못하는 43%만이 오바마에게 투표한 것으로 나타났다. 또한 위에서 인용한 New York Times와 CBS News의 여론조사에서도 오바마 당선 이후 미국이 올바른 방향으로 나아가고 있다는 응답한 백인의 비율은 34%에 그치고 있어 흑인 응답자들과는 현격한 차이를 보이고 있다.

이러한 측면에서 흑인 대통령의 당선이라는 상징적 사건 이후로 미국사회의 인종간 관계가 어떻게 변화하였는가는 매우 흥미로운 질문이라고 할 수 있다. 이를 위해 〈표 2〉에서는 2008년 대선 이후 1년 정도가 흐른 시점에서 인종간 관계와 관련한 다양한 태도를 인종 집단별로 보여주고 있다.

우선 오바마에 대한 태도와 관련하여 전체적으로 75% 이상의 응답자가 오바마에 대해 호의적인 태도를 보이는 중에도 인종별로 상당한 차이가 존재한다는 것을 알 수 있다. 백인의 경우에는 오바마에게 매우 호의적인 비율이 26.4%, 다소 호의적인 비율이 32.8% 정도에 머무는 반면에, 흑인들 사이에서는 98% 가까이에 달하는 비율이 호의적인 태도를 보이고 있다. 히스패닉계를 비롯한 다른 인종 집단들은 백인과 흑인 중간 정도의 태도를 보이고 있다. 결국 흑인 대통령인 오바마에 대한 태도가 각자가 속한 인종 집단에 따라 크게 달라진다는 점을 확인할 수 있다.

백인의 경우 34.9%만이 오바마 대통령의 당선 이후 미국사회의 인종간 관계가 개선되었다고 대답하였으며 오히려 악화되었다는 대답 또한 17.2%에 달했다. 반면에 흑인과 히스패닉의 경우 오바마 대통령의 당선 이후 미국사회의 인종간 관계가 개선되었다는 대답이 각각 56.8%와 47.5%였으며, 오히려 악화되었다는 대답은 매우 미미하였다. 결국 오바마 대통령 당선 이후로 미국사회의 인종간 관계를 바라보는 시각이 백인과 소수인종 간에 매우 다르다는 점을 알 수 있다.

〈표 2〉 인종간 관계에 대한 인종 집단별 인식, 2009년(%)

	백인	흑인	히스패닉계	기타 인종	전체
오바마에 대한 태도					
매우 호의적	26.4	80.3	51.4	38.3	46.2
다소 호의적	32.8	17.6	35.3	41.6	29.4
다소 부정적	18.0	1.5	4.6	9.6	10.8
매우 부정적	22.8	0.6	8.7	10.5	13.6
오바마 이후 인종간 관계					
좋아졌다	34.9	56.8	47.5	48.5	43.9
별다른 차이가 없다	47.9	37.2	47.5	38.5	44.1
나빠졌다	17.2	6.1	5.0	13.0	12.0
5년 전에 비해 흑인의 지위					
좋아졌다	52.3	39.5	48.3	51.0	47.9
비슷하다	42.2	48.4	45.8	41.8	44.4
나빠졌다	5.6	12.1	5.8	7.3	7.6

출처: Pew Research Center. Racial Attitudes in America II

　그러나 〈표 2〉는 동시에 미국사회의 인종간 관계에 대한 인식을 단순히 백인과 소수인종이라는 단순한 구별에 의해서만 설명할 수는 없다는 사실 또한 보여주고 있다. 5년 전과 비교했을 때 미국사회에서 흑인의 지위가 개선되었는가라는 질문에 대해서 백인과 흑인은 전반적인 인종간 관계에 대한 인식에서와 마찬가지의 차이를 보여주고 있다. 즉 과반수의 백인이 흑인 대통령 당선 이후 흑인의 지위가 개선되었다고ㅡ즉 흑인들이 상대적으로 더 혜택을 받았다고ㅡ대답한 반면에 흑인의 경우에는 39.5%만이 동일한 대답을 하였으며, 오바마 당선 이후 오히려 흑인의 지위가 악화되었다는 응답 또한 12%에 달했다. 그러나 전반적인 인종간 관계에 대한 인식과는 달리 오바마 당선 이후 흑인의 사회적 지위에 대해서는 히스패닉계를 비롯한 여

타의 소수인종들은 흑인보다는 백인에 오히려 더 가까운 입장을 보이고 있
다. 결국 흑인의 지위와 관련한 히스패닉계와 기타 인종 집단의 인식은 전
반적인 인종간 관계가 개선되고 있음에도 불구하고 그러한 개선의 과실을
두고 소수인종 내부에서 존재하는 경쟁과 갈등의 가능성을 암시한다고 볼
수 있다.

〈표 2〉가 암시하는 소수인종 내부의 경쟁과 갈등의 가능성은 오바마 대
통령이 각 인종 집단의 요구에 대해 얼마나 관심을 보인다고 있다고 생각하
는지에 대한 인종 집단별 차이를 보여주는 〈표 3〉을 통해서도 마찬가지로
발견된다. 물론 인종 집단을 막론하고 절대 다수는 오바마 대통령이 각 인
종 집단의 요구에 적당한 관심을 보이고 있으며 흑인이건 히스패닉계이건
오바마 대통령이 당선된 이후 특별히 차별적인 혜택을 받고 있지는 않다고
생각하고 있다. 그러나 이러한 전반적인 추세에도 불구하고 인종 집단에 따
라 미묘한 차이가 여전히 발견되고 있다. 우선 흑인을 제외한 대부분의 인
종 집단들이 상당한 비율로 오바마 대통령이 흑인의 요구에 대해 지나친
관심을 보인다고 대답하고 있다. 한 가지 흥미로운 부분은 백인의 경우에는

〈표 3〉 오바마 대통령의 인종별 관심도에 대한 인식, 2009년(%)

	백인	흑인	히스패닉계	기타 인종	전체
흑인에 대한 관심					
지나치다	17.0	0.8	13.1	11.2	11.0
적당하다	71.8	86.4	74.5	77.0	77.1
부족하다	11.2	12.8	12.4	11.8	11.9
히스패닉계에 대한 관심					
지나치다	16.7	3.6	3.9	9.6	10.2
적당하다	62.9	81.8	52.0	62.9	67.2
부족하다	20.4	14.6	44.1	27.5	22.6

출처: Pew Research Center. Racial Attitudes in America II

오바마 대통령이 흑인뿐만 아니라 히스패닉계에 대해서도 지나친 관심을 보인다고 대답한 비율 역시 다른 인종 집단에 비해 상당히 높은 것으로 나타났다. 반면에 히스패닉계 응답자의 경우 오바마 대통령이 히스패닉계의 요구에 보이는 관심이 적당하다고 대답한 비율은 과반수를 간신히 넘을 뿐 44.1%에 달하는 비율이 오히려 관심이 부족하다고 대답하였다.

결과적으로 〈표 2〉와 〈표 3〉을 종합해보면 오바마 대통령의 당선 이후 백인들은 흑인을 비롯한 모든 소수인종이 혜택을 받고 있다고 인식하는 반면에 흑인들은 그와 같은 차별적 혜택을 부정하고 있다. 이와 동시에 흑인을 제치고 가장 큰 소수자 집단으로 등장한 히스패닉계의 경우에는 오바마 당선 이후 전반적인 인종간 관계는 개선되었지만 그 과정에서 흑인에 비해 자신들이 상대적으로 불이익을 받고 있다고—혹은 기대했던 만큼의 혜택을 받지는 못하고 있다고—인식한다는 것을 알 수 있다. 물론 이러한 인종간 관계에 대한 인식 차이가 그 자체로서 정치적 의미를 가진다고 확언하기는 어렵다. 그러나 이를 통해 보다 근본적인 차원에서 인종 집단 별로 미국사회를 바라보는 시각에서 상당한 편차가 존재한다는 사실을 알 수 있다.

III. 오바마 집권기 인종 집단별 정치적 태도

최초의 흑인 대통령의 등장에도 불구하고 오바마 대통령 임기 중 특별히 인종과 관련된 쟁점이 정치적으로 부각되지는 않았다. 오바마 대통령 임기 내내 가장 중요한 정치적 쟁점은 경제위기에 대한 극복방안과 소위 오바마 케어(Obamacare)라고도 불리는 의료보험개혁 법안(Patient Protection and Affordable Care Act), 그리고 고소득층에 대한 감세정책 철폐 등을 둘러싼 논란이었다. 또한 오바마 대통령 스스로도 자신의 인종적 정체성이나 인종과 관련된 쟁점이 부각되는 것을 의도적으로 회피한 측면 또한 존재한다.[4]

그러나 인종문제 자체가 정치적으로 부각되었는가의 여부와는 별개로 앞에서 확인한 바와 같은 인종 집단별 차이는 2012년 미대선에 이르는 과정에서 중요한 정치적 사안에 대한 미국인들의 인식과 태도가 자신이 속한 인종 집단에 따라 다르게 나타날 수 있다는 점을 암시하고 있다.

중요한 정치적 태도에 있어서 인종 집단별 차이를 알아보기 위해서 〈그림 2〉에서는 2008년 오바마 대통령의 당선부터 2012년 초반에 이르는 기간 동안 정당지지 패턴이 인종 집단에 따라 어떻게 달라지는지 보여주고 있다. 그림에서 사용된 자료는 2008년 선거 직후 실시된 미국선거연구(American National Election Studies)의 선거후조사(Post-election survey)와 함께 2010년 12월부터 2012년 2월까지 미국선거연구가 네 번에 걸쳐 실시된 "정부와 사회 평가 연구(Evaluation of Government and Society Study)"를 사용하였다.

〈그림 2〉에서 눈에 띄는 것은 각 인종 집단별로 정당지지의 패턴이 오바마 대통령 임기 동안 상당히 안정적으로 유지되고 있다는 점이다. 백인 유권자의 경우 공화당 지지자들이 민주당 지지자들을 다소 앞서는 현상이 일관되게 나타나고 있으며, 오바마 임기 후반으로 갈수록 오히려 공화당 지지층이 오히려 확대되는 모습을 관찰할 수 있다. 반면에 흑인 유권자들 사이에서는 민주당에 대한 압도적 지지가 오바마 대통령 임기 동안 유지 혹은 오히려 강화되고 있다. 마찬가지로 히스패닉계의 경우 민주당 지지자들이 44-50%에 달하며 무당파이면서 민주당에 상대적으로 더 가깝게 느끼는 비율까지를 포함한다면 2/3에 달하는 비율이 민주당을 지지하는 경향이 오바마

---

4) 오바마 대통령 임기 동안 인종과 관련한 쟁점이 정치적으로 부각되었던 거의 유일한 사례는 2009년 7월 16일 하버드 대학의 흑인 교수인 게이츠(Henry Louis Gates Jr.)가 귀가 중 가택침입을 의심한 백인 경찰관과의 실랑이 끝에 치안 방해(disorderly conduct) 혐의로 체포된 사건이었다. 이 사건은 오바마 대통령이 백인 경찰관의 대응을 "어리석은 행동이었다(acted stupidly)"고 논평함으로써 소수인종에 대한 법집행(law enforcement) 및 인종 프로파일링(racial profiling)과 관련한 미국사회에서 뿌리 깊은 논쟁과 결합되면서 한동안 정치적 논란을 불러일으켰다. 이 사건은 7월 30일 오바마 대통령이 게이츠와 백인 경찰관을 백악관에 함께 초청함으로써 일단락되었다.

〈그림 2〉 인종 집단별 정당지지의 변화, 2008~2012년

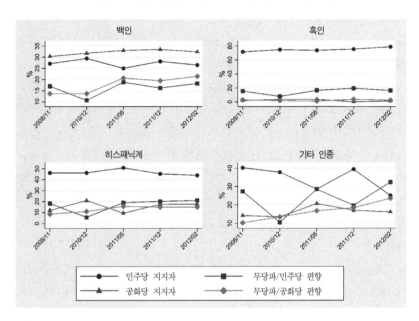

출처: ANES(2008; 2010~2012)

임기 동안 유지되었다. 기타 소수인종의 경우 정당지지 패턴이 상대적으로 다소 유동적이기는 했지만 여전히 공화당보다는 민주당을 다수가 지지하고 있다는 사실은 변함이 없었다.

이어 〈그림 3〉에서는 마찬가지의 기간 동안 진보(liberal)와 보수(conservative)의 이념성향5)이 인종 집단에 따라 어떻게 달라지는지 보여주고 있다. 〈그림 2〉와 〈그림 3〉을 비교해보면 몇 가지 흥미로운 패턴이 발견된다. 우선 흑인과 히스패닉을 비롯한 소수인종 사이에서 나타나는 민주당에 대한 압도적인 지지와는 별개로 이들 사이에서 진보적 이념성향을 보이는 비율은

---

5) 원래 설문에서 이념성향은 1(매우 진보)부터 2(진보), 3(약간 진보), 4(중도)를 거쳐 7(매우 보수)까지의 7점 척도로 측정되었다. 〈그림 2〉에서는 1부터 3까지의 응답을 통합하여 진보로 그리고 5부터 7까지의 응답을 통합하여 보수로 재코딩하였다.

〈그림 3〉 인종 집단별 이념성향의 변화, 2008~2012년

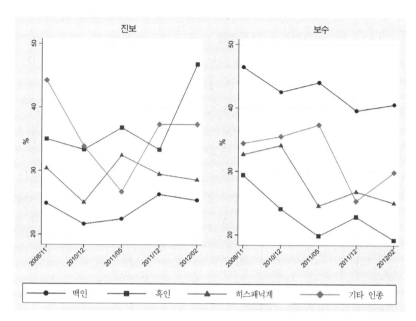

출처: ANES(2008; 2010~2012)

그리 높지 않다. 물론 흑인의 경우 스스로가 진보적이라고 답한 비율이 보수적이라고 답한 비율보다 상당히 높게 나타나기는 하지만, 이는 정당지지에서 민주당이 공화당을 압도하는 수준과는 전혀 거리가 멀다. 더구나 히스패닉계나 기타 인종의 경우에는 진보적 이념성향과 보수적 이념성향의 비율이 엇비슷하게 나타나고 있다. 따라서 〈그림 2〉에서 소수인종들이 민주당에 보내는 정치적 지지는 그들이 가지고 있는 이념성향과는 그다지 크게 연관되지 않다는 점을 알 수 있다.

공화당보다는 민주당이 상대적으로 유색인종을 포함한 소수자 집단에게 상대적으로 더 우호적인 정책을 펼치며 따라서 흑인이나 히스패닉계 등 유색인종일수록 설사 보수적인 이념을 가지고 있더라도 민주당을 지지하는 경향이 있다는 사실은 널리 알려져 있으며, 오바마 대통령 집권 동안의 특수한

경험이라고 할 수 없다. 그러나 〈그림 2〉에서 눈에 띄는 두 번째 측면은—소수인종들이 보이는 정당지지와 이념성향 사이의 불일치에 덧붙여서—2012년 대선이 다가올수록 보수층의 비율이 더욱 하락했다는 점이다. 설사 흑인의 경우와 같이 진보적인 이념을 가진 비율이 증가하지는 않았다 하더라도, 모든 인종 집단에 걸쳐 자신이 보수적이라고 답한 비율이 오바마 대통령 당선 직후인 2008년과 비교하여 2012년에 상당히 낮은 수준으로 나타났다. 특히 흑인과 히스패닉계의 경우 보수적 이념을 가진 사람들의 비율이 2008년보다 2012년에 10% 안팎까지 하락한 것으로 나타났다.

오바마 집권 기간 동안의 소수인종들의 상대적 진보화 현상은 일반적인 이념성향에서뿐만 아니라 구체적인 정책과 관련하여서도 마찬가지로 발견된다. 〈표 4〉에서는 2012년 대선을 앞두고 경제위기 극복과 함께 가장 중

〈표 4〉 인종 집단별 오바마의 정책에 대한 찬성 비율(%)

	2010/12	2011/05	2011/12
고소득층 (〉 $250k) 세금 인상			
백인	55.4 (24.8)	62.7 (8.0)	69.7 (4.3)
흑인	52.7 (8.9)	65.7 (9.5)	77.9 (7.7)
히스패닉계	55.7 (14.8)	65.1 (11.9)	74.1 (9.3)
기타 인종	51.6 (24.2)	56.8 (13.5)	77.5 (11.3)
의료보험개혁 (Obamacare)*			
백인	52.0 (48.0)	28.6 (48.5)	
흑인	83.6 (16.4)	64.5 (6.5)	
히스패닉계	64.0 (36.0)	32.7 (24.8)	
기타 인종	64.6 (35.4)	37.3 (33.3)	

주: 괄호 안은 반대하는 비율
*1차 조사에서는 "찬성도 반대도 아님"이라는 선택지가 주어지지 않았다.
출처: ANES(2010-2012)

요한 쟁점으로 제기되었던 고소득층에 대한 감세 철폐 문제와 의료보험개혁을 둘러싼 인종 집단별 입장을 제시하였다. 고소득층에 대한 세금 인상에 대해서는 1차 조사에서 모든 인종 집단들이 과반을 약간 상회하는 수준의 찬성 비율을 보였다. 이후 시간이 흐를수록 세금 인상에 대해 찬성하는 비율이 전반적으로 증가하였으나, 그 과정에서 인종 집단별로 다소 정도에 있어서의 차이가 발생하여 2011년 말 3차 조사에 이르면 백인보다는 소수인종 사이에서 찬성 비율이 눈에 띄게 높게 나타났다.

의료보험개혁에 대해서는 고소득층에 대한 세금 인상 문제보다 인종 집단에 따른 입장 차이가 더욱 두드러졌다. 1차와 2차 조사 모두에서 오바마 대통령의 의료보험개혁에 대해 찬성하는 비율은 백인 사이에서 눈에 띄게 낮은 반면에 유색인종 사이에서는 상당히 높게 나타났다. 특히 흑인들 사이에서는 다른 인종 집단에 비해 의료보험개혁에 찬성하는 비율이 20~30% 이상 높은 것으로 조사되었다. 비록 설문 문항에 차이가 있어 표에서 제시되지는 않았지만, 2011년 말의 3차 조사에서 오바마 대통령과 민주당의 의료개혁 법안을 폐기하는 것에 대한 입장을 물었을 때에도 폐기해야 한다는 응답이 백인들 사이에서는 다른 인종 집단에 비해 10~15% 정도 높게 나타나는 등 인종에 따른 의료보험개혁에 대한 입장 차이가 명확하게 드러났다.

마지막으로 〈그림 4〉에서는 오바마 대통령의 국정운영에서 가장 중요한 과제가 경제위기의 극복이었다는 점에서 미국의 경제상황에 대한 회고적(retrospective) 평가와 오바마 대통령의 국정운영에 대한 지지도가 인종 집단별로 어떻게 나타나는지 보여주고 있다. 〈그림 4〉의 왼쪽 패널에서는 1년 전과 비교하여 미국의 경제상황이 더욱 악화되었다고 인식하는 비율이 제시되었으며, 오른쪽 패널에서는 오바마 대통령의 국정운영을 지지한다고 응답한 비율이 제시되었다.

우선 경제인식과 관련해서는 미국의 경제상황에 대한 부정적인 평가가 모든 인종 집단에서 공통적으로 하락해왔다는 점을 알 수 있다. 이는 객관적인 경제지표와는 별개로 최소한 주관적인 인식 차원에서는 인종 집단을 막론하고 대부분의 미국인들이 미국의 경제상황이 점진적으로 개선되고 있

〈그림 4〉 인종 집단별 경제인식과 오바마 지지, 2008~2012년

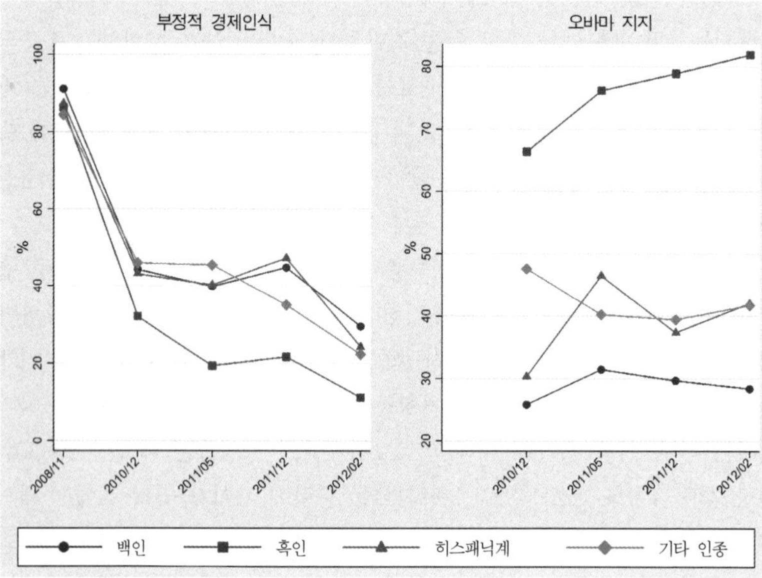

자료: ANES(2008; 2010~2012)

다고 생각한다는 사실을 보여주고 있다. 그러나 동시에 〈그림 4〉는 이러한
경제상황의 개선에도 불구하고 오바마 대통령의 국정운영에 대한 지지는 여
전히 인종 집단별로 크게 다르다는 점 또한 보여주고 있다. 백인의 경우에
는 경제상황에 대한 부정적 인식이 줄어드는 것과는 상관없이 오바마 대통
령의 국정운영에 대한 지지는 매우 낮으며 오히려 점차 하락하고 있다. 이
는 백인들 사이에서는 경제상황이 나아지고 있다는 인식이 오바마 대통령에
대한 지지로 전혀 연결되지 않고 있다는 사실을 보여주고 있다. 또한 히스
패닉계나 기타 인종의 경우 오바마 대통령의 국정운영에 대한 지지도가 백
인과 흑인 사이에 머묾으로써 경제상황에 대한 공통적인 인식에도 불구하고
오바마에 대한 정치적 지지는 인종 집단별로 매우 다르게 나타난다는 점을
다시 한번 보여주고 있다.

지금까지의 논의를 종합해보면 2012년 대선을 앞두고 인종 집단별로 정치적 태도의 차이가 상당한 수준에 달하는 것으로 나타났다. 특히 소수인종의 경우 역사적으로 민주당을 지지해온 경험이 여전히 지속되는 가운데 이념성향이나 구체적인 주요 쟁점들에 있어서도 백인에 비해 상대적으로 진보적 입장이 강화되었다는 것을 알 수 있다. 바로 이러한 정치적 환경이 2012년 대선에서 오바마 대통령이 소수인종 유권자들로부터 압도적인 지지를 획득할 수 있었던 배경으로 작용하였다고 할 수 있다.

즉 오바마에 대한 소수인종들의 지지가 단순히 소수인종 출신 대통령에 대한 정서적 지지가 아니라 오히려 매우 정치적인 고려에서 비롯되었다는 것이다. 오히려 흑인을 제외한 히스패닉계나 기타 소수인종 집단의 경우 경제 상황이 개선되고 있다는 공통의 인식에도 불구하고 오바마 대통령의 국정운영에 대한 지지도가 흑인에 훨씬 못 미친다는 점 등을 고려한다면, 이들이 2012년 대선에서 내린 선택에 결정적인 영향을 끼친 것은 오바마 대통령의 개인적 특성과 배경이라기보다는 정치적 고려에 의거한 민주당 후보에 대한 지지였다고 할 수 있다. 더구나 앞 절에서 살펴본 바와 같이 흑인 대통령 집권 이후 미국사회의 인종간 관계에 대한 생각이 흑인과 나머지 소수인종 집단 사이에서 일정한 차이가 나타난다는 사실은 ─ 비록 엄밀한 의미의 인과관계를 검증할 수는 없지만 ─ 이러한 해석을 뒷받침하고 있다고 판단된다.

IV. 2012년 미국 대선에서의 소수인종 투표 행태

1. 2012년 미 대선과 인종

2012년 미국 대선에서 뚜렷하게 나타난 특징 중 하나는 인종별 지지도의 차이이다. 〈표 5〉는 2004년 이후 대선 직후 출구조사에서 나타난 각 후보

〈표 5〉 인종별 유권자 투표패턴: 대통령선거, 2004~2012

	2004		2008		2012	
	케리	부시	오바마	매케인	오바마	롬니
백인	41	58	43	55	39	59
흑인	88	11	95	4	93	6
히스패닉계	53	44	67	31	71	27
아시아계	56	44	62	35	73	26

출처: New York Times exit polls

들의 인종별 득표율이다. 2012년 대선에서 오바마는 백인을 제외하고 다른 인종 그룹에서 압도적인 지지를 받았는데 특히 흑인들의 오바마에 대한 지지는 93%로 절대적이었다. 또한 히스패닉계과 아시아계도 각각 71%와 73%라는 높은 지지를 보였다. 이에 비해 롬니의 경우 백인의 지지(59%)를 제외하고 다른 인종 그룹에서는 대단히 낮은 지지를 획득하는 데 그침으로써 오바마의 선거 승리가 백인을 제외한 소수인종들의 절대적 지지로 인한 결과라는 것을 확인할 수 있었다.

특히 흥미로운 부분은 2004년 이후 대통령선거에서 나타난 인종별 투표패턴이다. 백인들의 공화당 후보 지지는 안정적으로 유지되는 것으로 나타났고 흑인들의 민주당후보 지지 또한 2004년 88% 이래 2008년 95%로 상승하였고 2012년 대통령선거에서도 93%를 유지하였다. 히스패닉계과 아시아계의 민주당 후보 지지가 주목할 만한데 히스패닉계는 2004년 이후 민주당 후보에 대한 지지가 급상승하여 2008년 67%를 기록하였고 2012년 대선에서 71%로 가장 높은 지지를 보였다. 아시아계의 민주당 후보 지지는 히스패닉계보다 더욱 큰 폭으로 상승하였는데 2004년 존 케리에게 보낸 아시아계 지지는 56%였던 반면, 오바마는 2008년 62%를 획득하였고 2012년 선거에서 아시아계의 73%가 오바마에게 표를 던진 것으로 나타났다.

또한 〈표 5〉는 2008년 오바마 당선 이후 오바마에 대한 소수인종의 지지가 꾸준히 지속되고 있음을 보여준다. 특히 접전이 예상되었던 2012년 대선의 경우 소수인종들이 투표 블록을 형성하여 공고한 지지기반을 유지함으로써 오바마의 당선을 이끌어냈다는 점은 앞서 살펴본 미국사회에서의 인종 갈등 및 반목의 여지가 여전히 살아있음을 반증하는 것이라고 할 수 있다. 이는 백인들이 오바마의 정책에 대해 지지하지 않거나, 혹은 오바마에 대한 인종적 "차별"의 일환으로 오바마를 지지하지 않았을 가능성을 제기하는 것으로 백인과 기타 소수인종들 간의 정책적 반목이 발생할 가능성을 나타낸다.

1) 히스패닉계 유권자의 투표 성향

히스패닉계 유권자는 2000년 이후 지속적으로 증가하고 있는데 특히 이러한 유권자 증가율은 특히 부동층 주에서 치열한 접전을 보인 2012년 미국 대통령선거에서 오바마의 승리에 중요한 영향을 미쳤음을 알 수 있다. 예를 들어, 부동층 주 중 하나인 네바다 주의 경우 히스패닉계 유권자는 2004년 10%에서 2008년 15%으로 늘어났고 2012년에는 18%를 기록하였다. 또한 콜로라도 주의 경우 2004년 8%의 히스패닉계 유권자를 기록한 반면, 2008년 13%, 2012년 14%가 히스패닉계 유권자로 나타났다. 2004년 이후 미국 대통령선거에서 언제나 중요한 격전지로 부상한 플로리다 주의 경우 2004년 15%임에 반해 2008년 14%, 2012년 17%를 보였다. 그러나 오바마는 2012년 대선에서 플로리다의 히스패닉계 유권자의 60%의 지지를 얻어서 2008년 57%보다 14% 상승한 수치를 나타냈다.

〈표 6〉은 2012년 대통령선거에서 히스패닉계 유권자들이 보여준 투표패턴이다. 〈표 6〉에 의하면 히스패닉계 남성보다 여성이 오바마를 더욱 지지한 것으로 나타났고, 젊은 층일수록 오바마 지지가 높다는 것을 확인할 수 있다. 교육수준의 경우에도 대학 이상의 고등교육을 받은 히스패닉계 유권자들이 고등학교 이후 교육을 받은 유권자보다 오바마를 덜 지지하는 것으로 나타났다. 이와 동시에 수입과 관련하여 고소득층일수록 오바마에 대한 지지가 하락하는 것을 확인할 수 있는데 이러한 히스패닉계 유권자들의 투

〈표 6〉 2012년 대통령선거에서 히스패닉계 유권자들의 투표패턴

	오바마	롬니
히스패닉계 전체	71	27
남성	65	33
여성	76	23
연령		
18-29	74	23
30-44	71	28
45-64	68	31
67 이상	65	35
교육수준		
대학 이상	62	35
고등학교 졸업 이하	75	24
수입		
$50000 이하	82	17
$50000 이상	59	39

출처: Latino Vote in 2012 Election

표 패턴은 일반적으로 미국 유권자들이 보이는 것과 큰 차이는 없다. 다만 히스패닉계가 오바마에 대한 투표율이 상대적으로 높은 집단이기 때문에 롬니를 지지하는 히스패닉계 유권자들에 대한 연구가 소홀한 측면이 있다. 이와 동시에 앞서 설명한 대로 히스패닉계 유권자 내의 소그룹이 아시아계과 마찬가지로 다양하기 때문에 이들 소그룹 내에서의 투표 패턴의 차이를 살펴보는 것이 향후 연구에서 중요할 것이다.

2) 아시아계 유권자의 투표 성향

2012년 대통령선거에서 많은 언론들이 오바마 대통령에 대한 히스패닉계 유권자들의 지지를 중요한 특징으로 초점을 모아왔다. 이는 급속하게 증가

하는 히스패닉계 유권자들의 숫자를 고려할 때 의미가 있다. 특히 히스패닉계 유권자의 수가 조만간 흑인 유권자 수를 추월할 것으로 전망되는 상황에서 히스패닉계 유권자들의 지지는 대통령선거 결과의 방향을 변화시킬 수 있는 요인이 될 수 있다. 그러나 이번 대통령선거에서 히스패닉계 유권자와 함께 아시아계 유권자의 오바마 대통령에 대한 지지 또한 중요한 대통령선거의 특징으로 주목받고 있다. 특히 아시아계 유권자들이 약 73%의 지지를 오바마에게 보냈다는 것은 지금까지 아시아계 유권자들이 단일 후보에게 보여준 최고의 지지율이었다.[6]

2012년 미국 대통령선거에서 아시아계 미국인들에 대한 관심이 점차 증가하는 것은 2010년 인구 센서스에서 나타난 바와 같이 아시아계 유권자가 다른 어떤 인종그룹보다 증가율 폭이 크다는 점에서 그 이유를 찾을 수 있다. 1996년부터 2008년 아시아계 유권자는 128%의 증가율을 보였다. 이에 더하여 미국 주류 정치에 그동안 적극적 참여가 저조했던 아시아계 미국인들의 정계진출이 눈에 띄게 두드러졌고 이번 2012년 상, 하원 의원 선거에 출마한 아시아계 미국인들의 숫자가 기록적으로 증가한 것에서도 그 원인을 찾을 수 있다. 미국 유권자 전체에서 아시아계 유권자가 차지하는 비율은 2012년 현재 약 3%에 불과하다. 그럼에도 불구하고 아시아계 유권자들의 적극적인 정계진출 노력과 투표 블록으로서의 단일 후보에 대한 높은 지지는 향후 아시아계 유권자들이 미국 선거에서 주목받는 역할을 할 가능성을 보여준다.

이러한 가능성은 아시아계 이민자들이 미국 전역에 골고루 분산되어 거주하는 것이 아니라 특정 주에 집중적으로 거주하는 점을 고려하면 증가하고 있는 아시아계 유권자들은 이들이 거주하고 있는 주의 선거 결과에 영향을 미칠 수 있다. 예를 들어, 아시아계들은 캘리포니아, 뉴욕, 텍사스, 하와

---

6) Phan, Anh, "5 Fast Facts about 2012 Asian American Voters," Center for Asian Progress(November 26, 2012), http://www.americanprogress.org/issues/race/news/2012/11/26/46016/5-fast-facts-about-2012-asian-american-voters-2/ (검색일자: 2013.1.30).

이, 그리고 뉴저지주에 전체 아시안의 60%가 거주하고 있는데 특히 캘리포니아 주(55), 뉴욕 주(29), 그리고 텍사스 주(38)의 대통령선거인단 숫자는 전체 선거인단 중 약 22%를 차지한다. 또한 2012년 대통령선거에서 승리를 담보하는 선거인단 숫자인 270을 감안하면 위의 3개 주의 선거인단은 270개 선거인단의 약 45%를 담당할 만큼 중요하다.

2012년 대선에서 보여준 오바마에 대한 아시아계 유권자들의 압도적인 지지는 이들의 정당일체감과 동일시되는 것은 아니다. 예를 들어, 최근 여론조사에 의하면 아시아계의 33%가 자신을 민주당 성향이라고 응답한 반면 14%는 공화당 성향, 그리고 51%는 모르겠다(non-identifier)고 답했다.[7] 다른 인종그룹과 비교해서 상대적으로 높은 아시아계의 무당파 성향은 아시아계 미국인들이 미국 정치에 대한 무관심과 밀접한 관련이 있다고 할 수 있다.

즉, 미국 내의 정치에 대해 아시아계 미국인들은 자신의 위치를 어떻게 인지하는지에 대해 여전히 명확한 기준을 제시하지 못하고 있으며, 이를 근거로 민주당과 공화당에 대해서도 자신과 이러한 주요 정당이 어떠한 일체감을 가질 수 있는지 여전히 혼란스러운 상태라고 할 수 있다. 또한 이러한 낮은 정당 일체감은 아시아계 미국인 내의 각기 다른 인종집단 내에서 서로 다른 정당 일체감을 보여준다. 예를 들어, 필리핀계 미국인 중 24%가 자신을 민주당이라고 응답한 반면 27%는 공화당에 가깝다고 대답했다. 반면 한국계 미국인들은 46%가 민주당, 18%가 공화당이라고 답했고 무당파라는 응답이 상대적으로 낮은 34%였다.[8] 이러한 아시아계 미국인들의 정당 일체감이 얼마나 선거에 영향을 미쳤는지에 관한 연구는 여전히 일천하지만 아시아계 유권자들에 대한 연구에서 정당 일체감과 투표성향에 대한 관계는 향후 중요한 연구분야라 할 수 있다.

---

7) Karthick Ramakrishnan and Taeku Lee, 2012, Public Opinion of a Growing Electorate: Asian Americans and Pacific Islanders in 2012. http://uccs.ucdavis.edu/events/2012-October-11-KarthickRamakrishnan(검색일: 2012.11.30).

8) Ibid.

2. 2012년 대통령선거 이슈

2012년 대선에서 히스패닉계 유권자들에게 중요한 이슈는 일반 미국 유권자들과 유사했다. 히스패닉계 유권자들에 대한 출구조사 결과 60%의 투표자들이 경제가 가장 중요한 이슈라고 응답했으며 이는 전국 유권자들과 비슷한 응답이었다(59%). 경제 문제 이외에도 히스패닉계 유권자들은 의료보험(Health Care, 18%), 연방 재정위기(Federal Budget Deficit 11%), 외교문제 (foreign policy 6%)등을 중요한 이슈로 들었다.

이 중 2012년 대선에서 히스패닉계 유권자들에게 민감한 이슈는 이민문제였다. 앞에서도 언급했듯이 2050년까지 히스패닉계 인구는 미국 총인구의 29%를 구성할 것으로 전망되는 반면 흑인 인구는 13%, 아시안 인구는 9%로 변화될 것으로 예측된다. 반면 히스패닉계가 아닌 백인 인구는 47%까지 줄어들 것으로 전망되었다. 이러한 인구 변화는 자연 인구 증가와 함께 이민으로 인한 인구 변화를 동반하기 때문에 민주당과 공화당의 이민정책은 이들 이주민 집단에게 매우 중요한 투표결정 요인으로 작용한다. 특히 합법 이민자들뿐만 아니라 미국사회의 지속적 이슈인 불법 미등록 이민자들과 이들의 자녀들에 대한 처우 문제는 이민정책의 핵심 쟁점이 되었다.

아시아계 유권자들이 이번 미국 대선에서 중요하게 평가한 이슈는 역시 경제문제였고, 이와 함께 건강보험, 공교육 개혁 및 이민문제였다. 예를 들어 AALDEF의 선거 직전 여론조사에 의하면 60%의 아시아계 응답자들이 정부가 의료보험을 제공해야 한다고 믿는다고 대답했다. 또한 이민문제의 경우 35%가 오바마의 이민정책을 더욱 지지한다고 밝혔는데 그 이유로 불법이민자인 부모와 함께 미국으로 건너 온 청소년 및 유아 이민자들의 국외추방을 잠정적으로 유보한다는 오바마의 정책을 더 지지하는 것으로 나타났다(AALDEF).

선거에서의 여러 이슈 중에서도 이민 이슈는 오바마와 롬니 간 정책 차이를 보여줄 수 있는 정책 이슈 중 하나이다. 이민문제에 대한 오바마의 정책은 불법이민자들에 대한 시민권 획득 기회의 부여, 미등록 이민자 자녀들에 대한 강제추방 유예 등을 통하여 히스패닉계 유권자들의 지지를 얻었다. 이와 비교하여 공화당 롬니 후보는 상대적으로 경직된 반이민정책을 고수하였고 이러한 공화당과 롬니의 이민정책은 히스패닉계 유권자들의 반발을 불러일으켰다. 특히 오바마의 이민정책은 최근 히스패닉계 인구의 성장이 두드러진 부동층 주였던 콜로라도와 네바다 주에서 오바마의 승리를 견인한 요인으로 평가할 수 있다. 두 후보 간의 이민정책 차이는 개정 이민법(the DREAM Act), 강제추방, 국경지역 펜스 설치 등을 통해 확인할 수 있다.

1) 이민법 개정

2007년 당시 상원의원이었던 오바마는 매사추세츠 주 케네디 상원의원과 애리조나 주 존 매케인, 조지 W. 부시 대통령이 발의한 이민법에 찬성하였다. 비록 의회에서 이 법은 법안 투표까지 올라가지 못했지만 내용상 약 1,200만 명에서 2,000만 명으로 추산되는 불법이민자들에게 시민권을 획득할 수 있는 기회를 부여하는 것이었다. 구체적으로 이 법안에는 2년 연수생 프로그램, 20,000명의 국경 수비대 인원 증원, 370마일에 달하는 국경 펜스의 증축 등이 포함되었다. 이후 2010년 애리조나 주에서 반 불법이민을 규제하는 상원의원 법안 1070이 비준된 이후 2007년 실패한 케네디-매케인 법안을 다시 한번 되살리려 하였으나 성공을 거두지 못했다.

전 매사추세츠 주 주지사였던 롬니는 기본적으로 연방정부의 이민법 개정에 동의하지만 이민규제를 더욱 강조하는 편이었다. 동시에 이민에 대한 롬니의 견해는 경제적 관점에서 해결하려는 것으로 특히 미국 기업에 도움이 되는 방향으로 이민정책을 수행하려 노력하였다. 또한 롬니는 현재 미국 국내에 체류하고 있는 불법이민자들이 시민권을 획득하는 것에 대해 부정적 견해를 밝혔다. 이로 인하여 많은 히스패닉계 유권자들이 롬니에 대해 회의적 견해를 보였고 이는 오바마에 대한 히스패닉계 유권자들의 강력한 지지를 불러올 것으로 전망되었다.

2) DREAM Act

DREAM 법안은 의회가 본격적인 이민법 개정을 앞두고 우선 실행할 수 있는 법안으로 2001년에 소개되었다. DREAM은 미국 거주 소수자(Alien Minors)를 위한 발전(Development), 구제(Relief), 교육(Education)을 지칭하는 것으로 소수인종 집단으로 미국에 현재 불법으로 거주하고 있는 불법이민자들에게 조건부 영주권을 부여하여 이들로 하여금 교육을 받거나 직업군인으로서 복무하게 하여 적어도 5년간 미국에서 거주할 수 있도록 하는 법안이다. 이 법안은 2007년 오바마 당시 상원의원이 지지했던 케네디-매케인 법안의 일부로 대통령에 취임한 이후에도 지속적으로 지지하고 있다.

그러나 이 법안은 2010년 공화당 상원의원들의 반대로 지지부진한 상태였는데 오바마는 대통령령을 발동하여 강제추방 대상자들에게도 이 법안의 조건을 동등하게 적용할 것을 지시했다. 이 법안은 불법이민자들에게 시민권을 부여하는 기회는 아니지만 행정명령으로서의 효력을 통하여 이 법안의 기준에 맞는 불법이민자들은 노동 허가증, 운전면허증 등을 획득할 수 있으며 대학 등록금 혜택을 누릴 수 있게 될 전망이다.

공화당의 롬니는 DREAM 법안에 대해 초기에 반대 의사를 분명히 하였지만 이후 방향을 수정하여 만약 불법이민자들이 군 복무를 한다면 시민권이 아닌 법적 거주권을 부여하는 방법을 제안하였다. 롬니의 제안은 초기의 경직된 규제에서 진일보한 부분이 있지만 여전히 시민권 부여가 아닌 단순 법적 거주권이라는 점에서 많은 히스패닉계 유권자들의 지지를 얻지 못할 것이라는 분석이 지배적이었다.

3) 강제추방(Deportation)

오바마의 DREAM 법안 중 대통령 명령의 한 부분이 바로 강제추방을 제한하는 것이었다. 오바마는 직접 이민국 관리들에게 대통령령으로 강제추방을 범죄 행위자에 국한하도록 하는 지시를 내렸다. 물론 대통령령으로 지시한 내용을 이민국 관리들이 성실히 실행할 가능성이 높은 것은 아니다. 오바마 행정부 첫 3년 동안 1100만 명의 불법이민자들이 추방되었는데 이는

1950년대 이후 역대 행정부 중 최다추방이었다. 강제추방 조항에 대한 롬니의 견해는 "자체추방"을 통한 해결을 모색하는 것이었다. 또한 미국 기업들에 대한 불법이민자 고용 단속을 강화하여 불법이민자 고용 자체를 근절하여 궁극적으로 불법이민문제를 해결하고자 하였다. 결국 롬니의 이민정책의 근간은 국경 안보 강화와 미등록 불법이민자들에 대한 강제추방이었다.

앞서 살펴본 이민문제에 대한 오바마와 롬니의 정책 차이는 히스패닉계 유권자들로 하여금 오바마에 대한 지지를 강화하는 데 도움을 주었다. 미등록(unauthorized) 이민자들이 미국에서 일을 할 경우 무엇을 해야 하는지에 대한 질문에 77%의 히스패닉계 유권자들이 이러한 이민자들에게 영주권을 획득할 수 있는 기회를 주어야 한다고 응답한 반면, 단지 18%만이 이들을 강제추방해야 한다고 밝혔다. 흥미로운 것은 히스패닉계와 아시아계 유권자 사이에 대선에서 주요 이슈 간 차이가 발견된 점이다.

〈그림 5〉 2012년 대선 주요 정책에 대한 지지: 히스패닉계, 아시아계

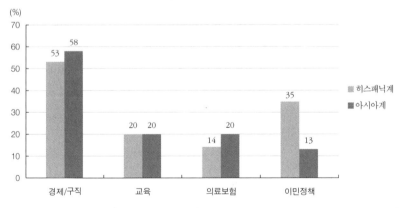

출처: 2012 Asian American Election Eve Poll Results, Latino Decisions Election Eve Polls[9]

---

9) Latino Decisions, "impreMedia/Latino Decisions Election Eve Poll," http://www.latinodecisions.com/2012-election-eve-polls/(검색일자: 2013.1.30).

예를 들어, 두 집단 모두 경제문제 및 직업이 가장 중요한 선거에서의 이슈라고 응답하였으나 이민정책 부분에 있어 히스패닉계 유권자가 이민정책을 더욱 중요한 선거 이슈라고 생각하는 것으로 나타났다. 이 여론조사에서 35%의 히스패닉계 응답자가 이민정책이 중요한 선거 이슈라고 대답한 반면 같은 응답을 한 아시아계는 13%에 불과했다. 아시아계 유권자 사이에서는 이민정책보다 오히려 의료보험 관련 이슈(20%)가 더 중요한 선거 이슈로 부각되었다. 이러한 결과는 소수인종 간 다양한 정책 선호가 존재하고 있음을 확인시켜주는 것으로 향후 각 정당이 소수인종 집단에 대한 정책 수립에 있어 각 집단의 특수성에 대한 분석이 선행되어야 함을 시사한다.

비록 오바마에 대한 강한 지지라는 공통점을 보유하고 있지만 히스패닉계 유권자와 아시아계 유권자의 정책 선호 및 집단 간의 이익은 달라질 수 있음을 보여준다. 비록 선거 전날 실시된 여론조사 결과라는 한계가 있지만 강력한 투표 블록을 형성하여 선거 결과에 영향을 줄 수 있는 소수인종의 투표는 행정부의 정책 선호에 영향을 줄 수 있는 요인이 될 수 있음을 보여주는 사례가 된다.

V. 결론

미국 대선에서 인종별 투표 블록은 이제 민주당과 공화당 양당 모두 반드시 획득해야 하는 중요한 선거전략의 대상이 되었고 이는 최근 인구 센서스 데이터에서 나타난 각 인종별 유권자 증가 추세에서도 나타난다. 특히 이번 대선에서 오바마가 획득한 히스패닉계 득표는 이제 히스패닉계 유권자들이 확실한 투표 블록을 형성하였음을 재차 확인하는 것이었다. 히스패닉계 투표 블록의 확장성은 미국 인구 센서스 데이터에 의거하여 2030년에는 히스패닉계 유권자 수가 현재의 두 배가 될 것이라는 전망과 함께 더욱 중요한 투표 블록으로 기능하게 되었다.

2012년 미국 대통령선거는 오바마의 재선으로 막을 내렸지만 미국 선거에서 새롭게 부각되는 인종문제는 각 인종별 지지율의 차이와 함께 소수인종 내에서도 정책적 선호의 차이를 부각시키는 새로운 쟁점으로 떠오를 가능성이 크다. 앞서 살펴본 이민정책에 있어서도 히스패닉계와 아시아계 유권자 간의 이해관계가 다르지만 투표 블록으로서의 견고성과 총 유권자의 숫자 면에서 히스패닉계 유권자가 아시아계 유권자보다 우위에 있기 때문에 이민정책에서의 히스패닉계 유권자의 영향력이 더욱 증대될 수 있다.

아시아계 유권자는 1996년 이후 128%의 성장률을 보이는 인종 집단 중 성장률이 가장 빠른 집단이다(AALDEF). 그럼에도 불구하고 아시아계 유권자가 미국 총 투표자에서 차지하는 비율은 약 3%로 여타 소수인종집단에 비해 크지 않다. 그러나 아시아계 인구의 증가율에 따라 향후 약 7%까지 투표자 비율이 올라갈 것으로 기대하고 있다. 지난 2012년 미국 대선에서 오바마와 롬니 진영 모두 아시아계 유권자에 대한 선거 캠페인에 큰 비중을 두지 않았다. 그러나 2012년 대선과 같이 민주당과 공화당의 접전이 예상되었던 선거의 경우 아시아계와 같은 소수인종 집단의 투표 블록이 부동층 주에서 중요한 영향을 줄 것으로 기대한다.

2012년 미국과 한국은 동시에 대통령선거를 치렀고 이제 새로운 정부의 출범을 눈앞에 두고 있다. 미국 대통령선거와 한국의 대통령선거 시스템의 분명한 차이로 인하여 미국 대통령선거가 주는 정치적 함의를 한국적 현실에 적용하여 분석하기는 어렵다. 그러나 인종 정치 부분에 있어 미국의 대통령선거가 한국의 향후 대통령선거에 줄 수 있는 정치적 함의는 인종에 근거한 견고한 투표 블록이 형성되는 경우 선거의 결과에 중요한 영향을 미칠 수 있다는 점이다. 2012년 미국의 대통령선거에서 인종을 중심으로 한 투표 블록이 히스패닉계와 흑인을 중심으로 견고해지는 것을 확인할 수 있었다. 미국과 같이 분명한 인종 연합이 단일 후보를 지지하는 패턴이 나타나지 않을 수 있지만 이제 한국은 인종을 고려한 선거 캠페인과 선거전략을 고려해야 하는 새로운 환경에 접어들고 있다.

한국이 다문화 사회에 접어들면서 미래 선거는 다문화 가정에서 출생한 유권자들을 고려해야 할 가능성이 있다. 이미 비례대표이긴 하지만 19대 국회에 귀화인이 국회의원으로 당선되는 사례를 보더라도 다문화 가정 출신 유권자들의 요구가 일반 가정의 유권자들의 것과 다를 수 있다. 또한 이번 미국 대통령선거에서와 같이 박빙의 승부를 예고하는 경우 견고한 투표 블록은 선거의 승리를 담보할 수 있는 중요한 기제이다. 이제 한국은 지역주의와 인물 중심의 선거에서 인종을 중심으로 한 새로운 투표 블록을 경험할 수 있을 것이며 이 경우 미국 대통령선거에서 인종을 중심으로 한 투표가 선거 결과에 어떠한 영향을 미쳤는지에 관한 연구는 앞으로도 연구 분야로서 의의가 있을 것이다.

【참고문헌】

American National Election Studies (ANES). 2008. Post-election Survey.

_____. 2011a. *Evaluation of Government and Society Study 1* (July 11).

_____. 2011b. *Evaluation of Government and Society Study 2* (July 12).

_____. 2012a. *Evaluation of Government and Society Study 3* (January 10).

_____. 2012b. *Evaluation of Government and Society Study 4* (March 27).

Cain, Bruce, Jack Citrin, and Cara Wong. 2000. Ethnic Context, Race Relations, and California Politics. San Francisco: Public Policy Institute of California.

de la Garza, Rodolfo O., and Seung-Jin Jang. 2011a. "Why the Giant Sleeps So Deeply: Political Consequences of Individual-Level Latino Demographics." *Social Science Quarterly* 92, No.4. 895-916.

_____. 2011b. "Latino Public Opinion." In Robert Y. Shapiro and Lawrence R. Jacobs, eds. *The Oxford Handbook of American Public Opinion and the Media*. New York: Oxford University Press.

DeSipio, Louis. 1996. *Counting on the Latino Vote: Latinos as a New Electorate*. Charlottesville, V.A.: University of Virginia Press.

Latino Decisions. "impreMedia/Latino Decisions Election Eve Poll." http://www. latinodecisions.com/2012-election-eve-polls/(검색일자: 2013.1.30).

New York Times. "President Exit Polls." http://elections.nytimes.com/2012/results/president/exit-polls(검색일: 2013.1.30).

_____. "Exit Polls: Casting Ballots in 2012." http://online.wsj.com/article/SB10001424127887324894104578103850653249588.html(검색일자: 2013.1.30).

Pew Research Center. *Racial Attitudes in America II*.

Stolberg, Sheryl G. and Connelly, Marjorie. 2009. "Obama Is Nudging Views on Racem a Survey Finds." *The New York Times* (April 27), http://www. nytimes.com/2009/04/28/us/politics/28poll.html?_r=0 (검색일자: 2013.1.30).

U.S. Census Bureau.

Uhlaner, Carole Jean, and F. Chris Garcia. 2002. "Latino Public Opinion." In

Barbera Norrander and Clyde Wilcox, eds. *Understanding Public Opinion*. Washington D.C.: CQ Press.

❧ 제3부 ❧

선거 이슈와 정책

제8장

2012년 미국 대선과 경제 이슈

정수현 | 숭실대학교

I. 들어가는 글

2012년 대선이 있기 몇 달 전까지 오바마(Barack Obama)의 재선은 불투명해 보였다. 무엇보다 현직 대통령의 재선 가능성을 가늠해 볼 수 있는 여러 가지 경제지표가 좋지 못하게 나왔기 때문이다. 실업률은 여전히 8%대에 머물렀고 경제성장률은 2% 전후의 완만한 성장을 기록하고 있었다. 이는 4년 전 금융위기 이후 1980년대 레이건(Ronald Reagan) 집권 당시의 7~9%의 높은 경제성장률을 바라면서 오바마를 지지했던 유권자들의 기댓값을 충족시키기에 많이 부족하였다. 더욱이 부실은행에 대한 금제금융과 경제부양책의 결과로 오바마 취임 당시 10조 6,200억 달러 수준이었던 연방 부채는 2012년 9월에 16조 달러를 넘어서게 된다.[1] 이는 GDP 대비 100%를 넘어서는 수치였다. 4년 전 오바마가 약속했던 경기회복과 변화가 가시화되지 않고 정부의 재정적자만 늘어나자 이에 대한 유권자들의 불만은 계속되었다. 2010년 민주당의 중간선거 패배는 그러한 유권자들의 불만을 보여주는 단적인 예이었다.

오바마의 재집권을 예상하기 한층 더 힘들게 만든 것은 공화당 후보인 롬니(Mitt Romney)가 지닌 경제 분야에서의 높은 경쟁력이었다. 전 매사추세츠 주지사 롬니는 컨설팅 그룹의 최고경영자 출신으로 2002년 솔트레이크시티 동계올림픽을 성공적으로 이끈 경력으로 인해 경제대통령의 이미지가 부각되었고, 이 때문에 공화당 예비선거에 나섰던 여러 경선 주자들 중 민주당이 가장 본선에서 피하고 싶은 후보로 손꼽히고 있었다. 실제로 대선 전 각종 여론조사들을 살펴보면 "누가 경제를 잘 운영할 것인가" 혹은 "누가 실업과 재정문제를 잘 해결할 것인가?"라는 질문 등에 대해 롬니라고 대답한 응답자 수가 오바마라고 대답한 응답한 숫자보다 더 많았다.

하지만 불안한 경제상황과 강력한 경쟁자로 인해 오바마의 힘든 싸움이 될 것이라는 대선전 예상과는 달리 실제 선거에서 오바마가 여유로운 승리를 거두었다. 오바마는 전체 유권자 투표에서 51.1%의 득표를 얻어 47.2%의 득표를 얻은 롬니를 4%차로 앞섰으며 선거인단 수에서는 332명을 확보함으로써 206명의 선거인단을 얻은 롬니에 비해서 126명이나 더 많이 확보하였다. 그렇다면 어려운 경제현실에도 이렇게 큰 격차로 오바마가 롬니를 이길 수 있었던 원인은 어디에 있을까? 대선 후 많은 정치학자들과 선거전문가들은 승리의 요인으로 크게 아래와 같은 다섯 가지 점을 지적하고 있다.

첫째, 오바마가 여성과 소수인종들로부터 폭 넓은 지지를 받았다는 사실이다. 특히 미국 내 인구비율이 급속도로 증가하고 있는 히스패닉 유권자뿐만 아니라 아시아 이민자들도 전향적인 이민정책을 공약한 오바마에게 70%대의 압도적인 지지를 보냈다.[2]

---

1) 연방정부의 부채 수치는 미 재무부가 운영하는 http://www.treasurydirect.gov/NP/NPGateway에서 나오는 자료를 참조하였다.

2) 자세한 수치는 3절 중 〈표 3〉에 있는 ABC, AP, CBS, CNN, FOX, NBC 공동 출구조사 참조하기 바람.

둘째, 정보화된 오바마 선거 캠페인의 효율성을 지적해 볼 수 있다. 오바마 캠프는 대선이 있기 훨씬 이전부터 유권자들에 대한 대규모 데이터를 축적하고 있었으며 이를 기반으로 선거기금 모금 및 유권자 결집 작업을 수행했을 뿐만 아니라 수집된 정보의 예측 분석을 통해 유권자의 이해관계와 특성에 따른 맞춤형 캠페인 광고를 내 보내기도 하였다.

셋째, 오바마가 현직 대통령으로서 누렸던 프리미엄이다. 1880년 이후 현재까지 현직 대통령이 재선에 실패한 경우는 22번 중 6건(27%)에 불과하였다.[3] 대통령이 첫 번째 임기동안 별다른 문제가 없다면 다음 임기를 보장해주는 것이 미국 유권자들의 정치적 경향이었고 그런 의미에서 볼 때 절반 이상의 유권자들이 오바마 대통령의 4년간의 국정운영이 큰 무리가 없었다고 판단한 것 같다.

넷째, 대선 직전 경제회복의 조짐을 알리는 긍정적인 경제지표들이 발표되었다. 선거 바로 직전 발표된 미국의 3분기 GDP 성장률은 2%대로 이는 13분기 연속 플러스 행진을 이어갔으며 두 달 전 발표된 실업률도 7%대로 하락하였다.

다섯째, 오바마가 중산층으로부터 받은 강한 지지이다. 부자증세에 반대하고 국민의 47%가 정부에 의존만 하려한다고 주장했던 롬니는 중산층에 무관심하다는 비판을 받았는데 반해 자동차 산업구제와 의료보험개혁을 추진하던 오바마는 사회 안전망이 절실했던 중산층 유권자들의 공감을 얻을 수 있었다.

이 글에서는 이상과 같이 열거한 다섯 가지 오바마 재선의 요인들 중에서 경제이슈와 관련된 마지막 두 가지 요인들을 각종 통계자료와 여론조사 결과들에 대한 분석을 통해 보다 상세히 검토해보고자 한다. 이를 위해서 II절에서는 오바마 집권 기간 동안 미국의 경제지표와 소비자전망지수와 함께

---

3) 재선에 실패한 여섯 명의 대통령은 해리슨(Benjamin Harrison), 태프트(William Howard Taft), 후버(Herbert Hoover), 포드(Gerald Ford), 카터(Jimmy Carter), 그리고 부시(George W. H. Bush)이다.

어떻게 유권자들의 오바마에 대한 지지율이 변했는지 분석하였고, III절에서는 오바마와 롬니의 경제정책을 비교한 후 대선 직후 출구조사에 나타난 두 후보자들에 대한 유권자들의 평가를 살펴보았다. 마지막 절에서는 오바마의 대선승리의 요인을 간략히 정리한 후 앞으로의 미국 경제가 해결해야 할 과제를 논함으로써 글을 마무리하고자 한다.

II. 오바마 집권기간 동안의 경제상황과 유권자들의 대통령 지지 변화

경제가 미국 대통령선거에 미치는 중요성은 잘 알려진 사실이다. 무엇보다 선거 당시의 경제상황이 유권자들이 재선에 나선 현직 대통령이나 집권당 후보에게 재집권을 허용할지 안 할지를 판단하는 중요한 척도 중의 하나이기 때문이다. 예를 들어, 4년 전 오바마의 대통령 당선은 8년간의 집권기간 동안 부동산 시장의 붕괴와 금융위기를 초래시킨 공화당에 대한 유권자들의 심판이었으며 2년 전 중간선거에서의 민주당의 패배는 개선되지 않는 경제현실에 대한 집권당에 대한 경고였다. 하지만 어떠한 경제지표를 가지고 대선의 승패를 예상할 것인지에 대해서는 정치학자들 간의 의견이 약간씩 다르다. 현직 대통령이나 집권당의 지난 경제정책에 대한 판단이 선거에 더 많은 영향을 미친다는 회고적 투표(retrospective voting)를 지지하는 정치학자들은 GDP 혹은 GNP 성장률이나 실업률의 변화를 중시여기는 데 반해서(Campbell 1996; 2012; Fiorina 1981), 유권자들이 과거보다는 미래의 경제상황을 고려하여 투표한다는 전망적 투표(prospective voting)에 더 무게를 두는 정치학자들은 미시간대학교(University of Michigan)의 소비자전망지수(Consumer Sentiment Index)나 이와 유사한 여론조사를 선호하는 경향이 있다(Shapiro and Conforto 1980; Erikson, Mackuen and

Stimson 2002; Erikson and Wlezien 2012; Lewis-Beck 1988).

여기에서는 회고적 투표와 전망적 투표 중 어느 것이 더 옳은지를 밝히려고 하는 것이 아니다. 다만 미국 거시경제의 변화와 유권자들의 인식에 따라 지난 4년 동안 어떻게 오바마 대통령에 대한 지지도가 변화하였는지를 진단해보려 한다. 이를 위해서 미국 경제의 변화를 보여주는 실물지표로서 GDP 실질성장률과 실업률, 연방정부 재정적자 규모를 이용하였고 유권자들의 경기 체감과 오바마 지지도 간의 관계를 밝히는 자료로서 소비자전망지수와 갤럽(Gallup)의 오바마 업무지지도 조사를 활용하였다.

1. 미국 거시경제의 변화

오바마 대통령의 1기 집권 기간 동안의 거시경제적 특징은 크게 세 가지로 요약해 볼 수 있다. 높은 실업률, 완만한 경제성장, 연방정부 재정적자 규모의 증가가 바로 그것이다. 물론 이 모두가 다 2010년대 초반 미국경제가 직면한 문제점들을 잘 드러내고 있으며 오바마의 재선을 불투명하게 했던 요인들이기도 하였다. 그나마 오바마로서 다행스러웠던 것은 대선이 있기 몇 달 전부터 경기회복의 조짐이 서서히 나타나기 시작하였다는 것이다.

먼저 〈그림 1〉은 카터(Jimmy Carter) 대통령의 임기 말기였던 1980년 이후부터 2012년 11월까지의 미국 노동시장의 실업률을 월별 추세에 따라 표시한 것으로써 지난 4년 동안 실업문제가 얼마나 심각했는지를 잘 보여주고 있다. 오바마가 취임한 첫 달인 2009년 1월 7.8%를 기록한 실업률은 같은 해 10월 전후 최고 수준인 10.0%까지 치솟았다. 레이건 대통령이 재선에 나선 해인 1984년 이후부터 오바마가 대통령에 취임하기 이전까지 미국 경제의 실업률이 8% 이상을 넘은 적이 없었다. 그러나 2009년 10월부터 실업률은 꾸준히 하락하고 있었으며 대선이 있긴 한 달 전인 2012년 10월에는 오바마 취임 초기와 비슷한 수준인 7.9%를 기록하였다.

다음으로 〈그림 2〉는 1980년부터 2012년까지의 분기별 GDP 실질성장

〈그림 1〉 실업률의 변화(1980~2012년)

자료: 미국노동통계청(Bureau of Labor Statistics)

률4)의 변화추이를 나타내고 있다. 우선 부시(George W. Bush) 말기의 2008년의 4분기 GDP 성장률은 -8.9%로써 이는 1958년 이후 최저 경제성장률이었다. 오바마 취임 직후인 2009년 1분기 GDP 성장률은 -5.3%로서 이는 1970년대 석유파동 이후 대통령으로 당선된 레이건 취임 초기의 -6.9%의 GDP 성장률보다는 높았다. 하지만 레이건 집권 당시에는 그 2년 후에 GDP 성장률이 9.3%까지 상승하는 데 반해서 지난 4년 동안의 최고 GDP 성장률은 2011년 4분기 4.1%에 불과하였다. 이러한 경제성장속도는 역대 다른 대통령들과의 기록들과 비교해도 매우 낮은 수준이었다. 오바마 전체 집권기간을 놓고 보면 분기별 평균 GDP성장률은 2.1%로써 이는 재임에 나선 최근 10명의 대통령의 경제실적을 놓고 볼 때 8위에 해당하는 기록이다. 오바마보다 낮은 성장률을 기록했던 대통령은 부시(George H. W. Bush)와 포드(Gerald Ford) 대통령이었으며 둘 모두 재선에 실패하였다(Campbell 2012).

---

4) 2005년도 달러가치를 기준으로 측정되었다.

〈그림 2〉 분기별 GDP 실질성장률(1980~2012년)

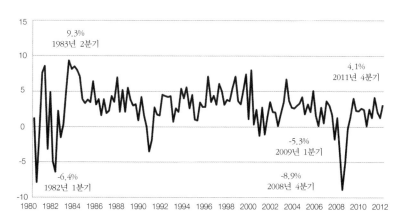

자료: 미국경제분석국(Bureau of Economic Analysis)

　마지막으로 〈그림 3〉은 1980년부터 2012년까지의 미국 연방정부의 재정
적자(혹은 흑자)의 변화를 보여준다. 1980년대 레이건 정부의 감세 정책과
일본과 유럽에 대한 무역수지 적자로 인해 계속 축적되고 있었던 연방정부
의 재정적자 규모는 아버지 부시 대통령이 재선에 출마했던 1992년 2,900
억 달러까지 증가한다. 결국 이러한 재정적자문제를 해결하기 위해서 부시
는 1988년 대선 때의 공약과는 달리 1990년 의회의 증세안에 동의하였고
이는 부시가 재선에 실패하는 결정적인 이유가 된다. 하지만 클린턴 정부에
들어와서 군사지출의 삭감, 세금인상, IT산업에 기반을 둔 신경제의 활성화
로 인해 재정적자 문제가 크게 개선되었는데 2000년에는 2,300억 달러 대
의 흑자를 기록하기도 하였다. 2000년대 부시 정부 들어서는 정부재정이
또 다시 마이너스로 돌아서서 2004년도에는 4,127억 달러의 적자를 기록한
다. 이는 아프가니스탄 전쟁과 이라크 전쟁에 따른 연방지출의 확대와 부시
정부의 적극적인 감세정책에 기인한 결과였다(김준석 2011). 2005년부터
2007년까지 연방정부 재정은 잠시나마 감축되는 조짐을 보였지만 2008년
금융위기가 도래하면서 다시 재정적자 규모는 늘어났다.

〈그림 3〉 연방정부 재정적자 변화(1980~2012년)

(단위: 백만 달러)

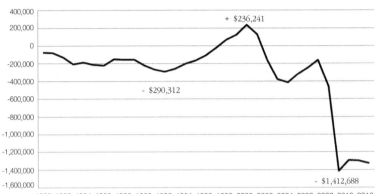

자료: 미국관리예산처(Office of Management and Budget)

오바마 정부 들어서는 부실은행에 대한 구제금융과 적극적인 경기부양책
의 결과 정부부채가 기하급수적으로 늘어나면서 재정적자 문제가 더욱 심각
하게 된다. 2009년 회계연도 기준 연방정부의 재정적자는 1억 4,127억 달러
에 이르는데, 이는 물론 역사상 사상 최대 규모였다. 더 큰 문제는 이 같은
대규모 재정적자가 조만간 해결될 조짐이 보이지 않는다는 것이다. 2009년
이후 연방정부의 적자규모는 1,300억 대의 전후에서 줄어들지 않고 있다.
결국 이러한 정부 부채와 재정적자 규모의 증가는 2010년 중간선거로 전후로
'작은 정부'를 지지하는 티파티 운동(Tea Party Movement)의 확산을 불러
일으켰으며 2012년 말 발생한 재정절벽(fiscal cliff)[5] 위기의 원인이 된다.

---

5) 재정절벽이란 2013년 1월 1일 이전까지 민주당과 공화당이 연방재정적자를 위한 어떠
한 해결안에도 합의하지 않았을 때 자동적으로 실행되는 연방정부의 대규모 지출삭감
과 세금인상을 가리킨다. 이는 경기회복 조짐을 보이던 미국 경제에 소비위축과 실업
인구의 증가를 불러와 새로운 경제침체가 있게 될 것이라는 전망이 대체적이었다. 결
국 재정절벽 위기는 마감 시한 세 시간 전에서야 상원의 세금안이 통과되고 이후 하원
과 대통령이 그 안을 승인함으로써 마침내 그 상황을 벗어날 수 있었다.

2. 소비자전망지수와 오바마에 대한 지지도 변화

앞에서 살펴봤듯이 오바마 집권 기간 동안 미국인들은 높은 실업률, 경제 저성장, 연방정부의 재정적자 확대라는 경제적 어려움을 경험해야만 했다. 하지만 긍정적인 측면은 경기침체가 대공황 당시처럼 더 악화되지 않았고 오바마 집권 후반기에 경기회복의 조짐이 서서히 나타나기 시작하였다는 것이다. GDP는 2009년 2분기 이후 꾸준히 성장하고 있었으며 실업률은 2009년 10월을 정점으로 서서히 하락하여 대선직전에는 7% 대까지 하락한다.

그렇다면 미국의 유권자들은 이러한 경제상황에 대해 어떻게 받아들이고 있었을까? 미국 국민들의 경제인식을 가늠해 볼 수 있는 대표적인 자료 중의 하나는 1953년부터 미시간대학교에서 발표하고 있는 소비자전망지수이다. 전망적 투표를 지지하는 정치학자들이 많이 참조하는 이 지수는 현재와 앞으로의 경기 전망에 관한 전화인터뷰 조사결과를 바탕으로 매월 측정된다. 지수의 점수는 긍정적인 견해와 부정적인 견해를 합산하여 계산되며 100점을 중립점으로 하여 최고 200점이 나올 수 있다.

〈그림 4〉는 1980년 1월부터 2012년 10월까지의 소비자전망지수를 그래프로 나타낸 것이다. 금융위기의 조짐이 보이기 시작했던 2000년대 중반부터 내려가기 시작한 소비자전망지수는 금융위기 여파로 급락하여 오바마가 취임직후인 2009년 2월에는 56.3의 저점에 이른다. 그 후 새로운 정부의 경제정책에 대한 기대감과 함께 서서히 상승하던 지수는 GDP 실질성장률 0.1%를 기록한 2011년 1분기부터 다시 하락하여 같은 해 8월에는 55.8까지 떨어진다. 지난 30여 년 동안 이보다 낮은 소비자전망지수를 기록한 달은 카터 대통령의 임기말기였던 1980년 5월뿐이었다. 하지만 대선 1년여 전부터 소비자전망지수는 다시 상승세로 돌아섰고 선거 한 달 전인 2012년 10월에는 오바마 취임 후 처음으로 80을 넘어선다. 그 이전에 마지막으로 소비자만족지수가 80을 넘어섰던 것은 2007년 10월이었다. 이는 앞에서 언급했던 것과 같이 7% 대로 떨어진 9월과 10월의 실업률과 더불어 미국의 경기회복 조짐을 보여주는 조짐인 동시에 오바마의 재선 전망을 밝게 하는 청신

〈그림 4〉 소비자전망지수(1980~2012년)

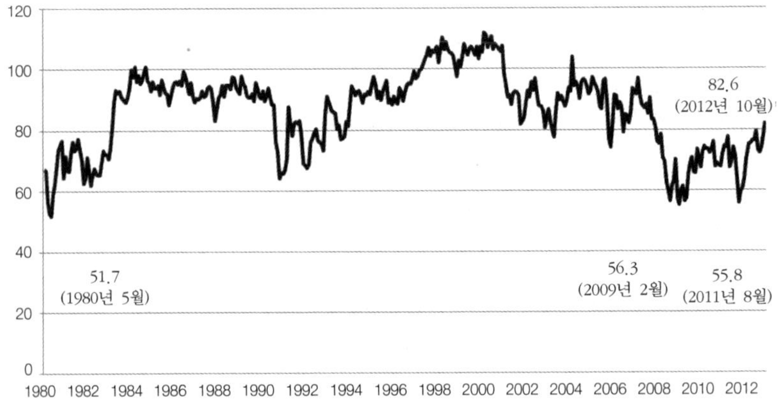

자료: 톰슨로이터(Thomson Reuters)/미시간대학교(University of Michigan)

호였다.

〈그림 5〉는 오바마 집권 기간 동안 이러한 소비자전망지수의 변화가 어떻게 오바마에 대한 지지도에 영향력을 미쳤는지를 보여준다. 위의 점선은 소비자전망지수의 등락을 가리키고 있으며 밑의 실선은 갤럽(Gallup)에서 매일 조사해서 발표하고 있는 대통령으로서의 오바마의 업무지지도이다.[6] 오바마 취임 후 첫 달인 2009년 2월에 65%로 출발한 업무지지도는 석 달 후 67%까지 올라갔다. 하지만 점차 허니문 효과(honeymoon effect)[7]가 사라지면서 소비자전망지수가 상승하고 있음에 불구하고 지지도는 점차 떨어지게 된다. 그리고 취임 1년 후—허니문 효과가 완전히 소멸된—2010년 2월 이후부터는 오바마에 대한 업무지지도는 소비자전망지수의 변화추세와

---

6) 갤럽에서는 오바마가 대통령으로서 행하는 업무에 대해서 찬성하는지 반대하는지 전화 인터뷰를 통해 매일 조사하고 있다. 이 조사는 전국 1,500명의 성인을 대상으로 하고 있으며 오차범위는 ±3% 포인트다.

7) 허니문 효과란 대통령에 취임하고 일정 기간 동안 반대파들이 새 대통령에 대한 비판을 자제하면서 전체 국민들이 대통령에 보내는 커다란 지지를 가리킨다.

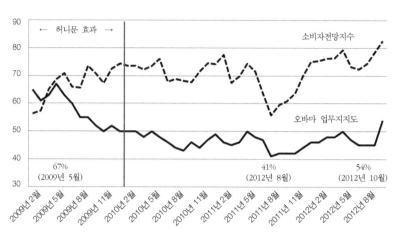

〈그림 5〉 소비자전망지수와 오바마 업무지지도(2009~2012년)

자료: 톰슨로이터(Thomson Reuters)/미시간대학교(University of Michigan); 갤럽(Gallup)

거의 병행하여 상승 또는 하락한다. 계속 하락추세였던 업무지지도는 중간 선거 전후로 일시적으로 상승하였지만 그 이후 또다시 내려가서 소비자전망 지수가 최하에 이르렀던 2011년 8월에는 업무지지도 역시 오바마 집권기간 중 역시 최저 수준인 41%에 다다르게 된다. 같은 시기 GDP는 그 이전 분기 보다 1.3% 증가하는 데 그쳤으며 실업률은 연초와 동일한 9.1%였다(〈그림 1〉과 〈그림 2〉 참조).

하지만 앞에서 언급했듯이 2011년 10월을 전후로, 그러니깐 대선이 1년 여 전부터 미국 경기는 재반등을 시작한다. 수개월째 정체를 계속하던 실업 률은 다시 하락하기 시작하여 그해 12월에는 실업률이 오바마 집권 이래 거의 최저 수준인 8.5%에 이르게 되고 4분기 GDP 성장률 역시 집권 기간 중 최고치인 4.1%으로 나왔다. 이러한 경기회복의 추세는 2012년 여름경 잠시 주춤하였지만 3분기에는 다시 반전하여 대선 직전에는 3%대의 경제성 장률과 7%의 실업률을 기록한다. 결국 대선이 있기 1년 전부터 보이기 시작 한 이러한 경기회복의 조짐들은 오바마 재선가능성을 높여주는 지표들로 이어졌다. 대선 한 달 전 10월의 소비자전망지수는 82.6로써 이는 오바마 집권 기간 동안 가장 높은 수치였을 뿐만 아니라 2007년 10월 이후 5년 만에 처음으로 전망지수가 80을 넘어선 것이었다. 이와 더불어 같은 달 오바마에 대한 업무지지도도 54%까지 오르게 된다. 이것은 2009년 10월 이후 가장 높은 지지도인 동시에 미 국민들의 과반수가 오바마의 국정운영을 지지하였다는 것을 의미한다.

III. 오바마와 롬니의 대선공약과 유권자들의 두 후보에 대한 인식

루스벨트(Franklin D. Roosevelt)와 레이건은 미국의 경기가 침체되었을 때 언론을 통해서 가장 이름이 많이 거론되는 두 대통령이다. 전자는 1929년 대공황 이후 불황의 늪에 빠져 있었던 미국 경제를 구제하는 데 성공하였으며, 후자는 1970년대의 석유파동으로 인한 경제 침체를 잘 극복해 나가고 높은 경제성장을 주도하였다. 둘 모두 경제위기를 잘 극복하였다는 데 공통점은 있지만 그 방법에는 커다란 차이가 있었다. 루스벨트는 뉴딜(New Deal)이라 불리는 일련의 경제정책들을 추진함으로써 정부 주도의 대규모 공공사업을 통한 시장의 고용과 소비를 진작시켰을 뿐만 아니라 중저소득층의 사회안전망을 구축하기 위해서 근로자의 단결권 및 단체교섭권을 보호하고 미국 복지정책의 기반이 되는 사회보장법(Social Security Act)을 도입하였다. 반면에 레이건은 레이거노믹스(Reaganomics)라는 신자유주의적 경제정책을 도입하여 기업에 대한 규제와 조세를 완화하고 사회복지지출을 억제시킴으로써 정부의 역할은 줄이고 민간부분의 투자를 높여나가는 쪽을 선택했다. 경기침체에 대한 서로 상반된 해결책을 제시했던 이 상반된 두 개의 경제정책은 '큰 정부'와 '작은 정부'를 각각 지양하는 민주당과 공화당을 상징하는 대표적인 정책으로 자리 잡는다.

앞 절에서 기술한 바와 같이 2012년 대선을 앞두고 미국 경제는 높은 실업률과 연방정부의 재정적자규모 확대라는 두 가지 난제에 봉착하고 있었다. 이에 대한 대책으로 대선에서 오바마는 뉴딜식 경기부양책과 부자세 도입을 주장한데 반해서, 롬니는 지난 4년간의 정부주도의 경제정책이 별 효과가 없었으므로 정부지출의 감소와 조세 감면을 통해 시장을 활성화시키는 것이 유일한 대안이라고 역설한다. 이번 절에서는 이러한 오바마와 롬니의 경제정책을 조세정책을 중심으로 비교해 보고 여기에 대한 유권자들의 반응을 출구조사 결과 분석을 통해 검토해 보도록 하겠다.

1. 오바마와 롬니의 경제공약 비교

대통령 경선이 본격적으로 시작되자 롬니는 자신의 경제정책으로 '다섯 가지 계획(five-point plans)'을 발표한다. 롬니 캠페인 홈페이지(http://www.mittromney.com/)를 통해 공개된 다섯 가지 계획의 기본적인 내용은 다음과 같다. 첫째, 북미 연안지역과 알래스카의 북극국립야생보호구역(Artic National Wildlife Refuge)에 매장되어 있는 석유를 적극적으로 시추함으로써 에너지 자립을 이룬다. 둘째, 학부모와 학생의 학교의 선택권을 확대하고 교사의 고용방식을 바꿈으로써 공공교육을 개선한다. 셋째, 불공평한 무역관행 ─ 특히, 중국과의 무역관계 ─ 을 시정하도록 한다. 넷째, 연방정부의 지출을 GDP 대비 20% 이하로 줄여 재정적자를 줄여나간다. 다섯째, 정부규제와 세금을 줄이고 오바마의 의료개혁안(Obamacare)을 철폐하여 소규모 자영업자들의 사업을 지원하도록 한다. 이 중에서 가장 주목해 봐야 할 내용은 역시 정부의 규모를 줄이자는 네 번째 안과 오바마 의료개혁안을 철폐하고 감세와 규제완화를 추진한다는 다섯 번째 안일 것이다.

이 같은 롬니의 공약에 대응하여 오바마는 '일자리를 위한 계획과 중산층의 보호(A Plan for Jobs & Middle-Class Security)'라는 제목의 소책자[8]를 통해 자신의 경제 청사진을 밝힌다.

그 핵심적인 내용은 다음과 같다. 첫째, 2016년까지 법인세 인하, 중국과의 불공정무역 해소, 지역대학과 연계된 새로운 고용을 위한 기술훈련 등을 통해 백만 명의 새로운 일자리를 제조업 분야에서 창출한다. 둘째, 멕시코만(Gulf of Mexico)과 북극해 연안의 유전을 개발하고 태양열, 풍력, 바이오 연료 같은 클린에너지 생산을 확대시킨다. 셋째, 고용과 종업원 임금인상에 적극적인 영세업자들의 조세를 감면해줌으로써 소규모 산업의 성장을 돕는다. 넷째, 대학 등록금 인상률을 줄이고 10만 명의 수학, 과학 교사들의 고용과 지역사회의 공교육 강화를 통해 중산층을 위한 교육여건을 개선한다. 다섯째, 중산층에 대한 세금을 인하하고 부자세를 도입함으로써 재정적자문제를 해결해 나간다. 여섯째, 오바마 의료개혁안을 계속적으로 추진해 나감으로써 모든 미국인들이 의료보험을 구입할 수 있도록 하고 보험회사들이 개인의 기존 질병기록(pre-existing conditions)을 이유로 보험구매를 막는 행위를 금지시킨다. 일곱째, 기존의 노인의료보험제도(Medicare)를 강화하고 노동자들의 노후생활을 보장하도록 한다.

이처럼 롬니와 오바마의 공약 중에는 제조업 육성, 미국 연안과 알래스카의 유전개발, 중국과의 불공정 무역개선과 같이 거의 대동소이한 내용도 있었지만 교육과 사회복지에서 있어서 정부의 역할이나 연방정부의 재정적자를 줄여나가는 방법에서는 큰 차이가 있다는 것을 알 수 있다. 오바마는 실업률을 줄이기 위해서 정부주도의 경기부양책을 추진하고 재정적자문제를 해결하는 방안으로 부자세 도입을 약속한 반면에 롬니는 레이거노믹스식의 감세와 규제완화를 통한 민간투자와 시장경제의 활성화를 강조하고 있다. 다음에서는 그중에서 둘 간의 입장차가 가장 뚜렷했고 가장 일반 유권자들의 생활과 관련 있는 세금정책의 내용에 대해 조금 더 구체적으로 살펴보도록 하겠다.

---

8) https://secure.assets.bostatic.com/pdfs/Jobs_Plan_Booklet.pdf(검색일: 2013년 1월 30일).

〈표 1〉과 〈표 2〉는 오바마와 롬니의 세금정책을 비교해 놓은 것이다. 먼저 〈표 1〉의 소득세 분야를 보면 개인과 부부의 소득수준에 따라 분류한 여섯 계층 중에서 오바마는 상위 두 계층, 즉 개인소득 178,351달러 또는 부부합산소득 217,451달러가 넘는 소득계층에서의 세율을 현재보다 3% 혹은 4.6% 올리자고 주장하는 데 반해서 롬니는 전 소득계층에서의 세율을 낮출 것을 공약한다. 특히 롬니의 세제안의 경우 소득수준이 높을수록 세율 인하폭이 늘어남9)으로써 사실상 부자를 위한 감세안이라는 비판을 받았으며 세수감소로 인해 정부 재정적자 문제가 더욱 악화될 것이라는 지적도 받았어야 했다.10)

〈표 2〉에 나와 있는 자본이득(capital gains)과 상속세의 개혁방안에도 오바마와 롬니의 차이는 확연하였다. 그동안 연간 35,000달러 이상의 소득

〈표 1〉 오바마와 롬니의 세금정책 비교: 소득세(%)

소득(2012년 기준)		기존세율	오바마	롬니
개인(single)	부부(married)			
$8,700 이하	$17,400 이하	10	10	8
$8,701~35,350	$17,401~70,700	15	15	12
$35,351~85,650	$70,701~142,700	25	25	20
$85,651~178,650	$142,701~217,450	28	28	22.4
$178,651~388,350	$217,451~388,350	33	36	26.4
$388,351 이상	$388,351 이상	35	39.6	28

출처: 포브스(Forbes); 독립유권자네트워크(Independent Voter Network)

---

9) 기존의 세율과 비교해서 롬니의 세제안으로 받는 감세혜택을 소득수준 하위군부터 보면 각각 2%, 3%, 5%, 5.6%, 6.6%, 7%이다.

10) 이러한 비판에 대해서 롬니와 신자유주의자들은 기업에 대한 규제완화와 감세가 있게 되면 민간 투자가 늘어나고 시장경제가 활성화됨으로써 정부가 걷을 수 있는 세수가 오히려 확대된다고 주장한다.

〈표 2〉 오바마와 롬니의 세금정책 비교: 자본소득세와 상속세(%)

항목	기존세율	오바마	롬니
자본소득세 (연간소득기준)	$35,000 이하: 0 $35,000 이상: 15	$35,000 이하: 0 $35,000 이상: 15 $200,000 (부부합산 $250,000 이상): 20 $1,000,000 이상: 30	$200,000 (부부합산 $250,000 이하): 0 $200,000 (부부합산 $250,000 이하): 15
상속세 (자산가치기준)	$5,120,000 이하: 0 $5,120,000 이상: 35	$3,500,000 이하: 0 $3,500,000 이상: 45	폐지

출처: 포브스(Forbes); 독립유권자네트워크(Independent Voter Network)

을 얻는 개인의 자본이득에 대해 일괄적으로 15%의 세금을 물리던 현재의 방식은 버핏(Warren Buffett)과 같이 자본소득이 대부분인 부자들의 소득세율이 임금에 전적으로 의존하는 중산층의 세율(〈표 1〉 참조)보다 낮다는 비판을 받고 있었다. 이러한 문제점을 개선하기 위해서 오바마는 이른바 버핏세(Buffett Rule)11)를 도입하여 연간 200,000달러(부부합산 250,000달러) 이상을 벌어들이는 소득자들의 자본소득세율을 높일 것을 약속한다. 이에 반해 롬니는 자본소득세율은 그대로 15%로 유지하되 자본소득이 증세되는 최소 소득수준을 200,000달러(부부 합산 250,000달러)로 높인 사실상의 감세안을 내놓는다. 상속세에 있어서도 오바마는 상속세를 징수할 수 있는 최소한의 자산 가치를 5,120,000달러에서 3,500,000달러로 낮추고 세율도 35%에서 45%으로 인상하는 방안을 제안하지만 롬니는 상속세 자체가 이중과세이므로 이를 아예 폐지해야한다고 주장한다.

요약컨대 세금정책에 있어서 오바마는 중산층과 저소득층의 세율은 그대로 유지하되 고소득층의 세금 인상시킴으로써 재정적자 문제를 해결하려고

11) 버핏세란 이름은 미국의 주신투고자로서 최고 갑부 중의 한 명인 버핏이 자신과 같은 부자들이 중산층 시민들보다 더 적은 세금을 내는 것을 공개적으로 비판하고 부자들의 소득세를 올릴 것을 주장한 데서 비롯됐다.

하는데 반해서 롬니는 고소득층을 포함한 전 소득층에서의 감세를 통해 민간투자의 확대를 유도하는 것만이 미국이 현재 직면하고 있는 경제적 난국을 타개할 수 있는 방법이라고 믿었다. 이러한 세제개혁안의 차이는 민주당과 공화당의 다른 경제관과 정치철학을 보여줄 뿐만 아니라 서로 다른 사회경제적 배경을 가진 두 후보자의 지지층들의 요구를 반영하는 것이기도 하였다.

2. 오바마와 롬니에 대한 유권자들의 평가

여기서는 먼저 두 후보자에 대한 지지도가 어떻게 선거기간동안 변했는지 살펴보고 오바마의 롬니에 대한 유권자들의 평가가 어떠했는지 검토해 보기로 한다. 〈그림 6〉은 갤럽에서 2012년 4월 11일부터 유권자들을 대상으로 한 매일 조사한 오바마와 롬니에 대한 지지율 변화추이를 대선 두세 달 전 발생한 주요사건들과 함께 보여주고 있다. 실선은 오바마의 지지율을, 점선은 롬니의 지지율을 보여주고 있다.

4월부터 9월 중순까지 오바마와 롬니의 지지도는 엎치락뒤치락 하였다. 9월 초순 열렸던 민주당 전당대회 전후 오바마와 롬니의 지지격차가 순간적으로 벌어졌지만 곧 다시 두 후보 간의 지지율은 동률을 이룬다. 하지만 9월 17일 롬니나 오바마에 있어서 선거의 분수령이 된 사건이 발생한다. 바로 5월 중순 겸 자신을 후원하던 지지자들 앞에서 "국민의 47%가 정부에게 의존하려고만 하고 있으며 자신을 피해자라고 여기고 있다"라고 했던 발언이 마더존스(Mother Jones)라는 잡지와 다른 언론들을 통해서 공개된 것이다. 시사주간지 타임(Time)에 의해 2012년을 대표하는 발언으로 뽑힌 이 인터뷰 내용은 롬니가 사회 안전망이 필요한 저소득층과 중산층의 지지를 잃고 부자들을 위한 대통령이라는 이미지를 여론에 깊게 심어줌으로써 선거에서 패배하는 결정적인 이유 중의 하나가 된다. 아래의 그래프에서 보듯이 인터뷰가 있던 직후 9월 21일부터 27일까지의 여론조사에서 롬니는 44%의

〈그림 6〉 오바마와 롬니에 대한 지지율 변화추이

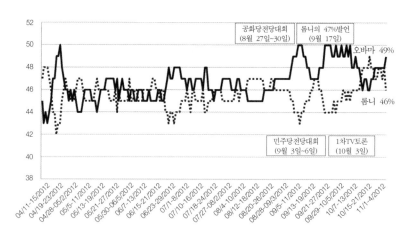

출처: 갤럽(Gallup)

응답자들로부터 지지를 얻어 50%의 지지를 얻은 오바마에게 6%차로 뒤지게 된다.

그러나 10월 3일에 열린 1차 TV토론은 선거의 또 다른 전환점이 되었다. 뉴스를 통해 잘 알려졌다시피 경제이슈를 다루던 당시 토론에서 롬니는 지난 4년간의 경제성적표를 가지고 오바마의 경제정책 실책들을 설득력 있게 지적한 데 반해서 오바마는 이러한 공세적 비판에 시종일관 수세적으로 이끌려 다니면서 유권자들에게 무기력한 모습을 보여준다. TV토론의 승리를 토대로 역전의 발판을 마련한 롬니는 그 후 꾸준히 지지율을 끌어올리며 마침내 그 일주일 뒤인 10월 11일부터 16일까지 실시된 여론조사에서 오바마를 지지율 측면에서 앞선다. 롬니야말로 경제를 살릴 수 있다는 강한 이미지를 보여준 결과이다. 이러한 추세는 한동안 계속 이어져서 10월 중순에는 롬니의 지지율은 49%로 오바마의 지지율 46%를 3%차로 앞서게 된다. 하지만 오바마가 타운홀미팅(town hall meeting) 형식으로 치러졌던 2차 TV토론과 외교정책을 다루었던 3차 TV토론에서 그 전의 실수를 잘 만회하고 실업률 7%로의 진입과 같은 경기회복을 알리는 경제지표들이 나오면서 오바마는 결국 재역전에 성공한다. 투표가 있기 바로 직전 집계된 여론조사에서 오바마의 지지율은 49%, 롬니의 지지율은 46%이었다.

그렇다면 대선 당일 오바마와 롬니에 투표한 유권자들은 누구였으며, 현재 미국 경제상태와 두 후보에 대해서 어떠한 평가를 내렸을까? 먼저 〈표 3〉은 ABC, AP, CBS, CNN, FOX, NBC 공동 출구조사 결과로서 유권자들의 사회경제적 배경과 지지후보자의 관계를 보여주고 있다. 우선, 성별을 보면 남성유권자들의 52%가 롬니에게 투표했으며 여성유권자들의 55%가 오바마에게 투표하였다. 또한 자신을 백인이라고 대답한 유권자들 중에 3분

〈표 3〉 유권자들의 사회경제적 배경과 지지후보(%)

질문	선택항목	전체응답자	오바마에 투표	롬니에 투표
성별	남성	47	45	52
	여성	53	55	44
인종	백인	72	39	59
	흑인	13	93	6
	히스패닉	10	71	27
	아시아인	3	73	26
	기타	2	58	38
교육수준	고졸 이하	3	64	35
	고졸	21	51	48
	대졸 이하	29	49	48
	대졸 이상	29	47	51
	대학원재학 이상	18	55	42
2011년 가계소득	$50,000 이하	41	60	38
	$50,000~$99,999	31	46	52
	$100,000 이상	28	44	54

출처: ABC, AP, CBS, CNN, FOX, NBC 공동 출구조사

의 2 이상이 롬니에게 투표한 반면 자신을 백인 외에 소수인종이라고 대답한 유권자들의 3분의 2 이상은 오바마에게 투표하였다. 한마디로 여성과 소수인종이 오바마의 주요 지지층이었으며 남성과 백인들이 주로 롬니의 지지층을 구성하였다. 응답자들의 교육수준을 보면 대졸이상 대학원미만의 학력을 가진 계층을 제외한 모든 응답계층에서 오바마에 투표했다는 대답이 높게 나왔다. 특히 대학원 재학 이상의 고학력층과 고졸이하의 저학력층에서 오바마에 지지했다는 응답이 많았다. 소득수준을 살펴보면 가계소득이 50,000달러가 안 되는 저소득층에서 오바마에 투표했다는 대답이 과반수를 훨씬 넘었으며 가계소득 50,000달러 이상의 중상류층에서는 롬니에 투표했다는 유권자들이 더 많았다.

다음으로 〈표 4〉는 출구조사 응답자들의 현재 경제문제에 대한 입장을 정리한 것이다. 우선 대부분의 유권자들은 현재의 경제상태에 대해서 부정적으로 평가하고 있었다. "미국의 경제상태에 대해 어떻게 생각하느냐?"는 질문에 대해 "별로 좋지 않다(not so good)", "나쁘다(poor)"라는 대답이 각각 45%와 31% 나왔으며 "좋다(good)" 혹은 "매우 좋다(excellent)"라는 대답은 각각 21%와 2%에 그쳤다. 하지만 앞으로의 경기에 대해서는 다소 낙관적이었는데 현재 미국의 경제가 "좋아지고 있다"라는 대답은 39%로써 경제가 "나빠지고 있다"라는 30%의 대답보다 9%나 더 많았다. 이는 실업률 하락과 같은 대선 직전의 경기회복조짐을 반영한 결과라고 추정해 볼 수 있을 것이다. 더욱이 많은 유권자들은 현재의 경제문제를 오바마보다는 부시에게 책임이 있다고 생각하였다. 오바마와 부시 중 "누가 경제문제에 비난을 받아야 하나"라는 질문에 부시라고 답한 응답은 53%였던 반면 오바마라고 답한 응답은 38%에 그쳤다.

현재 "미국이 직면한 가장 중요한 이슈는 무엇인가?"라는 질문에는 설문자의 과반수가 경제라고 대답했다. 그 다음으로 가장 중요하다는 응답이 많았던 항목은 의료보험, 연방정부 재정적자, 대외정책 순이었다. 여기서 선택항목의 세부내용을 들여다보면 경제와 연방정부 재정적자가 중요하다고 응답한 유권자들 중에 롬니에 투표한 비율이 더 높았으며, 대외정책과 의료보

〈표 4〉 유권자들의 경제 문제에 대한 견해와 지지후보(%)

질문	선택항목	전체응답자	오바마에 투표	롬니에 투표
미국의 경제 상태에 대해서 어떻게 생각하고 있는가?	매우 좋다	2	-	-
	좋다	21	90	9
	별로 좋지 않다	45	55	42
	의료보험	31	12	85
현재 미국의 경제는?	좋아지고 있다	39	88	9
	나빠지고 있다	30	9	90
	그대로다	29	40	57
누가 경제문제에 대해 비난받아야 하나?	오바마	38	5	94
	부시	53	85	12
다음 네 가지 이슈들 중에 미국이 직면한 가장 중요한 이슈는?	대외정책	5	56	33
	재정적자	15	32	66
	경제	59	47	51
	의료보험	18	75	24
소득세율은?	모두 올려야 한다	13	52	44
	소득 $250,000 이상만 올려야 한다	47	70	29
	누구에게도 올려서는 안 된다	35	23	75

출처: ABC, AP, CBS, CNN, FOX, NBC 공동 출구조사

험이 중요하다고 응답한 유권자들은 주로 오바마에 투표하였다. 상류층의 소득세 인상에 관한 질문에 대해서는 세율을 올려야 한다고 한 대답이 세율을 올려서는 안 된다는 대답보다 많았다. "소득 250,000달러 이상의 사람들에게만 세율을 올려야 한다"는 응답은 거의 과반수에 달했으며 그들 중 70%가 오바마에 투표를 하였다. "누구에게도 (세율을) 올려서는 안 된다"라는

응답은 35%였고 그중에서 75%가 롬니에게 투표하였다. 이 같은 유권자들
의 반응은 부자세를 도입하자는 오바마의 공약이나 소득세를 줄일 뿐 아니
라 상속세를 폐지하자는 롬니의 공약과 일맥상통하는 결과이다.

마지막으로 〈표 5〉는 출구조사 응답자들의 오바마와 롬니에 대한 평가를
기술한 것이다. "누가 경제문제" 혹은 "정부 재정적자문제를 잘 처리할 것인
가?"라는 질문에 대해서는 롬니라고 대답한 유권자 비율이 오바마라고 답한
유권자 비율보다 약간 더 높았다. 반면에 "누가 노인 의료보험문제를 잘 처
리할 것 같은가?"라는 질문에는 많은 유권자들이 오바마라고 대답했다. 이
같은 결과는 앞서 〈표 3〉의 질문 항목에서 경제나 재정문제가 미국이 직면

〈표 5〉 유권자들의 오바마와 롬니에 대한 평가

질문	선택항목	전체응답자 (%)	오바마에 투표(%)	롬니에 투표(%)
누가 경제문제를 잘 처리할 것 같은가?	오바마	48	98	1
	롬니	49	4	94
누가 정부 재정적자 문제를 잘 처리할 것 같은가?	오바마	47	98	1
	롬니	49	3	95
누가 노인의료보험(medicare) 문제를 잘 처리할 것 같은가?	오바마	52	92	6
	롬니	44	2	96
누가 당신과 같은 사람들과 더 밀접한가?	오바마	53	91	7
	롬니	43	1	98
오바마의 정책은 누구에게 더 호의적인가?	부유층	10	9	89
	중산층	44	86	12
	저소득층	31	25	74
롬니의 정책은 누구에게 더 호의적인가?	부유층	53	87	10
	중산층	34	6	93
	저소득층	2	-	-

출처: ABC, AP, CBS, CNN, FOX, NBC 공동 출구조사

한 가장 중요한 이슈라고 답한 과반수가 롬니에게 투표한 것이나 의료보험 문제가 미국이 가장 중요한 이슈라고 답한 과반수가 오바마에 투표한 것과 연관지어 생각해 볼 수 있다. 많은 유권자들이 정책이슈를 생각할 때 오바마는 의료보험과 같은 복지분야에 우위를, 롬니는 경제분야에 있어서 상대적으로 더 큰 우위를 지니고 있다고 생각한 것이다. "누가 당신과 같은 사람들과 더 밀접한가?"라는 질문에는 53%의 응답자들이 오바마라고 대답했으며 그보다 43%의 응답자들은 롬니라고 대답하였다. 끝으로 "오바마의 정책은 누구에게 더 호의적인가?"라는 질문에는 중산층이라는 대답이 44%로 가장 많았으며, "롬니의 정책은 누구에게 더 호의적인가?"라는 질문에는 부유층이라는 대답이 53%로 가장 많았다. 결국 이러한 조사결과들을 두고 볼 때 오바마가 롬니보다는 일반 유권자들과 중산층의 더 많은 공감과 지지를 이끌어낸 것으로 추정해 볼 수 있다.

IV. 맺는 글

대선이 끝난 직후 롬니는 선거자금 기부자들과의 전화회의에서 오바마 대통령이 흑인과 히스패닉, 그리고 젊은 유권자들에게 "선물(gifts)"을 줬기 때문에 승리할 수 있었다고 얘기한다. 오바마의 선심성 공약을 비꼬는 이 발언은 미국사회의 저소득층과 복지정책에 대한 롬니의 인식을 잘 드러낸다. 선거 중간에 나왔던 "국민의 47%가 자신을 피해자로 여기고 정부에 의존하고 있다"는 롬니의 인터뷰가 결코 실수가 아니라는 것이다. 결국 부자 증세에 반대하고 사회안전망 확충에 소홀히 한 롬니는 금융위기와 경기침체로 일자리를 잃거나 경제적으로 불안한 상태에 있는 많은 저소득층과 중산층 유권자들의 지지를 얻지 못했다.

앞서서 봤듯이 과반수 유권자들은 롬니가 중산층보다 부유층에 더 호의적이며 자신의 처지와는 다른 사람이라고 믿었다. 반면에 오바마는 끊임없이 중산층들을 위한 고용, 복지대책을 발표하고 고소득층에 대한 증세를 통해 재정적자 문제를 해결해가겠다고 유권자들에게 호소하면서 4년간 다소 좋지 않았던 경제성적에도 불구하고 다수의 중산층과 저소득층들의 지지를 얻는 데 성공하였다. 물론 선거 직전 나왔던 실업률 7% 대로의 하락 같은 경기회복의 조짐들도 오바마의 재선에 큰 도움이 된다.

그렇다면 앞으로 오바마 집권 2기 동안 미국의 경제와 정부의 재정적자 문제는 개선될 수 있을 것인가? 여기에 대해서는 아직까지 회의적인 전망이 더 강하다. 전망을 어둡게 하는 가장 큰 원인 중의 하나는 현재 미국사회에 팽배해 있는 정치 양극화현상이다. 지난 연말에 있었던 재정절벽 위기는 경제정책에 대한 민주당과 공화당의 시각 차이뿐만 아니라 양분화된 사회적 여론을 여실히 드러내면서 어떠한 개혁안도 쉽게 제정되기 어렵다는 것을 분명히 보여주었다.

더욱이 앞으로 적어도 2년 동안은 공화당이 하원의 다수를 차지하는 분점 정부가 더 지속됨으로써 오바마가 지난 대선에서 공약했던 정책들을 일방적으로 추진하기 더 어렵게 되었다. 이는 인구 고령화로 인해 복지 수혜자가 급속히 늘어남으로써 심화되는 재정적자 문제를 해결하고 오래전 걸립되어 낙후한 공공기반시설을 재정비해야 하는 등의 정치적 개혁들이 절실히 요구되는 미국사회의 큰 걸림돌로 작용하고 있다. 마치 일본이 1990년대 개혁의 실패로 인해 지난 이십년 동안 경제침체를 경험했던 것처럼 미국의 경제 불황도 장기화될 수 있다는 것이다(Zakaria 2013).

결국 앞으로 4년 동안 오바마의 경제개혁이 성공할지 못할지는 오바마가 얼마나 자신을 반대했던 보수세력들을 잘 설득하고 자신의 지지세력들을 잘 결집시킬 수 있느냐에 달려 있으며, 이는 지난 대선에서 미국과 유사한 정치적 양극화 현상을 경험하며 새로운 정권이 들어선 대한민국 사회에도 시사하는 바가 크다고 할 수 있다.

【참고문헌】

김준석. 2011. "경제이슈를 중심으로 본 2010년 미국 중간선거." 미국정치연구회 편. 『미국의 선거와 또 다른 변화』. 서울: 도서출판 오름.

Campbell, James E. 1996. "Polls and Votes The Trial Heat Presidential Election Forecasting Model, Uncertainty, and Political Campaigns." *American Politics Quarterly* 24: 408-433.

_____. 2012. "Forecasting the Presidential and Congressional Elections of 2012: The Trial-Heat and the Seats-in-Trouble Models." *PS: Political Science & Politics* 45(4): 630-634.

Fiorina, Morris P. 1981. *Retrospective Voting in American National Elections*. New Haven, CT: Yale University Press.

Erikson, Robert S., Michael B. Mackuen, and James A. Stimson. 2002. *The Macro Polity*. New York, NY: Cambridge University Press.

Erikson, Robert S., and Christopher Wlezien. 2012. "The Objective and Subjective Economy and the Presidential Vote." *PS: Political Science & Politics* 45(4): 620-624.

Lewis-Beck, Michael S. 1988. *Economics and Elections: The Major Western Democracies*. Ann Arbor, MI: University of Michigan Press.

Shapiro, Robert Y., and Bruce M. Conforto. 1980. "Presidential Performance, the Economy, and the Public's Evaluation of Economic Conditions." *Journal of Politics* 42(1): 49-67.

Zakaria, Fareed. 2013. "Can America Be Fixed?" *Foreign Affairs* 92(1): 22-33.

Forbes. 2012. "Election Day Primer: Comparing the Obama and Romney Tax Plans." http://www.forbes.com/sites/kellyphillipserb/2012/11/03/election-day-primer-comparing-the-obama-and-romney-tax-plans/(검색일: 2013년 1월 30일).

Gallup. 2012. "Gallup Daily: Obama Job Approval." http://www.gallup.com/poll/113980/gallup-daily-obama-job-approval.aspx(검색일: 2013년 1월 30일).

_____. 2012. "A Plan for Jobs & Middle-Class Security." https://secure.assets. bostatic.com/pdfs/Jobs_Plan_Booklet.pdf(검색일: 2013년 1월 30일).

제9장

의료보험개혁 이슈와 미국사회의 균열

이소영 ㅣ 대구대학교

I. 들어가는 말

2012년 미국 대선이 최초의 흑인 대통령 재선이라는 기록을 만들면서 막을 내렸다. 지난 4년여의 경제 위기로 인해 경제회복과 재정적자 문제가 가장 큰 이슈였던 이번 대선은 다른 한편에서는 100여 년 만에 빛을 본 미국 의료보험개혁법(PPACA: Patient Protection and Affordable Care Act)의 운명이 걸린 선거였다는 점에서도 주목을 받았다. 2009년 취임 후 2010년 3월 의료보험개혁법이 의회를 통과하기까지 1년이 넘는 기간 동안 오바마 대통령과 민주당 지도자들은 의료보험개혁안을 통과시키는 데 전력을 투입하다시피 하였다. 2008년 대선 캠페인 기간 동안 의료보험개혁 문제를 정치 이슈화하는 데 성공한 오바마 대통령은 취임 후 본격적으로 업계 및 이익 단체들과의 토론, 연설, 전국순회포럼 등을 통해 의료보험개혁에 대한 지지 여론을 형성하기 위해 노력하였다. 또한 민주당 지도자들과 함께 민주당 내 보수적 성향의 의원들을 설득하기 위한 다양한 노력을 강구하였다.

그러나 2010년 3월 의회를 통과한 후 의료보험개혁법은 공화당과 보수적 유권자들의 강력한 반대와 비판에 부딪히며 2010년 11월 중간선거에서 민주당이 참패하게 된 중요한 원인을 제공하였다. 중간선거를 통하여 다수 의석을 공화당이 차지하게 된 하원은 임기가 시작된 직후인 2011년 1월 의료보험개혁법 폐기안을 통과시켰다. 민주당이 여전히 다수당인 상원에서는 법안 폐기안이 통과될 수 없다는 것을 알면서도 공화당 의원들 중심으로 이루어진 하원의 이러한 상징적 행태는 이후 오바마 정부로 하여금 더욱더 강한 대 국민 선전 및 여론 공세를 하도록 만들었다. 특히 다소 보수적인 지역이나 양당에 대한 지지도가 혼합되어 있는 지역의 민주당 의원들이 중간선거에서 낙선한 후, 제112대 하원의 민주당 의원들은 중간선거 전보다 더 강한 진보적 성향을 보이면서 거의 모두가 의료보험개혁법 폐기에 강하게 반대하는 입장을 고수하였다. 의료보험개혁을 둘러싼 이러한 정치적 환경은 이 이슈를 중심으로 미국의 정치권이 더욱 심하게 양극화되는 경향을 동반하였으며, 이에 따라 유권자들 역시 의료보험개혁 이슈에 대한 높은 인지도를 가지고 양극화되는 현상을 보였다.

특히, 의료보험개혁 이슈는 정치권의 논쟁 과정에서 경제 및 재정적자 위기라는 미국사회의 긴급이슈와 결합하여 논의되었다. 그 결과 의료보험 혜택을 받지 못하는 많은 사람들에 대한 보편적 복지 개념, 연방정부의 재정지출, 그리고 고소득자 증세 이슈와 중첩되어 이번 미국 대선의 주요 이슈가 되었다. 미국에서 복지, 연방정부 지출, 증세 이슈 등에 대한 논쟁은 건국 초기부터 꾸준히 지속되어온 연방정부의 역할 논쟁과 깊이 관련되어 있다. 13개 연맹체제에서 시작한 미국은 타협적 헌법 제정을 통해 보다 강력한 중앙정부를 가진 연방체제로 변모를 하였음에도, 권력이 연방정부에 집중되는 데에 대한 강한 불안감을 제도화하고 국가 개입을 최소화하는 고전적 자유주의를 미국사회의 핵심 가치로 지속시켜 왔다. 완전히 사적 영역에 속해 있던 의료보험을 국가 주도로 전환하려는 노력은 이러한 미국의 전통적 정서하에서 번번이 실패할 수밖에 없었고, 우여곡절 끝에 의회를 통과한 오바마 정부의 의료보험개혁법 또한 재정 위기하에서 작은 정부를 선호하는 미국인의 정서에 호소하는 공화당과 보수주의자들의 전략 앞에 위기를 맞게 되었다.

의료보험개혁을 완성하려는 오바마와 민주당의 강한 의지와, 개혁 법안을 폐기하겠다는 공화당의 강한 의지가 충돌하는 상황에서 2012년 미국 대선은 의료보험개혁법안의 운명을 결정하는 결전의 장이었다. 본 장에서는 현재 미국사회의 이념적 양극화를 반영하는 대표적인 이슈인 의료보험개혁 이슈를 중심으로 미국사회의 균열이 어떻게 나타나고 있는지, 또 이러한 균열이 2012년 대선 과정과 결과에 어떠한 영향을 미쳤는지, 그리고 정치적 양극화 상황에서 향후 의료보험개혁 이슈가 어떠한 정치적 의미를 가질 것인지에 대해 논의해 보고자 한다. 이를 위해 다음 절에서 미국사회에서 의료보험개혁 이슈를 둘러싼 본질적인 논쟁이 무엇인지, 그리고 실제로 개혁 논쟁이 어떻게 전개되어 왔는지를 고찰한 후, 오바마 정부의 의료보험개혁 과정과 그 결과, 그리고 2012년 대선에의 영향에 대해 구체적으로 살펴보기로 하겠다.

II. 미국 의료보험개혁의 정치

1. 의료보험개혁과 연방정부의 역할

미국의 의료보험개혁과 관련되어 있는 중심적 이슈는 연방정부의 권한 확대 문제이다. 건국 당시부터 국가 개입의 최소화를 정치체제의 핵심 가치로 삼아 온 미국사회에는 국가의 시장규제 증대와 복지국가체제를 특징으로 하는 현대 국가에 이르러서도 여전히 제한적 정부론을 기반으로 하는 고전적 자유주의의 전통이 중요한 정치적 이념으로 남아 있다. 뉴딜 이후 사회 전 영역에 국가 개입이 확대될 필요성이 지속적으로 제기되어 왔음에도 불구하고, 정부 권력 확대에 대한 미국민들의 우려는 상당히 높은 수준으로 나타나고 있다.

이러한 정부의 역할 제한론과 여기에 대비되는 국가 개입 확대에 대한 요구는 현대 미국 정치의 이념적 스펙트럼을 형성하는 가장 본질적인 이슈이다(미국정치연구회 편 2013). 미국의 보수주의자들은 국가 개입의 최소화를 부르짖고 미국의 자유주의자들은 사회적 서비스와 경제 영역에서의 국가 개입에 대한 목소리를 높이면서 정치적 경쟁을 해 왔다. 그런데 미국사회에서 보수주의와 자유주의 이념이 유권자들을 균등한 수로 나누고 있는 것은 아니다. 국가 권력의 제한, 정부 역할의 최소화가 미국 정치전통의 기반을 이루어온 만큼 미국 유권자들은 이념적으로 자유주의보다는 보수주의적 성향이 강하기 때문이다.

선거 캠페인 기간인 지난 5월 갤럽의 조사에 의하면, 경제적 이슈에 대해서는 46% 대 20%로 스스로를 보수적이라고 말하는 유권자가 자유주의라고 칭하는 유권자보다 두 배 이상 많았으며, 사회적 이슈에 대해서도 38% 대 28%로 보수주의자가 자유주의자보다 월등히 많은 것으로 나타났다. 특히, 미국인의 정치적 이념에 대한 연도별 조사 결과 정치 이념이 상당히 지속적이고 안정적인 것으로 나타나 정치적 환경에 따라서 또는 특정 시기의 이슈에 따라서 변동이 심한 변수가 아니라는 것을 보여주고 있다(Gallup Poll May 25, 2012). 미국 유권자들의 이러한 보수적 성향은 정부의 역할을 강조하는 현대 자유주의적 이념에 정책의 기반을 주로 두고 있는 민주당의 사회·경제 정책의 실현을 어렵게 만드는 요소가 되어 왔다. 특히, 국가 역할에 대한 미국사회의 보수주의적 경향은 의료보험개혁이 미국사회에서 오랫동안 이슈가 되어왔음에도 실현되기 어려웠던 가장 중요한 원인을 제공하였다. 즉, 미국 의료보험개혁 실패의 일차적인 원인이 바로 연방정부의 역할을 확대하는 방향으로 개혁이 시도되었다는 점에 있었던 것이다(Saldin 2010; Stonecash 2010).

의료보험개혁법안이 의회를 통과한 후부터 공화당과 미국 보수주의자들은 개혁법의 위헌성에 대한 소송을 지속적으로 제기하였다. 이들은 연방정부가 각 개인에게 의료보험을 강제로 구입하게 할 권한이 없고, 따라서 의료보험개혁법의 시행은 미국 국민의 개인적 자유를 침해하며 연방정부의 권한을 넘어서는 일이라고 주장한다. 이러한 문제 제기에 대해 오바마 행정부는 헌법에서 규정하고 있는 '상업조항(Commerce Clause)'을 들어 반박하여 왔다. 의료보험을 구입하지 않는 개인에 대한 벌금의 부과는 상업을 규제할 수 있는 연방의회의 권리에 입각해 '세금 부과'의 차원에서 정당하다는 의견이다(Pear 2010).

이러한 주장은 사적 영역에 대한 국가 개입이라는 문제 이외에도 건국 초기부터 있어 왔던 연방정부와 주정부의 권한 배분에 대한 오랜 논쟁과 관련되는 문제이다. 연방정부 역할을 중요시하는 현대 자유주의적 입장과는 반대로 연방정부의 권한을 최소화해야 한다는 관점에서는 복지정책 실현의 주체가 주정부에 있음을 강조하여 왔다. 소위 레이거노믹스(Reaganomics)라고 지칭되는 레이건 대통령 시대의 신연방주의적 복지정책은 복지부문에서의 연방정부 주도권을 제한하고 주정부의 역할을 증대시킨 대표적인 예이다(미국정치연구회 편 2013). 이 연방-주정부 권한 배분의 문제는 오바마 정부의 의료보험개혁안이 의회를 통과한 후 실행을 위한 일련의 절차를 밟는 과정에서 지속적으로 문제로 제기되었고, 계속되는 위헌소송의 원인을 제공하였다. 대선이 끝난 후에도 여전히 개혁 시행과 관련하여 오바마 행정부는 주정부와 심각한 갈등을 빚고 있는 상황이다.

2. 오바마의 의료보험개혁과 2010 중간선거

1912년 선거캠페인 당시 테어도어 루스벨트 전 대통령에 의해 처음으로 주창되었던 미국 의료보험개혁은, 1930년대 경제 대공황기 루스벨트 행정부가 사회복지를 제도화하는 과정에서 본격적으로 논의되기 시작하였다. 이후 트루먼, 케네디, 존슨, 카터 행정부를 거치면서 개혁에 대한 논의가 지속적으로 전개되었지만 연방정부가 주관하는 보편적 의료보험체계로의 개혁에 대한 미국의사협회(American Medical Association), 의료보험회사들, 그리고 보수주의자들의 반대로 논의가 깊게 전개되지 못하였거나 의회 통과에 실패하였다. 특히 1980년대 신보수주의의 부상은 연방정부 주도의 의료복지에 대한 반감을 더욱 증대시킨 요인이 되었다.

이러한 환경에서 1993년에 이루어진 클린턴 대통령의 의료보험개혁안은 철저히 비밀스러운 작업을 통해서 이루어진 후 대중들에게 공표되었다. 법안을 구성하는 데 있어 영부인인 힐러리 클린턴의 역할이 컸다고 해서 힐러리케어(Hillarycare)라고도 불리우는 이 법안은 고용여부에 관계없이 모든 미국인들이 모든 종류의 의료비에 대해 국가가 주관하는 보험 혜택을 받도록 디자인되어 있었다. 이 법안이 발표되자 법안 반대자들은 비밀스럽게 법안이 만들어졌다는 사실에 강력히 항의하면서 시위, 캠페인 등을 통해 강한 반대를 표명하였고 결국 이 법안은 사장될 수밖에 없었다. 특히 법안의 작성 과정에서 소외되었던 보험회사, 이익집단, 민주당 내 반대세력, 공화당 등의 반대가 매우 극심하였고 결국 국민들의 지지를 얻는 데 실패하였다(이소영 2011).

이후 클린턴 대통령은 빈곤층에게 주어지는 메디케이드 혜택을 받기에는 수입이 많지만 여전히 의료보험을 구입할 여력은 없는 가정의 자녀들에 대해 연방정부와 주정부가 재정을 매칭하여 의료보험 혜택을 주는 '주 어린이 의료보험 프로그램(State Children's Health Insurance Program)'을 시행하는 법안에 서명하였다. 그러나 이 법안은 실행과정에서 어린이뿐 아니라 해당되는 가정의 모든 구성원들에게 혜택이 주어지는 형태로 변화하면서 기하급수적인 재정이 투입되는 현상이 일어났고, 마침내 200만 명이 넘는 해당 어린이들이 프로그램 혜택을 받지 못하는 사태가 초래되어 비난의 대상이 되었다.

개혁 관련자들을 배제한 채 진행되었던 클린턴 정부의 의료보험개혁 실패를 되풀이하지 않고자 하는 오바마 대통령의 개혁 전략은 의료보험개혁을 꾸준히 반대해 온 고용주와 기업인, 그리고 보험회사들을 협상 테이블로 불러내는 것으로 차별성을 보였다. 클린턴의 개혁안을 사장시키는 데 가장 결정적인 역할을 했던 보험회사들이 오바마 정부하에서는 의료보험개혁의 필요성에 동감하고 협상 테이블로 나왔다는 점에서 개혁의 가능성이 높아 보였다. 하지만 이들 보험회사들은 공화당 의원들 및 보수적 민주당 의원들과 함께 정부가 주도하는 의료보험안에 대해서는 적극적 반대자였다. 이 때문에 오바마의 개혁은 협상과정에서 다양한 장애에 부딪히면서 애초에 계획했던 개혁안에서 상당 부분 수정된 법으로 탄생하게 되었다.

하원에서 제안된 민주당의 개혁법안은 메디케어 지출의 속도를 늦추고, 고소득자의 세금을 높이며, 고용인들에게 의료보험을 제공하지 않는 사업자들에게 벌금을 물리는 안을 포함하고 있었다. 공화당을 포함한 개혁반대 세력이 강하게 반대한 공공보험(public option) 조항, 기존병력에 대한 보험혜택 거부 금지, 낙태에 대한 보험혜택 등의 문제는 특히 보수적인 지역을 기반으로 하고 있는 민주당 내 중도-보수의원들을 개혁안에 찬성하지 못하도록 만드는 주요 요인들이었다. 민주당이 다수를 점하고 있는 상황에서 하원에서의 개혁법안의 통과 여부는 이러한 중도-보수적 민주당 의원들의 반대를 극복하는 일에 달려 있었다. 이에 따라 오바마는 타협의 과정에서 하원의장인 펠로시(Pelosi)를 중심으로 하는 진보적 민주당 의원들의 비난에도 불구하고 낙태에 대한 의료보험 지원을 철회하면서 개혁의 정도를 상당 부분 낮추었다(Andrews 2012).

상원에서는 건강·교육·노동·연금위원회(Health, Education, Labor & Pensions Committee)와 재정위원회(Senate Committee on Finance)가 만든 각각 다른 법안 중 건강·교육·노동·연금위원회의 법안을 중심으로 논의가 전개되었다. 상원에서는 특히 필리버스터(fillibuster)를 막을 수 있는 60표를 확보해야 하는 상황이었기 때문에 공화당이나 개혁반대 세력의 강한 반대에 부딪힌 항목들을 조정할 수밖에 없었고, 그 결과 2009년 12월 상원을 통과한 최종 법안은 상당히 중도적인 형태로 바뀌어 있었다. 상원의 최종 법안 통과 과정에서 민주당은 공공보험 조항에 강력 반대하는 무소속

리버만(Lieberman) 의원의 지지표를 확보하기 위해 공공보험 조항을 철회하고 네브래스카주 넬슨(Nelson) 의원의 주장을 받아들여 낙태에 대한 보험혜택을 철회하는 한편 네브래스카 주에 대한 메디케이드 기금을 증대하는 조항을 삽입하기로 결정하였다(Andrews 2012). 민주당 내 진보적 의원들의 반대에도 불구하고 오바마와 민주당 지도부는 의회 통과를 위해 법안을 타협적으로 수정하여 통과시켰다.

이렇게 법안이 애초에 생각했던 것보다 상당히 중도적 성격으로 변화한 데에는 개혁 초기에 다소 호의적이었던 여론이 2009년 8월 의회 휴회 기간을 기점으로 급속도로 나빠졌다는 사실이 중요한 원인으로 작용하였다. 개혁반대 세력의 다양한 여론 조작 결과 형성된 부정적 여론은 개혁이 결국 현재의 의료보험 플랜보다 질이 낮아질 것이라는 불안을 유발하였으며, 특히 노년기 연명 치료 상담을 안락사 강제조항으로 해석하여 노인들의 생명을 단축하게 될 것이라는 루머를 확산시켰다(이소영 2011).

이런 가운데, 의회에서의 결정이 지연되자 오바마 대통령은 의회 통과를 촉구하는 연설과 더불어 양당 의원들과 장장 7시간에 걸친 TV 토론을 전개하기도 하였다. 유권자들의 관심이 집중된 이 토론에서 오바마 대통령과 민주당은 개혁이 얼마나 온건하고 중도적인가를 부각하였지만 정부의 민간보험시장 개입 반대와 연방재정적자의 확대 우려를 강조하는 공화당 의원들과의 의견 차를 좁히기는 어려웠다(이소영 2011). Summit이라고 불리는 이 토론회 이후 오바마 대통령은 개혁 반대 성향의 민주당 의원들을 개별적으로 접촉하는 등 더욱 적극적으로 법안 통과를 위한 행보를 계속하였다. 오바마 대통령이 연방기금을 사용하여 낙태에 대한 보험 혜택을 하지 못하도록 하는 행정명령을 약속하고, 법안 통과 3일 전 의회예산국(Congressional Budget Office)이 의료보험개혁이 향후 10년간 약 1,380억 달러의 적자 감소 효과를 가져올 것이라는 발표를 하면서 중도-보수 성향의 민주당 의원들의 태도가 많이 바뀔 수 있었던 것으로 보인다. 결국 2010년 3월 21일 통합 법안이 하원을 통과하였고 이어 상원에서 네브래스카에 대한 메디케이드 혜택 조항 등 비판의 대상이 되었던 몇몇 조항이 삭제되거나 수정된 후 마지막 법안이 통과되었다.

개혁 법안의 통과 이후에도 법안에 대한 찬반 여론의 팽팽한 대결 구도는 크게 바뀌지 않았지만, 법안 통과 후 각종 여론조사에서 개혁에 대한 긍정적 여론이 약간 앞서가면서 오바마 정부의 개혁 준비는 다소 공격적으로 진행되었다. 개혁 법안인 PPACA(Patient Protection and Affordable Care Act)를 9월부터 시행하기 위한 규정들을 발표하고 과거 병력에 의한 보험거부 불가 조항을 7월부터 실행할 것을 공포하자 많은 주들에서 소송을 전개하기 시작하였다.

의료보험개혁에 대한 이러한 반대의 움직임은 2010년 중간선거에 중요한 영향을 미친 것으로 평가되고 있다. 한 조사에 의하면, 10명 중 7명의 유권자가 선거 기간 중 의료보험개혁 관련 광고를 보았다고 답하고 있으며, 이들이 기억하는 의료보험개혁 관련 광고의 70%는 개혁에 반대하는 내용이었던 것으로 조사되었다(Cillizza 2010). 특히, 이 조사에 의하면, 45%의 응답자들이 의료보험개혁 법안에 대한 반대 메시지로서 투표를 하였다고 대답한 반면, 28%의 응답자들만이 개혁 법안에 찬성한다는 의사를 투표를 통해 표명하였다고 대답한 것으로 나타났다.

실제 결과에서도 의료보험개혁을 지지했던 후보자들이 선거에서 패배하는 경향이 뚜렷이 나타났다. 한 시뮬레이션에 의하면, 개혁법안에 찬성표를 던진 민주당 의원들이 반대표를 던졌을 경우 지지율이 약 5.2% 높아질 것으로 분석되기도 하였다(이소영 2011). 노인층 유권자들의 표가 예년과 달리 공화당으로 일방적으로 몰린 것 또한 개혁반대 세력의 여론 프레임의 결과로 평가되기도 한다.

그러나 한편에서는 2010년 중간선거는 오바마 정부의 경제정책에 대한 평가가 핵심이었기 때문에 의료보험개혁 이슈는 투표 선택에 큰 역할을 하지 못하였다는 의견을 제시하기도 한다. 예를 들어, 유권자 출구조사에서 62%의 응답자들이 경제문제를 의회가 직면한 가장 중요한 문제로 지적한 반면, 단지 18%만이 의료보험개혁을 가장 중요한 문제로 언급하였다는 사실이나, 상원에서 의료보험개혁을 지지한 민주당 의원들 중 10명이 당선되고 2명만이 패배하였다는 사실에 비추어 볼 때, 의료보험개혁 이슈가 그다지 큰 영향을 미치지 않은 것으로 평가될 수 있다는 것이다(Cillizza 2010). 이러한 주장에 대해 다른 한편에서는 경제 이슈에 비해 영향이 작았던 것은 사실이지만, 선거에 즈음하여 의료보험개혁에 대한 반대 여론이 찬성 여론을 상당한 수준으로 넘어섰다는 점에서 일정 정도 영향을 미친 것으로 보아야 한다는 의견을 보이기도 한다(Campbell 2010).

개혁의 과정에서, 그리고 개혁 후 선거 이슈로서 미국 유권자들의 균열에 중요한 영향을 미친 것으로 평가되는 의료보험개혁은 중간선거 이후에도 미국사회의 핵심적인 사회적 이슈로서 미국민들의 관심의 중심에 있어 왔다.

III. 의료보험개혁과 2012 대선

1. 의료보험개혁을 둘러싼 논쟁

1) 중간선거 이후: 공화당의 공격과 오바마 정부의 대응

중간선거로 공화당이 하원의 다수당이 된 후 공화당 의원들은 의료보험개혁법을 폐기하는 법안을 통과시켰다. 대통령의 거부권 사용 가능성이나 상원 다수당이 민주당이라는 점에서 최종 통과가 어려운 상황이었지만 개혁에 대한 공화당의 반대와 선거캠페인 공약의 이행을 상징적으로 나타낸 행위였다(Herszenhorn and Pear 2012). 공화당의 의료보험개혁법 폐기 시도는 여론의 추이와 궤를 같이 하는 것이었다. 이 시기 12개 주요 경합주 유권자들을 대상으로 한 여론조사에 의하면, 대다수의 유권자들이 의료보험개혁에 대한 반감 때문에 공화당 후보를 지지하겠다고 말하고 있는 것으로 나타났다(USA Today/Gallup Poll February 27, 2012). 이러한 공화당과 여론의 압력에 대하여 오바마 정부는 더욱 공격적인 입장을 취하였다. 이것은 중간선거에서 중도-보수 성향의 민주당 의원들이 패배하면서 민주당 의원들이 개혁 법안에 대해 더욱 진보적인 입장으로 결집될 수 있었던 점에서도 기인하는 결과였다.

오바마와 민주당의 공격적 입장에 대한 공화당과 개혁반대 세력의 전략은 두 가지 차원에서 이루어졌다. 하나는 개혁에 소요되는 비용 문제를 제기하고 비용의 제한을 통해 개혁을 수정하거나 개혁의 폭을 줄이는 것이며, 다른 하나는 소송을 통해 법안의 위헌성을 증명하는 일이었다. 개혁 비용 문제와 관련하여 공화당은 개혁법이 의료 서비스의 비용을 급격히 높일 것이라는 주장을 계속하면서 지출에 대한 제한을 주장하였다. 이에 대해 오바마 정부는 개혁 법안의 폐기는 의료보험이 없는 사람들의 수를 급격히 증대시키고, 보험회사들이 의료보험을 마음대로 조종할 수 있게 하여 값비싼 프리미엄형 보험의 수가 늘어날 것이며, 이것이 결국 연방정부의 재정적자를 폭발적으로 증대시킬 것이라는 내용을 가지고 적극적으로 대국민 선전에 나섰다(Andrews 2012).

한편, 2010년 개혁법이 의회를 통과한 후 플로리다와 버지니아를 포함한 21개 주에서는 즉각 개혁법 위헌 소송에 나섰고, 2011년 초에도 6개주가 이 소송에 추가로 합류하였다(〈표 1〉 참조). 이들 주들이 주장하는 위헌의 가장 큰 이유는 연방정부가 모든 미국인들에게 의무적으로 의료보험을 구매하도록 강제할 어떠한 권한도 없으며, 따라서 이번 개혁이 개인들의 자유를 억압하는 결정이라는 것이었다. 각 주들은 특히 보험을 규제하고 소비자를

〈표 1〉 의료보험개혁법 위헌 소송 제기 주(2008년 대선 지지자별)

2008년 대선	주(States)
오바마(민주당) 지지 주	**버지니아, 플로리다,** 네브래스카, 미시간, **콜로라도, 펜실베이니아, 워싱턴, 네바다, 인디애나, 위스콘신, 오하이오,** 메인
매케인(공화당) 지지 주	사우스캐롤라이나, 텍사스, 유타, 루이지애나, 앨라배마, 아이다호, 사우스다코타, 노스다코타, 애리조나, **조지아,** 알래스카, 미시시피, 오클라호마, 와이오밍, 캔자스

* 2008년 대선에서 경합주였던 주는 **굵은 글씨**로 나타냄

보호하는 데 있어 주의 권한이 약화되는 것에 대한 우려를 크게 가지고 있었다. 이에 대해 오바마 대통령은 2011년 2월 주정부가 필요요건들을 이행하지 않을 선택권을 가질 수 있도록 하는 초당적 법안에 서명함으로써 타협적 자세를 유지하였다(Memoli, 2011). 하지만, 여러 주의 법원들에서 오바마 정부의 의료보험개혁이 위헌적이라는 판결을 내리면서 소송은 연방대법원까지 가게 되었다. 소송을 제기한 27개 주 중 11개 주가 2008년 대선에서 경합주였으며, 이 중 10개 주가 오바마를 지지했다는 점에서 이러한 소송과 더불어 예상되는 의료보험개혁에 대한 민심의 이반은 2012년 대선을 준비하는 오바마와 민주당에 상당히 부담스러운 일이 아닐 수 없었다.

2012년 6월 말 연방대법원은 정부가 일반 시민들에게 의무적으로 보험에 가입하도록 할 수 있느냐의 문제를 핵심으로 하는 위헌소송에 대해 의료보험개혁법의 합헌 판결을 내렸다. 보수적인 로버츠(Roberts) 대법원장하에서 예상치 못했던 이 판결을 통해 대법원은 "전 국민에게 의료보험의 보유를 의무화하는 것은 헌법이 연방의회에 부여한 권한 이상의 행태"라고 규정하면서도, "연방정부가 보험에 가입하지 않은 사람들에게 물리게 될 재정부담은 벌금이 아닌 세금"이라고 규정함으로써 개혁법을 합리화시켰다(Liptak, 2012). 이 판결은 의료보험개혁에 대한 반대 여론이 우세한 가운데 오바마 진영에 상당히 큰 힘을 주었다.

이러한 상황에서 대선 캠페인이 본격화되었고, 의료보험 이슈는 자연스럽게 중요한 캠페인 이슈가 되었다. 대법원에 의해 의료보험 가입 의무를 위반한 사람들에게 부과하는 벌금이 세금으로 해석되어 지면서, 공화당은 의료보험개혁 문제를 중산층에 대한 세금 증대라는 프레임으로 만들어 본격적인 쟁점으로 부각시키기 시작하였다. 공화당 지도부는 "국민이 보험을 원하지 않으면 정부는 세금을 부과하겠다는 정책"이라고 공격하면서, 의료보험을 또 다른 세금이라고 비난하였다(Jeleny 2012).

2) 선거캠페인과 의료보험개혁: 오바마 vs. 롬니

의료보험개혁 이슈는 미국사회의 양극화를 반영하면서 동시에 심화시킨 핵심적 정책 쟁점이다. 이번 대선에서 핵심 정책 이슈는 경제위기와 재정위기 문제였지만, 의료보험개혁 이슈 또한 재정위기 문제와 결합되어 쟁점화됨으로써 투표결정에 상당한 영향을 미친 것으로 평가되고 있다. 사실상 많은 정책 결정자들과 전문가들이 이번 선거를 공화당의 랜든 후보가 민주당의 루스벨트 대통령과 그의 뉴딜 정책에 반대하며 경쟁하였던 1936년 대선 이래 가장 중요한 사회적 법안에 대한 국민투표(referendum)라고 규정하였다(Goodnough and Pear 2012).

의료보험개혁의 강력한 반대자인 공화당 롬니 후보는 '폐기와 대체(Repeal and Replace) 전략'으로 일컬어지는 공약의 첫 단계로서 당선이 되면 취임 첫날 개혁법에 반대하는 주들을 개혁으로부터 면제시켜 주는 행정명령을 내릴 것을 약속하였다. 롬니 후보는 의료보험개혁법을 대체하기 위한 안으로서 주민들에게 적절한 개혁안을 자체적으로 만들 수 있는 권한을 각 주에 부여하겠다고 약속하였다. 의료보험개혁법에 대한 롬니의 대안은 매사추세츠 주에서 경험한 의료보험 정책의 성공에 기반하고 있다. 롬니는 의료보험을 개혁하여 고가의 의료보험 프리미엄을 40%까지 줄였고 매사추세츠를 비보험자 비율이 전국에서 가장 낮은 지역으로 만들었다. 이러한 경험에 바탕하여 롬니의 의료보험개혁 정책은 주의 리더십과 유연성을 복구하고, 자유시장과 공정한 경쟁을 촉진하며, 소비자에게 선택의 권한을 준다는 세 가지 원칙을 제시하고 있다. 각 원칙을 실현하기 위해 롬니는 저소득층을 위한 의료보험인 메디케이드(Medicaid)와 민간보험에 대한 연방정부의 감독 범위를 제한하고, 개별 시민과 소기업들에게 구매 풀(pool)을 형성할 수 있는 권한을 부여하며, 여러 의료보험에 대해 컨슈머 리포트 형식의 점수를 부과하는 안 등을 제안하였다(Gomes 2012).

연방정부의 권한을 제한하고 주정부의 권한을 강화하며 동시에 의료보험을 시장과 민간 기업 및 민간 영역으로 이전할 것을 주장하는 롬니의 의료보험 정책에서 가장 이슈가 되는 것은 주정부에 대한 연방의 메디케이드 보조금을 개별 항목별로 지급하는 대신 항목을 포괄하여 지급하는 포괄보조금(block grant)제로 전환함으로써 메디케이드 비용을 줄이겠다는 구상과 노인 의료보험인 메디케어(Medicare)를 민간영역으로 이전하겠다는 구상이다. 롬니의 의료보험개혁안은 구체적으로 다음과 같이 정리될 수 있다 (Arvantes 2012; McLean 2012).

1) 취임 첫날, 모든 주에 대해 PPACA에서 규정하고 있는 의무를 면제받을 수 있는 행정명령을 시행한다.
2) 의회와의 협력으로 가능한 한 빠른 시일 내 PPACA를 폐기한다.
3) 개별 주들이 각 주들에 맞춤형 개혁안을 수립할 수 있도록 한다.
4) 저소득층을 위한 연방 및 주정부의 보험 프로그램을 축소한다.
5) 포괄보조금 제도를 통해 메디케이드에 대한 연방정부 기금을 축소한다.
6) 메디케이드에 대한 주별 예산은 고정하되 기준을 느슨하게 하여 의료 비용을 줄인다.
7) 미래의 메디케어 수혜자들에게 정부가 발행하는 바우처로 민간보험을 구매할 수 있도록 하여 메디케어 수혜자들을 대상으로 민간보험과 기존의 메디케어가 경쟁하도록 한다. 이를 통해 메디케어를 점차적으로 민간화한다.
8) 현재의 의료보험시장에 대한 규제를 제한하여 소비자의 선택의 폭을 넓힌다.
9) 개인의료보험과 고용의료보험 간 세금의 차이를 없앤다.
10) 기존 병력을 가진 보험가입자들이 보험 커버리지를 잃지 않도록 보호한다.

한편, 오바마 대통령은 의료보험개혁법을 폐기하려는 어떠한 도전에 대해서도 거부권을 행사하겠다고 공언하였다. 선거 캠페인 기간에 일련의 위헌소송에 대한 판결이 계속되고 대법원 결정을 기다리면서 오바마는 의료보험개혁법이 보험회사의 권리남용을 방지하고, 메디케어를 강화하며, 여성들의 건강을 더욱 잘 돌볼 수 있도록 해 주는 제도라는 것을 강조하였다. 백악관 홈페이지(whitehouse.gov)를 통해 오바마는 의료보험개혁이 가져 오는 혜택들을 구체적으로 수치화하여 알렸다. 더불어, 롬니와 공화당의 메디케이드 포괄보조금제 및 메디케어 민영화에 강한 반대 의사를 견지하였다.

오바마의 의료보험 정책은 다음과 같이 정리된다(Arvantes 2012; McLean 2012).

1) 기존병력에 관계없이 모든 환자가 같은 비용으로 같은 보험 서비스를 받을 수 있도록 한다.

2) 과금은 보험을 구매할 여유가 있으면서도 가입하지 않는 사람들에게만 부과한다.

3) 빈곤 지수 133%까지의 개인은 누구나 메디케이드 혜택을 받을 수 있다.

4) 빈곤 지수 400% 이하의 개인을 위한 가격경쟁 기반 의료보험거래소를 만든다.

5) 소규모 기업들이 의료보험거래소를 통하여 보험을 구매할 경우 보조금을 지급한다.

6) 대기업은 정규직 직원들에게 의료보험을 의무적으로 제공해야 한다. 이를 위반할 경우 벌금을 부과한다.

7) 보험사에 대해 연간 금리 상한선을 두지 않고 공제 제한을 설정한다.

8) 7,160억 달러의 메디케어 어드밴티지(Medicare Advantage)[1]를 다른 메디케어 섹터로 재할당한다.

9) 제약회사와 보험회사 및 의료기구 구매에 대해 세금을 확대한다.

10) 환자 수가 아니라 의료의 질에 의거하여 의사에게 의료비를 지불한다.

---

1) 민간보험 가입을 통해서도 기존 메디케어와 같은 혜택을 받을 수 있도록 하는 메디케어의 한 파트(Part C).

선거 캠페인 기간 동안 재정적자 문제와 중첩된 의료보험 이슈는 예산과 비용이 가장 중점적인 쟁점이었다. 특히, 롬니는 오바마의 의료보험개혁이 중산층의 세금을 증대시킬 것이라고 주장하였다. 의료보험개혁을 세금 증대와 결합시킨 주장은 부자 감세가 아니라 전체 개인의 세금을 20%까지 줄여 가겠다는 롬니의 공약과 어우러져 지속적으로 강조되었다.

10월 3일 콜로라도 덴버에서 열린 첫 번째 TV 토론에서 두 후보는 세금 이슈와 의료보험개혁 이슈를 중심으로 격돌하였다. 의료보험과 관련하여서는 특히 노인층을 대상으로 하는 메디케어에 대한 논쟁이 주를 이루었다. 오바마는 자신의 할머니의 독립적 삶을 가능케 해준 노령연금과 메디케어에 대한 연방정부의 기금을 유지해 나가겠다고 약속하였다. 이와 관련하여 오바마는 메디케어를 바우처 프로그램으로 전환하자는 롬니의 안에 대해 노인들을 재정 위험 속으로 빠뜨리는 발상이라고 비난하였다. 이에 대해 롬니는 바우처 프로그램은 현재 55세 이하인 사람들에게만 해당되는 개혁이라고 주장하면서 이들은 이 프로그램을 통하여 보다 많은 선택 영역을 가지게 될 것이라고 말하였다.

이와 더불어, 롬니는 오바마의 의료보험개혁법이 가족당 약 2,500달러의 비용을 증가시키고, 7,160억 달러를 메디케어 지출에서 삭감하며, 위원회를 통해 개인들의 치료 유형에 영향을 미치게 하고, 노동자들이 일자리를 잃는 정책으로 귀결될 것이라고 주장하였다. 이에 대해 오바마는 롬니야말로 매사추세츠에 비슷한 제도를 만들었지만 일자리가 줄어들지 않았다는 점을 강조하였다. 하지만 롬니는 의료보험개혁으로 소규모 기업들은 새로운 직원을 고용할 때마다 큰 지출을 감내해야 한다는 점을 지적하고 자신의 정책은 소규모 사업들을 억압하지 않고 육성하는 방향이라고 주장하였다. 롬니는 연방정부가 의료 케어를 장악하고 의료 케어 공급자들에게 의무를 부과하는 것은 옳은 방법이 아니라고 지적하고 개인의 책임과 사적 시장에 바탕할 때 가장 잘 운용되어질 수 있다고 주장하였다. 오바마의 반박이 이어졌지만, 1차 토론 결과, 롬니의 공세에 방어 위주였던 오바마가 적절한 대응을 하지 못한 것으로 평가되면서 롬니의 약진이 시작되었다.

2. 의료보험개혁 여론 추이

〈그림 1〉에서 알 수 있듯이, 2010년 중간선거 이후 공화당에 의해 하원에서 의료보험개혁법 폐기 법안이 통과된 2011년을 지나면서 2012년 초까지 의료보험개혁법에 대한 반대는 지속적으로 찬성 여론을 추월하였다. 이러한 의료보험개혁 반대 여론 우세 속에서 대법원의 개혁법 합헌 판결은 오바마에게 크게 힘을 실어준 사건이었다.

대법원의 판결에 대해 여론은 여전히 찬반이 팽팽하게 대치하는 상황2)이었지만, 〈그림 1〉은 대법원 판결 이후 의료보험개혁에 대한 찬성 여론이 반대를 추월하고 있음을 보여준다. 오바마 캠프는 이 판결을 계기로 의료보

〈그림 1〉 의료보험개혁에 대한 찬반 여론 추이(%)

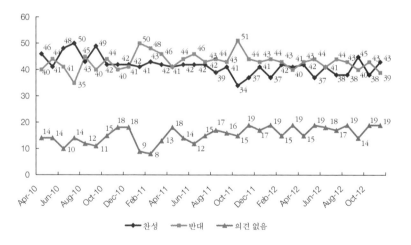

출처: Kaiser Family Foundation Health Tracking Polls(November 2012)

2) Gallup Poll(July 29, 2012): 대법원 판결이 옳은 결정 46% vs. 잘못된 결정 46%; CNN/Opinion Research(July 2, 2012): 대법원 판결에 동의 50% vs. 반대 50%.

험개혁 캠페인에 보다 자신감을 가지고 임할 수 있었던 것으로 보인다. 실제로 대법원 판결 직후 Kaiser Family Foundation(July 2, 2012)의 여론조사에 의하면, 개혁법을 없애려는 노력을 중지하여야 한다는 의견이 56%로 개혁법을 폐기하려는 노력을 지속해야 한다(38%)는 의견을 크게 상회하고 있다.

경제위기라는 빅이슈 하에서 의료보험 이슈에 대한 찬반이 오바마에 대한 지지여부로 곧바로 이어진 것은 아니었다. 실업률의 하락 등 경제회복지수가 꾸준히 유리하게 전개되면서 오바마는 공화당 전당대회 이후에도 롬니를 상당한 차이로 이기고 있었다. 그러나 〈그림 2〉에 나타난 것처럼, 의료보험개혁이 중산층의 세금증대 및 일자리 감소 이슈와 연관되어 공격의 대상이 되었던 1차 토론이 끝나고 난 뒤 오바마는 롬니에게 급격히 추월당하기 시작하였다. 이에 따라 오바마 캠프는 경합주에서의 캠페인을 강화하면서 동시에 이들 주에서 의료보험 이슈 관련 캠페인을 적극적으로 전개하

〈그림 2〉 오바마 vs. 롬니 여론조사 트랜드(2012년 8월 이후)

출처: Real Clear Politics Poll(Wall Street Journal)

였다. 의료보험개혁법, 메디케어, 여성의료 등 유권자들의 주요 관심사에 대해 초점을 맞춘 캠페인은 경합주에서의 승리에 중요한 역할을 한 것으로 평가되고 있다.

한편, 의료보험개혁에 대한 찬반 조사에서 나타나는 민심만으로 개혁에 대한 여론을 평가하기는 어렵다는 것을 보여주는 여러 조사 결과들이 존재한다. 일례로, 대선 캠페인이 본격화된 후에도 전반적인 의료보험개혁에 대한 찬반 의견은 팽팽하게 대치하거나 혹은 부정적 의견이 다소 우세한 상황이었지만, 개혁의 개별조항에 대해서는 지지 여론이 상당히 강했던 것으로 조사되고 있다. 2012년 여름에 실시된 Reuters/lpsos poll(www.reuters.com October 4, 2012) 결과에 의하면, 의료보험개혁법에 대한 찬성과 반대는 45% 대 55%로 반대 여론이 훨씬 높았지만, 개혁법의 여러 개별 조항에 대해서는 대부분의 미국인들이 크게 지지하는 것으로 조사되었다. 특히, 〈표 2〉에 보이는 것처럼, 병이 들었을 때 보험을 취소하는 행위에 대한 금지, 기존병력에 대해 보험혜택을 거부하는 행위 금지, 그리고 보험풀(pool)을 통한 보험의 구매와 보험사가 지불하는 비용에 한계를 두는 코스트캡(Cost Cap)의 금지 등에는 80% 이상의 유권자들이 찬성하는 것으로 나타났다.

반면, 모든 미국인이 의료보험 혜택을 받아야 한다는 의무조항에 대해서는 응답자의 59%가 반대 의견을 개진한 것으로 조사되었다. 이것은 〈표 2〉에서 "모든 국민은 의료보험을 가질 권리가 있다"라는 의견에 대해 53%의 미국인이 찬성하는 것과는 다소 상이한 결과라고 할 수 있다. 이러한 상반된 의견들과 부정적 여론에는 다양한 이유들이 있겠지만, 여러 전문가들은 무엇보다도 오바마와 민주당이 의료보험개혁의 정확한 의미와 내용을 유권자들에게 알리고 이해시키는 데 성공적이지 못했다는 점을 지적하고 있다. 2012년 7월에 실시된 TNS 서베이에 의하면, 약 11%의 미국인들만이 개혁법에 대해 자세히 알고 있는 것으로 나타났다(PRNewsrire September 13, 2012).

〈표 2〉는 대부분의 미국인들이 개혁법의 개별 항목들과 개혁법의 목적에

〈표 2〉 의료보험개혁법 주요 개별 조항에 대한 찬성 비율(2012년 7월)

의료보험개혁법 조항	찬성 비율(%)
기존병력에 대한 보험혜택 거부 금지	82
26세 이하 자녀의 부모 보험 혜택 유지	66
병이 난 상태에서 보험정책을 취소하는 행위 금지	86
보험 풀(pool)의 형성과 보험사의 비용한계(Cost Cap) 금지	80
민간 보험회사에 대한 규제	70
50명 이상 직원을 둔 기업의 보험 의무 가입제	75
모든 미국민은 의료보험을 가질 권리가 있다	53
저소득층이 의료보험을 구매할 수 있도록 보조	75
메디케이드 혜택을 수입 36,000달러 이하 가족에게 확대	64

출처: Reuters/lpsos poll(October 4, 2012)

동의하고 있다는 것을 보여준다. 그럼에도 불구하고 〈그림 1〉에 나타나듯이, 개혁법에 대한 전반적인 여론은 부정적 성향을 보여주었다. 이러한 경향에 대해 하나의 설명을 CNN/ORC International Poll이 제시하고 있다. 2012년 3월 24일부터 25일까지 실시된 이 여론조사는 의료보험개혁법에 대해 "너무 개혁적이라서" 반대하는 사람들과 "개혁성이 부족해서" 반대하는 사람들로 나누어 조사하고 있다. 이 조사의 결과(〈그림 3〉)에 따르면, 2012년 3월 현재 약 43%의 응답자들이 의료보험개혁에 찬성하는 반면 47%의 응답자들이 반대하고 있다. 하지만, 이 47% 중 10%는 개혁이 생각보다 미진하기 때문에 반대하는 사람들로서 개혁의 급진성에 반대하는 공화당 지지자나 보수주의자들과는 다른 이유로 반대하고 있다는 것을 알 수 있다.

한편, 의료보험개혁 이슈가 최근 미국 정당의 가장 핵심적인 경쟁 이슈였던 만큼 개혁에 대한 찬반은 정당 지지나 후보자 지지에 따라 상이하게 나타나는 경향을 보인다. 〈표 3〉에서 알 수 있듯이, 대법원의 개혁법 합헌 판결에 대해 공화당 지지자의 9%만이 동의한 반면, 민주당 지지자는 61%가

〈그림 3〉 의료보험개혁법에 대한 찬반(%) 및 반대 이유

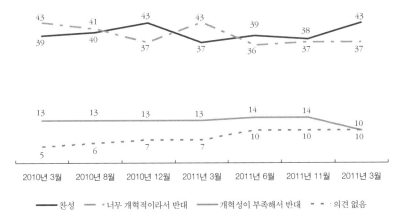

출처: CNN/ORC International Poll(March 26, 2012)

동의한 것으로 조사되고 있다. 뿐만 아니라 의료보험개혁법의 효과와 적절
성에 있어서도 정당 지지자 간 차이가 크게 나타나고 있어 의료보험 이슈가
정당을 중심으로 정치적 균열을 형성하는 주요 이슈임을 알 수 있다.

후보자 지지 또한 의료보험개혁법에 대한 찬반 여부와 강한 연관성을 보
인다. 2012년 대선 출구조사에 의하면, 롬니 투표자의 93%가 의료보험개혁
법의 전면 폐기를 주장한 반면, 오바마에게 투표한 유권자들 중에는 3%만
이 전면 폐기를 주장하고 있다. 반대로, 오바마 투표자의 92%는 의료보험개
혁이 향후 확대되어야 한다고 응답한 반면, 롬니 투표자 중에는 5%만이 확
대되어야 한다고 말하고 있다. 이렇게 의료보험 이슈는 정당 및 후보자 지
지에 따라 전혀 다른 평가와 인식을 보이고 있는 대표적인 이슈이다. 그러
나 의료보험 이슈를 중심으로 유권자들이 이렇게 양극화되어 있음에도 이번
대선에서 경제 문제처럼 투표선택의 최우선 요인은 아니었다는 일반적 평가
를 고려하면, 의료보험 쟁점이 그 자체로서 후보자선택에 영향을 미쳤다기
보다는 후보자에 대한 지지가 역으로 의료보험 이슈에 대한 지지 여부를

〈표 3〉 정당지지에 따른 의료보험개혁에 대한 평가(%)

의료보험개혁법 평가	민주당 일체자	공화당 일체자
현재의 의료보험 문제에 대한 적절한 진단	63	32
기존병력자 보험 문제 효과적 해결	68	51
의료보험 비용 절감 효과	50	15
대법원 합헌 판결에 동의	61	9

출처: TNS Poll(PRNewswire September 13, 2012)

결정했을 가능성이 상당히 크다고 할 수 있다. 이러한 점에서 의료보험개혁 이슈는 투표결정에 있어서 그 실질적 영향을 평가하기가 상당히 어려운 이슈라 하겠다.

3. 의료보험개혁 이슈와 대선

1) 투표선택 요인으로서의 의료보험개혁 이슈

〈그림 1〉에서 알 수 있듯이, 2010년 의료보험개혁법 통과 이후 여론은 거의 일관되게 개혁법에 대한 반대가 찬성을 초과해 왔다. 그러나 〈그림 3〉의 결과는 의료보험개혁법에 대한 이러한 부정적 여론의 상당 부분이 보다 강한 개혁을 원하는 유권자들이 개혁의 중도적 성향 때문에 개혁법에 반대함으로써 형성되고 있다는 것을 보여준다. 즉, 국가 역할의 확대를 전제하는 오바마식 의료보험개혁 자체에 대한 반대는 사실상 그 비율이 생각보다 높지 않다는 것이다.

그렇다면, 이러한 여론 추이를 보이고 있는 의료보험개혁 이슈는 2012년 미국 대선 결과에 어떠한 영향을 미쳤을까? 의료보험개혁 여론의 추세를 통해서만 유추해 보자면, 개혁을 지지하거나 보다 급진적인 개혁을 원하는 사람들은 오바마를 지지할 가능성이 높은 반면, 개혁이 너무 급진적이어서 개혁을 반대하는 사람들은 롬니를 지지할 가능성이 높다고 할 수 있을 것이다. 그러나 이러한 설명은 의료보험개혁 이슈가 유권자들의 선택과정에서 결정적 역할을 하였을 때만 가능한 설명이다. 의료보험개혁 이슈는 과연 미국의 유권자들의 선택에 있어서 얼마나 중요한 요인이 되었을까?

〈그림 4〉는 1991년 이래 미국 사람들이 의료보험 이슈가 미국이 직면한 가장 중요한 이슈라고 생각하는 비율이다. 클린턴 대통령이 의료보험개혁을 시도한 직후인 1994년과 오바마 대통령의 의료보험개혁법이 통과한 2010년에 각각 31%와 26%의 미국인들이 의료보험을 가장 중요한 국가적 이슈로 생각했던 때를 제외하고는 의료보험 이슈가 가장 중요한 국가적 이슈로 간주된 적은 없어 보인다. 특히 2010년 이래로 그 중요성에 대한 인식은 점차 하락하여 2012년 초에 이르러서는 단지 6%의 사람들만이 의료보험 이슈를 미국이 직면한 가장 중요한 이슈로 인식하는 것으로 나타나고 있다. 이는 심각한 경제위기 상황에서 의료보험 이슈에 대한 관심이 경제 및 일자리 문제에 대한 관심으로 대체되었기에 당연한 현상이라고 할 수 있을 것이다. Gallup의 2012년 10월 조사(October 22, 2012)에 의하면, 미국이 당면한 가장 중요한 문제가 경제문제라고 대답한 사람이 37%, 실업문제라고 답한

〈그림 4〉 의료보험 이슈가 현재 미국이 직면한 가장 중요한 이슈라고 응답한 비율

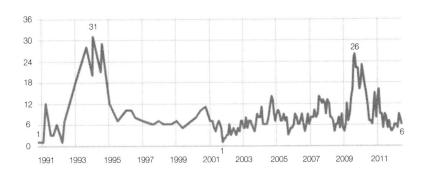

출처: Gallup Poll(June 29, 2012)

사람이 26%에 이르고 있다.

　그러나 대통령의 업무 수행 능력에 대한 평가가 중요한 투표선택 요인이 되는 현직 대통령의 재선 레이스에서 오바마 1기의 가장 가시적인 업적이라고 할 수 있는 의료보험개혁 이슈가 2012년 유권자들의 대통령에 대한 평가의 주요 부분을 형성하였다는 사실은 부인할 수 없을 것이다. 특히, 이번 의료보험개혁과 같은 중요한 사회적 법안이 의회를 통과한 예가 1936년 뉴딜 프로그램 이후 처음이기 때문에 많은 이들이 이번 대선을 상당히 중요한 국민투표(referendum)형 선거가 될 것으로 예상하기도 하였다(Goodnough and Pear 2012). 더구나 의료보험개혁은 양 후보 간 정책적 차이가 뚜렷이 나는 분야이며, 유권자들의 찬반이 명확히 구분되면서 최근 미국의 정치적 균열의 축을 이루고 있어 투표 결정에 영향을 미칠 가능성이 큰 이슈이다. 또한 이번 대선은 의료보험개혁이 계속되느냐 중지되느냐의 기로에 있는 선거였다는 점에서도 의료보험 이슈의 중요성을 가늠할 수 있다.

　〈표 4〉는 대선 투표자들의 후보자 선택에 가장 크게 영향을 미친 요인들을 보여주고 있다. 응답자들이 첫 번째와 두 번째로 중요하게 생각하는 투표 요인을 함께 집계한 결과로서, 50% 이상의 유권자들이 후보자 자질과 업무수행 능력을 가장 중요한 두 가지 투표 요인 중 하나로 답한 것으로 나타났다. 특히 오바마 투표자들은 55%가 후보자의 자질과 업무수행을 주요 선택 요인으로 답하고 있는데, 오바마의 경우 후보자의 업무수행 평가에 경제뿐 아니라 의료보험개혁에 대한 평가도 포함된다는 점을 고려한다면 2012년 미국 대선에서 의료보험개혁 이슈는 상당히 중요한 이슈로 작용하였을 것이라고 유추할 수 있다.

　후보자 자질과 업무수행 능력을 제외한 개별 이슈에서는 예상대로 경제 및 일자리가 가장 중요한 투표선택 요인인 가운데, 의료보험개혁 이슈는 경제와 일자리 문제에 이어 두 번째로 중요한 후보자선택 이슈가 되고 있다. 특히, 오바마 투표자들에게는 의료보험개혁이 경제 및 일자리 문제와 비슷한 정도의 중요성을 가지는 이슈로 인식되고 있다. 그러나 롬니 투표자들에게는 경제와 일자리 문제가 후보자 자질과 마찬가지로 압도적으로 중요한

〈표 4〉 투표결정에 가장 중요하게 영향을 미친 요인 1위~6위(두 가지 요인 선택 시)

순위	전체 투표자	오바마 투표자	롬니 투표자
1	후보자 자질 / 업무수행능력 (51%)	후보자 자질 / 업무수행능력 (55%)	후보자 자질 / 업무수행능력 (48%)
2	경제 / 일자리 문제 (32%)	경제 / 일자리 문제 (18%)	경제 / 일자리 문제 (48%)
3	의료보험개혁 문제 (14%)	의료보험개혁 문제 (16%)	의료보험개혁 문제 (13%)
4	사회적 이슈 / 도덕성 (10%)	사회적 이슈 / 도덕성 (9%)	사회적 이슈 / 도덕성 (13%)
5	대외정책 (8%)	대외정책 (5%)	대외정책 (11%)
6	재정 적자 / 연방정부 지출 (5%)	재정 적자 / 연방정부 지출 (1%)	재정 적자 / 연방정부 지출 (11%)

* 사회적 이슈는 낙태, 종교, 윤리, 동성애 등의 이슈를 포함
출처: Kaiser Family Foundation Tracking Poll(November 2012) open-ended question

요인으로 작용을 하면서 의료보험 이슈의 상대적 중요성이 오바마 투표자들에 비해 낮았던 것으로 보인다. 실제로 의료보험을 가장 중요한 국가적 이슈로 응답한 사람들의 75%, 그리고 이 이슈를 가장 중요한 투표결정 요인으로 선택한 사람들의 55%가 오바마에게 투표한 것으로 조사되었다(Kaiser Family Foundation Tracking Poll, November 2012).

한편, 후보자를 선택하는 과정에서 미국 유권자들은 의료보험 관련 이슈를 다양한 측면에서 고려하였던 것으로 조사되었다. 〈그림 5〉는 여러 가지 항목들에 대해 응답자들이 중요한 투표 요인으로 대답한 비율을 나타내고 있다. 2012년 대선 투표자들은 의료보험개혁법 그 자체뿐 아니라 개혁과 관련되어 쟁점화된 메디케어 및 메디케이드, 그리고 여성 보건 이슈 등도 중요한 선택 요인으로 고려하였음을 알 수 있다. 무엇보다도 전체 투표자 중 70%가 메디케어의 미래를 주요 투표선택 요인으로 지적했다는 점에 주목할 만하다. 의료보험개혁과 관련하여 오바마와 롬니의 주요 논쟁점에 메디케어 개혁 문제가 자리하고 있기 때문에 메디케어는 사실상 의료보험개혁과 직결되는 사안이다. 특히 장년층과 노인층 유권자들에게는 매우 중요한

〈그림 5〉 주요 투표 결정 요인(복수 선택)(%)

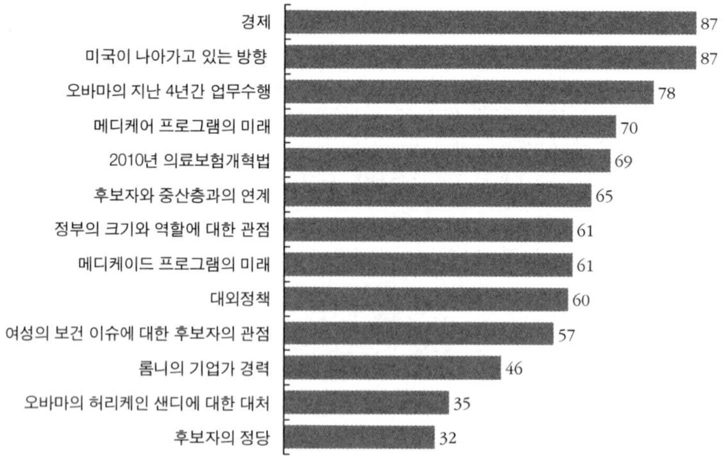

요인	%
경제	87
미국이 나아가고 있는 방향	87
오바마의 지난 4년간 업무수행	78
메디케어 프로그램의 미래	70
2010년 의료보험개혁법	69
후보자와 중산층과의 연계	65
정부의 크기와 역할에 대한 관점	61
메디케이드 프로그램의 미래	61
대외정책	60
여성의 보건 이슈에 대한 후보자의 관점	57
롬니의 기업가 경력	46
오바마의 허리케인 샌디에 대한 대처	35
후보자의 정당	32

출처: Kaiser Family Foundation Tracking Poll(November 2012)

요인으로 작용했던 것으로 알려지고 있다. Kaiser Family Foundation Tracking Poll(November 2012)의 노인층 대상 조사 결과에 따르면, 중요 투표선택 요인을 복수로 선택했을 때 65세 이상 투표자들의 82%가 '메디케어의 미래'를 선택하여, 84%가 선택한 '경제', 83%가 선택한 '미국이 나아가고 있는 방향'에 이어 메디케어는 65세 이상의 투표자들이 세 번째로 많이 선택한 투표요인으로 조사되었다. 이 노인층 투표자들은 의료보험개혁법을 주요 투표선택 요인으로 응답한 비율도 73%로 전체 투표자보다 높았다.

그러나 〈표 4〉에서도 예상할 수 있듯이, 2012년 대선 투표자들의 투표선택 요인은 정당지지 성향에 따라 상당히 다르게 나타난 것으로 평가되고 있다. 10월에 실시된 조사 결과인 〈표 5〉에서는 민주당 지지자들이 투표선택 요인으로서 경제, 메디케어, 메디케이드, 의료보험개혁법 등의 중요성을 유사한 정도로 인식하고 있는 데 반해, 공화당 지지자들은 경제회복, 일자리, 연방 재정적자 등 경제문제에 중요성을 훨씬 크게 부여하고 있는 것으로 나타난다. 이들은 의료보험개혁법 또한 투표선택의 주요 요인으로 보고 있지만 메디케어나 메디케이드 등에 대해서는 그 관심도가 민주당 지지자들보다 크게 낮다. 무당파 유권자들 역시 경제 및 일자리에 가장 우선순위를 두고 있으며, 의료문제에는 상대적으로 관심이 낮은 것으로 나타났다. 특히, 빈곤가정을 위한 메디케이드 문제에 민주당 지지자와 무당파 및 공화당 지지자 간 차이가 크게 나고 있는 것은 빈곤층 복지를 둘러싼 미국정당 간, 이념성향 간 시각차(미국정치연구회 2013)를 뚜렷이 반영하고 있다고 볼 수 있겠다.

요컨대 〈표 5〉의 결과는 민주당 지지자와 무당파, 공화당 지지자들의 후보자선택 이유에 상당한 차이가 있음을 보여주고 있다. 그러나 의료보험개혁법에 대해서는 민주당 지지자뿐 아니라 공화당 지지자 또한 매우 중요한 투표선택 요인으로 지적하고 있다는 점에도 주목할 만하다. 특히, 경제와 연방정부 재정문제에 초점을 둔 공화당 지지자들에게 의료보험개혁 문제는 개혁 자체에 대한 반대를 넘어 연방 재정적자, 세금증대, 그리고 일자리 문

〈표 5〉 각 이슈별 대통령 선택에 매우(extremely) 중요한 요인이라고 응답한 비율(%)

이슈	민주당 지지자	무당파	공화당 지지자
경제 / 일자리	43	45	67
메디케어	43	30	33
메디케이드	43	24	21
의료보험개혁법	41	18	49
세금	30	31	41
연방 재정적자	25	29	58
대외정책	25	22	38
낙태	21	21	31
이민	18	15	25

출처: Kaiser Family Foundation Tracking Poll(October 2012)

제 등과 결합하여 현직 대통령에 대한 반대에 상당히 중요한 원인을 제공하였을 것으로 예측할 수 있다.

2) 의료보험개혁 이슈와 경합주 및 여성의 투표선택

부정적 여론을 유발한 1차 TV 토론 후 오바마는 경합주들에서의 캠페인을 강화하면서 의료보험개혁 이슈를 적극적으로 홍보하였다. 1차 토론 이후 오하이오 주와 버지니아 주를 방문한 오바마는 각각 기존 병력이 있는 사람들이 보험 혜택을 지속적으로 받을 수 있다는 점과 토론에서는 거론되지 않았던 유방조영촬영과 암검진 등 여성에 대한 보험 혜택을 강조하면서 의료보험개혁의 장점을 이슈화하고자 하였다. 특히, 오바마는 여성들이 미국 임금노동자의 반을 차지하면서 가장으로서의 역할이 확대되고 있다는 점에서 이러한 개혁이 단지 의료보험 차원을 넘어 미국 가정에 실질적 영향을 주는 경제적 이슈라는 점을 강조하였다. 경합주에서의 의료보험개혁과 관련한 적극적 캠페인과 여성의료에 대한 지속적인 강조는 오바마가 이들 경합주에서 승리하는 데 일조를 한 것으로 평가되고 있다.

사실상 경합주에서 의료보험 이슈는 캠페인 기간 동안 상당히 중요한 역할을 한 것으로 보인다. 앞서 〈표 1〉에서 나타나듯이, 대부분의 경합주에서 의료보험개혁법에 대한 위헌 소송을 제기하면서 주정부 차원에서는 개혁을 반대하고 있었고 따라서 주민들의 관심이 상대적으로 높고 여론 또한 부정적 방향으로 전개될 가능성이 높았다. 실제로 온라인 공유 조사 회사인 ShareThis에 의하면, 의료보험 이슈가 주요 경합주들에서 온라인을 통해 가장 많이 공유된 캠페인 이슈로 나타났다(Weisbrod 2012). 12개 경합주3)에서 공유된 이슈들 중 의료보험 이슈는 약 16%의 공유율을 보인 것으로 나타났는데, 특히 뉴멕시코에서는 의료보험 이슈 공유율은 45%로 이 지역 유권자들의 의료보험에 대한 관심이 매우 높았음을 알 수 있다. 그런데 경합주

---

3) 이 조사에 포함된 경합주는 콜로라도, 플로리다, 아이오와, 노스캐롤라이나, 뉴햄프셔, 네바다, 오하이오, 버지니아, 위스콘신, 미시간, 펜실베이니아, 뉴멕시코 주 등이다.

유권자들 사이에 온라인을 통해 가장 많이 공유된 의료보험 관련 정보는 뉴욕타임즈(New york Times)의 "The Medicare Killer"라는 제목의 칼럼으로서, 롬니의 의료보험 정책이 결국은 메디케어를 사장시킬거라는 내용의 칼럼이었다. 이는 주정부의 개혁법 적극 반대 입장에도 불구하고, 경합주에서 적어도 온라인 이용자들은 의료보험 관련 이슈에 대해 오히려 상당 부분 오바마에게 유리한 내용을 공유하였음을 나타내고 있다.

Gallup의 9월 조사 결과 또한 경합주에서의 의료보험 관련 이슈가 오바마에게 유리하게 전개되고 있었음을 시사한다. 12개 경합주의 메디케어 관련 여론을 조사한 이 결과(〈표 6〉)에 의하면, 경합주 유권자들은 메디케어 정책과 관련하여 롬니보다 오바마에 대해 보다 높은 신뢰를 가지고 있었다. 이는 경합주 주정부가 개혁법에 대한 위헌 소송을 제기하였던 2010년과 2011년에 비해 오바마에게는 상당히 고무적인 변화라고 할 수 있는 상황이었다. 2011년 10월에 실시된 Gallup 조사(November 4, 2011)에 의하면, 이 시기 경합주 유권자들은 의료보험 문제 해결에 있어서 공화당 후보자(46%)와 오바마(45%)의 수행능력에 별로 차이가 없을 것이라고 생각하고 있었다.

한편, 이번 대선은 여성 유권자들의 표가 오바마 후보에게 쏠림 현상을 나타내면서 오바마의 당선에 크게 일조하였다는 점에서도 주목을 받고 있다. 오바마는 여성 투표의 56%를 획득하여 44%를 획득한 롬니와 12% 포인트의 차이를 보였다. 남성 투표자의 54%(롬니) 대 46%(오바마)를 고려하

〈표 6〉 경합주 유권자들의 양 후보 메디케어 정책에 대한 평가(%)

항목	오바마	롬니
후보자 메디케어 정책에 대한 신뢰	50	44
메디케어를 발전시킬 가능성	33	31
메디케어 문제를 해결할 정책 존재	51	44

출처: Gallup Poll(September 24, 2012)

면, 이번 선거에서 투표에 있어서의 성차는 20% 포인트에 이르고 있다. 오바마의 여성표 획득에는 여러 가지 사회정책 및 여성정책과 더불어 의료보험 관련 이슈가 상당한 역할을 한 것으로 분석되고 있다. 〈그림 5〉에 의하면, 57%의 유권자들이 여성의 의료와 보건 이슈를 상당히 중요한 선택의 기준으로 생각하고 있다. Gallup의 2012년 10월 조사(October 22, 2012)에서는 대다수 유권자가 경제와 일자리 문제 등이 현재 미국이 당면한 가장 큰 문제라고 생각하는 가운데, 10%의 여성 유권자들이 의료보험 이슈를 가장 중요한 문제라고 응답하였다. 이는 남성 유권자들의 5%에 비해 상당히 높은 수치라고 할 수 있다.

이러한 남녀 유권자 간 캠페인 이슈에 대한 인식 차이는 경합주에서도 강하게 나타난다. 〈표 7〉은 경합주 남녀 유권자들이 각각 자신들(남녀)에게 가장 중요하다고 생각하는 캠페인 이슈를 조사한 결과이다. 자신들에게 중요하다고 생각하는 요인에 의해서만 투표선택을 하는 것은 아니라는 점에서

〈표 7〉 경합주 남녀 유권자들이 자신들에게 가장 중요하다고 생각하는 캠페인 이슈

순위	여성 유권자	남성 유권자
1	낙태 (39%)	일자리 (38%)
2	일자리 (19%)	경제 (37%)
3	의료보험 (18%)	연방 재정적자 / 균형 예산 (10%)
4	경제 (16%)	의료보험 (10%)
5	평등 / 임금 / 기회 (15%)	세금 (6%)
6	연방정부의 규제 (3%)	연방정부의 규제 (4%)
7	교육 (2%)	국방 / 안보 (4%)
8	메디케어 / 노인 돌봄 (2%)	메디케어 / 노인 돌봄 (3%)
9	노령연금 (2%)	대외정책 / 국제관계 (2%)
10	세금 (1%)	정직 / 진실성 (2%)

출처: Gallup Poll(October 17, 2012) open-ended

이 결과를 투표결과로 바로 연결시키기는 쉽지 않겠지만, 성별에 따라 유권자들의 우선순위를 가늠하는 데에는 좋은 자료를 제공한다고 볼 수 있을 것이다. 여성은 낙태문제를 가장 중요한 이슈로 생각하는 반면, 남성 유권자들은 일자리와 경제문제를 최우선적 문제로 생각하는 경향을 보인다. 의료보험과 관련해서도 남녀 유권자 간 약 8% 포인트의 차이를 보이고 있다.

이슈의 중요성에 대한 이러한 인식 차이는 각 이슈에 대한 후보자의 예상 수행능력에 대한 평가와 연계되어 유권자들의 투표선택에 영향을 미치게 된다. 〈표 8〉은 12개 경합주 남녀 유권자들이 개별 이슈에 대해 양 후보의 수행능력을 예상 평가한 결과이다. 낙태문제를 제외한 거의 모든 이슈에서 남성과 여성들은 양 후보의 수행능력에 대해 반대되는 평가를 내리고 있다. 의료보험 이슈에 있어서도 여성들은 오바마가 롬니보다 잘 해결할 것이라고 응답한 반면, 남성들은 오히려 롬니가 잘 할 것이라고 보는 비율이 높다. 이 결과들을 종합해 보면, (경합주) 여성들은 주요 이슈들에 대해 오바마 대통령이 롬니 후보보다 더 잘 수행할 것이라고 생각하거나, 오바마가 롬니 후보보다 더 잘 해결할 것이라고 생각되는 문제들을 더 중요한 이슈로 간주하는 경향이 있다. 의료보험 이슈 또한 이러한 점에서 여성들에게 특히 어

〈표 8〉 이슈별 후보자 수행 능력 평가(경합주)

이슈	여성 유권자		남성 유권자	
	오바마가 잘할 것	롬니가 잘할 것	오바마가 잘할 것	롬니가 잘할 것
일자리 문제	52	44	43	52
연방 재정 적자 / 국가 채무	47	48	38	57
의료보험	52	44	47	49
국제적 이슈	51	44	45	52
낙태에 대한 정부 정책	57	34	55	35

출처: Gallup Poll(October 17, 2012)

필할 수 있었던 이슈이며, 오바마가 여성 유권자를 타깃으로 의료보험개혁의 필요성과 이점을 홍보한 전략은 상당히 성공적인 전략이었다고 평가할 수 있겠다.

IV. 오바마 2기 정부와 의료보험개혁 전망

취임 첫날 의료보험개혁법을 무력화시키는 행정명령을 시행하겠다는 롬니를 이기고 오바마가 대통령에 재선됨으로써 오바마는 의료보험개혁을 계속 추진할 수 있게 되었다. 그러나 오바마는 취임하기도 전에 이미 재정적자와 부채한도라는 큰 장벽에 부딪혔다. 민주당과 공화당 간 재정절벽 협상이 부유층 증세 문제를 중심으로 간신히 타결되면서 긴급 위기 상황은 벗어났지만, 여전히 의회와 백악관이 연방정부 지출 감축방안에 합의하지 못할 경우 오는 3월 1일부터 10년간 국방예산 6,000억 달러 및 연방지출 6,000억 달러가 자동으로 깎이게 되는 예산자동삭감(sequester)을 앞두고 있다. 2013년 1월 말 현재, 미국 의회의 재정지출 협상은 타결점이 보이지 않고 있는 상태이다. 가장 큰 쟁점은 증세와 복지비 축소 여부에 있다. 민주당은 만성적 재정적자를 줄이기 위해 소위 부자증세와 탈세를 막아야한다는 입장인 반면, 공화당은 재정절벽 타결로 이미 부자증세는 끝난 상황에서 노인층 증가로 지출이 급증하는 사회복지시스템을 개편하여야 한다고 주장한다. 공화당의 복지시스템 개편안은 메디케어 수혜 연령을 현행 65세 이상에서 67세 이상으로 상향조정하는 안도 포함하고 있다. 재정지출 감축 문제와 더불어 채무한도 증액 문제도 오바마 2기 행정부가 출범하면서 직면한 위급한 문제이다. 채무한도 증액을 의회가 승인하지 않으면 미국 정부는 곧 디폴트 상태에 빠지게 되기 때문이다. 공화당은 이 채무한도 문제를 재정지출 협상과 연계시켜 복지비 감축을 종용하고 있다.

이러한 상황에서 2014년부터 본격적으로 실시되는 의료보험개혁은 향후 10년간 9,400억 달러에 달하는 정부 지출을 전제로 한다는 점에서 공화당의 재정감축 정책과 정면으로 충돌하고 있다. 실제로 오바마는 지난해 12월 재정절벽 협상 과정에서 재정지출 감축액의 상당한 부분을 의료 복지 프로그램에서 줄이겠다고 공언하기도 하였다. 그러나 민주당과 오바마 정부는 지난 몇 년간 공화당 및 보수주의자들과 충돌과 협상을 거듭하면서 만들어 온 개혁을 축소하거나 포기하지는 못할 것이다. 민주당과 오바마는 개혁의 성공적 시행을 통해 미국의 복지에 새로운 역사를 쓰고 이것이 다시 2014년의 중간선거의 승리로 연결되기를 바라고 있을 것이다. 반면 공화당은 오바마 정부의 의료개혁과 복지정책이 부적절한 방향으로 진행되었다는 것을 증명하면서 작은정부론을 통하여 중간선거를 장악하기를 원하고 있을 것이다. 이렇게 의료보험개혁 문제는 향후에도 오바마/민주당 대 공화당의 강한 대결구도가 약화되기 힘든 이유를 형성하고 있다.

현재 미국사회의 핵심 이슈가 재정적자와 국가채무 문제인 만큼 오바마의 의료보험개혁에 대한 지지도는 그다지 높지 않은 듯하다. 대선 후 실시한 한 조사에 의하면, 정부가 국민들의 의료보험 수혜에 책임이 있는지 묻는 질문에 54%의 응답자들이 정부는 책임이 없다고 응답하고 있다(Gallup Poll November 28, 2012). 정부 역할에 대한 국민적 동의가 낮은 상황에서 정부가 주도하는 의료보험시스템 구축에 대한 지지가 높기는 힘들다. 의료보험개혁에 대한 지지도가 매우 낮았던 2010년과 2011년에 실시한 같은 조사에서 정부가 책임이 없다는 응답은 각각 47%와 46%에 불과하였다는 사실로부터 정부 역할의 축소와 작은 정부에 대한 지지가 상당한 수준으로 증가했다는 것을 알 수 있다. 이것은 정부지출, 재정적자, 국가채무 등의 재정 위기와 무관하지 않은 변화로 보인다.

의료보험개혁과 관련하여 오바마 행정부가 개혁을 성공적으로 진행하고 그에 따라 2014년 중간선거에서 유리한 지점을 확보하기 위해서는 무엇보다도 재원을 안정적으로 확보해야 한다. 애초에 계획했던 25만 달러 이상 소득자를 대상으로 한 증세가 재정절벽 협상 과정에서 45만 달러 이상 고소득자 대상으로 변하여 세수가 예상보다 감축된 상황에서 민주당은 지속적으로 고소득자 증세와 부유층 공제제한 등을 추진하고 있지만 공화당과의 강한 충돌이 예상되고 있다.

이에 더하여 더욱 큰 문제는 실제로 의료보험개혁을 실행하는 주정부와의 갈등이다. 현재 미국 주지사의 60%(30명)가 공화당 소속이다. 공화당 소속 주지사가 있는 주의 상당수가 2010년 개혁법 통과 이후 위헌 소송에 참여하였고, 현재에도 강한 반(反)개혁 전선을 구축하고 있다. 이들은 특히 개혁법이 추구하는 메디케이드 수혜의 확대에 대해 강력하게 반대하고 있다. 개혁법에 의하면 메디케이드 수혜를 확장하는 첫해에는 연방정부가 전액 지원하지만 그 이후에는 90%만 지원하도록 되어 있다. 이 때문에 주정부들은 주의 비용 책임이 커질 것이라는 우려에 메디케이드 확대에 강하게 반발하고 있는 것이다. 특히 연방정부 예산자동삭감이 시행되는 경우에는 주정부 보조금에 대한 급격한 감축이 예상되고 있어 주정부의 반발은 더욱 커질 것으로 예상된다. 대법원이 메디케이드 확대를 비롯한 일련의 개혁을 주정부가 자율적으로 선택할 수 있다고 판결함에 따라 이러한 반발은 주정부의 개혁 이탈로 이어질 가능성이 있다. 따라서 개혁을 성공적으로 시행하기 위해 오바마 행정부는 주정부, 특히 공화당 주지사가 집권하는 주정부와 끊임없는 협상과 타협을 해야 하는 상황에 직면해 있다.

요약컨대, 연방정부 재정지출의 시급한 감축 필요성과 의료개혁에의 지출 필요성이 공존하는 상황에서 오바마는 작은정부와 복지예산 축소를 주장하는 공화당 의회와 보조금의 확대 또는 개혁의 자율성을 주장하는 주정부, 그리고 더 나아가 보다 강한 진보적 개혁을 주장하는 민주당 의회 사이에서 이들과의 지속적인 타협을 통해 국정을 성공적으로 운영해야 하는 어려운 시점에 있다고 하겠다. 2014년 중간선거는 오바마 행정부가 이러한 타협의 국정운영을 얼마나 성공적으로 해내었는지를 평가하는 장이 될 전망이다.

【참고문헌】

미국정치연구회 편. 2013. 『미국 정부와 정치 2』. 서울: 오름.
이소영. 2011. "대의민주주의와 소통: 미국 오바마 행정부 하의 의료보험개혁 사례를 중심으로." 『21세기 정치학회보』 20집 3호.

Andrews, Philip. 2012. "Health Care Reform." *The New York Times*, November 8.

Arvantes, James. 2012. "Role of Federal Government Drives Health Care Reform Debate Between Presidential Candidates." *aafb News Now* (www.aafb.org).

Cillizza, Chris. 2010. "What effect did health-care reform have on election?" *The Washington Post*, November 7.

Campbell, James E. 2010. "The Midterm Landslide of 2010: A Triple Wave Election." *The Forum*, Vol.8, Issue 4.

Gomes, Michael. 2012. "Election 2012: A Comparison of Romney and Obamas Health Care Platforms." *BenefitMall.com*.

Goodnough, Abby and Robert Pear. 2012. "This Election, a Stark Choice in Health Care." *The New York Times*, October 10.

Herszenhorn, David and Robert Pear. 2011. "House Votes for Repeal of health Law in Symboic Act." *The New York Times*, January 19.

Jeleny, Jeff. 2012. "G.O.P. Vowing to Take Battle Over Health Care Law Into November." *The New York Times*, June 28.

Liptak, Adam. 2012. "Supreme Court Upholds Health Care Law, 5-4, in Victory for Obama." *The New York Times*, June 28.

McLean, Mary. 2012. "Bipartisan Perspective: Presidential Election and Health Care." *OregonLive.com*.

Memoli, Michael. 2011. "Obama endorses key change to healthcare law." *Los Angeles Times*, February 28.

Pear, Robert. 2010. "Changing Stance, Administration Now Defends Insurance Mandate as a Tax." *The New York Times*, July 17.

Saldin, Robert P. 2010. "Healthcare Reform: A Prescription for the 2010

Republican Landslide?" *The Forum*, Vol.8, Issue 4.

Stonecash, Jeffrey M. 2010. "The 2010 Elections: Party Pursuits, Voter Perceptions, and the Chancy Game of Politics." *The Forum*, Vol.8, Issue 4.

Weisbrod, Eric. 2012. "Health care most shared issue in battleground states." *CNNPolitics*, September 17.

■ 여론조사 자료

CNN Poll. July 2, 2012. "Health care ruling changes views of Supreme Court," http://politicalticker.blogs.cnn.com/2012/07/02/cnn-poll-health-care-ruling-changes-views-of-supreme-court/(검색일: 2012.12.2).

CNN/ORC International Poll. March 26, 2012. http://i2.cdn.turner.com/cnn/2012/images/03/26/rel3b.pdf(검색일: 2012.12.12).

Gallup Poll. November 28, 2012. "In U.S., Majority Now Against Gov't healthcare Guarantee," gallup.com(검색일: 2012.12.27).

_____. October 22, 2012. "Economy Is Dominant Issue for Americans as Election Nears," gallup.com(검색일: 2012.12.2).

_____. October 17, 2012. "Women in Swing States have Gender-Specific Priorities," gallup.com(검색일: 2012.12.29).

_____. September 24, 2012. "Swing-State Voters Trust Obama More to Address Medicare," gallup.com(검색일: 2012.12.29).

_____. July 29, 2012. "Americans Issue Split Decision on Healthcare Ruling," gallup.com(검색일: 2012.12.2).

_____. May 25, 2012. "In U.S., Nearly Half Identify as Economically Conservative," gallup.com(검색일: 2012.12.2).

_____. November 4, 2011. "GOP Candidate Beats Obama in Swing States on Jobs, Deficit," gallup.com(검색일: 2012.12.27).

Kaiser Family Foundation Health Tracking Polls, November 2012/October 2012/September 2012. http://www.kff.org/kaiserpolls/trackingpoll.cfm(검색일: 2012.12.18).

Real Clear Politics Poll (Wall Street Journal). http://projects.wsj.com/campaign2012/

polls#cand=Romney&race=5&region=US&src=rcpo(검색일: 2012.12.27).

Reuters/lpsos poll (reuters.com October 4, 2012). "Americans have mixed feelings about healthcare," http://www.reuters.com/article/2012/10/04/us-usa-campaign-poll-healthcare-idUSBRE8931GC20121004(검색일: 2012.12.10).

TNS Poll (PRNewsire Sptember 13, 2012). "New Survey Finds Consumers Welcome Goals of Healthcare Reform," http://www.prnewswire.com/news-releases/new-survey-finds-consumers-welcome-goals-of-healthcare-reform-169630236.html(검색일: 2012.12.10).

USA Today/Gallup, 2012/2/27. "Swing states poll: Health care law hurts Obama in 2012," http://usatoday30.usatoday.com/news/politics/story/2012-02-23/swing-states-health-care-obama/53260222/1(검색일: 2012.12.27).

제10장

2012년 미국 대선과 이민 이슈

정회옥 Ⅰ 명지대학교

I. 서론

2012년 대통령선거는 어느 때보다 정책적 차별성이 두드러진 선거였다.[1] 정치적 양극화 현상을 초래한다는 비판도 있으나 정책선거의 긍정적인 측면 또한 보여주었다.[2] 경제, 건강보험 개혁, 환경, 교육, 북핵 문제 등에서 보인

---

[1] 오바마 대 롬니 간 분야별 정책차이를 정리하면 다음과 같다.

분야	오바마	롬니
이민문제	- 유사구제조치 내놓음(이민단속에 사법적 재량권 활용, 추방재판 계류 케이스 전면 재검토, 재입국 금지유예 미국 내 신청 허용) - 재선 성공 시 첫해에 이민개혁 본격 추진. 불법체류자 구제는 의회를 통한 포	- 자진추방 정책(공공혜택, 취업 등이 어렵도록 단속을 강화, 스스로 출국하게 함) - 불법체류 학생이라도 군대에 가면 시민권 취득 허용 가능. 불법체류자 구제 관련 어떤 형태의 포괄적 구제조치도 불허. 국경 단속 대폭 강화

뚜렷한 정책적 차별성은 이민정책에 있어서도 유사하게 나타났다. 민주당은 포괄적인 이민법 개혁을 추진하고자 하였다. 포괄적 이민정책은 국경 보안 강화, 불법이민자 고용 회사에 대한 처벌, 더 많은 임시 외국인 노동자 허용, 거주하고 있는 이민자 일부와 특히 아이들에게 시민권 주는 문제 등을 포괄하여 동시에 해결하고자 하는 정책이다. 민주당은 불법적인 이민자들을 양성화하여 미국 시민으로 포용하는 개방적 이민정책을 제안하였으며 불법체

	괄적 이민개혁 추진을 통해 해결. 범법 이민자 우선 추방. 국경단속 강화. 의회를 통한 드림법안의 통과 지지	
경제 문제	- 큰 정부 지향 - 조세수입 증대와 정부지출 확대를 통한 성장, 고용 증대 - 부자세(buffet rule): 백만달러 이상 고소득층 최소 30% 소득세 적용, 최고 소득층 39.6% 적용 - 석유, 가스 회사에 대한 조세감면 철회 - 중산층 이하 국민의 세금부담 감소. - 실업정책으로 인프라 건설 등 공공사업 통한 일자리 창출 주장 - 빈부격차와 과세불평등 해소를 이슈로 삼고자 함	- 작은 정부와 자유기업 지향 - 조세수입축소와 정부지출 감소를 통한 성장과 고용 증대 - 2001~2003년 조세 인하 조치 영구화, 거의 모든 개인의 투자소득세 철폐, 부동산세 철폐 - 2010년 건강보험개혁입법에 의한 조세 철폐하여 복지 지출을 줄여야 함 - 실업정책으로 법인세 인하 등 기업에게 더 많은 세금혜택 제공해 일자리를 창출해야 함
건강보험 개혁 문제	- 전 국민 건강보험 의무화 - 주정부가 부담하는 비율을 높이는 방향	- 당선 되면 취임 첫 날 건보개혁법의 효력을 중지시키는 행정명령을 발동할 것. 시장원리에 기반 한 개혁이어야 함 - 정부지출 삭감에 주력
환경 문제	- 환경보호 우선시 - 연안지역 추가 시추나 키스톤 파이프라인 건설에 유보적인 태도 보임	- 경제활성화를 위해 에너지원개발에 적극 나서야 함
동성결혼 문제와 낙태 문제	- 기본적 허용	- 반대
총기 소유의 규제 문제	- 총기 규제 강화	- 총기 소유의 권리는 헌법에 보장되어 있음
교육 문제	- 커뮤니티 칼리지 등 취업으로 연결될 수 있는 실무교육 중시 - 학자금 융자(스태포드 론) 이자율 동결 강조	- 국제적 경쟁력을 가질 수 있는 엘리트 교육의 중요성 강조
북한 핵 문제	- 유엔 등을 통한 국제적 합의와 공조 모색	- 합의 보다 미국의 리더십을 발휘하는 외교정책 선호 - 핵 개발에 따른 제재 강화

2) 이정진, "2012 미국대선 결과와 시사점," 『이슈와 논점』 제554호(2012년 11월 9일), 국회입법조사처.

류자에게 시민권을 주는 문제에서 공화당과 첨예하게 대립하였다. 대선 캠페인 중 민주당은 불법체류 청소년 추방 유예 조치(Dreamer Deferred Action for Childhood Arrivals Program-이하 DACA)를 전격 실시하였다.

한편, 공화당은 합법적인 이민은 환영하지만 불법이민문제에는 강력하게 대처해야 한다고 주장하였다. 불법이민을 막기 위한 주정부의 노력을 지지하고 국경지역에 대한 철저한 감시를 강조한다는 점에서 민주당과는 구별된다. 공화당 대선 후보 미트 롬니(Mitt Romney)는 자진추방(Self-deportation) 정책을 제안하였는데, 이는 미국 내에 불법으로 체류하고 있는 사람들에게 불이익을 주어서 스스로 미국을 떠날 수밖에 없게 만들자는 내용을 그 골자로 하고 있다.

본 글에서는 2012년 미국 대선에서 이민정책이 어떠한 의미를 갖고 있었는지를 살펴보았다. 이를 위해 먼저 버락 오바마(Barack Obama) 1기 행정부의 이민정책을 미국 이민정책의 역사 속에서 평가 내려 봄과 함께 오바마 1기 행정부의 이민정책이 대선 즈음하여 어떠한 변화를 보였는지 살펴보았다. 그 다음으로 오바마의 새로운 이민조치인 DACA에 대한 유권자 지지는 어떠하였는지 또한 DACA가 투표선택에서 어떠한 영향을 미쳤는지 여론조사 결과를 통해 검토할 것이다. 다양한 설문항을 보유한 여론조사 결과가 아직 공개되지 않은 시점이므로 정교한 경험적 분석은 가능하지 않았다는 점을 미리 알리고자 한다. 마지막으로 향후 미국의 이민개혁이 어떠한 방향으로 나아갈지에 대한 짧은 전망으로 글을 마무리지을 것이다.

II. 오바마 1기 행정부와 이민문제

이 절에서는 미국 이민정책의 역사에 대한 짧은 개관을 통해 오바마 1기 행정부의 이민정책이 어떠하였는지 그리고 2012년 대선 캠페인에서 오바마

이민 공약이 가지는 의미는 무엇이었는지 살펴보았다.

1. 미국 이민정책의 역사에 대한 개관[3]

최초의 미 연방 이민법 제정이 제정된 것은 1882년이다. 범죄자, 광인, 저능자, 생활보호대상자들에 대해 이민을 제한하는 법률이었으며 한동안 이 법하에서 이민이 이루어지다가 1924년 국적할당제에 기반을 둔 이민제한법이 만들어졌다. 이 법은 미국의 이민역사를 기초로 국가별로 비자를 할당해주는 제도로서 동반구 국가의 경우 각각 2만 명, 캐나다, 카리브해 국가, 라틴아메리카 국가 등의 서반구 국가들은 각기 15만 명을 할당하는 국적체제에 기반을 둔 인종차별적인 이민제도였다. 그 후 1965년 이민 및 국적법이 개정되었는데 이는 기존의 인종차별적인 이민법을 철폐하여 국적이나 민족에 상관없이 동등하게 이민을 받아들이는 수량할당제 성격으로 개정해야 한다는 여론과 사회변화를 반영한 조치였다. 이민법 개정으로 케네디와 존슨 행정부하에서 아시아 이민자가 급증한 반면 유럽으로부터의 이민자는 급감하게 되었다.

그 후 미국 이민법 역사에서 눈에 띄는 법 제정은 1986년 레이건 대통령과 민주당 의회가 제정한 이민개혁 및 조정법(IRCA)을 들 수 있다. 이 법은 이민법 역사상 최초로 불법이민자들을 알면서 고용한 고용주들을 처벌하는 조항을 담았다. 또한 불법외국인들의 인권보호를 위해 300만 명의 불법체류자를 사면시켰는데, 단기적 효과만 보였을 뿐 장기적으로는 실패한 정책이라는 평가를 받았다.

1990년대 들어서서 '1965년 이민법'을 개정 확대한 개정이민법이 제정된

---

3) 이민정책의 역사에 대한 개관은 Martin Schain, *The Politics of Immigration in France, Britain, and the United States: A Comparative Study* (New York: Palgrave-Macmillan, 2008)를 참조하여 정리하였다.

다. 이 제도를 통해 이민자 숫자 제한을 70만 명으로 크게 늘리고 비자도 40%가량 증가시켰다. 또한 취업이민 확대 우선순위제도를 실시해 취업이민의 쿼터를 대폭 확대하였으며 취업이민에 있어 우선순위별로 쿼터를 분리하였다. 그동안 미국 이민법이 이민의 양적 그리고 국적별 통제에 초점을 맞추고 있었는 데 반해, 새로운 개정이민법은 이민자에 대한 질적 통제로 미국 이민제도가 그 방향을 전환했음을 알 수 있다. 특히 취업이민의 우선순위제도(preference system)는 자국이익에 부합하는 고급인력을 유치하고 저숙련 인력을 통제하는 타깃팅 시스템의 역할을 하였다.

1996년 클린턴 행정부에서는 불법이민개선 및 이민자책임법이 만들어졌다. 불법이민자뿐만 아니라 합법이민자에 대해서도 더욱 엄격한 잣대를 들이댄 이민정책으로서 영주권을 가진 이민자들에게도 적용되며 본국 추방이 가능한 불법행위의 범주를 늘렸다. 이 법은 이민에 대한 엄격한 규제와 불법이주자들의 본국 추방 및 국경수비정찰대 배치라는 강경한 이민정책을 그 핵심으로 하고 있었으며 그 결과 많은 수의 이민자들이 추방되었다.

2001년 9·11 테러 발생 이후 미국의 이민정책은 더욱 강경해졌다. 몇 가지 대표적인 법 제도를 소개하자면 2005년 Real ID Act가 있다. 이 법으로 인해 비자 제한을 변경하고 망명신청을 하는 것이 보다 엄격하게 제한되었으며, 테러리스트로 의심되는 사람들을 제외하는 것이 더욱 용이해졌다. 또한 국경에 펜스를 건설하는 데 있어 제한을 없앴다. 2005년 부시 행정부는 일명 '스트림라인(operation streamline)' 작전을 통해 멕시코 국경 밀입국자 단속을 대폭 강화하였다. 국경을 불법적으로 넘으려는 사람들을 예외 없이 붙잡아 처벌하는 프로그램으로 텍사스와 애리조나 주에서 시행되었다. 작전 시행 전에는 국경에서 붙잡힌 사람들은 대부분 구속되지 않고 지문 채취를 한 후 본국으로 추방되었던 것과 비교했을 때 미국 이민정책이 이민자에 대한 강경한 노선으로 더욱 기울어졌음을 알 수 있다.

2006년에는 부시 행정부하에서 안보펜스법이 제정되었다. 안보펜스법은 1,100km에 이르는 국경에 차량과 2단 펜스를 설치하여 불법적인 마약밀수업자와 이민자들의 수를 줄이고자 한 것으로 미국의 대 이민자 정책이 국가

안보라는 개념과 맞물려서 국경을 넘어오는 불법이민자를 차단하고 처벌하는 국경안보 강화에 집중하였음을 알 수 있다. 또한 2007년에 1986년 이민법 이후 20여 년 만에 대대적인 변화를 시도했던 포괄적인 이민개혁법안이 제출되었으나 2007년 6월 상원에서 부결되었다.

미국 이민정책의 개괄적인 역사를 살펴보면 9·11 테러 이후 이민은 국가안보 개념에서 다루어져야 한다는 당위성이 인식되고 있음을 알 수 있다.[4] 또한 이민문제와 관련해서는 기본적인 틀의 수정이 아닌 불법이민자문제 해결이 이민정책의 주된 논쟁 주제가 되고 있으며 다음에서 논의될 오바마 1기 행정부하에서도 이러한 기본틀 내에서 이민정책에 대한 주된 논의가 이루어졌다.

2. 오바마 1기 행정부의 이민정책

오바마는 2008년 취임 후 이민문제에 관한 소극적인 입장을 보여 왔으며 불법이민자들을 추방하는 문제에 있어서는 오히려 부시 행정부보다 더욱 강경한 입장을 취해 히스패닉들의 반감을 사기도 했다.

오바마 1기 행정부의 전반부는 이민 개혁 문제에 대한 침묵 및 부시 행정부가 고수한 강경 이민정책의 유지라는 특징을 갖고 있다. 추방된 불법이민자의 숫자는 오바마 행정부에서 최고치를 기록했다. 2009년 이후로 연 평균 40만 명의 불법이민자가 추방되었는데, 이는 30만 명이 추방된 부시 2기 행정부보다도 30%가량 증가한 것이며 20만 명이 추방된 부시 1기 행정부와 비교했을 때 2배가량 높은 수치이다(〈그림 1〉 참조).

오바마 1기 행정부하에서 추방자 숫자가 급격한 증가한 이유는 범죄를 저지른 이민자를 추방하는데 이민정책의 초점이 맞추어졌기 때문이다. 즉

---

4) 유성진·김희강·손병권, "2007년 미국 이민법 개정 논쟁: 과정과 함의 그리고 미국의 다원주의,"『미국학논집』제39집 3호(2007), pp.139-172.

〈그림 1〉 추방되는 불법이민자 수의 추이

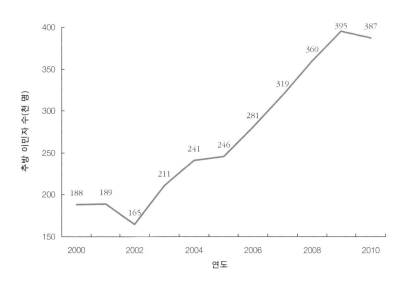

* 출처: Department of Homeland Security, *Yearbook of Immigration Statics 2010*을 바탕으로 재구성

범죄로 인해 추방명령을 받게 된 이민자들의 숫자가 증가하게 되었는데 이는 Criminal Alien Program(CAP) 나 Secure Communities and 287(g)와 같은 정책들이 주정부와 지방 정부와의 협력 아래 실시되어 추방 가능한 범죄를 저지른 이민자들을 찾아내고 체포하는 데 행정력을 집중했기 때문이다. 예를 들어, 오바마는 '안전한 커뮤니티(Secure Communities)' 프로그램을 실시하였는데 이는 연방정부의 불법체류자 단속 프로그램으로 오바마 행정부가 주요 이민 단속 조치로 시행하고 있는 대표적인 프로그램의 하나이다. 이 프로그램은 형사범죄 이민자의 신분을 체크해 출옥 즉시 연방 이민 당국에 넘겨 추방토록 하는 내용을 담고 있다. 이 프로그램은 범죄의 범주가 지나치게 포괄적이어서 중죄를 저지르지 않은 불체자도 쉽게 추방될 수 있는 문제점이 있기 때문에 이민단체, 민권단체, 공직자 등 각계로부터 강력

한 반대의견이 제기되었다.

불법이민자를 엄격하게 단속하는 프로그램을 통해 2010년의 경우 총 387,000명의 불법이민자들이 추방되었는데, 그중 169,000명이 범죄 행위에 기반을 두어 추방되었다. 이는 2008년의 105,000명보다 약 68%가 증가한 수치이다. 추방된 이민자들 중 범죄행위로 인해 추방된 이민자는 2010년 44%를 차지해 2008년의 29%보다 큰 폭으로 증가하였다. 범죄로 인해 추방된 불법이민자들은 폭넓은 범위의 범죄 행위를 그 이유로 추방명령을 받았는데 2010년의 경우 25%가량은 마약과 관련된 범죄, 19%는 이민법 위반, 18%는 음주 운전이나 난폭운전 등 도로교통법 위반과 관련하여 추방되었다.

오바마의 불법이민자 추방 정책에 대한 히스패닉들의 반감은 적지 않았다. 오바마의 추방 위주의 이민정책에 대해 히스패닉들이 어떻게 인식하고 있는지 여론조사 결과를 통해서 살펴보면, 41%의 히스패닉이 오바마 행정부가 부시 행정부보다 더 많은 불법이민자들을 추방하고 있다고 인식하였다. 부시 행정부와 유사한 수준이라고 응답한 히스패닉은 35%, 부시 행정부보다 적은 수준으로 불법이민자들을 추방하고 있다는 응답은 10%에 불과했다.5) 또한 열 명 중 약 여섯 명(59%)의 히스패닉들이 오바마 행정부의 추방 정책에 반대 의사를 표명했다. 반면 약 27%만이 오바마 행정부가 불법이민자를 다루는 방식에 지지했다.6) 오바마가 집권한 후 추방자 숫자가 최고치를 기록했다는 사실을 알고 있는 히스패닉들 중에서 77%가 오바마의 추방 정책에 반감을 표시했으며, 추방자 숫자가 증가했다는 사실을 인지하고 있지 못한 히스패닉들 중 약 50%가량이 추방정책에 반대를 표했다.

이민문제에 대한 오바마 행정부의 강경 대응책은 많은 히스패닉 유권자들에게 환영 받지 못하였다. 대선을 일 년여 앞둔 2011년 11월에 실시된

---

5) 여론조사 결과의 출처는 Pew Hispanic Cneter가 실시한 2011 National Survey of Latinos이다.

6) Ibid.

어론 조사에 의하면 오바마에 대한 지지도는 49%로 2010년의 58%에 비하여 10%가량 감소한 것으로 나타났다. 2008년에 오바마 대통령이 67%에 이르는 압도적인 히스패닉 지지를 등에 업고 대통령에 선출되었다는 것에 비추어 봤을 때 오바마 1기 행정부의 강경 이민정책이 히스패닉의 지지 감소를 불러왔다는 것은 어찌 보면 당연한 결과일 수 있다.

또한 오바마 행정부의 강경 이민정책이 계속되면서 히스패닉들의 정당선호도에도 변화가 감지되었다(〈표 1〉 참조). 민주당과 공화당 중 어떤 정당이 히스패닉에 대한 관심을 더욱 갖고 있느냐는 질문에 대해 2011년의 경우 45%의 히스패닉이 민주당을, 12%가 공화당을 선택했다. 표면적으로는 히스패닉의 민주당 선호가 변치 않은 것처럼 보이나 이를 오바마 집권 이후와 비교해보면 상당히 낮아졌음을 알 수 있다. 오바마 집권 초기에는 55%의 히스패닉이 공화당보다 민주당이 히스패닉에 더 많은 관심을 보여준다고 응답했으나, 2010년에는 이보다 8% 감소한 47%만이 이에 동의하였으며 2011년에는 이보다 더욱 감소하였다. 반면 히스패닉의 공화당 선호도는 2011년에 들어서서 두 배가량 증가한 것으로 나타났다. 이러한 배경에는 2008년 대선에서 오바마가 약속한 이민 공약이 지켜지지 않고 추방 일변도의 강경 이민정책이 계속된 것에 대한 히스패닉들의 배신감과 실망감 등이 반영된 것으로 보인다.

오바마 1기 행정부하에서는 불법이민문제를 어떻게 다룰 것인가를 두고 미국 시민들 사이에 갈등도 심화되었다. 불법이민의 문제에 대한 해결책으

〈표 1〉 히스패닉의 정당 선호도(%)

연도	민주당 선호	공화당 선호
2008	55	6
2010	47	6
2011	45	12

출처: Pew Hispanic Center, 2002-2011 National Surveys of Latinos

〈표 2〉 불법이민문제 해결 방안에 대한 여론(%)

해결방안	일반 유권자	히스패닉
시민권 부여	24	42
국경 경비 강화	29	10
두 방안 다 중요	43	46

출처: Pew Hispanic Center, 2011 National Survey of Latinos: Pew Research Center for the People & the Press, November 2011

로는 첫째, 국경 경비를 더욱 철저히 하는 방안, 둘째, 미국 내에 불법으로 체류하고 이민자들에게 시민권을 주는 방안의 두 가지 해결책이 대립하였다. 〈표 2〉에 따르면 미국의 일반 시민들 중 24%만이 미국 내 불법이민자들에게 시민권을 주는 방안을 선호하는 반면, 히스패닉들은 그 두 배인 42%가 이 방안을 선호해 불법이민문제에 대한 명확한 온도차를 보여주었다. 한편으로는 일반 시민과 히스패닉들 사이에 공통점도 찾아볼 수 있는데 46%의 히스패닉, 그리고 43%의 일반 시민들이 국경경비 강화와 시민권 부여라는 불법이민에 대처하는 두 방안에 똑같이 우선권을 두어야 한다고 응답했다는 점이다.

취임 후 3년여가 지나도록 이민 개혁에 대한 약속을 지키기 못한 오바마는 대선을 일 년 반 앞둔 시점인 2011년 5월 취임 후 처음으로 멕시코 국경지대인 텍사스 주 엘파소를 방문하여 이민개혁정책을 주된 내용으로 연설을 하였다. 이 연설은 대선을 앞두고 히스패닉들의 표심을 잡기 위한 포석이 깔려있었던 것으로 그가 2012년 대선과 재선 성공 후 2기 행정부에서 이민 문제에 대해 어떠한 방향으로 나아갈지를 가늠할 수 있게 한다. 민주당과 오바마의 이민개혁에 대한 4대 청사진을 제시하고 있는 연설 내용을 간략히 소개하면 다음과 같다.

첫째, 불법체류자를 구제하겠다고 천명했다. 오바마는 1,080만 명에 달하는 불법이민자들이 벌금과 세금을 납부하고 신원조회를 통과하면 합법신분으로 구제할 것을 천명했다. 즉 불법이민자들이 연방정부에 등록하고 신원 조회를 위한 지문을 제출하면 구제받을 자격이 있는 이민자들은 소정의 등록비와 불법체류에 대한 벌금을 납부하게 한다. 그 후 영어 교육 프로그램을 이수하고 그간 내지 못한 밀린 세금을 납부하면 합법신분으로 조정 받게되고 불법이민자들은 구제받은 날부터 8년 후 영주권자가 될 수 있으며 영주권 취득 후 미국시민권자도 될 수 있도록 길을 열어 놓겠다는 것이다. 단, 형사범죄자 및 안보위협 인물들은 구제대상에서 제외시키고 추방 조치하겠다고 덧붙였다.

둘째, 우수한 외국 인력들이 미국에 머물도록 합법이민제도를 개선하겠다고 제안했다. 오바마는 외국인 노동자들은 미국 경제 활성화와 국가경쟁력 유지에 필수라고 강조하였다. 유학생 등 외국 인력들이 비자를 받지 못해 미국을 떠나고 미국업체들은 외국에 나가 이들을 고용해야 하는가 하면, 이민 수속에 수년이 걸리는 동안 가족들이 생이별하는 등 미국의 이민비자제도는 문제가 있음을 지적하였다. 보다 구체적으로 첫째, STEM(과학, 기술, 엔지니어링, 수학) 전공으로 미국 석사 이상을 취득한 외국학생들과 전분야의 박사들에 대해서는 곧바로 영주권을 취득해 미국에 남을 수 있도록 허용하겠다고 천명하였다. 둘째, 새로운 창업비자 영주권을 신설하여 창업이민은 외국인들이 미국 내 투자자를 끌어들일 경우 창업을 할 수 있게 하고 미국인들을 고용하고 수익을 내면 영주권까지 받을 수 있는 방안을 제시하였다. 셋째, 가족이민 가운데 시민권자의 직계 가족은 연간 상한선에 적용하는 것까지 폐지해 그린카드를 무제한으로 신속하게 받게 하는 것은 물론 다른 범주의 가족초청이민도 그만큼 늘릴 수 있게 한다. 넷째, 국가별로 제한되고 있는 영주권 쿼터를 조정해 고학력, 고숙련 우수 인력들이 미국에 계속 머물 수 있게 한다는 방안으로 주로 인도, 중국, 멕시코, 필리핀 출신 이민자들에게 혜택이 돌아가게 된다. 다섯째, 미국경제에서 필요로 하는 비숙련 외국인 인력들을 유입할 수 있도록 임시 노동자 비자를 신설하고 고용주 변경과 영주권 신청까지 허용하는 방안을 제시하였다.

오바마가 내건 이민개혁의 세 번째 청사진은 국경안전의 강화이다. 오바마는 국경순찰대원들이 남부 국경에 2만 명 이상 배치되어 국경펜스는 거의 완료됐으며, 무인항공기 감시까지 펼쳐 밀입국자들이 2년 만에 40% 감소하였다는 사실을 강조하였다. 이에 그치지 않고 앞으로도 국경에 무인항공기와 첨단장비를 동원한 감시망을 구축해 밀입국자들을 최대한 저지하겠다는 의지를 표명했다.

네 번째 청사진은 바로 불법고용의 차단이다. 미국 내 고용주들의 종업원의 취업자격을 확인하는 E-Verify 프로그램7)에 대해서는 현재의 불법이민자 구제에 맞춰 단계별로 의무화시켜 나가겠다고 밝혔다. 첫 단계로 종업원이 1,000명 이상이 되는 대기업부터 E-Verify 의무가입과 사용을 추진하고 순차적으로 확대해 나갈 것이라고 강조하였다. 다만 소규모 업체에 대해서는 의무화에서 예외로 둘 것이며 불법고용주에 대한 벌금과 처벌을 한층 강화할 것이라고 밝혔다. 또한 추방대상이 되는 불법이민자들 가운데 자진 출국을 희망하는 사람들은 신속하게 허용할 것 또한 밝혔다.

오바마 1기 행정부가 내놓은 이러한 이민 개혁의 청사진을 통해, 민주당과 오바마는 영어를 배우고 벌금을 무는 조건과 함께 불법이민자의 합법 신분화를 찬성하는 입장이나, 한편으로는 노동조합의 입김이 강한 민주당 견지에서 불법이민자 고용에 대한 제재 강화를 동시에 주장하고 있음을 알 수 있다. 또한 국경을 강화하여 더 이상 불법이민자들이 늘어나는 것을 방지하고 미국 시민을 테러의 위협에서 안전하게 보호하는 것에 주된 중점을 두고 있음을 알 수 있다.8) 덧붙여 오바마와 민주당의 이민정책은 미국에

---

7) E-verify 프로그램이란 4억 5,500만 명의 소셜 시큐리티 번호와 8,000만 명의 영주권 번호 등을 연방정부 데이터베이스에 입력해 놓아 고용주가 종업원들이 제시하는 이민 신분서류를 대조해 합법취업 자격을 확인함으로써 불법고용을 차단하고자 하는 시스템이다. 연방차원에서 아직 전체가 의무화되지 않고 있으며 자발적으로 가입하는 고용주들이 이용할 수 있도록 되어 있다. 프로그램을 사용하고 있는 업체는 25만 곳에 달하며 일주일에 약 1,000곳씩 늘어나고 있는 상황이다. 연방차원과 상당수 주차원에서는 납품, 계약을 맺는 기업들에 대해서는 가입 의무화가 실시되고 있다.

8) 그 예로 2010년 오바마는 국경안보를 위해 6억 달러에 달하는 예산을 지출하는 법을 승인한 바 있다.

유학, 투자, 사업 등으로 체류하면서 합법적으로 이민을 신청하는 것은 장려하고 과학, 기술 등 국익에 도움이 되는 부분에서 일하는 전문직 종사자들에 대한 비자를 늘림으로써 합법적 이민을 장려하고자 한다는 것으로 요약할 수 있다.

3. 오바마 1기 행정부하에서 각 주별 이민정책 추진 내용

오바마 1기 행정부하에서의 이민정책을 논의할 때 빼놓을 수 없는 것은 연방정부가 이민법 개혁에 실패하자 이를 빌미로 주정부가 이민자에 관한 입법 활동을 공세적으로 펼쳤다는 사실이다. 주정부는 연방이민법의 단순한 이행을 넘어서 연방이민법을 보완하는 데 그치지 않고 심지어 대체하려는 의도까지 보였다. 이민문제가 더 이상 연방정부의 전유물이 아니라는 인식이 팽배하면서 이를 정치적으로 활용하려는 주정부의 행보가 빨라졌으며, 주의회의 이민자를 대상으로 하는 입법 활동의 성공률이 폭증한 바 있다.[9]

이러한 현상은 미국정치의 보수화와 관련이 있다. 미국정치의 보수화는 연방정부의 역할과 범위에 대한 논의로 재탄생되기 때문이다.[10] 즉 이민문제는 연방과 주정부 간 책임소재지 공방이 근저에 깔려 있고 오바마 1기 행정부하에서 이 공방은 무척 치열했다.[11] 불법이민자에게 시민권을 부여하는 문제는 연방정부의 관할이나 국가 간 출입국관리와 국경통제로서의 이민문제는 연방정부와 주정부 간 공유권한 영역(연방우위 공유)이기 때문이다. 헌법의 최고성 구절에 의거해 이민문제에서 연방정부가 우위를 점하지

9) 이소영·이옥연, "의료보험개혁, 이민 규제, 그리고 2010 미국 중간선거," 미국정치연구회 편, 『미국의 선거와 또 다른 변화』(서울: 오름, 2011), pp.197-235.

10) 이혜정, "미국 공화당의 위기: 보수의 역사적 정체성과 정치적 과제,"『의정연구』제 15권 1호(2009), pp.209-235.

11) 이소영·이옥연, "의료보험개혁, 이민 규제, 그리고 2010 미국 중간선거," 미국정치연구회 편, 『미국의 선거와 또 다른 변화』(서울: 오름, 2011), pp.197-235.

만 집행권한에 있어서 권한 분산이 반드시 분업을 의미하지는 않는다. 결과에 있어 원론적으로는 연방정부가 우위를 선점하지만 실질적으로 주정부가 권한공유를 정치적으로 활용할 여지가 발생하며, 다름 아닌 미국의 연방헌법이 그 근거를 제공하고 있는 것이다.

1952년 연방 이민국적법에는 주정부나 지방정부의 역할에 대한 언급이 없었다. 바로 그 부재가 최근의 이민법 개혁을 구실로 연방정부와 주정부 간 관계를 재설정하는 정치논리에 빌미를 제공하였다. 또한 헌법에 명시된 최고성 구절에도 불구하고 이민규제의 핵심이 출입국을 다루는 국가 간 관계, 즉 연방정부에 소재하기보다는 이민자를 주류사회로 포용하는 주체로서 주정부가 보다 적절하다는 여론도 적지 않다. 새로운 국가정체성을 구상하는 공화당은 이민 규제의 연장선에서 주정부가 시민권을 규정할 권한을 가진다고 주장하면서 그에 따른 입법절차를 제안하였고 이는 민주당과 충돌할 수밖에 없었다. 실제로 오바마 1기 행정부하에서 이민 규제의 권한 소재지를 주정부로 명시하려는 입법절차에 착수했던 대부분 주의 집권당 또는 주지사의 소속정당이 공화당이었다.[12]

따라서 오바마 1기 행정부는 각 주의 이민정책이 민주당 지지성향이 강한 블루 스테이트(북동부 및 서부 해안 지역)냐 아니면 공화당 우세지역인 레드 스테이트(남부와 서부 내륙 지역)냐에 따라 극명하게 달라진 특징을 보였다. 친(親)이민 주로는 메릴랜드, 뉴욕, 일리노이, 매사추세츠, 캘리포니아 등이 있으며, 반(反)이민 주로는 앨라배마, 조지아, 애리조나, 사우스캐롤라이나 등이 있다. 오바마 1기 행정부하에서 각 주들이 친이민과 반이민 정책으로 엇갈려 치열한 경쟁을 벌였으며 그 경쟁은 현재에도 계속되고 있다. 미국의 이민 지도를 친이민과 반이민 지역으로 구분해서 정리한 것이 다음의 〈표 3〉이다.

덧붙여 오바마 1기 행정부하에서는 주정부 차원의 이민정책을 둘러싼 법정투쟁도 빈번하게 발생하였다. 조지아 주의 초강경 이민법(HB87) 가운데

---

12) 2010년 중간선거 결과 29개주 주지사 선거에서 공화당이 승리한 바 있다.

〈표 3〉 오바마 1기 행정부 하에서 친(親)이민 주와 반(反)이민 주

친(親) 이민 주	반(反) 이민 주
■ 메릴랜드 — 메릴랜드판 드림법안 제정. 불법체류 청소년도 주내 고등학교를 3년 이상 다니고 졸업한 후 커뮤니티 칼리지에 진학하면 거주민 학비(In-state Tuition) 적용. 커뮤니티 칼리지에서 60학점(2년) 취득하면 4년제 주립대학으로 편입학해 역시 저렴한 학비를 적용받고 대학 졸업 가능. 서류미비 청소년들에게 합법신분까지 부여하는 것은 아님. 혜택을 받으려면 불법체류 청소년들의 부모가 메릴랜드에서 세금을 납부한 기록을 제시해야 하고 학생들은 징병등록을 마쳐야함. 캘리포니아, 뉴욕, 텍사스, 일리노이, 캔자스, 네브래스카, 뉴멕시코, 오클라호마, 유타, 워싱턴 주에 이어 11번째로 불법체류자 거주민 학비를 허용하는 주. ■ 뉴욕 — '안전한 커뮤니티'프로그램 탈퇴. 뉴욕판 드림법안 추진. ■ 매사추세츠 — '안전한 커뮤니티' 프로그램 탈퇴. ■ 코네티컷 — 불법체류 청소년의 거주민 학비 적용을 대학원으로 확대. ■ 일리노이 — 불법체류 대학생들에게 저렴한 거주민 학비 혜택을 제공하기 위해 민간 펀드를 운용 하는 '지역판 드림법안' 확정(민간기부금을 모아 학자금 펀드를 만든 다음 주정부 전담위원회에서 관리해 주내 불법체류 학생들이 대학교육을 받을 수 있도록 지원함. 또한 불법체류 학생들도 주에서 운용하고 있는 학자금 저축 프로그램에 가입할 수 있도록 허용). 안전한 커뮤니티 프로그램 탈퇴 결정. ■ 캘리포니아 — 불법체류자들에 대한 거주민 학비 적용이 합헌이라는 연방대법원의 판결을 받아냈고 거주민 학비 적용에 이어 학비보조까지 허용하는 법안이 주	■ 애리조나 — SB1070 제정. 1)지역경찰이 공무집행 중 어느 때라도 이민 신분을 확인할 수 있게 함. 2)경찰이 이민자로 추정되는 시민에게 증빙서류 제출을 요구하고 만약 이 요구에 응하지 못하면 체포 및 구금할 수 있음. 이민서류를 가지고 다니지 않는 것은 불법. 3)지역경찰은 영장 없이 불법체류자로 의심되는 사람을 체포할 수 있음. 4)불법체류자가 어떠한 직장이라도 구직을 시도하는 것은 불법임. 5)불법체류자를 돕는 행위는 불법. *인종차별의 단초. *연방항소법원이 핵심조항의 이행을 제어하는 판결 내림. ■ 앨라배마 — 최고로 강경한 이민단속법 승인. 애리조나, 조지아 이민단속법보다 강경. 1)지역경찰이 이민신분을 확인해 연방 이민국에 정보를 제공할 수 있도록 함. 2)불법이민자 취업은 형사 범죄 취급. 3)불법체류자 고용 및 렌트도 불법. 4)고용주 E-Verify 의무화. 5)불법체류자의 주립대학 등록 불허. *기업과 건물주, 심지어 학교에까지 불법이민자 단속과 처벌에 동참하도록 요구. 가장 강력한 조치. ■ 조지아 — 애리조나식 초강경 이민단속법 발효. 1)지역경찰이 범죄 용의자의 체류신분을 확인할 수 있도록 허용하고, 연방당국에 넘겨 추방 요구 가능. 2)불법체류자를 차량에 태워줘도 처벌 가능. 3)고용주가 종업원의 이민신분을 확인하는 E-Verify 가입이 2013년 7월부터 의무화. 4)불법취업을 위해 위조 이민신분 증명서를 사용했다가 적발시 15년의 징역형과 25만 달러의 벌금형에 처해짐. ■ 사우스 캐롤라이나 — 1)지역경찰이 행인들의 이민신분 조사 가능, 불법이민자를 고용한 업체는 영업허가가 취소됨. 2)모

하원에서 승인됨. 불법체류자 거주민학비적용에 이어 학비보조 허용법안 주하원 통과. ■ 오리건―불법체류 청소년에 대한 거주민 학비 적용법 통과.	든 주민들은 운전면허증, 여권 등 신분증명 서류를 의무적으로 소지해야 함. ■ 유타주―주 내 불법체류자들이 2,500달러의 벌금을 내고 신원조회를 통과하면 워크퍼밋 카드를 제공해 체류와 취업을 허용하는 법안 통과(게스트 워커 프로그램). 동시에 형사범죄 이민자를 중심으로 지역경찰의 이민신분 확인 등 강경 단속 병행. ■ 인디애나―불법체류 학생에 대한 거주민 학비적용 금지. ■ 버지니아―불법체류 학생들의 주립 대학 입학 자체를 금지시키는 법안 추진됨. 주 정부 산하 기관들이 신규 공무원이나 직원을 고용할 경우 반드시 이민서비스국의 E-Verify 프로그램을 통해 합법취업 자격을 확인해야 함. E-verify 프로그램 이용을 의무화한 13번째 주정부.

두 가지 핵심 조치들이 연방법원의 제동으로 발효 중지된 것이 한 예이다. 조지아 주는 지역경찰이 범죄용의자의 체류신분을 확인해 체포할 수 있도록 허용하고 불법체류자를 숨겨주거나 이동시켜주는 사람을 처벌하는 법을 통과시켰는데, 연방법원은 지역경찰은 이민정책과 관련된 법 집행을 연방정부에게 맡겨야 한다며 지역경찰의 이민단속은 연방권한을 침해할 위헌의 소지가 있으므로 발효를 중지하라는 명령을 내린 바 있다. 이에 네이든 딜(Nathan Deal) 조지아 주지사가 항소할 뜻을 밝혀 법정공방이 계속되었다. 유사한 법정 싸움이 애리조나와 앨라배마에서도 발생하여 통과된 반이민법이 실제로 시행되지는 못하였다. 주정부 내의 이러한 법적 갈등은 오바마 1기 행정부하에서 이민문제는 연방정부 대 주정부의 권한 문제로까지 번져 미국 정치를 가로지르는 중요한 갈등 형태인 작은 정부냐 큰 정부냐의 문제와 결합하여 치열하게 전개되었음을 보여준다.

III. 2012년 미국 대선에서 민주당과 공화당의 이민 공약

오바마 대통령과 롬니 공화당 후보는 히스패닉을 비롯한 이민자 표심잡기에 적극적으로 나섰으나 그들의 이민정책은 정반대였다. 오바마는 대선을 얼마 남겨두지 않은 시점에서 추방유예정책을 전격 단행한데 이어 드림법안, 포괄이민개혁법안의 재추진을 공약으로 내걸었다. 반면 롬니 후보는 사면반대, 자진추방, 합법이민 개선책으로 맞대응하였다. 이 절에서는 민주당과 공화당이 대선 캠페인 동안 내걸었던 이민 관련 공약을 구체적으로 살펴보았다.

1. 민주당의 이민 공약

민주당과 오바마 대통령은 2012년 대선이 가까워옴에 따라 강력한 이민개혁 캠페인에 재돌입하였다. 백악관 이민개혁 회동을 개최하는가 하면 히스패닉이 다수로 구성된 커뮤니티 칼리지 대학 졸업식에 참석한 것 등이 그 예이다. 이는 재선 성공에 있어 꼭 필요한 이민자 표심을 잡기 위한 시도였다. 오바마는 2008년 대선에서 히스패닉으로부터 67%, 아시안으로부터 62%라는 높은 득표율을 기록해 대통령 당선에 결정적인 도움을 받았다. 그러나 취임 후 이민개혁 관련하여 공수표를 날려 많은 표심을 잃었다. 특히 히스패닉 유권자의 경우 20%가량 지지율이 급락하기도 하였다. 이번에도 이민개혁에 관해 또다시 공수표를 발행하는 결과가 되면 낙선까지 감수해야 할지 모르는 상황이었으므로 2012년에 들어와 오바마는 이민개혁 관련하여 모종의 성과를 제시하려고 전력투구하였다.

오바마 대통령은 드림 법안을 비롯한 포괄이민개혁법을 지지해줄 것을 공화당에게 독려하고 압박하였다. 오바마 행정부의 대표적인 이민 법안인 드림법안(The Development, Relief and Education for Alien Minors Act)

은 불법이민자들의 자녀 약 210만 명을 교육을 통한 계층 간의 지위 향상 및 군 복무를 의무화하면서 미국사회에 동참시키는 프로젝트로서 여러 차례 법안 통과 시도에도 불구하고 번번이 실패로 돌아갔다. 이 법안은 2001년에 처음 상정된 후 여러 포괄적 이민개혁법안에 포함되었다가 2009년과 2010년에 개별적으로 다시 상정된 바 있다. 드림 법안의 주된 내용은 미국에서 자랐지만 부모의 불법체류 신분으로 인해 불법체류가 된 학생들을 구제한다는 안을 담고 있다.[13]

민주당은 부모들의 선택 때문에 불법체류하게 됐지만 미국밖에 모르는 청소년들에게 미국에 기여할 기회를 주어야 하고 드림법안으로 불법체류 청소년들을 구제해 주면 이들이 미국경제에 기여하게 돼 10년간 22억 달러의 연방적자를 줄여주고 미군과 국방안보까지 강화시켜줄 것이라고 주장하였다. 2009년 민주당이 재상정하여 2010년 12월 하원을 극적으로 통과했지만 상원에서 가결에 필요한 60표가 채워지지 않아 채택되지 못한 바 있다. 공화당은 불법이민 학생들을 구제할 경우, 미국인들의 일자리를 빼앗고 미국 학생들의 입학률에도 타격을 가할 수 있다면서 반대하였다.

드림법안을 포함한 연방 의회의 이민개혁 조치가 지지부진한 가운데 오바마는 2012년 6월 15일 대선을 5개월여 앞두고 전격적으로 불법체류 청소년 추방 유예 조치(DACA)를 발표하고 8월 15일부터 전격 시행에 돌입했다. 행정명령으로 발효한 추방 금지 조치는 불법체류 신분으로 미국에서 자라난 청소년과 학생 등 30세 이하의 이민자들에 대한 추방을 중단하고 이들에게 임시체류 신분과 함께 합법 취업을 허용하는 파격적인 내용을 담고 있다. 이에 따라 총 80여만 명으로 추산되는 불법체류 가정 출신 젊은이들이 당장 추방공포에서 벗어날 수 있게 됐다. 구제안의 적용 대상은 16세

---

13) 드림법안은 불법체류 청소년들에 대해 고등학교 졸업 시 합법신분으로 구제하고 최소한 2년간 대학에 재학하거나 미군에 복무하면 영주권을 취득하도록 구제해준다는 내용을 그 핵심으로 하고 있다. 제 대상은 15세 이전에 미국에 체류한 기록이 있어야 하고 5년 연속 체류했어야만 하며 연령은 12세에서 30세 미만, 고교졸업증명서를 획득하여야 한다. 또한 전과가 없어야 하고 특히 마약사범은 불가하다.

이전에 입국해 현재 30세 이하인 미국 내 불법체류 신분 이민자로 최소 5년 이상 계속 미국에 체류하고 현재 학교에 재학하고 있거나 고교 졸업 또는 동등 학력을 소지하고 있거나 미군 복무 경력이 있어야 하며 중범 전과나 반복적인 경범 전과 기록이 없어야 한다. 이 같은 조건을 충족시키는 불법 체류 가정 자녀에게는 일단 2년간 임시로 체류할 수 있는 신분이 주어지며 2년 후 체류연장 신청을 할 수 있다. 또 이기간 동안 합법적으로 취업할 수 있는 허가증을 신청할 수도 있게 된다. 하지만 이번 구제조치가 수혜자들에게 영주권이나 시민권 등 영구적인 합법신분을 부여하는 것은 아니다.

오바마의 새로운 이민자 구제 조치인 DACA는 일반 유권자들로부터 폭넓은 지지를 받았으며 지지자들 중에는 공화당 성향의 유권자들도 포함되어 있었다. 미국의 이민법은 합리적인 방식으로 시행돼야 하지만 개인 사정을 무시한 채 무조건 집행해서는 안 되며 국가안보를 위협하지 않는 젊은 불법 신분 이민자들을 낯선 나라로 내쫓아선 안 된다는 당위성이 미국 시민들에게 설득력 있게 다가갔던 것이다.

이 글은 간단한 여론조사 결과를 토대로 오바마가 단행한 새로운 이민 구제조치는 오바마에게 전혀 해가 되지 않았음은 물론이며 오히려 재선 성공에 도움이 되는 전략적 선택이었으며 특히 히스패닉들의 오바마 지지를 강화시켰음을 보이고자 한다. 다음은 이러한 유추를 가능케 하는 여론조사 결과14)이다.

〈표 4〉 DACA에 대한 지지도(%)

찬성	57
반대	21

출처: Lake Reserach Partners/The Tarrance Group 여론조사 결과를 재구성함

---

14) 여론조사 결과 보고서는 다음에서 찾아볼 수 있다(http://amvoice.3cdn.net/f7a2462 c34a8aaa78d_27m6iv0js.pdf 검색일: 2012년 12월 15일).

〈표 5〉 DACA 지지 집단(정당일체감별 및 인종별)(%)

정당일체감별	
민주당	75
공화당	35
무당파	60
인종별	
히스패닉	75
흑인	66
백인	52

출처: Lake Reserach Partners/The Tarrance Group 여론조사 결과를 재구성함

〈표 4〉는 DACA에 대한 전체 유권자를 대상으로 한 지지도 결과를 정리한 것이다. 찬성이 57%, 반대가 21%로 DACA에 대한 지지가 반대보다 두 배 이상 많은 것으로 나타났다.

DACA에 찬성하는 집단을 정당일체감별로 구분하여 살펴보니(〈표 5〉 참조), 민주당 지지자의 75%가 오바마의 이민자 구제조치에 찬성하였으며 공화당 지지자는 35%, 무당파는 60%가 찬성하였다. 민주당 지지자가 가장 높은 DACA 지지도를 보였지만 주목할 것은 무당파의 60%, 그리고 심지어 공화당 지지자 10명 중 3명 이상도 DACA에 찬성 의사를 표명했다는 것이다. 이는 DACA에 대한 일반 유권자의 폭넓은 지지가 있었음을 암시한다.

DACA는 인종별로 제한적인 지지를 받은 것이 아니었다. 즉 가장 큰 혜택을 받는 히스패닉들만이 DACA를 지지한 것은 아니었다. 〈표 5〉를 보면 히스패닉의 75%가, 흑인의 66%가 DACA에 찬성하였다. 또한 백인 역시 52%의 높은 비율로 오바마의 새 이민자 구제조치에 지지를 표시하였다.

그렇다면 DACA는 대통령선거에서의 투표선택에 있어서는 어떠한 역할을 하였을까? 〈표 6〉에 따르면 DACA가 다른 어떤 이슈보다도 중요했다는 응답은 5%, 아주 중요했다는 응답은 18%, 다소 중요하다는 응답은 28%로

〈표 6〉 대통령선거 투표선택에 있어서 DACA의 중요성(%)

다른 어떤 이슈보다 가장 중요하다	5
아주 중요하다	18
다소 중요하다	28
그렇게 중요하지 않다	25
전혀 중요하지 않다	21
모름	2

출처: Lake Reserach Partners/The Tarrance Group 여론조사 결과를 재구성함

중요성에 동감을 표한 응답자는 전체의 52%에 달했다. 또한 오바마의 새로운 이민정책이 투표선택에 있어 가장 중요한 이슈였다고 응답한 유권자의 75%가 오바마 이민정책에 찬성을 한 것으로 나타났다. 이를 인종별로 살펴보면 오바마의 이민자 구제조치가 투표선택에 있어 가장 중요한 이슈 또는 매우 중요한 이슈였다고 답한 응답자들 중 히스패닉은 38%, 백인은 21%로 나타나 구제조치는 백인보다는 히스패닉을 투표로 더욱 동원했음을 유추할 수 있다. 즉 경제 이슈, 재정 이슈, 외교 이슈 등 미국 대선을 달군 여러 이슈들과 더불어 이민 이슈, 특히 DACA 역시 유권자들이 대통령 후보를 선택하는 데 있어 중요한 역할을 했으며 오바마의 재선 성공에 어느 정도 긍정적인 역할을 했음을 유추할 수 있다.

2. 공화당의 이민 공약

공화당은 2012년 대선에서 이민 이슈에 대해 어떻게 대처하였는가? 롬니가 공화당 대선 후보로 결정되기 전 경선 과정에 참여했던 후보들의 이민 공약을 먼저 살펴봄으로써 공화당이 2012년 대선에서 이민문제에 대해 어떠한 입장을 취했는지 검토해보고자 한다.

공화당 경선 후보들은 지지 기반인 보수진영의 반발과 이민자 표심을 동시에 고려해야 했기 때문에 민주당 안과는 상당히 다른 해법을 제시하였다. 〈표 7〉은 공화당 경선 후보로 이름이 거론되었던 주요 후보들의 이민 관련 공약을 정리한 것이다.

이들 공화당 경선 후보들 중 롬니가 경선에 승리하여 공화당 대통령 후보

〈표 7〉 공화당 경선 후보들의 이민 공약

공화당 경선 후보	이민정책 내용
미트 롬니	2008년 대선에서는 미국 내 불법이민자들이 합법신분을 얻으려면 일단 본국에 돌아갔다가 미국에 돌아와야 한다는 방안을 제시한 바 있음. 국경안전 및 불법고용 단속부터 강화하자는 주장.
뉴트 깅그리치	가장 일찍 그리고 가장 분명하게 불법이민자 선별 구제 방안을 내놓음. 미국에서 연고를 구축하고 범죄 없이 살아온 불법이민자들에 한해 구제하자는 선별적 구제안 제시함. 영주권까지 허용하되 미국시민권은 불허. 즉, 가족 관계 구축하였거나 범죄 없는 사람에 한해 합법 신분을 부여하여 영주권을 허용하되 시민권은 불허함. 구제자격은 지역시민패널에서 심사하여 결정하자고 제안함.
릭 페리	멕시코 국경에 담장을 설치하는 것은 10~15년이 걸리고 약 300억 달러가 소요될 것이라며 대안으로 첨단 감시장비를 통한 국경 경비 강화가 합리적이라고 주장함.
존 헌츠먼	일단 국경 안전이 확보되면 불법이민자를 추방하는 대신 시행 가능한 대안을 모색해야 한다는 구제 방안 제시. 유타 주 주지사 시절 주내 불법이민자들도 운전할 수 있도록 특별 운전면허증을 도입한 바 있음.
팀 폴렌티	불체 부모의 자녀에 대한 자동적인 시민권 부여 금지 등 강경 이민정책을 천명. 그러나 오랫동안 거주해온 불법이민자들에 대해선 사려 깊은 조치가 필요하다면서 일부 구제(부분 구제)조치를 지지함.
허먼 케인	멕시코와의 국경 전지역에 담장을 설치하겠음. 일전에 전기담장을 설치하고 국경을 넘어오면 '죽이겠다(I will kill you)'라는 팻말을 설치하자고 주장하기도 함.

출처: http://www.koreadaily.com/news/read.asp?art_id=1285931(검색일: 2012년 12월 10일), http://www.mijunews.net/tb_miju/board.php?board=econews&config=&command=body&no=212(검색일: 2012년 12월 16일)

로 확정되었다. 그러나 롬니는 대통령 후보로 확정된 후에 이민관련 정책이
나 공약을 한동안 내놓지 않아 이민문제를 외면한다는 비판을 받았다. 그가
후에 내세운 이민 공약의 핵심은 불법이민자들에게 합법신분을 부여하는
사면에는 단호히 반대한다는 것이다. 불법체류 청소년 구제법안인 드림법
안에 대해서도 대학생들은 안 되고 미군에 입대하는 경우에 한해 합법신분
을 부여하자고 제안했다. 또한 불법체류 청소년들이 학비혜택을 받는 것에
대해서도 반대한다는 입장을 표명했다. 이에 더해 롬니는 "자진추방(Self-
deportation)" 정책을 내놓았다. 이는 1,100만 명에 달하는 미국 내 불법이
민자들이 취업할 수 없도록 가로막아 결국 견디지 못 하고 스스로 출신국으
로 돌아가게 만든다는 정책이다.

이민정책에 있어서 롬니가 오바마 대통령의 공약과 유사한 점은 합법이
민의 확대와 관련한 것이다. 합법이민의 확대를 위해 이민수속을 간단하고
투명하게 진행하고 직계가족들을 신속하게 미국에 오도록 하는 등 합법이민
시스템을 개선하겠다고 공약하였다. 또한 롬니는 첨단과학 분야 대학원생들
에게 신속하게 영주권을 제공하고 국내 기업들이 필요로 하면 외국인 근로
자들을 고용할 수 있는 임시 취업비자 프로그램을 신설하겠다고 공약했다.

불법이민자 문제에 대해서는 취업을 못하게 만들어 본국으로 자진하여
돌아가게 만든다는 자진추방까지 내걸어왔고, 가장 전향적인 드림법안에 대
해서도 미군에 입대하는 서류미비 청소년들에 한해 합법비자를 줄 수 있다
는 강경입장을 고수해 온 롬니는 대선을 한 달여 앞둔 2012년 10월경 이민
정책에 대한 입장을 획기적으로 완화했다. 롬니는 당선될 경우 오바마 추방
유예 정책을 폐기할 것이냐는 질문에 수개월간 즉답을 피해왔는데 이 질문
에 대해 폐기하지 않을 것이라고 입장을 표명한 것이다. 그는 이와 함께
오바마 추방유예와 워크퍼밋 카드(Employment authorization card)의 유
효기간인 2년이 끝나기 전에 드림법안이나 이민개혁법안을 추진해 실질적
인 해결책을 찾겠다고 약속했다. 이는 기존의 입장과는 180도 다른 것이어
서 이민자 표심을 잡기 위해 마지막 승부수를 던진 것으로 풀이되었다. 롬
니는 히스패닉계를 비롯해 이민자 표심의 38%를 얻어야 대통령에 당선될

수 있다고 자체 판단하였으나 대선을 한 달 앞둔 시점에서 지지율은 27%가
량에 머물고 있는 상황이었다. 강경일변도에서 완화된 이민 공약을 내걸음
으로써 롬니의 말바꾸기 행태가 다시 한번 비판의 대상이 되기도 했다.

IV. 2012년 미국 대선에서 이민 이슈와 유권자의 선택

2012년 미국 대선에서 유권자들이 실질적으로 투표 선택을 할 때 이민
이슈는 어떤 영향력을 행사하였는가? 이 절에서는 공화당과 민주당이 이민
개혁 경쟁을 벌인 주요 대상인 히스패닉들을 중심으로 이민 이슈가 투표선
택에서 어떠한 역할을 했는지 가늠해보고자 한다. 체계적이고 구체적인 여
론조사 결과가 아직 공개되지 않아 기초적인 자료밖에 활용할 수 없었음을
미리 알려두고자 한다.

히스패닉의 표심은 오바마의 재선 성공에 큰 역할을 한 것으로 평가된다.
이번 대선에서 히스패닉은 전체 투표자의 10%를 차지하였으며 투표참여율
역시 높았던 것으로 나타났다. 〈표 8〉은 2008년 대선과 비교했을 때 인종
별 유권자 수 증감을 정리한 것이다. 2008년에 백인은 전체 유권자 중 74%
를 차지했으나 2012년에는 2% 감소하여 72%를 차지하였다. 흑인은 13%를

〈표 8〉 전체 유권자 내에서 인종집단별 비중(%)

	2008년	2012년
백인	74	72
흑인	13	13
히스패닉	9	10

출처: Pew Hispanic Center, The National Election Poll의 출구조사에 기반함.

차지해 2008년과 비교했을 때 변화가 없었다. 반면 히스패닉은 2008년의
경우 전체 유권자 중 9%를 차지했으나 2012년에는 10%를 차지해 인종 집
단 중 유일하게 증가세를 보였다. 이는 2012년 대선에서 히스패닉 유권자가
어떠한 투표선택을 했는지가 선거의 최종 결과에 더욱 큰 영향력을 행사했
음을 의미한다.

〈그림 2〉 역대 대통령선거에서 히스패닉의 투표선택

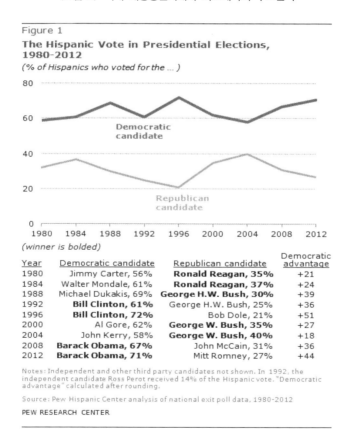

출처: http://www.pewhispanic.org/2012/11/07/latino-voters-in-the-2012-election/(검색일: 2012
년 12월 10일)

더 나아가 투표에 참여한 히스패닉 중 약 71%가 오바마에게 투표한 것으로 나타났다. 이 득표율은 1996년 이래 민주당 후보가 획득한 가장 높은 수치이다(〈그림 2〉 참조). 1996년 클린턴 후보가 72%의 지지율 획득으로 최고치를 기록했는데 오바마는 이보다 불과 1% 낮은 71%의 지지율을 획득해 오바마의 재선에 히스패닉 표심이 적지 않게 작용했음을 알 수 있다. 반면에 롬니는 히스패닉으로부터 27%의 표를 얻는 데 그쳤다. 이는 2008년 공화당 대선 후보였던 매케인의 31%보다 낮은 것이다. 롬니 측의 목표가 38%였는데 목표치보다 11%가량 저조해 공화당의 대 히스패닉 캠페인이 성공적이지 못했음을 알 수 있다. 2004년 선거에서 조지 부시가 히스패닉으로부터 40%의 득표율을 얻는 데 성공함으로써 콜로라도, 플로리다, 네바다, 뉴멕시코 등 경합주에서 승리한 것과 비교했을 때 롬니의 대 히스패닉 동원은 실패한 것으로 평가된다.

히스패닉들은 오바마와 롬니가 자신들에 대해 얼마나 관심을 갖고 있는지에 대한 질문에 대해서도 극명하게 민주당 지지 성향을 보여주었다. 이는 히스패닉이 오바마에게 압도적인 지지를 보낸 이유를 설명해준다. 〈표 9〉는 히스패닉을 대상으로 하여 오바마와 롬니 각각이 히스패닉에 대해 진심으로 관심을 갖고 있는지 여부를 물어본 결과를 정리한 것이다. 오바마가 히스패닉에 대해 진정한 관심을 갖고 있다고 응답한 사람은 66%에 달한 반면, 롬니의 경우는 14%에 불과했다. 반면 오바마가 히스패닉에 대하여 관심이 없다고 응답한 사람은 3%에 불과하였는데 롬니가 히스패닉에 대한

〈표 9〉 오바마와 롬니의 히스패닉에 대한 관심(히스패닉 대상)(%)

오바마의 히스패닉에 대한 관심		롬니의 히스패닉에 대한 관심	
관심 있다	66	관심 있다	14
관심 없다	3	관심 없다	56
적대적이다	23	적대적이다	18

출처: ImpreMedia/Latino Decisions 2012 Latino Election Eve Poll에 기반함

〈표 10〉 2012년 대선에서 가장 중요한 이슈(히스패닉 대상)(%)

경제/일자리	53
이민	35
교육	20
건보개혁	14
기타	8

출처: ImpreMedia/Latino Decisions 2012 Latino Election Eve Poll에 기반함

관심이 없다고 응답한 사람은 56%에 달했다. 이러한 결과는 히스패닉들은 압도적으로 오바마에 대해서 자신들을 위하여 일을 해줄 사람이라는 느낌을 갖고 있으며 이러한 우호적인 느낌은 히스패닉들이 실제로 투표장에서 오바마에게 편향된 투표선택을 하게 했다는 해석을 가능케 한다.

다음으로 히스패닉의 투표선택에서 이민 이슈는 어떠한 역할을 했는지 살펴보았다. 히스패닉을 대상으로 한 여론조사 결과를 살펴보면, 우선 이민 이슈를 중요한 이슈로서 간주하고 있음을 알 수 있다. 〈표 10〉에 따르면 가장 중요한 이슈가 무엇이냐는 질문에 대해 53%가 경제와 일자리 문제라고 응답하여 히스패닉 집단 내에서도 다른 인종 집단과 마찬가지로 경제 이슈가 가장 핫 이슈였음을 알 수 있다. 한편 경제 이슈의 뒤를 이어 35%의 히스패닉들이 이민문제를 가장 중요한 이슈로 꼽았다. 이는 20%의 교육 이슈, 14%의 건보개혁 이슈보다 상당히 높은 비율로서 히스패닉들에게 이민 문제가 아주 중요한 이슈였음을 짐작케 한다.

또한 히스패닉들은 오바마의 DACA 조치에 대해 지지한 반면 롬니의 이민 공약에 대해서는 별로 우호적이지 않았던 것으로 나타났다. 오바마의 불법체류 청소년 구제 조치가 투표에 어떠한 영향을 미쳤냐는 질문에 대해 오바마를 더욱 지지하게 되었다는 응답은 58%, 오바마를 덜 지지하게 되었다는 응답은 6%, 아무런 영향이 없었다는 응답은 32%로 나타났다.[15]

반면 롬니의 이민 공약이 투표에 어떠한 영향을 미쳤냐는 질문에 대해서

〈표 11〉 오바마와 롬니의 이민 공약이 투표에 미치는 영향(히스패닉 대상)(%)

오바마의 DACA가 투표에 미치는 영향		롬니의 이민 공약이 투표에 미치는 영향	
오바마를 더욱 지지하게 함	58	롬니를 더욱 지지하게 함	7
오바마를 덜 지지하게 함	6	롬니를 덜 지지하게 함	57
영향 없음	32	영향 없음	27

출처: ImpreMedia/Latino Decisions 2012 Latino Election Eve Poll에 기반함

는 롬니를 더욱 지지하게 되었다는 응답은 불과 7%인 반면, 덜 지지하게 되었다는 응답은 무려 57%로 나타나 민주당과 공화당 양당의 이민 공약은 히스패닉들에게 뚜렷한 차이로 인식되었으며 민주당의 이민 공약이 히스패닉들을 보다 강력하게 결집시켰던 것으로 보인다. 특히 오바마가 전격 단행한 DACA는 1기 행정부 시 소극적인 이민 개혁으로 인해 실망감을 느꼈던 히스패닉들의 표심을 다시 붙들어 놓는데 일정 부분 역할을 한 성공적인 전략이었던 것으로 평가된다.

한 가지 흥미로운 여론조사 결과는 만약 공화당이 포괄적 이민 개혁안을 지지한다면 공화당에게 투표할 것이냐는 질문에 대해서 31%가 그렇다, 11%가 그렇지 않다, 48%가 아무런 영향이 없다고 답했다는 것이다. 이러한 결과는 열 명 중에 세 명의 히스패닉이 공화당이 포괄적 이민 개혁안을 통과시키는 데 협조한다면 전통적으로 민주당에게 보냈던 지지를 철회하고 공화당을 지지할 의사가 있다는 것으로 이민 이슈가 히스패닉들의 정당 지지에 적지 않은 역할을 하고 있음을 엿볼 수 있다.

---

15) 히스패닉들이 오바마의 전향적인 이민정책에 압도적인 지지를 보내는 이유로는 히스패닉들이 불법이민의 문제를 관계적인 측면에서 인식하고 있기 때문인지도 모른다. 히스패닉에게 불법이민자를 개인적으로 알고 있느냐고 물었을 때 60%가 그렇다고 응답하였다(여론조사 결과의 출처는 ImpreMedia/Latino Decisions 2012 Latino Election Eve Poll이다). 이러한 결과는 히스패닉들은 자신들의 지인 또는 친구들이 불법이민자로 고통받고 있기 때문에 불법이민의 문제에 더욱 온정적인 태도를 보일 수밖에 없게 되고 우호적인 이민 공약을 내세운 오바마를 지지하는 것이라고 해석된다.

V. 결론

오바마 대통령은 2012년 대선에서 332명이라는 과반을 훌쩍 뛰어넘는 선거인단을 확보함으로써 재선에 성공했다. 오바마의 재선으로 선거 전에 실시했던 추방유예 조치가 최소한 4년 더 연장될 것으로 보인다. 그러나 오바마의 재선 성공이 곧바로 이민 개혁의 청신호로 연결될지는 확실하지 않다. 본 연구는 적어도 두 가지 측면에서 오바마 2기 행정부하에서 이민 개혁이 실현될 가능성이 다소 커질 것으로 조심스레 전망해본다.

첫째는 이민자 집단으로부터 이민개혁에 대한 요구가 더욱 거세어졌다는 점이다. 오바마가 대통령에 당선된 직후 백악관 앞에서 열린 이민자 단체 집회가 외친 구호는 "We voted for you. Now vote for our families!(당신에게 투표했습니다. 이제 우리 가족을 위해 투표해주세요!)"였다. 2기 행정부에서 오바마는 자신을 재선시켜준 유권자 계층에게 적극적인 빚 갚기에 나서야 할 것이다. 오바마의 당선을 가능케 한 핵심 지지층은 히스패닉과 아시아계 등 이민자 집단, 중산층, 여성, 그리고 젊은층이다. 오바마는 집권 2기에 여성, 젊은층을 위한 일자리 창출과 학자금 지원 등을 위해 노력해야 할 것이며 경제회복을 통한 중산층 살리기에 전력투구해 빚을 갚아야 할 것으로 보인다. 또한 오바마 대통령은 이번 선거에서 히스패닉의 경우 71% 대 27%, 아시아계에서는 72% 대 26%로 사실상 몰표를 받아 재선에 결정적인 도움을 받았다. 특히 히스패닉계의 몰표는 오바마 대통령이 플로리다, 버지니아, 콜로라도, 네바다 등 경합지들에서 승리하는 데 있어 결정적인 역할을 한 것으로 분석됐다. 이민자들에게 오바마 대통령이 보답해야 할 과제는 역시 이민개혁의 실현이 될 것이다.

둘째는 공화당이 이민개혁을 지지할 가능성이 더욱 높아졌다는 점이다. 이제까지는 민주당이 이민 개혁을 원했지만(want) 지금부터는 공화당이 이민 개혁을 필요로(need)하게 되었다. 레드 스테이트인 애리조나와 텍사스가 캘리포니아처럼 될 수도 있다는 위기의식이 이번 선거를 통해서 다시 한번 상기되었으며, 2014년 중간선거를 생각할 때 공화당으로서는 이민정책에 대한 적극적인 협조가 필연적으로 택해야할 전략이 될 수밖에 없다. 물론 연방하원은 공화당이 다수당을 차지하고 있기 때문에 오바마의 이민개혁이 순조롭게 진행되기 어려울 수도 있다. 그러나 상원에서는 민주당이 다수당을 차지하게 되었고 선거 승리의 대세를 몰고 나가면서 이민 개혁이 '경제 살리기'의 대안으로 뚜렷하게 부각된다면 이민 개혁은 가능할 수 있을 것이다.

오바마 대통령은 이미 새해 1월 21일 취임식을 마친 직후부터 포괄적 이민개혁법안을 본격 추진하고 2013년 중에 성사시킬 것임을 공약했다. 더욱이 공화당까지 이민개혁을 언급하고 있다. 9·11테러가 발생한 후, 약 11년 동안 미국의 문이 굳게 닫혀 있었다. 2012년 대선에서 오바마 대통령이 당선됨으로써 2013년에는 불법이민자 1,100만 명을 구제하고 합법이민을 확대하는 포괄적 이민개혁법안이 성사되는 역사적인 해가 될 지도 모른다는 기대감이 커지고 있다.

덧붙여 이 글에서 살펴본 미국의 이민문제는 다문화 가정의 증가라는 사회변화를 겪는 한국에게도 던지는 시사점이 있다. 아직 우리나라 선거에서 이민 이슈, 다문화 사회의 문제가 큰 이슈로서 제기되고 있지는 않지만 조만간 한국 정치의 중요 아젠다로서 이민문제가 대두될 수 있을 것이다. 우리 사회의 중요한 갈등의 축인 지역 갈등, 세대 갈등에 덧붙여 민족 간 갈등, 문화 간 갈등이 추가되었을 때 한국의 정치지형에도 큰 변화가 있을 것이다. 미국이 거쳐 온 이민문제를 둘러싼 갈등의 역사는 우리가 보다 큰 관심을 갖고 지켜봐야 할 문제이다.

【참고문헌】

이소영·이옥연. 2011. "의료보험개혁, 이민 규제, 그리고 2010 미국 중간선거." 미국
　　정치연구회 편. 『미국의 선거와 또 다른 변화』, 197-235. 서울: 오름.
이정진. 2012. "2012 미국대선 결과와 시사점."『이슈와 논점』제554호. 국회입법조
　　사처(2012년 11월 9일).
이혜정. 2009. "미국 공화당의 위기: 보수의 역사적 정체성과 정치적 과제."『의정연
　　구』제15권 1호, 209-235.
유성진·김희강·손병권. 2007. "2007년 미국 이민법 개정 논쟁: 과정과 함의 그리고
　　미국의 다원주의."『미국학논집』제39집 3호, 139-172.

Department of Homeland Security. 2010. *Yearbook of Immigration Statics
　　2010*.
Schain, Martin. 2008. *The Politics of Immigration in France, Britain, and the
　　United States: A Comparative Study*. New York: Palgrave-Macmillan.

■ **여론조사 자료**

Lake Reserach Partners/The Tarrance Group. November 4-6, 2012. A National
　　Election Day Poll of Voters.
Pew Hispanic Center. 2002-2011. National Surveys of Latinos.
Pew Hispanic Center. November, 2011. National Survey of Latinos: Pew
　　Research Center for the People & the Press.
Pew Hispanic Center. 2012. The National Election Poll.
ImpreMedia/Latino Decisions. 2012. Latino Election Eve Poll.

■ **인터넷 자료**

http://amvoice.3cdn.net/f7a2462c34a8aaa78d_27m6iv0js.pdf(검색일: 2012년 12

월 15일).

http://www.koreadaily.com/news/read.asp?art_id=1285931(검색일: 2012년 12월
10일).

http://www.mijunews.net/tb_miju/board.php?board=econews&config=&comm
and=body&no=212(검색일: 2012년 12월 16일).

http://www.pewhispanic.org/2012/11/07/latino-voters-in-the-2012-election/(검
색일: 2012년 12월 10일).

제11장

미국 대통령선거의 외교안보적 함의

정구연 ㅣ 한양대학교

I. 서론

버락 오바마(Barack Obama)의 재선으로 국제사회는 자유주의적 국제주의(Liberal Internationalism)에 기반을 둔 세계질서를 공고화시킬 수 있는 기회를 얻었다. 'Anything But Bush'라는 표현처럼 오바마 대통령은 지난 2009년 집권하면서 부시(G.W. Bush) 행정부와 차별성을 강조했다. 특히 대테러전쟁, 관타나모에 수감된 포로 문제, 기후변화, 국제 금융위기, 세계 빈곤 문제, 이슬람 국가들과의 관계악화, 핵확산의 위협 등 당시 미국이 연루되어 있던 많은 위기상황에 대해 새로운 접근법을 채택할 것을 공표하였으며, 오바마 대통령은 이를 통해 보다 안정적인 국제질서와 미국의 리더십을 재확립하고자 했다.

제1차 세계대전 이후 우드로 윌슨(Woodrow Wilson)의 이상주의(idealism)

로 그 원형이 제시된 이후로, 자유주의적 국제주의 대외정책은 미국 민주당의 전유물로 인식되어 왔으며, 다음과 같은 세 가지 특징을 보여 왔다. 첫째, 고립주의의 반대 개념으로서 다른 국가들에 대해 관여하는(engage) 정책, 둘째, 민주주의제도 및 자유시장경제의 확산을 통한 국제체제 안정성 도모, 셋째, 집단안보체제와 같은 다자주의적 제도 및 이를 통한 국제분쟁 해결에 대한 믿음이 바로 그것이다(Ikenberry 2009, 71; Chaudoin 2011, 17). 반면 전통적 자유주의 이론은 군사력의 투사에 관해 명확한 입장을 밝히진 않았다. 다만 민주주의와 자유시장경제가 확산되면 국제체제가 안정적으로 변화될 것이고, 그렇게 된다면 힘의 투사가 불필요해 진다는 결론을 내릴 뿐이다.

그러나 냉전에 접어들자 이 정책은 민주당과 공화당 간의 초당적 협정(bipartisan compact)의 성격을 지닌 대외정책으로 변모하며 현재의 자유주의적 국제주의 대외정책의 모습을 갖추게 되었다(Kupchan and Trubowitz 2007, 8). 경제공황과 2차 세계대전 이후의 국제질서를 회복시키기 위해서 미국은 중국, 영국, 소련 등 당시 강대국들 간의 다자간 협력이 필요함과 동시에 미국 스스로도 강력한 국력을 보유해야함을 강조했다. 이는 프랭클린 루스벨트(Franklin D. Roosevelt) 대통령의 소위 '위대한 디자인(Great Design)'으로 구체화되었고, 냉전기 자유주의적 국제주의 정책으로서 새로이 형성되었던 것이다. 즉 미국은 국제체제의 안정화를 위해서 다자간 파트너십을 바탕으로 한 지도력을 발휘해야 하지만, 동시에 전 세계에 군사력을 투사하고 민주주의와 시장경제체제를 확산시키기 위해 강력한 국력을 유지해야 한다는 것이다. 이를 위해서 협력(cooperation)과 강압(coercion)이 결합되어야 하며, 이것이 바로 냉전기 자유주의적 국제주의 대외정책을 구성하는 두 가지 요소로 자리 잡았다. 또한 이러한 대외정책은 민주·공화 양당 간의 합의와 지지에 기반하고 있었기에 냉전기를 지나 현재까지 안정적으로 지속될 수 있었다.[1]

---

1) 물론 미 의회 내부의 초당적 협력(bipartisanship)의 존재가 반드시 자유주의적 국제주

2008년 선거에서 승리한 오바마의 대외정책 역시 국제적 협력체제 구축, 신뢰 및 리더십 회복 등에 중심을 두었다. 물론 이는 부시 행정부의 강압적이고 일방주의적 외교행태로 인해 훼손된 미국의 세계지도력과 급격히 약화된 미국의 소프트파워를 회복시키는 것이 오바마 행정부의 우선순위였기 때문이다. 이러한 과정에서 경성권력과 연성권력을 조화롭게 사용하는 스마트 외교를 펼쳤기에 결과적으로 세계적 반미감정도 완화될 수 있었다. 그러나 오바마 대통령은 전적으로 협력의 기제, 즉 전통적 자유주의적 국제주의 이론이 강조하는 제도와 기구, 파트너십의 역할에만 의존한 것은 아니었다. 때로는 실용주의적(pragmatism), 혹은 망설이는 현실주의자(reluctant realist)로 불릴 정도로 오바마 대통령은 자유주의적 국제주의 대외정책 목표 실현을 위해 현실주의적 수단을 채택하는 데 주저하지 않았다(O'Hanron, 2012). 그러나 이러한 유연성 있는 접근법은 미국 사람들 사이에 호의적인 평가를 받았고, 국내정책에 대한 지지율이 하락하는 것과는 반대로 오바마 정부의 대외정책에 대한 미국민들의 지지는 상승세에 있었다.[2]

그러나 2012년 대선을 앞둔 오바마는 여전히 불확실한 대외안보환경에 직면해 있었다. 리비아, 시리아, 이집트 및 이란 등 중동 지역에 만연한 '아랍의 봄'은 인도주의적 위기의 상황으로까지 치달았고, 유럽의 경기악화는 해결 조짐이 보이지 않았으며, 북한과 이란의 핵개발 위협은 잔존하고 있었을 뿐 아니라 새로운 제5세대 지도부의 등장과 함께 G2(Group of 2)로 부상한 중국과의 관계를 재정립해야만 했기 때문이다. 그럼에도 불구하고 2012년 대선 승리로 인해 오바마 대통령은 "앞으로(Forward)"라는 그의 선

의 대외정책에 대한 초당적 협력으로 이어진다는 보장은 없지만, 현재의 자유주의적 국제주의 대외정책의 태생적 특성상 초당적 협력이 대외정책의 안정성 유지에 필수불가결한 조건임에는 틀림없다. 최근의 경험적 분석에 의하면, 냉전 종식 이후 자유주의적 국제주의 대외정책이 안정적으로 유지될 수 있을 정도로 미 의회 내부에 초당적 협력은 여전히 존재하는 것으로 분석되었다(Snyder, Shapiro and Bloch-Elkon 2008; Kupchan and Trowitz 2010; Chaudoin, Milner and Tingley 2010; O'Donnell 2012).

2) 본문 〈그림 1〉 참조.

거구호처럼 스스로의 정치철학을 안정적으로 구현할 기회를 얻게 되었다. 더욱이 차기 대선을 준비해야 하는 정치적 부담감이 사라졌기에 오바마 대통령의 자유주의적 국제주의 대외정책은 상당 기간 탄력을 받을 것으로 예측된다. 또한 오바마 대통령의 대외정책수행 지지율의 경우 국내정책수행 지지율보다 상대적으로 높은 수준을 기록해왔다는 점은 향후 대외정책 수행에 있어 큰 자산으로 작용할 공산이 크다.3) 또한 미의회 내의 초당적 협력도 여전히 일부 존재하기에, 이 역시 또 하나의 긍정적인 요소가 될 듯 보인다(Chaudoin, Milner and Tingley 2010; Harbridge 2011).

오바마의 재선에 대하여 세계 각국은 반색을 표하고 있다. 중국은 오바마 대통령의 재선을 바탕으로 양국 간의 협력이 확대될 수 있을 거라는 기대를 내비쳤으며, 영국 및 독일, 프랑스를 비롯한 유럽의 국가들은 롬니 후보가 선거운동 당시 유럽을 '오바마가 건설하려는 큰 정부·사회주의 국가의 상징'이라고 지적한 점에 우려를 표명했었다. 또한 롬니 후보가 당선될 경우 이제까지 오바마 행정부와 공조해온 부채위기 해법이 원점으로 되돌아갈 가능성이 있다는 점에서 오바마를 선거기간 내내 지지해왔다. 이집트와 리비아 등 중동 국가들의 경우 시민혁명과정과 그 이후 지역 안정화를 위해 미국이 경제 회복을 지원해왔기에 더욱 오바마의 재선을 반기고 있다. 특히 오바마 대통령은 튀니지, 이집트, 리비아, 예멘 등의 장기집권 독재자들을 차례로 추방한 '재스민 혁명'에 대해 공개적으로 지지해왔기에 이들은 오바마의 재선이 혁명 이후 사회 안정을 유지하는 데 더 유리할 것이라는 예측을 내놓았다.

반면 중동 지역에서 유일하게 롬니의 당선을 기대했던 국가는 이스라엘로, 이는 재임기간 동안 한 번도 이스라엘을 방문하지 않은 오바마 대통령과는 달리 롬니 후보는 이스라엘 편향적인 공약, 그리고 중동에서의 미군 병력

---

3) 퓨 연구소(Pew Research Center)의 2012년 여론조사 결과에 따르면 오바마 대통령의 대외정책 수행 지지율은 테러리즘 정책의 경우 65%, 이란과 아프가니스탄 전쟁의 경우 각각 56%, 48%를 기록했다(Kohut et al. (A), 7).

증강을 공약을 내세웠기 때문이다. 아프리카 국가들의 경우 역시 오바마 대통령의 재선을 선호했다. 물론 케냐인 혈통을 가졌다는 점에서 오바마 대통령은 2008년 첫 번째 대선 당시 아프리카 국가들의 절대적인 지지를 얻었지만, 재임기간 동안 아프리카 국가 중 가나만을 한차례 방문했기에 아프리카 국가들은 내심 실망할 수밖에 없었다. 하지만 이들은 롬니 후보가 당선될 경우 이전 부시 대통령처럼 해외 분쟁지역에 군사적 개입을 할 가능성이 높다는 우려를 가지고 있었기에 아프리카 국가들은 대부분 오바마의 재선을 환영했다.

요컨대 오바마 대통령은 위와 같은 국내외의 지지를 바탕으로 자유주의적 국제질서, 즉 다자주의와 제도적 접근 및 국가 간 협력을 본격적으로 구현시킬 기회를 얻은 셈이다. 하지만 여전히 상존하는 테러리즘, 핵무기와 기타 대량살상무기 확산, 중국의 부상 등 미국에 대한 위협요소를 관리함과 동시에 미국이 추구하는 자유주의적 질서를 창출하기 위해 자유주의의 확산과 압도적 힘의 우위를 유지하는 실용주의적 전략이 2기 정부에도 지속될 것으로 보인다.

반면 오바마 대통령의 재선은 동아시아 지역과 한미 관계에 변화를 예고하고 있다. 2011년 채택한 '아시아로의 회귀(Pivot to Asia)' 정책으로 인해 동아시아 지역은 부상하는 중국과 아시아 역내 행위자들 간의 갈등이 일어날 확률이 아주 높아졌다.

본 장은 2012년 미국의 대통령선거에서 승리한 오바마 대통령과 그의 2기 행정부 출범이 국제관계에 가져올 변화는 무엇이며 이러한 변화가 동아시아 국제관계 및 한미 관계에 어떠한 함의를 가질 것인지를 살펴보는 데 그 목적을 두고 있다. 이를 위해 우선 오바마 1기 정부의 세계전략과 그 성과를 알아보고, 또한 그러한 성과가 2012년 대선과정에서 어떻게 나타나고 있는지, 더욱이 대외정책 우선순위는 어떠한 현안들로 구성되어 있었는지를 살펴볼 것이다. 다음으로 오바마 행정부가 추진하고자 하는 '아시아로의 회귀' 정책이 아시아 지역 국가들에게 어떠한 영향을 미칠 것인지 알아보고, 마지막으로 오바마 대통령의 재선과 새로운 오바마 독트린으로 자리매

긴한 아시아 정책이 한미 관계에 어떠한 변화를 가져올 수 있는지에 대해
논의하며 글을 마치고자 한다.

II. 오바마 정부와 세계외교안보질서

1. 오바마 1기 행정부 대외정책에 관한 논란

오바마 1기 행정부는 종종 세계전략(Grand Strategy)이 부재하다는 평가
를 받아왔다. 많은 전문가들은 '과연 오바마 정부는 세계전략이 있는가?
(Ferguson 2011),' '오바마 독트린이란 독트린이 아예 없는 것을 의미한다
(Hirsh 2011),' '국제사회에서 미국이 봉착한 난관은 모두 오바마의 세계 전
략이 잘못되었기 때문이다(Mearsheimer 2011)' 라는 등의 비난을 쏟아내곤
했다.4)

이러한 비난을 받게 된 원인에는 여러 가지가 있을 수 있으나, 첫 번째
원인으로는 오바마 정부의 대외정책이 하나의 세계전략을 일관성 있게 적용
하기보다는 상황에 따라 실용주의적 태도(pragmatism)를 보여주었기 때문
이다. 즉 자유주의적 국제주의 대외정책 목표와 수단을 동시에 채택해야 한
다는 당위성에 집착하기보다는 그러한 목적을 달성하기 위한 수단에 있어서
는 유연성을 보여주었으며, 때로는 대의와 미국의 국익 사이에 타협하는 모
습을 보이기도 했다. 예컨대 '아랍의 봄'으로 일컬어지는 중동지역 내 일련

---

4) 반면, 외교정책에 관한 엄격한 의미의 교조적 접근(doctrinal Approach)은 더 이상
필요하지 않다는 주장도 있다(Fareed Zakaria 2011). 과거 냉전기 양극시대의 봉쇄정
책과 같은 대전략은 현대의 다극적(Multipolar)·다층적(Multi-layered) 구조의 국제체
제에 부적절하며, 현시점에서 필요한건 하나의 대전략보다 각각의 상황에 적응(adapt)
할 수 있는 유연성이라는 것이다.

의 반정부시위에 대해 오바마 정부는 민주주의의 확산이라는 측면에서 이들 국가에 대한 지지를 보냈으나, 국가별로 다른 정책을 취했다.

우선 리비아에 관해서는 이미 임박한 인도주의적 위기 상황에 대해 유럽, 아랍 연맹(Arab League), 그리고 국제연합이 동시에 개입하는 상황이었기 때문에 미국은 이러한 다자적 노력에 많은 비용을 감수하지 않고 참여할 수 있었다. 한편 사우디아라비아의 경우 미국이 반정부시위에 더 큰 지지를 보낼 경우 시위가 심화될 가능성이 높았고, 결과적으로 원유 가격 폭등이 일어나 간신히 살아나고 있는 경기침체상황이 보다 악화될 수 있다고 판단, 소극적으로 대처할 수밖에 없었다(Zakaria 2011). 요컨대 오바마 정부는 민주주의의 확산과 독재정치의 종언이라는 측면에 있어서, 즉 자유주의적 국제질서의 확립이라는 원칙적인 측면에서는 '아랍의 봄'을 지지했으나, 미국의 국가이익, 특히 경기침체 악화의 가능성이 존재할 경우 현실주의적 접근을 통해 미국의 이익과 비용을 철저히 계산하여 차별성 있는 접근을 시도했다.

두 번째로 대중의 인식과 실제 대외정책의 괴리감을 짚어볼 수 있다. 이미 2008년 대통령선거 운동 당시 오바마는 부시 정부의 대외정책을 강력히 비난함으로써 전쟁에 지친 미국 국민들에게 어필할 수 있었고, 동시에 오바마의 이상주의적 비전이 대중들 사이에 각인됨으로써 오바마 대통령의 대외정책이 부시 정부 정책과 대척관계에 있을 것이라는 예상을 해왔다. 이렇게 반전 후보(Anti-war candidate)로서 입지를 굳혀온 것과는 반대로 오바마 대통령은 집권 이후 아프가니스탄 전쟁, 이란 핵문제, 중국의 부상 등의 현안에 대해 부시 정부와 마찬가지로 적극적인 개입정책을 펴왔고, 또한 군사작전을 통해 오사마 빈 라덴을 사살하는 등 테러와의 전쟁을 계속 진행해왔다. 물론, 정권 교체 과도기의 대외정책 추진에 있어 정치적 이상과 현실사이에 타협할 수밖에 없었던 측면도 있을 수 있을 것이다(Indyk, Lieberthal and O'Hanron 2012).5) 하지만 오바마 대통령은 집권 이후 부시 행정부의

---

5) 오바마 대통령 역시 미국의 대외정책은 항상 이념과 현실주의적 선택 사이의 타협

유산을 완전히 되돌려 놓으려고 노력하지도 않았다.

예컨대 오바마 대통령은 부시 행정부의 국방부 장관이었던 로버트 게이츠(Robert Gates)를 연임시켰으며, 부시 대통령 집권기 내내 심각한 인권문제로 논란을 일으켰던 관타나모 수용소 폐쇄 예산을 삭감함으로써 2기 행정부가 다루어야 할 의제로 넘겼다. 또한 이란과 북한의 핵문제에 대해서는 부시 대통령과 같은 강경한 입장을 바탕으로 경제제재를 유지시켰으며, 집권 이후 16개월 이내에 이라크로부터 철수하겠다는 2008년 당시 선거 공약과는 달리 집권 3년 후에야 미군 철수와 함께 이라크전쟁 종전을 선언했다. 이는 이전 부시 행정부와 이라크 총리 누리 알-말리키(Nouri Al-Maliki)가 2008년에 합의해 놓은 시간표에 따른 것으로, 오히려 오바마 행정부는 이라크에 더 오래 주둔하고자 이라크 정부와 협상을 시도했다고 보도된 바 있다(Indyk, Lieberthal and O'Hanron 2012; O'Hanron 2012).[6) 요컨대 오바마 대통령은 원칙적으로 자유주의적이고, 다자주의적 국제질서를 확립하기를 지향하지만, 그러한 가운데에도 때때로 미국의 국가이익에 관해서는 지극히 현실주의적이며 합리주의적(rationalistic) 관점에서 부시 정부의 정책을 이어왔고 또 강압적인 대외정책수단과 협력적 수단을 병행했기에, 이러한 인식과 현실의 괴리로부터 비난의 여지를 남기게 되었다고 보인다.[7)

2. 오바마 1기 정부의 외교안보전략

오바마 1기 행정부의 외교안보전략의 변화과정은 다음과 같이 요약될 수

(Compromise between ideology and realism)이라고 언급한 바 있다(Zakaria 2011).

6) 오핸론(2012)에 따르면 미국은 정해진 날짜에 미군을 철군함으로써 그나마 미국의 체면을 지킬 수 있었다고 한다.

7) 실제로 오바마 대통령은 2008년 뉴욕타임스 기자 데이빗 브룩(David Brook)과의 인터뷰를 통해 "나는 조지 W. 부시 대통령의 대외 정책에 대단히 공감한다(I have enormous sympathy for the foreign policy of George W. Bush)" 라고 밝힌 바 있다.

있다. 첫째, 집권 초기 오바마 행정부의 대외전략은 '다자적 감축(multilateral retrenchment)'으로 표현된다(Drezner 2011). 즉, 오바마 대통령은 부시 정부의 대테러전쟁으로 인해 방만해진 미국의 해외 공약(overseas commitment)을 축소하고, 대신 동맹국을 비롯한 세계 주요국들과 공약을 분담함으로써 다자적 파트너체제(Multipartner world)를 구축하고자 했다. 물론 이러한 전략의 이면에는 오바마 1기 정부가 출범할 당시 심각한 경제침체로 인해 대외정책보다는 국내경제상황에 치중해야만 하고, 모험적인 대외정책은 지양할 수밖에 없었던 현실적 제약도 고려되었다(Frournoy and Davidson 2012). 그러나 이러한 방식으로 여러 국가들과의 협력체제를 구축함으로써 세계는 미국이 추구하는 자유주의적 국제질서로 나아갈 수 있고, 우선적으로 부시 정부의 일방주의적 외교정책으로 인해 생겨난 적대적 국제관계를 해소할 수 있다고 믿었다. 이를 통해 오바마 대통령은 부시 대통령 재임기간 동안 추락한 미국의 위상과 리더십, 그리고 소프트파워를 회복시키려 했고, 궁극적으로는 향후 안정적인 자유주의적 국제질서를 확립할 수 있는 토대를 만들고자 했던 것이다.

실제로 오바마 대통령은 미국에 대한 국제사회로부터의 적대적인 시선을 완화시키려는 노력의 일환으로 지난 부시 정권 동안 미국이 저지른 과오를 인정하기도 했다. 집권 첫해인 2009년 이집트 카이로에서의 연설을 통해 오바마 대통령은 이슬람국가들과의 관계복원을 위한 새로운 외교를 시작할 것을 약속했고, 노벨평화상을 수상하는 오슬로에서의 연설을 통해서는 "정의로운 방향으로 역사를 되돌릴 것을(bent history in the direction of justice)" 약속한 바 있다. 또한 오바마 정부는 많은 경쟁국들과도 다양한 현안에 대해 협력체제를 만들고자 했다.

예컨대 중국과는 미·중 전략 경제 대화(US-China Strategic and Economic dialogue)를 정례화함으로써 G-2로 부상하는 중국에 대해 관여(engagement)할 수 있는 기회를 만들었다. 또한 러시아와의 신전략무기감축조약(New Strategic Arms Reduction Treaty)을 비준하는 데 성공함으로써 전 세계적 차원의 비핵확산 외교의 명분을 얻을 수 있었다. 즉 미국은 다른 핵보유국들에 의한 핵군축, 핵폐기 및 핵비확산 등에 대한 상호적 조치를 요구할 수 있게 된 것이다. 또한 세계경제포럼으로서의 G-8 회의를 G-20회의로 대체하여 더 많은 국가들과의 파트너십 체제를 정립했으며, 인권향상과 민주주의의 확산이라는 대외정책 목표를 위해 다른 국가에 미국적 가치를 강요하는 옹호자(vindicator)적 인권외교정책보다는 미국 스스로의 선례를 보임으로써 다른 국가들의 변화를 유도하는 소극적인 예시주의적(examplarist) 정책을 채택했다. 이러한 선택은 부시 대통령이 강압적인 변환외교(Transformational diplomacy)를 추진함으로써 비민주국가들의 저항을 겪어야만 했던 선례에 기인한다. 또한 오바마 대통령은 악화된 국제사회와의 관계복구와 파트너십 구축이라는 우선순위를 달성하는 데 있어 민주주의 확산과 인권향상이라는 또 다른 자유주의적 목표가 걸림돌이 되기를 바라지 않았던 것으로 보인다.

또한 이와 더불어 이시기의 오바마 정부는 '스마트외교'로 명명된 외교전략을 수립하여 향후 자유주의적 국제주의질서로 나아갈 수 있는 새로운 정책수단을 만들었다. 클린턴(Hillary Clinton) 장관에 의해 추진된 스마트외교는 미국 대외정책에 있어 다층적인 외교의 역할을 주문하고 있다. 즉 엘리트 중심 외교에서 벗어나 국제개발협력 전문가와 민간외교단체, NGO, 기업 등 민간부문과의 다자협력체계를 기초로 한 문민외교, 공공외교를 강화하여 국제사회가 당면한 문제를 공동의 노력으로 해결함과 동시에 미국의 이미지를 제고하겠다는 오바마의 소프트파워(Soft power) 외교의 한 단면을 보여주고 있다(Clinton 2010). 또한 스마트외교는 경성권력(Hard power)과 함께 문화, 가치, 제도 등 국제사회로부터 자발적인 협력을 도출해 낼 수 있는 연성권력(soft power)의 중요성을 동시에 강조한다(신성호 2012, 59). 이러한 접근법은 9·11 테러 사태 이후 미국이 처한 안보위협요소가 단순히 전통적인 군사적 수단만으로는 제거될 수 없다는 인식을 바탕으로 하고 있다.

오바마는 이러한 위협요소를 복합적(complex)이라고 정의했으며(Obama 2007, 2-4), 전통적 안보위협요소뿐만이 아니라 국가간 경계 안팎을 넘나드는 테러리즘, 기후변화, 세계빈곤과 질병, 자연재해 등으로부터 미국이 대면

〈표 1〉 미국의 대외 이미지 변화[8](%)

과거에 비해 미국은 국제사회로부터…	2004년 7월	2005년 10월	2007년 8월	2008년 5월	2008년 9월	2009년 11월	2012년 1월
더욱 존경받고 있다	10	9	7	7	5	21	13
존경받고 있지 않다	67	66	65	71	70	56	56

출처: The Pew Research Center(2012)

할 수 있는 위협요소 역시 고려해야 한다고 주장했다. 이를 위해서는 미국의 압도적인 경성권력에만 기대어서는 안 되며, 대신 유연하고 복합적인 다자외교, 연성권력, 제도구축 등을 통한 해법이 오히려 더 효과적이라는 것이다. 또한 오바마 행정부는 민주화와 경제발전이 상호보완을 이룬다는 발상에 착안, 민주주의 확산과 개발협력 및 인도주의적 지원을 연계시켜 이를 바탕으로 비민주국가들이 이러한 미국의 관여정책을 받아들일 수 있는 유인을 제공하고 있다. 궁극적으로 이를 바탕으로 국제사회에서 지지를 얻을 수 있는 리더십을 만드는 데 노력을 쏟은 것이다.

위와 같은 오바마의 대외정책으로 인해 미국의 대외이미지는 이전 부시 대통령 재임기간보다 상당 부분 향상되었다. 〈표 1〉에 나타나듯 미국의 현재 대외 이미지는 부시가 집권했던 2008년 이전보다 응답자들 가운데 두 배 이상이 긍정적으로 인식하고 있다.

하지만 이와 같은 미국의 '다자적 감축'과 '스마트파워' 접근법이 효과적이었는가에 대해서는 논란의 여지가 있다. 위와 같이 협력체제를 우선적으로 구축하고자 했던 미국의 대외전략에 대해 몇몇의 주변국들은 오히려 기회주의적 행태를 보였다. 일부 국가들은 미국을 파트너로 인식하려 하지 않았으며, 오히려 미국이 국제사회에 제공하는 공공재로서의 세계질서를 유지하기

---

8) Andrew Kohut, Carroll Doherty and Michael Dimock, "Public Priorities: Deficit Rising, Terrorism Slipping," The Pew Research Center, January 23, 2012.

위한 비용을 전가하기 위해 파트너십 구축전략을 채택했다고 생각했다. 또한 앞서 언급했듯 유연성을 강조하는 실용주의적 대외정책 접근법으로 인해 군사력 투사에 있어서의 미국의 전략적 일관성이 약화됨에 따라, 미국의 동맹국들은 과연 미국이 군사력을 동원하여 동맹공약을 수호할 의지가 있는지 의심하게 되었다. 또한 중국과 러시아 등 경쟁국과의 협력사례가 늘어감에 따라, 동맹국들은 미국의 해외파병에 소극적으로 협력하기 시작했다. 요컨대 부시 행정부의 일방주의적 대외정책을 지양함으로써 미국의 대외적 위상은 제고되었으나, 그것이 미국의 연성권력의 증가로 이어지진 못했다. 이는 군사력을 포함한 경성권력을 실제로 사용할 수 있다는 결의(resolve)를 보여주지 않는 한 연성권력은 아무런 의미를 갖지 못했다는 것을 방증해준다.

위와 같은 국제사회의 반응에 대응하여 오바마 정부는 집권 18개월 이후 대외정책의 전환을 도모했다. 반격(Counterpunching)으로 표현될 수 있는 일련의 정책들은 오바마 1기 행정부 후반부에 중점적으로 수행되었다(Drezner 2011). 오바마 정부는 경쟁국 혹은 적대국으로부터의 도발에 대하여 집권 초기보다 더욱 적극적으로 대응하고 또한 미국의 결의를 보여줌으로써 국제사회에서 미국의 영향력을 유지하려 했다. 동시에 미국의 기존 동맹국과의 관계는 더욱 공고히 하려는(reassurance) 노력을 보여주고 있다. 즉 동맹국들에게 미국은 기존의 동맹공약에 충실 할 것이라 다짐하였으며, 부상하는 경쟁국과 위협국에 대해 동맹국들의 의지를 모으고자 노력하기 시작했다. 더욱이 예시주의의 소극적인 모습을 보였던 민주주의 확산 및 인권외교 전략에 대해서도 미국 예외주의(American exceptionalism)의 관점에서 민주주의와 인권, 그리고 개발협력 세 부문을 연결시킴으로써 보다 적극적으로 비민주국가들의 정치적 개혁의지를 북돋고자 노력했다.

이러한 오바마 외교안보전략의 변화는 여론의 지지율 상승으로 이어졌다. 〈그림 1〉에서 볼 수 있듯이 오바마 국내정책에 대한 지지율보다 대외정책에 대한 지지율은 점진적으로 상승세를 보이고 있다. 비록 대외정책 전반에 대한 여론의 평가는 엇갈리지만(46% 지지, 45% 지지하지 않음), 세부적인 대외정책, 즉 오바마 정부의 아프가니스탄에 대한 접근법이나 대 이란정

〈그림 1〉 오바마 정부의 정책별 지지율 변화도[9)]

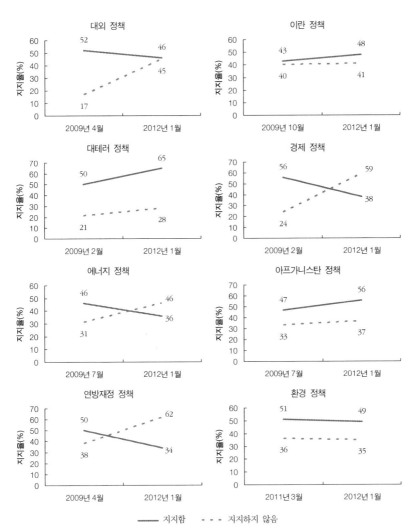

출처: The Pew Research Center(2012)

9) Andrew Kohut, Carroll Doherty, Michael Dimock and Scott Keeter, "Obama: Weak Job Ratings, But Positive Personal Image," The Pew Research Center(January 19, 2012), pp.35-36.

책 등에 있어서는 지지율의 상승이 관찰되고 있다.

반면 에너지 정책, 연방 재정적자에 관한 대처, 환경정책, 경기침체에 대한 정책 등에 관한 오바마 정부의 지지율은 2009년 집권 이후 지속적인 하락세를 면치 못하고 있다.

요컨대 오바마 1기 정부가 이룬 성과는 부시 정부 부정적 유산의 해소 및 자유주의적 국제질서로 재편될 수 있는 발판을 만들었다고 요약될 수 있다. 물론 이러한 두 가지 성과는 서로 별개가 아니며, 부시 행정부의 일방주의적 국제질서로부터 오바마의 다자주의적 자유주의적 세계로 변환되는 과도기적 상황에서 오바마 정부는 실리를 추구하고자 노력했고, 궁극적으로 이러한 일련의 노력들이 미국의 세계 리더십 강화와 자유주의적 국제질서로 귀결되기 위해 아직도 미국은 노력하고 있다.

III. 2012년 미국 대선에 나타난 외교안보현안

1. 대외정책이 선거에서 차지하는 우선순위

일반적으로 대외정책은 미국 대통령선거의 당락을 가를 정도의 핵심적인 변수는 아니다(Nye 2012). 〈표 2〉에서 나타나듯, 외교안보 현안이 미국 대선에서 차지하는 순위는 이전 선거에서도 낮았고, 이번 2012년도 선거에서는 지난 2008년 선거보다 더욱 낮아졌다. 퓨 리서치 센터의 여론조사[10] 결과에 따르면, 미국 유권자들은 2012년 1월 현재 대외정책보다는 국내 현안에 더 높은 우선순위를 부여하고 있으며, 특히 경제 및 일자리 창출 등에

---

10) Andrew Kohut, Carroll Doherty and Michael Dimock. 2012. "Public Priorities: Deficit Rising, Terrorism Slipping." The Pew Research Center, January 23, 2012.

대하여 각각 응답자의 86%, 82%가 중요한 우선순위가 되어야 한다고 응답
했다. 한편 전반적으로 대외정책은 낮은 우선순위를 차지하고 있는데, 2007
년 당시 가장 높은 우선순위(80%)에 올랐던 테러리즘의 경우 점차 그 중요
성에 대한 인식이 약화되어 2012년 1월의 경우 단지 69%의 응답자만이 중

〈표 2〉 2012년 미국 유권자의 주요 현안 우선순위(%)

대통령과 의회에게 가장 중요한 현안은 무엇인가?	2007년 1월	2011년 1월	2012년 1월	5년 사이의 변화
경제	68	87	86	+18
일자리 창출	57	84	82	+25
테러리즘	80	73	69	-11
재정적자	53	64	69	+16
사회보장	64	66	68	+4
교육	69	66	65	-4
건강보험	63	61	61	-2
공정한 세금	--	--	61	--
건강보험	68	61	60	-8
에너지	57	50	52	-5
빈곤	55	52	52	
범죄	62	44	48	-14
도덕	47	43	44	-3
환경	57	40	43	-14
로비	35	37	40	+5
불법이민	55	46	39	-16
군비강화	46	43	39	-7
대외무역	34	34	38	+4
교통	--	33	30	--
군비축소	--	--	29	
선거자금	24	--	28	+4
기후변화	38	26	25	-13

출처: The Pew Research Center(Jan. 11~16, 2012)

요한 현안이라고 답했다. 그 밖에도 군비강화, 대외무역 같은 경우도 각각 39%, 38% 정도의 중요도를 부여받았을 뿐이다.

〈표 3〉은 공화당, 민주당지지 유권자 및 부동층간의 현안별 선호도에 있어서는 큰 차이가 없음을 보여준다. 즉 미국 유권자들이 생각하는 대외정책에 있어서 전반적인 우선순위는 당파성과 상관없이 비슷한 성향을 보인다. 다만 얼마만큼 우선순위에 대한 양적 선호를 부여하는가에 있어 각 그룹별로 정도의 차이를 보이고 있다. 예컨대 민주당지지 유권자는 세계 빈곤, 기후변화의 현안에 있어 공화당지지 유권자들보다 좀 더 많은 선호도를 부여하고 있다. 반면 공화당지지 유권자들은 불법이민자들에 대한 대처, 대테러전쟁 등의 정책에 더 선호를 두고 있다. 하지만 이러한 선호의 차이는 단지 정도의 차이로 볼 수 있으며, 선호도의 불일치라고 단정짓기는 어렵다.

〈표 3〉 2012년 미국 유권자의 주요 대외정책 현안 우선순위(%)

미국외교정책에 있어 가장 중요한 목표는 무엇인가?			
현안	공화당 지지 유권자	민주당 지지 유권자	무당파
미국노동자들의 취업보장	84	84	82
해외석유 의존도 축소	78	77	73
핵확산 방지	76	74	67
테러와의 전쟁	73	64	57
강력한 군사력 유지	68	48	46
불법이민통제	70	43	46
세계빈곤퇴치	31	54	40
국제연합 강화	28	46	29
기후변화 대처	16	46	33
세계인권 보호	22	34	26

출처: Chicago Council Survey(May 26~June 8, 2012)

2. 두 후보의 대선 공약 비교

1990년대 이후 미국의 정당들은 선거과정에 있어 각자의 당파성에 근거한 정책대결양상을 보여 왔다(김재천·조화순 2009, 107). 〈표 4〉에 나타나듯, 이번 2012년 대선 역시 오바마 대통령과 롬니 후보의 국내정책공약에 있어 정책적 차별성이 극명하게 드러났던 선거로 평가받고 있다. 우선 오바마 대통령의 선거 공약은 기존 1기 행정부 정책의 연장선상에 있었다. 경제 활성화 및 실업률 감소를 위한 정부의 적극적인 역할을 역설했고, 사회적 약자들도 혜택을 받을 수 있는 건강보험개혁의 확대를 주장했다. 동성 결혼을 비롯해 사회에 존재하는 인종·종교적 소수집단들에 대한 배려도 잊지 않았으며, 중산층 보호를 위한 세수 축소도 공약으로 제시했다. 반면 공화당 롬니 후보의 경우 오바마 1기 행정부의 경제, 사회, 대외정책 전반에 걸친 국정운영을 '실패'로 평가하며, 이에 대한 대안으로 경기부양을 위한 시장의 역할을 강조하였고, 재정 지출 축소 및 건강보험에 대한 개인의 책임 및 선택권을 강조했다.

그러나 대외정책에 있어서 오바마 대통령과 롬니 후보는 극명한 정책적 차이를 보이지 않았다. 먼저 오바마 대통령의 경우 '세계와의 화해'를 주창하며 취임했던 만큼 미국의 일방주의를 지양하며 동맹국과의 협력을 강조한 기존 대외정책을 유지할 것을 공약으로 내세웠다. 오바마 대통령은 이라크전 종결과 오사마 빈 라덴 사살 등의 성과를 역설하며 테러리스트의 활동이 그 어느 때보다 약화되었다는 점을 강조하였고, 이를 바탕으로 이슬람국가들과의 관계 재설정이 필요하다는 점을 언급했다. 또한 차기 정부의 과제로 아시아로의 대외정책 중심축 이동을 강조하였다. 즉, 부시 행정부 이후 중동 지역에서의 대테러전쟁에 미국의 자원이 과도하게 투입되었고 또 이 지역에 집중하는 동안 나머지 세계 주요 지역, 특히 아시아의 약진을 허용했다고 역설하며, '아시아로의 회귀(Pivot to Asia)' 정책을 강조하였다. 이러한 대외정책에 있어 우선순위 국가의 변화는 미국 시민들이 인식하는 위협적인 국가들에 대한 여론조사결과와도 일치하는 점이다.

〈표 4〉 민주당과 공화당의 2012년 대통령선거 대외정책 공약 비교

주요 공약		민주당	공화당
대외 정책	대외정책 기조	▪ 강력한 군사력과 다자간 국제협 력을 바탕으로 한 미국의 안보확 립 및 세계평화 구축	▪ 미국 예외주의 및 강력한 군사력에 기반한 평화 유지(Peace through strength)
	동아시아 정책	▪ 중국과의 우호관계 유지 ▪ 동아시아 역내 문제 및 기후 변 화 등 초국가적 사안의 해결을 위한 중국과의 협력체제 강조 ▪ 대만에 대한 중국의 '하나의 중 국' 정책지지	▪ 중국의 민주화 및 시장경제체제 로의 진입 격려 ▪ 중국의 통화 및 무역 정책 재조정 요구 ▪ 아시아 동맹국과 관계 유지
	한미관계	▪ 동맹국으로서 우호 관계 유지	▪ 동맹국으로서 우호 관계 유지
	대북정책	▪ 북한의 비핵화 및 배핵확산 정책 고수	▪ 북한의 비핵화 정책 ▪ 북한내 인권상황 비판
	중동정책	▪ 이스라엘에 대한 안보공약 재확인 ▪ 역내 테러리즘, 해적행위 및 핵확 산 방지를 위한 협력 체제 유지	▪ '아랍의 봄' 민주화 환영 ▪ 이란의 핵개발 및 하마스, 헤즈 볼라 등 테러리스트 그룹의 상존 은 오바마 정부의 관여정책실패 의 결과
국내 정책	경제정책	▪ 공공분야 일자리 창출 등 실업률 해소를 위한 정부의 역할 강조	▪ 기업 규제완화 및 감세 등 기업 의 성장을 통한 경제성장과 일자 리 창출 등 시장의 역할 강조
	사회정책	▪ 건강보험개혁법 실시 및 직장 보험 확대 ▪ 불법이민자 수용을 위한 이민법 개혁 ▪ 동성 결혼 찬성	▪ 건강보험 가입은 개인의 책임 ▪ 불법이민 강경대응 ▪ 동성결혼 반대
	재정적자 해결	▪ 중산층 세금 축소, 부유층 세금 인상 ▪ 국방비 감축	▪ 연방정부 역할 축소 ▪ 정부지출 축소를 통한 재정적자 해소
	에너지 정책	▪ 석유 의존도 축소 ▪ 청정에너지 개발	▪ 국내 천연자원 개발·생산 확대

출처: 2012 Democratic platform(http://www.democrats.org/democratic-national-platform)
and Republican platform(http://www.gop.com/2012-republican-platform_home/)

〈표 5〉 미국에 위협으로 다가오는 국가들에 대한 인식 순위(%)

미국에게 가장 위협적인 국가는…	2008년 9월	2009년 11월	2011년 1월	2012년 1월
이란	21	21	12	28
중국	16	11	20	22
북한	6	10	18	8
이라크	13	14	8	7
아프가니스탄	5	14	10	5
러시아	14	2	2	2

출처: The Pew Research Center(2012)

〈표 5〉의 여론조사에 응답한 미국시민의 28%가 이란을 가장 위협적인 국가로, 그 다음으로는 중국(22%)을 꼽을 정도였다. 2012년 선거기간 당시 이란의 핵개발로 인한 서방의 경제제재 및 이스라엘의 이란 선제공격 가능성 논란으로 인해 이란이 위협국가로 인식되었다는 점에 반해, 위협 국가 2위에 오른 중국은 단순히 특정 안보현안으로 인해 부각되었다기보다는 경제, 군사력, 세계에서의 영향력 등 복합적인 측면에서 중국의 부상 자체가 미국 국민에게도 위협으로 인식되어지고 있다고 보인다.

반면 롬니 후보의 경우 지난 오바마 1기 정부 대외정책을 실패라고 규정하며, 지난 4년간 국제사회에서의 미국의 입지를 축소시켰다고 비난했다. 특히 롬니 후보는 오바마 대통령의 "사과 외교(Apology diplomacy)"에 대해 강하게 비난하며 오바마 대통령은 2009년 카이로에서의 연설을 통해 무슬림 국가들에 대해 사과하며 과거 부시 행정부의 잘못을 인정할 필요는 없었다고 역설한 바 있다(Baker and Cooper 2012). 이를 만회하기 위해 롬니 후보는 "강한 미국", "미국 예외주의"를 역설하며 국방력 강화를 통해 미국의 우월한 지위를 회복하겠다고 밝혔다. 이러한 국방력 강화 공약에 대해 오바마 대통령은 이미 재정절벽에 이르렀다고 할 정도로 재정적자가 심각한 상황이기 때문에 국방비 예산도 삭감의 대상이라고 반박했고, 이에 따라

2014년까지 아프가니스탄에 주둔하는 미군도 철수할 것이라고 강조했다.

대(對)아시아 정책, 특히 중국의 부상과 관련하여 두 후보 모두 4년 전과는 비교도 안 될 정도로 발전한 중국과 새로운 관계를 정립해야 한다는 점에 동의했다. 다만 오바마 대통령은 중국은 적이지만 건설적인 협력파트너도 될 수 있다며, 인권, 민주화, 통화정책, 수출금융 등의 문제에 있어 중국이 국제사회의 기준을 따르는 책임 있는 이해당사자(responsible stakeholder)로 행동할 경우, 기존의 협력관계를 보다 확대할 의향이 있다고 강조했다. 반면 롬니 후보는 강경한 대 중국 정책공약을 제시했다. 롬니 후보는 중국이 아시아 지역 헤게모니를 차지하려고 할 경우 엄청난 대가를 치르게 될 전략을 실행할 것이라 공약에서 밝혔고, 선거운동 당시 이미 "취임 첫날 중국을 환율 조작국으로 지정하겠다"고 공언한 만큼 중국에 대한 공격적인 정책을 제시한 바 있다.

그러나 두 후보는 세계무역정책에 있어서 유사한 태도를 보였다. 오바마는 2014년까지 수출을 2배 수준으로 늘리겠다는 공약을 내놓으며 한국 등과의 자유무역협정(FTA)을 추진했고, 또 현재 환태평양경제동반자협정(TPPA) 협상 역시 진행 중이라는 사실을 강조했다. 롬니 후보 역시 자유무역 협상에 관해 오바마의 현 정책에 적극적인 지지입장을 보인만큼, 두 후보 모두 공통적으로 자유무역에 대한 기조를 유지했다.

한반도 문제와 관련해서도 두 후보의 전략이 대동소이했다. 아시아의 주요 동맹국인 한국과 긴밀한 공조를 유지하며, 북한의 핵보유를 용인하지 않고, 북한의 도발에 보상을 하지 않는다는 원칙에 두 후보 모두 동의한 것이다. 다만 두 후보는 현재의 북핵 현안에 대한 대응의 수위에 있어 차이를 보였는데, 오바마 대통령의 경우 검증 가능한 비핵화 조치와 국제사회로부터의 고립 심화 가운데 하나를 선택하라고 북한을 압박하고 있고, 롬니의 경우 좀 더 강경하게 북한과 거래하는 민간기업과 은행에 제재를 가함으로써 북핵을 완전히 제거하겠다고 공언했다.

요컨대 대외정책 공약에 대한 양 후보의 입장은 커다란 차이를 보이지는 않았다. 국방력 강화나 중국, 이란, 북한에 대한 접근법의 총론에서는 유사한 입장을 보였으나 다만 접근법에 있어서의 강약의 차이만이 존재했다. 오바마 대통령 역시 이러한 점을 인식하고 세 번째 TV토론 당시 롬니 후보를 향해 "당신은 내가 하려는 공약을 똑같이 추구하고 있으며 다만 더 큰 소리로 외치고 있을 뿐이다(do the same things we do but say them louder)"라고 결론지었다. 롬니 후보의 경우 부시 행정부와 마찬가지로 힘의 우위에 바탕을 둔 국제질서를 정립하겠다고 주장했지만, 그로 인해 부시 행정부가 남긴 부정적인 유산에 대한 인식과 비판이 부재했다는 점에서 이러한 주장이 오히려 큰 약점으로 작용했을 것으로 보인다.

반면 집권 중인 오바마 대통령은 외교·국방 등의 대외정책에 관련해서는 롬니 후보보다 훨씬 더 유리할 수밖에 없었다. 롬니 후보는 대외정책 수립 경험이 없을 뿐만이 아니라 공식적으로 대외정책과 관련된 개인적 입장을 개진할 기회도 적었고, 국민에 의해 검증된 경험이 없었기 때문이다. 실제로 2012년 10월 22일 열렸던 미 대선 세 번째 TV 토론 당시 롬니 후보는 오바마 대통령의 일방적인 공세에 밀려 방어하기에 급급했으며, 군사력 증강 현안과 관련해서는 오바마 대통령이 오히려 자세히 강의를 해주기도 했다. 이렇게 현직 대통령의 유리한 위치를 반영한 듯 워싱턴 포스트와 ABC의 공동 여론조사 결과(2012.4.20) 미국 국민들은 대외정책에 있어서 오바마 대통령(53%)을 롬니 후보(36%)보다 더 선호하는 것으로 나타났다.

3. 대선에 대한 여론 평가

2012년 선거는 유례없는 박빙의 대결이었다. 오바마 대통령의 전국 득표 수는 총 6,261만 1,260표(51.43%), 미트 롬니 후보는 5,913만 4,475표(48.75%)를 기록하며 매우 작은 득표 차(margin)인 2.86%를 기록했다. 앞서 언급했듯 대외정책은 대선결과를 좌우할 정도의 큰 변수는 아니었으며, 다만 장기화되는 경기침체와 같은 국내문제에 대한 해법으로서 작은 정부, 개개인의 능력, 그리고 시장의 효율성을 강조한 롬니 후보와는 달리 국가의 책임과 다자적 해법, 그리고 국민들뿐만이 아니라 국제사회와 협력과 소통을 강조한 오바마 대통령의 리더십에 지지를 보내준 것으로 보인다.

대선 과정과 결과에 대한 여러 여론조사 결과에 따르면, 이번 2012년 대선은 정책현안에 대한 토론보다 예전보다 더 많은 네거티브 캠페인으로 인해 혼란스러운 양상을 보였으나 대체적으로 유권자들은 자신들의 선택에, 보다 구체적으로 오바마 대통령의 재선에 대해 만족한다는 결과를 보이고 있다. 다음의 〈표 6〉, 〈표 7〉은 2012년 미국 대통령선거에 대한 유권자들의 평가를 기록한 퓨 리서치센터의 여론조사 결과이다.[11]

〈표 7〉에서 보이듯 응답자의 56%에 이르는 유권자들은 오바마 대통령이 두 번째 임기 기간 동안에도 성공적으로 대통령직을 수행할 것이라 낙관하고 있다. 반면 응답자의 37%는 성공적이지 못할 것이라고 기대하며, 이러한

〈표 6〉 2012 선거 성적표(%)

내용	2008년 선거	2012년 선거
현안 토론		
예전보다 많았다	57	38
예전보다 적었다	34	51
네거티브 선거운동		
예전보다 많았다	54	68
예전보다 적었다	27	19
선거에서의 활동		
오바마	B+	C+
매케인/롬니	C+	C

출처: Pew Research Center(Nov. 8~11, 2012)

---

11) Andrew Kohut, Carroll Doherty, Michael Dimock and Scott Keeter, "Voters Pessimistic About Partisan Cooperation: Low Marks for the 2012 Election," The Pew Research Center Report, Nov. 15(2012).

〈표 7〉 오바마 대통령 2기 정부에 대한 기대(%)

	전체 유권자	공화당 지지 유권자	민주당 지지 유권자	무당파
오바마 2기 행정부				
성공적일 것이다	56	20	91	54
성공적이지 않을 것이다	37	73	4	38
둘 다 아니다	7	8	5	8
총합	100	100	100	100
오바마 1기 행정부				
성공적이었다	67	41	90	67
성공적이지 못했다	22	44	6	20
둘 다 아니다	11	15	4	13
총합	100	100	100	100

출처: Pew Research Center(Nov. 8~11, 2012)

부정적인 반응은 주로 공화당지지 유권자를 중심으로 나타나고 있다. 이러한 공화당 지지 유권자들의 평가는 지난 첫 번째 선거에서의 결과보다 악화된 측면이 있다. 지난 2008년 선거에서는 공화당 지지 유권자들의 41% 역시 오바마의 성공적인 국정운영을 예상한 반면, 이번 2012년 선거에서는 그로부터 21%나 낮아진 20%의 공화당지지 유권자만이 오바마의 성공적인 국정운영에 대한 기대를 모으고 있을 뿐이다. 이러한 양상은 무당파층 가운데에서도 나타나며, 2008년 선거 당시보다 13% 줄어든 54%의 무당파층만이 오바마 2기 행정부에 대한 지지를 보내고 있다. 그럼에도 불구하고 민주당 지지 유권자들의 충성도는 매우 높고 일관성을 보이고 있다. 지난 2008년에도, 또 이번 2012년 선거에서도 90%이르는 민주당 지지 유권자들은 오바마의 국정운영이 성공적일 것이라 예측하고 있다.

미국민들은 의회 내 초당적 협력이 지속될지에 대해서는 이전 선거보다 불확실한 답변을 하고 있다. 〈표 8〉에 따르면, 미국 유권자의 31%만이 의회 내 정당관계가 호전될 것이라 믿고 있는 반면, 공화당 지지 유권자를 중심으로 정당 협력에 대한 부정적인 예측을 내놓고 있다. 그러나 민주당 지지 유권자들 역시 협력적인 정당관계에 대해 10% 줄어든 예측을 내놓고 있다.

〈표 8〉의 결과는 미국 유권자들의 향후 정당관계에 대해 예측한 것에 불과하지만, 그럼에도 불구하고 여론조사 당시인 2012년 11월 시점까지의 정당관계에 대한 미국시민의 인식과 평가를 보여준다. 당파성에 따른 변동성에도 불구하고, 모든 유권자를 기준으로 볼 때 과반수를 넘는 유권자들이

〈표 8〉 향후 의회내 정당관계는 어떻게 발전될 것인가?[12](%)

	모든 유권자	공화당 지지 유권자	민주당 지지 유권자	무당파
2012년 11월				
더 나아질 것이다	31	16	47	29
더 나빠질 것이다	14	21	4	18
그대로일 것이다	52	60	46	50
모르겠다	3	3	3	3
2008년 11월				
더 나아질 것이다	37	17	57	34
더 나빠질 것이다	18	31	6	18
그대로일 것이다	42	49	34	44
모르겠다	3	3	3	4

출처: The Pew Research Center(2012)

---

12) Andrew Kohut, Carroll Doherty, Michael Dimock and Scott Keeter, "Voters Pessimistic About Partisan Cooperation: Low Marks for the 2012 Election," The Pew Research Center Report, Nov. 15. 2012.

현재 의회내 정당관계에 큰 변화는 없을 것이라고 평가하는 바, 현재 미국 의회에 존재하는 초당적 협력의 존재가 지속될 공산이 있다고 보인다.

IV. 미국 대선과 한미관계 고찰

1. 오바마 2기 행정부의 대외 전략 기조: 아시아로의 회귀

최근 오바마 독트린이라고 불리는 '아시아로의 회귀 정책(Pivot to Asia)'은 2012년 대통령선거 공약의 하나로서 제시된 전략은 아니다. 오바마 대통령은 이미 2011년 11월 17일 호주 의회에서의 연설을 통해 "미군 임무의 최우선 순위를 아시아·태평양 지역에 두겠다"며 미국의 세계 전략의 전환을 예고한 바 있다. 이와 더불어 클린턴 국무장관은 2011년 11월 "미국의 태평양 세기(America's Pacific Century)"라는 제목의 사설을 통해 보다 구체적으로 미국의 대(對)아시아 정책의 여섯 가지 원칙, 즉 1) 아시아 지역내 양자 동맹의 강화, 2) 중국을 포함한 새로이 부상하는 국가들과의 유대관계 강화, 3) 아세안을 비롯한 지역 다자기구와의 교류 및 참여확대, 4) 무역 및 투자 증대, 5) 광범위한 군사력 배치(Broad-based military presence), 6) 민주주의 확산 및 인권 향상 등을 제시했다(Clinton 2011). 요컨대 미국의 세계 전략의 중심이 유럽과 중동 지역으로부터 아시아로 이동한 것이며, 미국은 이를 위해 역내 주둔하고 있는 기존 군사력의 질적 향상을 도모할 것이라고 밝혔다. 지난 2011년 미국은 향후 10년간 전체 국방비에서 4,870억 달러를 감축하기로 결정하였지만, 아시아태평양지역에 대한 국방비는 제외되었다(유웅조 2012).

이와 같은 전략 변화에 대해 네 가지 원인을 짚어볼 수 있다. 첫째, 우선 안보환경의 변화와 그로인한 우선순위의 변화이다. 지난 10여 년 동안 미국이 힘을 쏟아온 테러와의 전쟁이 더 이상 미국에게 중요한 안보 우선순위가 아니라는 인식의 변화가 자리한다(신성호 2012, 2). 이라크에 주둔하고 있던 미군은 이미 2009년 철군했으며, 2014년에는 아프가니스탄에 주둔하고 있는 미군을 철수시킬 예정이다.

둘째, 오바마는 2008년 선거 당시 동북아시아에 대한 다음과 같은 공약을 제시한 바 있다.[13] 1) 미일동맹의 안정적 관계 유지, 2) 중국을 책임 있는 이해당사자(Responsible stakeholder)로 변모시키기 위한 미국의 관여정책(engagement), 3) 북핵문제 해결을 위한 양자접촉 등이 그것이다. 위에서 언급했듯 오바마 1기 정부가 중동에서의 전쟁을 마무리짓는 동안 아시아지역에 대해 소홀할 수밖에 없었던 측면도 있으나, 위에 언급된 공약들 역시 모두 예상치 못한 결과를 맞음으로써 아시아에 대한 오바마의 정책은 차례로 실패를 맛보았다. 우선 민주당, 사회민주당, 국민신당 간의 연합내각이었던 일본의 하토야마 유키오 내각은 2009년 취임한 후 집권 8개월 동안 '대등한 미일관계'를 주장하며 미국으로부터의 주체적 외교를 수행하려했고 동시에 후텐마 기지 이전문제로 갈등하게 되어 양국관계는 냉각상태에 빠질 수밖에 없었다. 중국에 대한 관여정책은 앞서 언급했듯 오히려 영토분쟁 및 핵군축 관련 현안 등에 있어 비협조적인 태도를 보였고, 과연 화평굴기의 노선을 유지할 것인가에 대한 미국의 의구심을 자아내게 했다. 마지막으로 미국은 북한에 대한 제재와 '전략적 인내' 전략을 지속하였으나 북핵문제 해결을 위한 6자회담은 진전이 없었다.

셋째, 아시아에서 미국이 점차 배제되어가는 움직임이 포착되었다. 과거 중국의 주룽지 총리는 이미 2000년 11월 중국-아세안(ASEAN) 정상회의에서 중국과 아세안 국가들 간의 자유무역협정을 포함한 경제협력 방안을 논의했으며, 2002년 중국-아세안 정상회의에서 중국은 아세안내 저개발국가인 라오스, 미얀마, 베트남 등의 국가에 대해 경제개발 지원을 약속하기에 이르렀다. 아세안 국가들은 당연히 이러한 중국의 제안을 환영할 수밖에 없

---

13) 2008년 오바마 후보의 공약집인 *Blueprint for Change*에서 참조.

었고, 관세 인하 및 아세안 회원국 내 양자 자유무역협정 체결을 단계적으로
시행한 결과 2010년 1월 중국과 아세안 간의 자유무역협정이 발효되었다.
이는 세계자유무역협정 가운데 최대 규모이다. 11개 참여국 인구는 19억
명에 달하며, 국내총생산(GDP)는 6조 달러, 역내교역규모는 4조 5천억 달
러에 이른다(정재화 2005). 결론적으로 미국은 미국이 배제된 채 중국을
중심으로 심화되고 있는 아시아의 경제적 상호의존에 대해 위협을 느낄 수
밖에 없었던 것으로 보인다. 또한 2005년 말레이시아는 아세안과 한국, 중
국, 일본 3국 간, 즉 아세안+3 형식의 '동아시아 정상회의(EAS: East Asia
Summit)' 창설을 제안했다. 이는 단순한 1회성 회담이 아니라, 동아시아 국
가들만의 정상회의, 궁극적으로는 동아시아 공동체를 만들려고 하는 시도였
다. 이는 미국이 2003년 이라크전 개전 이후로 중동 지역에 집중하고 있을
시기였기에, 미국으로서는 자신이 아시아에서 제외되는 상황에 당혹감을 감
출 수 없었다고 한다(김성한 2011).

넷째, 아시아 지역은 세계 경제의 원동력으로서 미국의 상업적 이익을 달
성하는 데 있어 중요한 거점으로 자리잡아가고 있다. 2011년 기준 동아시아
는 세계 국내총생산의 13%(9.3조 달러)를 생산해내고 있으며 아시아지역의
국내총생산량은 점진적으로 증가하고 있다. 특히 중국의 경우 지난 10년간
평균 경제성장률이 10%에 이르고 있다. 오랫동안 경기침체를 벗어나지 못
하고 있는 미국에게 아시아 지역은 새로운 무역시장 확보 및 투자를 통한
경제적 번영을 가져다 줄 수 있는 유일한 탈출구인 셈이다. 지난 2011년
체결된 한미 자유무역협정과 환태평양경제동반자협정(TPP) 체결은 이러한
맥락에서 이해될 수 있으며, 이와 같은 양자간 혹은 다자간 자유무역협정은
경제적으로 빠르게 성장하고 있는 아시아와 미국을 연결시켜주는 수단적 역
할을 할 것이다.

2. 중국의 부상과 미중 관계 현황

미국의 "아시아로의 회귀" 전략이 특정 국가를 지목하고 있지는 않으나, 이 전략으로 인해 최근 부상하고 있는 중국과 미국의 갈등은 불가피해 보인 다. 후진타오(胡錦濤) 주석이 집권해온 지난 10년 동안 중국은 G2, 즉 세계 주요 2개국의 하나로 손꼽힐 정도로 눈부신 성장을 이루었다. 관료 부패와 빈부격차, 그리고 국유기업들의 독과점 체제 등의 문제가 앞으로의 경제성 장에 걸림돌로 작용할 것이라는 예측에도 불구하고 중국은 지난 10년간 연 평균 10% 경제성장률을 기록하는 등 세계 2위 경제대국으로 우뚝 섰다. 2020년경에는 오히려 미국의 국내총생산 규모를 능가하여 세계 국내총생산 의 20%를 차지할 것이라는 예측도 나오고 있으며(Kaplan 2010), 더욱이 2008년 이후 중국은 미국의 최대 채권국이 되면서 미국의 경제 운용에도 입 김을 넣을 수 있는 위치에 오를 수 있게 되었다고 평가받고 있다(Submanian, 2011). 2010년 말 중국은 8,956억 달러의 미국의 연방채권을 보유하고 있 으며, 이는 당시 외국인이 보유한 2.8조 달러 규모의 채권 가운데 30% 이상 을 차지하고 있다. 이와 더불어 미-중 양국 간 양자무역의 규모에 있어서도 미국은 중국 총 수출물량의 20%를 수입하는 최대 소비국가가 되었으며 이 는 점차 증가일로에 있다. 요컨대, 중국과 미국의 경제는 점차 상호 의존이 심화되고 있는 상황인 것이다.

또한 이러한 경제성장을 기반으로 군사력 강화 및 우주개발도 본격화되 고 있다. 2011년 현재 국방비는 899억 달러로 지난 23년간 평균 10% 이상 증가해왔고, 2015년에는 2,350억 달러에 이를 것으로 예측되고 있다. 이는 미국을 제외한 북대서양조약기구 8개국의 국방예산을 합친 것보다 훨씬 큰 규모이다(신성호 2012, 3). 물론 종합 군사력에 있어서는 아직 미국의 군사 력에 뒤쳐지지만, 중국은 매년 10% 이상의 국방비 증가 속도를 보이는 반 면, 미국은 향후 10년간 10%의 국방비 감축을 발표한 바 있기에 양국의 국방력 증감 속도는 대조를 이루고 있다. 또한 중국의 첫 항공모함인 랴오 닝(遼寧)호도 실전 배치되어 대양진출의 발판을 만들었으며, 전략핵잠수함

3척, 일반잠수함 65척, 구축함 26척 등을 보유하는 등 해군력에 있어서는 이미 일본을 넘어섰다. 또한 지난 2003년 첫 유인우주선 발사에 이어 2012년 유인우주선 도킹 기술까지 확보함으로써 미국과 러시아에 이어 우주 강국으로 발돋움 하고 있다. 이와 같은 중국의 부상은 이미 경제력뿐만이 아니라 군사력에 있어서도 국제안보질서에 충분히 영향을 미칠 수 있을 만큼의 수준에 이르렀다는 분석이 최근 쏟아지고 있다. 중국 역시 2050년까지 조화세계 건설과 화평발전에 집중하고자 했으나 스스로의 경제발전 속도에 놀라고 있다고 한다.

미국과 중국의 갈등은 바로 이러한 측면에서 예측되고 있다. 즉 중국은 이제까지 국가발전이라는 목표를 달성하기 위해 등소평 시대 이래로 다음과 같은 전략을 순차적으로 제시해왔다(Bijian 2005). 즉 평화공존 5원칙(1954년), 자주독립외교(1982년), 신안보관(1997년), 그리고 화평발전론(2004년)이 이에 해당된다. 후진타오 주석 집권 이전 시기까지 중국은 국내문제해결과 경제발전에 우선순위를 두었기에 이에 유리한 안정적 대외환경을 조성하는 것이 필수적이라는 인식이 지배적이었다. 이에 따라 상호주권 존중과 내정불간섭 원칙을 강조하는 한편, 도광양회(韜光養晦) 전략에 따라 국력이 성장될 때까지 침묵하며 서방과의 전술적 차원에서의 협력을 추진하였다. 후진타오 지도부 집권에 이르러서야 중국은 경제발전으로부터의 자신감을 바탕으로 화평굴기의 노선을 채택하였고, 국제사회에서 책임 있는 강대국 역할을 자임하고자 했다. 하지만 중국이 점차 독자적인 목소리를 내기 시작하였고, 주변국과의 마찰이 잦아지자 과연 평화적인 굴기가 가능한 것인가라는 의문이 주변국 사이에 팽배해졌다.

공교롭게도 지난 2008년 금융위기를 거치며 미국경제가 타격을 받아 상대적으로 미국의 영향력이 약화되면서, 미국이 과연 세계적 리더십을 예전처럼 발휘할 수 있는가하는 의구심을 자아냈다. 시기적으로 중국의 부상과 미국의 쇠퇴가 겹쳐지며 이러한 의구심은 더욱 커져갔고, 반대로 중국은 그렇게 높아진 위상과 신장된 국력의 실체가 다양한 방식으로 외부로 표출되어 후진타오 시대를 지배했던 화평굴기 노선의 복잡한 실체를 관찰할 수 있었다. 예컨대 긍정적 실체로서의 2008년 베이징 올림픽의 성공적 개최를 들 수도 있겠으나, 부정적 실체로는 중국은 댜오위다오(센카쿠 열도)를 비롯한 영토분쟁에 대한 강경 대응을 들 수 있다. 이러한 강경대응이 과연 중국 노선의 대전환인지, 아니면 후발제인(後發制人)의 입장에서의 반사적인 반응인지는 명확하진 않다. 즉 문제는 '굴기'를 달성한 중국이 국제사회에서 과연 어떠한 역할과 국가이익을 추구하려 할 것인지에 대해서는 아직까지 불분명하다는 점이다. 즉 과연 중국이 이제까지 추구해온 화평굴기 노선을 포기하고 최근 중국내부에서 득세하고 있는 중화민족주의에 기반, 동아시아 역내 패권을 추구하려고 할 것인가, 아니면 중국이 미국의 바람대로 국제사회에서 책임 있는 이해당사자(responsible stakeholder)로 자리매김함으로써 현재의 국제질서에 순응할 것인지 불확실한 것이다.[14] 이에 관해 최근 집권한 시진핑 주석 체제의 중국이 어떠한 노선을 채택할지 명확하게 언급한 바가 없거니와, 이전 후진타오 주석 중심의 제4세대 지도부가 주창해온 화평굴기 노선이 과연 지속될지의 여부도 아직 알 수 없다.

그러나 전문가들은 원인은 다를지 몰라도 결과적으로 중국은 아시아에서의 지역패권 획득을 위해 노력할 것이라고 예측하며, 중국이 동아시아에서 미국의 영향력을 약화시키기 위해 단기적으로는 근역균형(Near-shore Balancing toward Regional Hegemony) 정책을 추구할 것이라는 의견(안병준 2012, 3), 역내 패권은 아니더라도 '아시아로의 회귀' 전략을 채택한 미국과 경쟁과 협력을 반복할 것이라는 의견(정재호 2012) 등을 내고 있다. 일례로 지난 2012년 11월 8일 중국 공산당 제18차 전국대표대회에서 발표한 공작보고(업무보고)에서 후진타오 중국 국가주석은 "어떤 외부압력에도 절대 굴복하지 않겠다"고 천명한 바 있다(동아일보, 2012.11.10). 과거 당대회와 비교해 단호함이 배어 있다고 평가받고 있으며, 지난 반세기 동안의

---

14) 중국이 경제발전으로 스스로 적극적인 대외정책을 추진한다기보다는 미국과 일본, 한국의 양자동맹 등 외부로부터의 위협이 증대되는 상황에서의 어쩔 수 없는 공격적 대응이었다는 주장도 존재한다(Ross 2012).

개혁개방 및 경제발전 성과를 바탕으로 시진핑 지도부의 중국은 좀 더 외교정책을 구사할 수 있음을 보여주었다.

요컨대 미국과 중국은 강력한 국력과 경제규모를 가진 국가로서, 두 나라의 이해관계가 다방면에서 마주칠 가능성이 높기 때문에 오바마 2기 행정부는 중국과의 관계재설정이 가장 중요한 당면 과제임에는 틀림없다. 문제는 이러한 중첩된 이해관계를 양국이 어떻게 인식하고 있고, 또 실제로 어떠한 방식으로 풀어나가고 있느냐일 것이다. 특히 경제규모가 큰 두 나라로서는 유럽 경제위기 해결에 힘을 모아야 할 것이며, 또한 에너지최대소비국으로서 두 나라는 안정적 에너지 공급 및 기후변화 문제 등에도 관여해야 하고, 이외에도 이제까지 협력해온 대테러협력, 국제범죄, 공적개발지원 등 여러 분야에 걸쳐 협력이 가능하며, 또한 필요한 시점이다. 이와 관련해 지난 오바마 1기 정부 동안 미국은 중국에 대해 상당히 유연하게 접근해왔으며, 2기 정부에서 역시 이러한 접근법을 유지할 것이라고 공언하고 있다. 즉 두 국가는 비록 정치·경제체제, 이념, 역사 발전경로 등에 있어서 공통점이 없을 정도로 매우 다른 것이 분명하지만, 다르다는 점이 양국관계를 정립하는 데 있어 꼭 부정적인 영향을 끼치는 것은 아니기 때문에 서로의 차이를 인정하며 그 속에서 협력할 수 있는 부분을 찾을 것이라고 오바마 정부는 주장한다.[15]

물론 미국 내에는 중국의 부상을 불편하게 바라보는 시각이 존재한다. 이러한 불편함은 대부분 중국 내 인권문제 및 혼란스러운 국내정치 상황에 대한 뚜렷한 해법 없이 중국 정부가 경제규모의 양적 성장만을 추구하여 현재의 위치에 이르렀다는 점에 기반하고 있다. 더욱이 이는 미국이 반세기 넘게 추구해온 자유주의적 국제주의와 대치된다는 점에서, 또한 이러한 불편함이 단순히 중국 국내문제로 국한되지 않고 국제적으로 확산될 가능성이

---

15) 오바마 1기 행정부에서 국무부 부장관을 지낸 제임스 스타인버그(James Steinberg)는 오바마 정부의 유연하며 실리위주의 대중정책이 오바마 2기 정부에도 지속될 것이라고 예측한 바 있다(조선일보, 2012년 11월 9일), p.A20.

있다는 점에서 더욱 주목을 받고 있으며, 이러한 시각이 형성되게 만든 원인은 중국이 제공했다고 미국은 주장한다. 예컨대 중국이 최근 대규모로 지원하는 아프리카 대외원조의 경우, 스스로를 개발도상국이라 규정하며 아프리카, 남미 지역 국가들과 조건(conditionality) 없는 남남협력을 추진함으로써 미국의 민주화확산과 워싱턴 컨센서스에 기반한 경제 재구조화(Restructuring) 정책을 희석시키고 있다.

또한 이미 미국은 영토분쟁 및 한반도 문제와 관련해 중국과 충돌한 바 있다. 이러한 중국에 대해 미국은 중국이 군사력 운용 원칙으로 반접근 및 지역 거부 전략(Anti-Access and Area Denial, A2AD)을 수행하고 있다고 판단하고 있다.16) 이 전략의 핵심은 잠재적 적국이 특정지역으로 군사력을 투사하거나 구역 내에서 작전을 수행하는 것을 억제할 수 있는 능력을 갖추는 것이다. 미국이 가진 또 하나의 우려는 바로 A2AD전략의 범위가 점진적으로 확대되고 있는 현재의 상황이다. 과거 중국 A2AD전략 범위는 대만 정도였다면, 최근에는 아프리카에서의 해적소탕작전에 파병하는 등 그 전략이 시행되는 영역이 세계적 차원으로 확대된 것이다(신성호 2012, 5). 미국은 이에 대한 대응전략으로 우선 아시아에 주둔하는 미 해군력을 증강시키려하고 있다. 이를 통해 먼저 중국의 해양진출을 선제적으로 방어하고 중국의 A2AD전략에 대항하기 위함이다. 동시에 아시아 주변국과의 협력을 통해 중국의 해양 진출을 견제하려는 목적을 가지고 있다. 또한 아시아 역내에서의 영향력 제고를 위해 호주, 태국, 미얀마와의 동맹을 강화하고 있으며, 베트남, 캄보디아, 말레이시아, 인도네시아 등 아세안 및 주요 동아시아 국가들과의 협력체계를 구축하고 있다. 이러한 협력체제에 대해 중국에 대한 미국의 봉쇄정책이 시행된다는 분석도 있고 중국에 대한 초승달 포위 전략이라는 주장, 아시아판 북대서양조약기구의 창설 등이라는 주장이 난무

---

16) U.S. Department of Defense, *Annual Report to Congress: Military and Security Developments Involving the People's Republic of China 2011* (Washington D.C.: Office of the Secretary of Defense, 2011), p.2.

하고 있으나, 미국의 아시아 전략은 궁극적으로 중국을 봉쇄하려하기보다는 앞서 언급한 다자적 감축이라는 측면에서 역시 이해될 수 있을 것이다. 또한 미국의 아시아로의 회귀 정책은 중국의 부상에 위협을 느끼는 아시아 국가들로부터 기인한 점도 있다. 전반적인 국방비 예산삭감으로 인해 점차 축소되는 미군 규모에 대해 아시아 국가들이 가지는 우려를 불식시켜주기 위해(Reassurance) 아시아로의 회귀 정책이 채택되었다는 것이다.

요컨대 원인이 어찌되었든 아시아에서의 미중 패권경쟁은 점차 수면위로 부상할 것으로 예측된다. 여기에 최근 동아시아지역으로 눈길을 돌리는 러시아까지 더해지면 동아시아는 치열한 패권경쟁을 경험할 것으로 보인다. 특히 중국이 화평굴기로부터의 탈피를 시도한다면, 중국은 미국과의 관계는 좀더 경직될 것으로 예측된다. 문제는 한반도의 지정학적 환경을 고려해볼 때 한국 역시 미중 갈등의 여파로부터 자유롭지 못하며, 이미 한반도 문제는 미중 갈등이 교차되는 하나의 단면을 보여주고 있다는 점이다. 그러므로 한반도의 안정은 협력적인 미중관계를 바탕으로만 가능할 것으로 보인다.

3. 오바마 2기 정부와 한미관계

오바마 1기 정부와 이명박 정부는 유례없이 돈독한 한미관계를 형성해왔다. 지난 2008년 한미양국은 한미동맹의 미래 비전으로 '21세기 전략동맹'에 합의한 바 있고, 2009년 6월 이명박 대통령의 미국 방문을 시작으로 형성된 양국 지도자간의 유대관계 역시 한미동맹을 군사동맹에서 포괄적 동반자관계로 격상시키는 데 합의한 〈한-미 공동비전 성명서(US-ROK Joint Vision Statement)〉 채택을 통해 더욱 돈독해졌다. 단순히 북한이라는 공동의 위협을 관리하기 위한 수단으로서의 한미동맹이 아닌, 한반도, 아시아, 그리고 더 나아가 세계적 현안에 대한 국가이익과 가치를 공유하며 이를 실현하기 위해 협력한다는 원칙에 합의하게 된 것이다. 이러한 합의는 그로부터 2년 후, 2011년 10월 미국 의회가 한미 자유무역협정(KORUS FTA:

Korea-US Free Trade Agreement)을 비준할 당시 이명박 대통령이 미국을 다시 한번 방문하여 정상회담을 가짐으로써 재확인할 수 있었다. 이후로도 한미 양국의 두 지도자는 한국이 개최한 G-20 정상회담, 핵안보정상회의 (Nuclear Security Summit) 등에서 조우함으로써 친분을 돈독히 했을 뿐만 아니라, 2010년 연평도 포격사건과 천안함 사건을 통해서도 양국 간의 이해 관계를 더욱 가깝게 조율할 수 있었다(Snyder 2012).

또한 오바마 1기 정부 동안 미국의 대일본, 중국 및 북한 정책이 만족스 러운 결과를 산출해내지 못한 반면 한국과의 관계는 상당한 진전을 이루었 고, 오바마 대통령은 2010년 캐나다 토론토에서 열린 G-20에서의 한미 정 상회담에 "한미동맹은 한미 양국의 안보뿐만이 아니라 태평양지역 전체 안 보를 위한 핵심(linchpin)이다"라고 언급할 만큼 한미동맹은 미국의 아시아 전략의 주요 요소로 자리잡았다(김성한 2012, 114). 반면 미일 관계는 후텐 마 기지 이전문제, 하토야마 내각의 동등한 동맹관계 요구로 인해 냉각되었 고, 동시에 일본 대지진과 원전사태 및 20여 년간의 경제침체로 인해 일본 내각은 국내문제에 치중하게 되었다. 반면, 상대적으로 국제사회와 한미동 맹에 있어 적극적인 역할을 담당하려고 하는 한국은 미국의 입장에서 더 효과적인 파트너로 인식되게 된 것이다.

미국 내에서 한국의 전략적 중요성에 대한 인식은 정책결정자들뿐만이 아니라 일반 미국 시민들 사이에서도 점차 높아지고 있다. 양국간의 돈독한 관계는 단순히 지도자간의 유대관계에 그치지 않고, 미국 시민들의 인식에 게도 영향을 주는 것으로 보인다. 시카고 협회(Chicago Council) 2012년 여론조사에 따르면, 한국이 세계에서 미치는 영향력의 정도는 10점 기준 4.4 점으로 조사되었으며, 향후 2020년까지 4.8점으로 증가될 것이라 응답 하고 있다. 일본의 경우 2012년 현재 6.1점이나, 이는 2002년 6.6점보다 줄어든 수치를 보이고 있다. 또한 북한의 남침할 경우 미국 시민들은 미국 이 단독으로(41%) 혹은 UN과 동맹국과 함께(64%) 한국을 도와야 한다고 응답하였고, 중국의 부상에 대응하기 위해 한국과의 동맹을 공고히 해야 한 다는 의견에도 응답자의 53%는 찬성했다. 또한 한국에서의 미군주둔에 대

해서도 2002년 이래 60% 이상의 응답자가 지속적으로 찬성의견을 보였는
데, 이는 미군의 일본주둔에 대한 반대의견(46%)이 점차 증가하는 성향과
대비되고 있다(Smeltz 2012).

〈그림 2〉에 나타나듯 한미관계에 대해 미국 시민이 생각하는 현안들의
우선순위는 역시 북핵문제 해결과 동아시아에서의 제해권 및 항해의 자유
보장이다. 이는 미국 정부가 추진하고자 하는 대한반도 정책의 우선순위와
유사하며, 북한을 포함한 아시아에서의 포괄적 위협에 대처하겠다는 미국의
전략과도 일치한다. 따라서 이러한 지도자 사이, 그리고 국민들 사이의 인식
변화를 바탕으로 한미동맹은 더욱 공고해질 전망이다. 오바마 2기 정부의
친한(親韓) 행보는 계속될 것이며, 더욱이 '아시아로의 회귀(Pivot to Asia)'
전략으로 인해 한미동맹의 전략적 중요성은 더욱 커질 것으로 예측된다.

한편 오바마 대통령의 재선으로 인해 북핵문제는 당분간 계속 표류할 것
으로 예측된다. 대선기간 동안 오바마 대통령은 북핵문제에 대해 강경한 발
언을 쏟아내곤 했는데, 예컨대 북한이 향후 비핵화 단계를 수용할 것이라는

〈그림 2〉 한미관계 현안에 대한 미국 유권자의 우선순위(%)

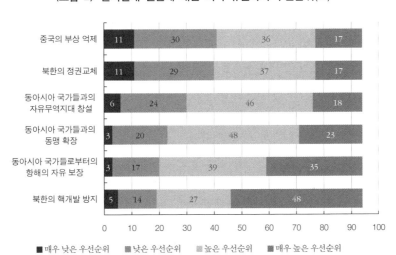

것을 입증하지 않으면, 미국과 국제사회로부터의 고립과 더불어 한층 강화된 제재조치를 감내해야 할 것이라고 언급한 바 있다(이승현 2012). 미국내 보수적 유권자들을 향한 전략적 발언이었을 수도 있으나, 미국의 북한에 대한 '전략적 인내' 전략은 원칙적으로는 계속될 것으로 보인다. 오바마 대통령은 2011년 4월 18일 대북제재와 관련해 새로운 행정명령(Executive Order)을 발효시켰는데, 이는 지난 북한에 대한 경제제재를 확인한 행정명령 13466호(2008년)와 13551호(2010년)의 실효성을 담보하기 위한 추가조치를 취한다는 내용을 담고 있다. 이로 인해 현재 북한산 물품이 미국 내 수입되고 있지는 않지만, 기존 행정명령의 부족했던 부분을 보완하는 측면에서 발효되었다. 이러한 점에서 볼 때 오바마 2기 정부 역시 북한에 대한 제재와 강압을 강화하면서 북한에 핵폐기의 진정성을 보이라는 압박을 가할 것으로 전망된다(문순보 2012).

한반도에 있어 또 다른 문제는, 만약 중국의 부상과 미국의 쇠퇴가 지속될 경우, 중국은 한국에 대해 한미동맹으로부터 점점 멀어지라는 압박을 가할 수 있다는 점이다(Brzezinski 2012). 예컨대 중국이 지지하는 남북통일과 한미동맹 축소를 교환해야 하는 상황에 직면할 수 있다는 것이며, 한국은 중국과 미국 사이에 선택을 해야 할 날이 올지도 모른다. 물론, 중국의 북한에 대한 입장은 예전과 다르다. 중국은 더 이상 북한과 실질적으로 정치이념을 공유하고 있지도 않으며, 양국 지도부 간 유대감도 매우 희박한 상태이다. 또한 북한으로부터 발생되는 경제적 이익이 중국 경제발전에 큰 부분을 차지하지도 않는다. 다만 중국의 안보는 한반도의 안정으로부터 가능하다는 점에서 중국은 북한과의 관계를 계속 유지할 것이며, 한반도 문제에도 어떠한 방식으로든 개입하게 될 것이라는 점은 변함없을 것이다.

요컨대 미국의 아시아로의 회귀 전략은 철저히 미국의 국가이익에 충실하다. 이러한 미국의 국가이익으로 인해 한반도를 둘러싼 갈등상황은 및 미중관계 재정립의 과정이 불가피해보이며, 지정학적으로 이러한 과정의 한가운데에 자리 잡고 있는 한국은 앞으로의 갈등으로부터 자유로울 수 없기에, 한국의 한반도와 동아시아에서의 이익을 지켜내기 위한 수단으로서, 외교적

자산으로서의 한미동맹을 좀 더 현명하게 관리할 필요가 있다. 미국의 대 (對)아시아 정책 축(Pivot)으로서 한미동맹은 기존의 한반도 군사도발 억지 및 대응이라는 역할로부터 동아시아 지역 안정 유지에 이르기까지 더 큰 역할이 요구되지만 동시에 2013년 이후 예정된 여러 가지 협상들—2013년 주한미군 분담금 협상, 2014년 원자력 협상, 또 2015년 전시작전통제권 전환 및 용산기지 이전 협상—등을 통해 인계철선의 논리에서 벗어나 보다 적극적이고 자율적인 동맹국으로 변모할 수 있는 기회가 다가올 것이기 때문이다. 이러한 상황에 대비하여, 특히 전작권 전환 이후 한미동맹의 구조와 역할을 어떻게 변화시킬 것인지에 대한 전략을 수립해야 할 것이다. 동시에 북한문제—정전협정의 평화협정 전환, 북핵문제, 남북 교류협력문제 등—에 있어도 역시 한국이 주도적 역할을 할 수 있도록 동맹 간의 논의가 필요할 것으로 보인다.

V. 결론

부시 정부의 유산을 기반으로 집권한 오바마 대통령은 지난 4년간 자유주의적 세계질서를 확립함과 동시에 미국의 리더십을 다시 일으켜 세우기 위해 고군분투해왔다. 이러한 과정에서 오바마 대통령은 실용주의적 대외전략을 통해 정권 전환의 과도기적 상태에서도 미국의 국가이익을 극대화하는 데 어느 정도 성공한 것으로 판단된다. 다자적 감축과 반격으로 요약되는 지난 1기 정부의 전략변화를 겪으며 오바마 대통령은 또한 강력한 군사력과 그에 대한 결의(resolve)가 없이는 미국의 소프트파워도 소용없다는 교훈도 얻은 것으로 보인다. 2012년 대통령선거에서 재선됨으로써 오바마 대통령은 앞으로 더욱 자유주의적 질서의 확립과 미국의 패권을 동시에 유지하기 위한 노력을 경주할 것으로 전망된다. 특히 핵을 비롯한 대량살상무기의 확산과 테러리스트들과 대량살상무기의 연결고리를 끊기 위해, 비민주국가 및 독재국가들에 대한 개발협력과 민주주의의 확산을 위한 대외정책이 2기 정부에서도 지속될 것으로 예측되며, 이러한 목적을 달성하기 위해서는 여전히 실용주의적 접근법을 채택할 것으로 예측된다.

또한 미국이 2011년 '아시아로의 회귀' 정책을 천명한 이후 미국 대외정책의 중심은 이제 중동이 아닌 아시아 지역이 될 것이 자명해졌다. 이로 인해 아시아에서 빠른 속도로 발전하고 있는 중국과의 마찰은 불가피해 보이며, 한국 역시 이러한 갈등상황으로부터 자유롭지 않을 것으로 예측된다. 하지만 아시아 동맹국인 한국의 위상은 점차 높아지고 있고 또한 앞으로 있을 한미 간의 협상들로 인해 한국은 현재의 위기 상황에 보다 주체적으로 대응할 수 있는 기회를 얻게 될 예정이다. 하지만 기회와 실제 능력은 다르기에, 앞으로 다가올 동아시아에서의 패권갈등에 대한 대비를 시작해야 할 것으로 보인다.

【참고문헌】

김성한. 2011. "미국 오바마 행정부의 아태정책: 아시아로의 귀환?"『국제관계연구』 Vol. 16, No. 2 서울: 일민국제관계연구원.

김재천·조화순. 2009. "미국 대선과 한미관계." 미국정치연구회 엮음. 『2008년 미국 대선을 말하다: 희망과 변화』. 서울: 오름 출판사.

신성호. 2012. "미국의 아시아 귀환과 동북아 정세." *Policy Brief*, No. 6. 서울: 일민 국제관계연구원.

_____. 2012. "변환에서 복합으로: 부시와 오바마 행정부의 외교개혁."『국제관계연 구』 17(2): 47-78.

안병준. 2012. "냉전종식 후 중국의 대 전략추구동향과 한반도의 미래."『학술원논문 집』 제51집 1호.

유웅조. 2012. "오바마 행정부의 '아태중심론'과 우리의 대응과제."『이슈와 논점』 국회입법조사처 제574호, 2012.12.5.

이승현. 2012. "오바마 제2기 행정부의 대북정책과 북미관계 전망."『이슈와 논점』 국회입법조사처 제557호, 2012.11.13.

정재화. 2005. "중-아세안 FTA의 주요내용과 평가." 서울: 무역연구소.

문순보. 2011. "임기후반 오바마 정부의 대북정책 변화전망."『정세와 정책』 2011년 5월호. 성남: 세종연구소.

Bijian, Zheng. 2005. "China's "Peaceful Rise" to Great Power Status." *Foreign Affairs*. September/October.

Brzezinski, Zbignew. 2012. *Strategic Vision: America and the Crisis of Global Power*. New York: Basic Books.

Chaudoin, Stephen. 2011. "The Contested State of U.S. Foreign Policy: Liberal Internationalism and American Politics." *H-Diplo/ISSF Roundtable Review*, Vol. II, No. 4.

Clinton, Hillary Rodham. 2010. "Leading Through Civilian Power." *Foreign Affairs,* November/December.

_____. 2011. "America's Pacific Century." *Foreign Policy,* November 2011.

CRS Report for Congress. 2007. "Diplomacy for the 21st Century:

Transformational Diplomacy." *Congressional Research Service*, August 23.

Drezner. 2011. "Does Obama Have a Grand Strategy?" *Foreign Affairs*, July/ August.

Ferguson, Niall. 2011. "Wanted: A Grand Strategy for America." *Newsweek*, February 13.

Froumoy, Michele, and Janine Davidson. 2012. "Obama's New Global Posture." *Foreign Affairs*, July/June.

Harbridge, Laurel. 2011. "Congressional Agenda Control and the decline of Bipartisan Cooperation." Paper prepared for presentation at the Joint Government/Public Economics Workshop. Cornell University, August 26.

Hirsh, Michael. 2011. "Obama: The No-Doctrine President." *The National Journal*, March 29.

Ikenberry, John. 2007. "Liberal Internationalism 3.0: America and the Dilemma of Liberal World Order." *Perspectives on Politics* 7(1): 71-87.

Indyk, Martin S., Kenneth G. Lieberthal, and Michael O'Hanron. 2012. "Scoring Obama's Foreign Policy." *Foreign Affairs*, Vol.91, No.3.

Indyk, Martin S., Kenneth G. Lieberthal, and Michale O'Hanron. 2012. "Five Myth about Obama's Foreign Policy." *The Brookings Institution,* March 29.

Kaplan, Robert D. 2010. *The Indian Ocean and the Future of American Power.* New York: RAndom House.

Kohut, Andrew, Carroll Doherty, and Michael Dimock. 2012. "Public Priorities: Deficit Rising, Terrorism Slipping." *The Pew Research Center*, January 23.

Kohut, Andrew, Carroll Doherty, Michael Dimock, and Scott Keeter. 2012a. "Obama: Weak Job Rating, But Positive Personal Image." *The Pew Research Center Report*, January 19.

_____. 2012b. "Voters Pessimistic About Partisan Cooperation: Low Marks for the 2012 Election." *The Pew Research Center Report*, Nov. 15.

Kupchan, Charles A., and Peter Trubowitz. 2007. "Dead Center: The Demise of Liberal Internationalism in the United States." *International Security*,

32(2): 7-44.

Lee, Lavina. 2011. "Beyond Symbolism? The U.S. Nuclear Disarmament Agenda and Its Implication for Chinese and Indian Nuclear Policy." *Foreign Policy Briefing*, No.91. CATO Institute.

Maria, Clara O'Donnell. 2012. "U.S. Foreign Policy After the Presidential Election." *The Brookings Institute*, October 2012.

Mearsheimer, John. 2011. "Imperial by Design." *The National Interest.* January 2011.

Nye, Joseph. 2012. "Obama Doctrine's First Term." *Korea Times*, June 17.

O'Hanron, Michael. 2012. "President Obama,: Reluctant Realist." *The Brookings Institution,* March 16.

Obama, Barack H. 2007. "Renewing American Leadership." *Foreign Affairs*, July/August.

Rice, Condoleezza. 2008. "Remarks on Transformational Diplomacy." *U.S. Department of State,* February 12.

Ross, Robert S. 2012. "The Problem with the Pivot." *Foreign Affairs*, Vol.91. NO.6, pp.70-82.

Smeltz, Dina. 2012. "Foreign Policy in the New Millenium: Results of the 2012 Chicago Council Survey of American Public Opinion and US Foreign Policy." *The Chicago Council on Global Affairs*.

Snyder, Jack, Robert Shapiro, and Yaeli Bloch-Elkon. 2008. "Free Hand Abroad, Divide and Rule at Home." *World Politics* 61(1):155-187.

Snyder, Scott. 2012. "American Support for the U.S.-ROK Alliance: Steady as She Goes." *Chicago Council Survey*, September 12.

Submanian, Arvind. 2011. *Eclipse: Living in the Shadow of China's Economic Dominance.* Washington D.C.: The Peterson Institute of International Economics.

U.S. Department of Defense. 2011. Annual Report to Congress: Military and Security Developments Involving the People's Republic of China 2011. Washington D.C.: Office of the Secretary of Defense.

Zakaria, Fareed. 2011. "There's No Obama Doctrine." *Washington Post*, July 7.

제12장

미국 대선 이슈 입장에 대한
한국 뉴스매체의 반응

박영환 | 영남대학교

I. 서론

2012년 미국 대선은 선거기간 동안에 펼쳐진 오바마, 롬니 간의 불꽃 튀는 접전과 달리 선거 결과는 오바마의 낙승으로 쉽게 끝이 났다. 선거인단 확보 경쟁에서 332 대 206으로 오바마가 노스캐롤라이나를 제외한 대부분의 경합주에서 롬니를 누르고 승리하였기 때문이다. 그러나 전체 득표율과 경합주에서의 득표율을 생각해본다면 이야기는 달라진다. 오바마의 전체득표율은 50.8퍼센트, 롬니는 47.5퍼센트로 두 후보 간의 격차가 겨우 3.3퍼센트이다. 경합주들의 선거 결과는 두 후보의 지지율 격차가 5퍼센트 이내에 결정되는 경우가 많았고, 플로리다에서는 불과 1퍼센트도 안 되는 차이로 오바마가 29표의 선거인단을 독식하였다. 사실상 이번 대선은 오바마와 롬니의 불꽃 튀는 경쟁으로 봐도 무방할 것 같다.

이런 관점은 선거 기간 내내 엎치락뒤치락 혼전을 거듭하던 두 후보 간의 지지율 싸움을 떠올려본다면 더욱 분명해진다. 민주 공화 양당의 대선 후보 선출을 위한 전당대회가 열린 8월 말과 9월 초 동안 오바마, 롬니 두 후보는 지지율 격차 1퍼센트 이내에서 서로 각축을 벌이며 예측불허의 대선판도를 예고하기 시작하였다. 그러다가 9월 11일 리비아 벵가지 미국 영사관 피습과 9월 17일 롬니의 "47% 발언"이 알려지면서 9월 중순부터 오바마는 롬니를 3~4퍼센트 차이로 줄곧 앞서 나가기 시작하면서 오바마의 지지세가 견고해보이는 듯했다. 그러나 10월 3일 치러진 1차 대선 후보 토론에서 롬니가 예상외로 선전을 하면서 다시 두 후보 간의 지지는 치열한 접전 양상을 보이며 대선 정국을 혼란 속으로 밀어 넣었다.

대선을 불과 12일 남겨둔 2012 10월 25일에는 Real Clear Politics(RCP)에 따르면 롬니 47.9퍼센트, 오바마 47퍼센트로서 롬니가 0.9퍼센트 차이로 역전하였다. 지지율과 달리 선거인단 확보에 있어서는 오바마가 롬니에 비해 한층 유리한 입장에 있었다. 10월 21일자 워싱턴포스트에 따르면 오바마가 롬니보다 48명이 많은 254 대 206으로 선거인단 확보를 예상 하였고, 뉴욕타임스는 237 대 206으로 오바마의 우세를 예상했다. 하지만 선거날짜가 점차 다가오면서 선거인단 확보의 경쟁에서도 롬니의 상승세가 두드러졌다. 10월 27일 RCP에 따르면, 두 후보 간에 확보된 선거인단은 각각 201 대 191로 그 차이가 불과 10명에 지나지 않았고, 승부는 146명이나 걸린 오하이오와 플로리다를 포함한 11개의 경합주에서 결정날 것이라고 RCP는 예상하였다.

미국 대선이 치열하게 접전을 벌이게 되자 미국 국내뿐만 아니라 세계의 모든 국가들의 이목은 매일 보도되는 뉴스매체의 두 후보에 대한 지지율 조사에 집중되었다. 이러한 현상은 세계에서 차지하는 미국의 위상과 그 영향력을 생각해볼 때 새삼 특별하지 않다. 2차 세계대전 이후 국제질서를 지배해왔던 냉전질서가 1990년대 초에 붕괴되면서 미국은 세계 유일의 초강대국으로 남았으며 앞으로 미국이 주도하는 새로운 세계질서에 세계 모든 국가들이 예의주시하고 있다. 이런 상황에서 향후 세계의 정치, 경제, 문화에 엄청난 파급을 미칠 차기 미국의 지도자 선출에 세계의 시선이 쏠리는 것은 놀라울 일이 아니다. 특히 한국의 경우 미국은 전통적인 우방으로서 한미동맹관계를 바탕으로 미국과 외교적·군사적·문화적으로 긴밀한 관계를 유지해오고 있다. 여기에다 최근 한미 FTA가 발효되면서 경제적으로도 두 나라 간의 상호의존이 심화되고 있는 상황에서 미국의 대선은 우리나라 대선 못지않게 많은 주목을 끌고 있다. 한반도와 동북아 국제정세에 불안정한 요소들인 북핵문제와 영토분쟁은 미국 대선에 대한 우리의 관심을 더욱 증폭시켰다.

이 글은 한반도 정세뿐만 아니라 세계질서에 엄청난 영향력을 행사할 차기 미국 대통령 선출에 대한 우리 언론의 보도내용과 태도에 주목한다. 우리 언론에 비친 오바마와 롬니의 이슈 입장은 무엇인지, 한국 언론들이 주로 관심을 가지는 이슈들은 무엇이고, 두 후보의 이슈 입장에 대한 언론의 논조나 보도방식은 어떤지를 분석한다. 마지막으로 선거기간 동안 한국 언론들의 뉴스보도 패턴과 이념성향별 언론들의 보도행태에 대해서도 살펴보고자 한다.

특히 미국 대선의 언론보도에 관심을 가지는 이유는 대중들에게 정보를 전달하는 언론의 역할 때문이다. 오늘날의 대중들은 제한적인 인지력과 정치적 지식의 부족으로 복잡한 정치세계의 이슈들을 잘 알지 못한다. 이런 상황에서 미디어는 정치 현실의 주요 이슈들을 결정하고 보도하는 수문장(gatekeeper)의 역할을 한다. 미디어의 정치적 정보를 전달하는 메커니즘으로서 여론을 연구하는 많은 정치학자들은 의제설정(agenda-setting), 프라이밍(priming), 프레이밍(framing)에 주목한다(Iyengar 1991; Iyengar and Kinder 2010). 미디어는 이러한 정보전달 메커니즘을 이용해 대중들의 정치적 이해와 선택에 필요한 정치적 정보 환경을 조성해나간다. 이런 점에서 미국 대선에 대한 한국 언론들의 보도 행태를 살펴보는 것은 의미 있는 일이라 할 수가 있다. 그 이유는 한국 언론이 미국의 대선 기간 동안 특정 이슈들을 부각시키고 후보들의 이슈에 대한 주요 입장을 특정 관점에서 보도를 함으로써 한국의 시민들은 그 이슈들을 이해하고 평가를 하는 데 도움을 받을 수 있기 때문이다. 따라서 한국 언론들이 미국 대선 보도에 어떤 행태를 취하느냐에 따라 한국 시민들의 미국 대선에 대한 이해는 많이 달라질 것이다.

이 글은 앞에서 밝힌 것처럼 한국 언론에 비친 미국 대선의 이해와 이것을 보도하는데 있어서 한국 언론의 보도 행태와 방식에 초점을 맞춘다. 후속 연구는 미국 대선의 주요 이슈들에 대한 한국 시민들의 평가와 오바마, 롬니 두 후보들에 대한 한국 시민들의 지지도를 이용하여 미국 대선을 보도하는 한국 언론의 의제설정 효과, 프라이밍 효과, 그리고 프레이밍 효과에 대한 분석을 기대해본다.

II. 오바마와 롬니의 이슈 입장

2012년 미국 대선에서 주요 현안으로 등장한 이슈들을 대상으로 오바마와 롬니의 주요 입장들을 먼저 검토한다. 경제, 복지, 대외정책, 사회, 정치 영역별로 이슈들을 세분화해서 두 후보의 입장 차이를 살펴본다.

1. 경제 이슈들

2012년 미국 대선에서 가장 중요한 이슈는 경제이다. 2008년 오바마가 대통령으로 당선된 이후 금융위기와 부동산 버블 붕괴로 중산층이 몰락하고 소득의 극단적인 양극화가 심화되고 있다. 2012년 10월 처음으로 실업률이 7퍼센트 대로 떨어졌다고는 하지만 여전히 중산층의 위기를 부르는 고용문제는 미국 경제에 골칫거리이다. 더 큰 문제는 오바마 집권 이후 사상 최대로 불어나는 국가부채가 미국 경제의 성장에 발목을 잡고 있는 현실이다.

대외문제에 있어서 오바마 정부는 큰 문제없이 선방을 하였다. 빈 라덴을 사살하고 이라크에서 미군 철수와 아프가니스탄에서 미군 철수 계획을 세우는 등 굵직한 국제현안들을 차질 없이 잘 처리한 것과는 대조적으로 위에서 열거한 경제문제들이 악화되면서 롬니를 비롯한 공화당 진영으로부터 경제문제가 전략적으로 미국 대선에 뜨거운 쟁점으로 부각되기 시작하였다.

이제 세부적인 경제이슈들에 대한 후보자들의 입장 차이를 살펴보자. 경제회복의 디딤돌이 될 감세의 범위를 놓고 두 후보는 대립을 보이고 있다. 오바마는 연소득 25만 달러 이하 중산층과 저소득층에 대한 감세 연장을 주장하면서 부유층 감세는 경제성장을 유도하기는커녕 재정적자만 확대시켰다고 주장한다. 반면 롬니는 감세 대상에 부유층도 포함시킬 것을 주장하며 특정 계층에게만 세금을 거두는 것은 경제기반 질서를 무너뜨리는 동시에 상위 계층에 해당하는 기업들에게 증세를 하면 일자리는 그만큼 줄어들 것이라고 경고한다.

재정적자에 대해서 오바마는 재정적자 감축 계획은 재정적자를 줄이기는커녕 오히려 늘릴 것이라고 이야기한다. 대신에 불어나는 재정적자에 대해서는 부유층에 대한 증세와 세금을 걷는 방식을 개선해서 메울 것이라고 주장한다. 반면 롬니는 2016년까지 미국 GDP의 20퍼센트까지 연방예산 지출을 줄이겠다고 공약했다. 롬니는 정부를 보다 효율적으로 만들고 불필요한 정부 프로그램을 줄임으로써 재정적자를 축소시킬 수 있다고 이야기하면서 막대한 재원이 들어가는 "오바마 건강보험" 폐지와 해외원조 삭감 등을 공약하였다.

일자리 창출과 관련하여 오바마는 교육제도 개선과 일자리 교육을 통해 일자리를 만들어내겠다고 공약했다. 그리고 법인세를 25퍼센트까지 낮추어 기업투자를 유도하여 일자리를 창출한다는 계획이다. 롬니는 1천200만 개의 일자리를 창출하겠다고 약속했다. 구체적으로 원유 추가 시추확대 등 규제완화를 통한 에너지 자립정책으로 400만 개의 일자리 창출을 제시했다. 또 중소기업 육성과 남미에 대한 무역확대, 기술강화, 균형예산, 기업에 대한 세제혜택을 통해 일자리를 만들 것이라고 약속했다.

2. 정치 및 건강보험, 복지 이슈들

민주당과 공화당 간의 감세, 재정지출, 국가부채, 복지논쟁 이면에는 기본적으로 연방정부의 역할을 바라보는 상이한 관점이 자리 잡고 있다. 민주당의 전통적인 철학대로 오바마는 연방정부가 개인들의 삶을 개선시키고, 사회 기간 토대를 구축하고, 기업의 성장을 도모하고 규제하는 데 중요한 역할을 하는 것으로 본다. 반면에 롬니는 공화당의 철학처럼, 작은 정부를 지향하고 정부규제를 최소화하는 자유시장 경제를 지지한다. 불필요한 정부개입은 오히려 기업과 개인들의 자유로운 경제활동에 부작용을 일으켜 경제를 위축시킨다는 것이다.

2010년 "오바마 건강보험개혁법"이 통과되고 2012년 8월 대법원이 "오바마 건강보험개혁법"에 대해 합헌판결을 내렸지만 여전히 건강보험을 포함한 의료보험, 복지문제는 11월 대선에서 뜨거운 이슈로 등장하고 있다. 오바마는 2014년부터 전 국민 의료보험시대를 공약하면서 연방 재정에 부담이 가더라도 저소득층·노년층의 혜택에 주안점을 두고 있다. 의료보험에 가입을 하지 않는 개인에게 벌금을 부과하고, 연방 보조금 지급을 매개로 주정부에게 저소득층과 노인층을 대상으로 한 메디케이드와 메디케어 확대를 추진하고 있다. 롬니는 "오바마 건강보험"이 전면 실시되면 메디케어에만 2020년까지 1조 달러의 비용이 추가 소요돼 미국 재정 적자를 더 악화시킬 것이라고 반박하면서 대통령 취임 첫날 이 법안을 폐지하겠다고 공약했다. 건강보험이 없는 무보험자들에 대해서는 연방정부가 아니라 주정부가 지원하고, 노년층 의료보험인 메디케어에 대해 '바우처' 제도를 도입해 정부가 주는 수표로 민간보험을 구입할 수 있도록 선택권을 주겠다는 입장이다. 롬니의 방식은 개인·민간보험회사에 선택권을 줌으로써 연방 재정 부담을 줄이는 쪽에 무게중심을 두고 있다.

3. 대외정책, 안보 이슈들

대외정책 역시 오바마와 롬니의 정책 차이를 잘 보여주는 이슈이다. 오바마는 미국의 대외정책을 수행하는 데 있어 전면전보다는 국제사회와 공동 대응, 경제적·군사적 제재, 평화유지군 활동을 선호한다. 반면에 롬니는 "강한 미국 건설"을 내세우면서 국제분쟁에 미국의 적극 개입 등 강력한 군사 안보 정책을 약속했다. 이란 핵 문제와 관련해서 오바마는 군사적 압박보다는 외교적 해법을 우선하고 있다. 이란산 원유 구입 국가들에 제재를 가하는 등 외곽을 봉쇄하는 방식으로 이란의 핵 포기를 유도하고 있다. 롬니는 이란 핵 문제에 대해 평화적인 해법과 동시에 군사적 제재도 고려하고 있다. 취임하면 동부 지중해와 페르시아만에 영구적인 항공모함 기동부대를 설치하겠다는 공약이 대표적이다. 이스라엘에 대한 접근법에서도 두 후보는 상반된 입장을 보인다. 오바마는 팔레스타인에 우호적인 태도를 보이며 평화협정 재개를 설득하는 데 주안점을 두고 있다. 반면 롬니는 이스라엘을 적극 끌어안으면서 중동의 평화는 강하고 안전한 이스라엘 정책에서 온다고 역설한다.

미국의 대 중국 정책과 관련해서 최근 들어 롬니 만큼은 아니지만 오바마도 강경태세를 취할 조짐이 엿보인다. 오바마는 중국은 미국의 경쟁국이자 협력국이라며, 중국이 미국과 공정한 경쟁을 벌이도록 하는 것이 중요하다고 강조했다. 그러나 지난 9월 중국의 불공정 무역 사례를 세계무역기구(WTO)에 제소한다는 계획을 발표하였다. 롬니는 오바마 정부가 중국을 충분히 압박하지 못하여 중국의 불공정 무역 관행을 눈감아 왔다고 주장한다. 롬니는 대통령에 당선되면 중국을 환율 조작국으로 지정하고 부당한 보조금에 관세를 부과할 것이라고 하였다.

오바마의 대북정책은 4년 전보다 훨씬 강경해졌다. 외교적 노력을 통해 북한의 비핵화를 달성하려고 했던 것에서 북한에 정면 대응하여 핵 폐기와 미사일 개발을 억제하는 것으로 유도한다는 것이다. 롬니의 대북정책은 오바마보다 더 강경하다. 북한 핵 프로그램에 대한 완전하고 검증 가능한 조

치와 그 폐기를 주장하며 이를 북한이 어길시 강력한 응징을 천명했다. 또
북한 주민의 인권에 대해서도 감시와 해결의 노력을 다짐했다. 주한미군 문
제와 관련하여 오바마는 북한의 도발을 막기 위하여 한반도에 강력한 미군
의 주둔을 유지할 것이라고 약속했다. 롬니는 한국과 강력한 동맹관계를 유
지하고, 북한의 도발을 억제하고 지역의 경제와 평화, 안정을 위하여 주한미
군의 주둔을 강력 지지한다고 하였다.

4. 사회 이슈들

이민문제와 관련하여 오바마는 불법이민자의 추방유예와 불법체류 청소
년 구제법안인 드림법안, 미국 내 불법체류자들 중 형사범죄자들을 제외하
고 거의 대부분을 구제하는 포괄이민개혁법안의 재추진을 약속했다. 반면
롬니는 불법이민자들에게 합법신분을 부여하는 사면에 반대하며 자진추방
과 합법이민의 개선을 주장하였다. 드림법안에 대해서는 미군 입대자에 한
해 영주권을 부여하겠다는 극히 제한적 입장을 고수했다. 또 미 국경지역에
새로운 울타리 건설도 추진할 계획이다. 낙태문제에 대해 오바마는 여성의
권리로서 낙태를 강력히 옹호한다. 또 피임의 경우 오바마는 건강보험개혁
법에 여성의 유방암 검사비용이나 피임 치료를 무료로 지원하도록 명시하였
다. 롬니의 낙태에 대한 입장은 초기의 강경입장에서 온건입장으로 변화를
보인다. 강경한 낙태 반대론을 펴왔던 롬니는 최근 낙태를 제한하는 법안을
제정할 계획은 없으나 연방정부 자금을 받는 비영리단체가 해외의 낙태를
지원하지 못하도록 하는 법안은 부활할 방침이다.

오바마는 동성결혼에 대해서도 전향적이다. 2012년 5월 동성결혼에 대한
공개적인 지지를 보였다. 반면 롬니는 동성결혼에 반대하며 헌법에 남자와
여자의 결혼을 정의하는 조항이 삽입되어야 한다는 입장으로서 이상적인 가
정은 아버지와 어머니가 함께 꾸려가는 가정이라고 이야기 하였다. 총기규
제문제에 대해 오바마와 롬니 모두 미온적인 태도를 보이지만 대체로 오바

마는 총기규제를 지지하며 반자동 총기류의 판매금지와 총기거래상에 대한 엄격한 책임성을 강조한다. 롬니는 법 개정을 통한 총기규제 강화에 대해 반대하고 있다.

에너지 문제는 요즘 들어 일자리 창출과 연계되어 미국 정부의 중요한 과제로 등장하고 있다. 석탄 사용이 감소하고 있는 상황에서 전력 수요 충당을 위해 천연가스 생산 증가와 신재생 에너지의 적극적 활용, 그리고 기후변화 등이 에너지 문제와 관련한 현안들이다. 오바마는 공중보건을 위해 유해물질과 이산화탄소 방출 억제를 추진하고 에너지 효율성과 신재생 전력 생산 투자 강화를 통해 일자리 창출을 약속했다. 반면에 롬니는 석유시추와 생산을 지속하여 일자리를 계속 만들고 유해물질과 이산화탄소 방출 규제에 대한 완화를 주장했다.

교육부문에 대해서 오바마는 교육에서 정부의 역할을 강조한다. 오바마는 고등교육 기회를 늘리기 위해 연방 학자금 보조 재원을 늘리고 학생들에 지나친 채무부담을 지우면서 영리를 추구하는 대학들에 대한 규제를 주장한다. 롬니는 민간교육의 역할을 강조하며 아이들을 가르치고 기술자를 양성하는 데 있어 민간부문의 참여가 중요하다고 주장한다. 또 롬니는 많은 아이들이 사립학교에 입학할 수 있도록 연방정부 보조금을 지원할 계획이다.

III. 한국 뉴스매체의 보도행태

이제 미국 대선후보자들의 이슈 입장에 대해 한국 언론들은 어떻게 보도하고 반응하는지 살펴볼 차례이다. 구체적으로 한국 언론들이 미국 대선에 대해 주로 다루었던 이슈들은 무엇인지, 그리고 후보자들의 정책적 입장을 보도하면서 보여주는 언론들의 논조와 태도는 무엇인지 알아본다. 또 선거 기간 동안 발생하는 주요 사건들이 한국 언론의 보도 행태에 어떻게 영향을 미치는지, 그리고 두 후보의 지지율이 한국 언론의 보도의 패턴에 어떻게 영향을 미치는지도 살펴본다. 마지막으로 이념성향별로 한국 언론들의 보도 행태는 어떻게 다른지도 밝혀볼 것이다. 위에서 열거한 내용들을 분석하기 전에 데이터 수집과 측정방법은 어떻게 이루어졌는지 먼저 검토해본다.

1. 데이터 수집과 측정방법

한국의 주요 일간지들의 오바마와 롬니에 대한 이슈 입장을 다룬 기사들을 대상으로 데이터 수집이 이루어졌다. 특히 미국 대선 관련 기사들을 선택하는 과정에서 엄격한 기준을 적용하였다. 오바마와 롬니의 이슈 입장에 대한 기술, 해석, 평가, 분석 이외의 대선 관련 기사들은 모두 분석대상에서 제외시켰다. 이를테면 선거기간 동안 두 후보들의 지지율 격차 관련 기사라든지 선거인단 확보 예상 분석, 후보자들의 개인적 특성이나 성격, 이미지, 말실수, 신변잡기 관련보도, 대선 이슈와 연관 있는 보도이지만 오바마와 롬니의 이름이 거론되지 않은 기사들 등은 모두 분석대상에서 제외시켰다.

'카인즈(Kinds)'라는 데이터베이스를 활용하여 이런 기사들을 수집하였는데, 수집기간은 2012년 8월 1일부터 대통령선거 전날인 11월 5일까지다. 특별히 8월 1일부터 수집기간을 설정한 이유는 대선 후보 선출을 위한 공화당과 민주당의 전당대회가 각각 8월 28일과 9월 4일에 열리면서 오바마와 롬니의 정책적 차이를 보도하는 언론의 기사들이 전당대회가 열리는 달을 중심으로 해서 증가되는 경향을 보였기 때문이다. 위와 같은 데이터 수집 기준과 측정방식을 토대로 총 89개의 기사를 수집하였다. 이제 한국 언론에서 주로 다룬 미국 대선 관련 이슈들은 무엇인지 살펴보자.

2. 어떤 이슈들이 보도되었는가?

2012년 8월 1일부터 11월 5일까지 한국 뉴스매체가 보도한 대선 관련 이슈들의 빈도가 〈그림 1〉에 나타나 있다. 한국 뉴스매체에서 제일 많이 다룬 이슈는 감세논쟁(증세논쟁)(29회)과 국가의 재정적자문제(26회)였다. 그 다음으로 일자리문제(22회), 대중국정책(21회), 건강보험(18회), 중동문제(18회) 순이었다. 이것을 이슈 분야별로 다시 나누어보면, 경제적 이슈들이 48퍼센트(103회)로 가장 많이 보도되었고, 다음으로 대외정책 관련 이슈들이 31퍼센트(85회), 정부의 역할과 건강보험, 의료보험, 복지정책을 다룬 이슈들이 16퍼센트(43회), 마지막으로 이민, 낙태, 동성결혼 등을 포함하는 사회 이슈들이 15퍼센트(42회)였다. 이러한 한국 뉴스매체의 이슈관련 보도는 이번 미국 대선이 경제문제를 주 전선으로 오바마와 롬니가 치열한 싸움을 전개하고 있는 사실과 무관하지 않다는 것을 보여준다.

〈그림 1〉 한국 뉴스매체의 이슈 관련 보도 빈도

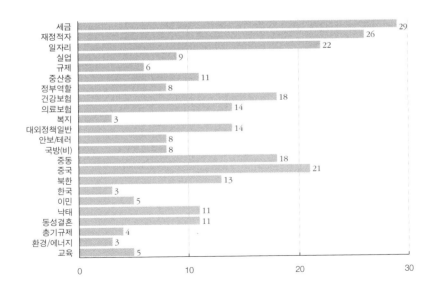

각 후보별로 어떤 이슈들을 한국 뉴스매체가 주로 다루었는지를 살펴보는 것도 흥미로울 것이다. 다음의 〈그림 2〉~〈그림 5〉는 오바마의 이슈별 입장을 다룬 한국 뉴스매체의 보도 빈도수를 보여준다. 세금(20회), 재정적자(16회), 일자리(16회), 대중국정책(18회) 중동문제(13회)에 대한 오바마의 입장을 한국 언론에서는 주로 다루었다. 눈에 띄는 것은 사회 이슈들 중 동성결혼에 대한 오바마의 입장을 한국 언론에서 비중 있게 다루었다는 점이다(29%). 이것은 지난 5월 오바마가 공개적으로 동성결혼에 대한 종전의 입장을 전향적으로 바꾸면서 선거기간 동안 한국 언론들에 집중적으로 노출된 결과라고 볼 수 있다. 그리고 건강보험이나 의료보험 등 복지 관련 이슈들이 의외로 적게 보도된 이유는 이와 같은 이슈들이 기본적으로 증세나 재정적자 문제들과 연관이 있기 때문에 감세나 국가부채 이슈가 상대적으로 더 많이 언론에 보도되었던 것으로 추측을 해본다.

〈그림 2〉 오바마의 경제적 이슈들에 대한 입장 뉴스보도 빈도

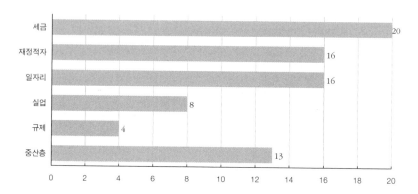

〈그림 3〉 오바마의 정치적 이슈, 건강보험 및 복지관련 이슈들에 대한 입장 뉴스보도 빈도

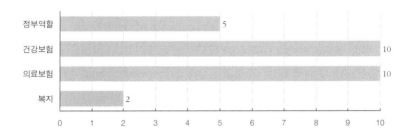

〈그림 4〉 오바마의 대외정책 관련 이슈들에 대한 입장 뉴스보도 빈도

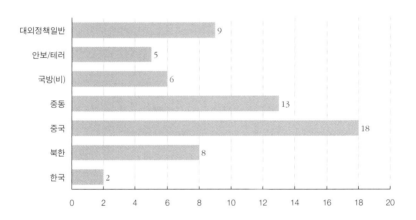

〈그림 5〉 오바마의 사회적 이슈들에 대한 입장 뉴스보도 빈도

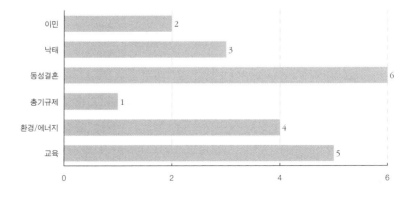

〈그림 6〉~〈그림 9〉는 롬니의 이슈별 입장을 다룬 한국 뉴스매체의 보도 빈도를 나타낸다. 오바마와 마찬가지로, 세금(25회), 재정적자(22회), 일자리(20회), 건강보험(15회), 의료보험(13회), 대중국정책(20회), 중동문제(17회) 등이 언론에서 주로 다룬 롬니의 이슈 입장들이다. 사회적 이슈들과 관련해서 낙태 문제에 대한 롬니의 입장을 한국 언론들은 비중 있게 다루었고 (32%), 동성결혼에 대한 롬니의 입장도 오바마와 대비시키면서 다루어졌다 (26%). 또 한 가지 주목해야 할 사실은 대외정책 관련 이슈들 중 남북한 문제에 대해 16퍼센트 대 18퍼센트로 오바마에 비해 롬니의 입장을 주로 한국 언론들은 많이 다루었다고 하는 사실이다.

〈그림 6〉 롬니의 경제적 이슈들에 대한 입장 뉴스보도 빈도

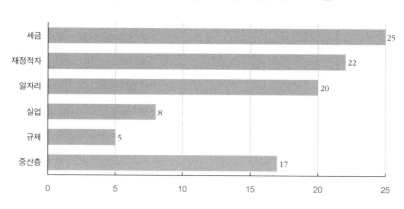

〈그림 7〉 롬니의 정치적 이슈, 건강보험 및 복지관련 이슈들에 대한 입장 뉴스보도 빈도

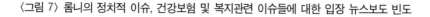
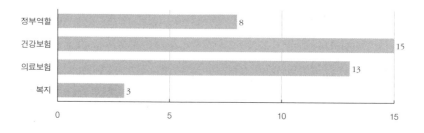

〈그림 8〉 롬니의 대외정책 관련 이슈들에 대한 입장 뉴스보도 빈도

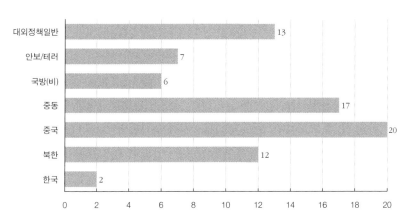

〈그림 9〉 롬니의 사회적 이슈들에 대한 입장 뉴스보도 빈도

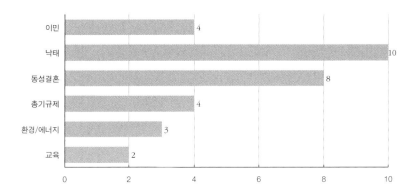

3. 어떻게 보도하는가?

다음으로 오바마와 롬니의 이슈 입장을 보도하는 한국 언론의 논조와 보도방식을 살펴볼 차례이다. 한국 뉴스매체들은 각 후보자들의 이슈 입장에 대해 얼마나 호의적 또는 부정적 논조를 가지고 보도하는가? 〈그림 10〉은

이 물음에 대한 답을 제공한다. 〈그림 10〉에 의하면, 오바마보다 롬니에 대해 뉴스매체의 호의적 또는 부정적 논조가 강하였다. 롬니에 대한 부정적, 호의적 논조의 빈도를 모두 합치면 약 53퍼센트에 달한다. 전반적으로 롬니에 대한 부정적 논조의 빈도가 전체에서 30퍼센트가 넘으며 오바마에 대한 긍정적인 논조의 빈도는 15퍼센트 정도이다. 롬니에 대한 긍정적 논조는 20퍼센트를 넘지만(23%) 오바마에 대한 부정적 논조는 2퍼센트가 채 안된다. 한편 두 후보에 대해 동시적으로 공정하게 다룬 논조의 빈도는 30퍼센트에 이른다. 이와 같이 롬니에 대한 긍정/부정적 논조의 빈도가 많은 이유는, 롬니의 경우 2012년 8월에 공화당 전당대회에서 대통령 후보로 공식 지명되면서 그의 정책입장과 관련한 장단점이 한국 언론에 노출되는 빈도가 재선에 출마하는 오바마에 비해 상대적으로 낮았고, 따라서 제한된 기간에 집중적으로 언론에서 조명되었기 때문이다.

오바마와 롬니의 이슈 입장을 보도하는 한국 뉴스매체의 보도 서술방식도 큰 관심거리이다. 이를 분석하기 위해 언론의 보도 서술방식을 이슈 입장에 대한 사실/기술적 방식과 평가/분석적 방식으로 나누어 보았다. 사실/기술적 방식은 어떤 이슈에 대한 후보자의 입장을 있는 그대로 서술한 것이

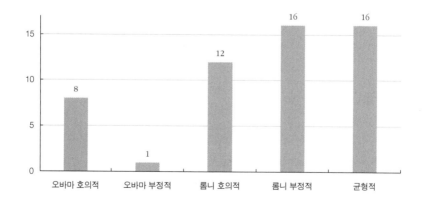

〈그림 10〉 오바마와 롬니에 대한 한국 뉴스매체의 호의적, 부정적 논조 빈도

다. 단순히 정보를 독자들에게 전달해주거나 정보에 대한 사실관계를 확인하는 방식으로 이해할 수 있다. 예를 들면, 2012년 9월 8일자 경향신문에서는 일자리, 에너지, 재정적자, 국방비용에 대한 오바마의 입장을 사실 그대로 보도하였다. 구체적으로 2016년까지 제조업 신규 일자리를 100만 개 창출한다든지, 2020년까지 천연가스 생산 증가를 통해 원유 수입을 절반으로 줄이겠다든지 등이다. 또 다른 예로, 10월 14일자 세계일보에서는 대중국정책에 대한 롬니의 입장을 사실/기술적 방식으로 보도하고 있다. 롬니는 중국이 무역에서 이득을 보려고 환율을 조작하고 있는데 오바마 정부가 방기하고 있다고 비판하면서, 자신이 당선이 되면 중국을 환율조작국으로 지정하겠다고 이야기하고 있다.

한편 평가/분석적 방식은 어떤 이슈에 대해 뉴스매체가 단순한 사실 묘사를 넘어 해당 이슈에 대한 구체적인 해석과 분석, 또 후보자의 해당 이슈 입장에 따른 파급효과 등을 중심으로 서술하는 방식이다. 더해서 후보자의 이슈 입장에 대한 뉴스매체의 자체 평가까지도 평가/분석적 방식에 포함된다. 예를 들어, 8월 21일자 동아일보에서는 대북정책에 대한 롬니의 입장을 상세히 설명하고 있다. 기사에 따르면 롬니의 대북정책에 대한 구체적인 해

〈그림 11〉 이슈들에 대한 한국 뉴스매체의 보도 서술방식

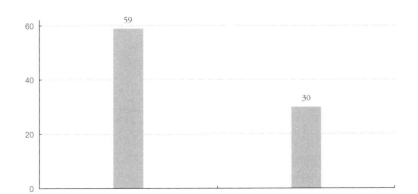

석과 함께, 롬니가 당선된다면 미국의 대북정책은 강경 기조로 변할 것이라고 분석하고 있다. 또 9월 4일자 문화일보에서는 동성결혼에 대한 오바마의 입장을 상세히 다루고 있다. 오바마의 동성결혼 공약이 미국 정치사에서 함의하는 바는 무엇인지 밝히고 있으며 이것이 미국 보수사회에 미칠 영향에 대해 분석하고 있다.

〈그림 11〉은 한국 뉴스매체에서 보도한 각 후보의 이슈 입장에 대한 서술방식을 보여준다. 총 횟수 59대 30으로 평가/분석적 서술방식이 사실/기술적 서술방식보다 거의 두 배가 많다. 따라서 우리는 한국 뉴스매체의 미국 대선관련 이슈보도는 단순 사실을 기술하는 것보다 분석과 평가, 파급효과를 설명하는 내용들을 많이 다루고 있다는 것을 알 수 있다.

각 후보별 이슈 입장에 대한 한국 뉴스매체의 보도 서술방식은 〈그림 12〉와 〈그림 13〉에 잘 나타나 있다. 〈그림 12〉와 〈그림 13〉에 따르면,

〈그림 12〉 오바마의 이슈 입장에 대한 한국 뉴스매체의 보도 서술방식

〈그림 13〉 롬니의 이슈 입장에 대한 한국 뉴스매체의 보도 서술방식

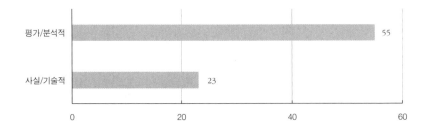

오바마와 롬니 모두 사실/기술적 서술방식보다 평가/분석적 서술방식이 많으며 특히 롬니의 경우 평가/분석적 서술방식의 빈도가 오바마에 비해 6퍼센트가 더 많은 71퍼센트에 이른다. 그 이유는 한국 뉴스매체의 호의적, 부정적 논조 빈도와 마찬가지로 롬니가 오바마에 비해 상대적으로 늦게 한국 언론에 노출되었으며, 따라서 선거기간 동안에 롬니의 정책 입장에 대한 분석적, 평가적 언론의 태도가 집중하였던 것으로 보인다.

마지막으로 한국 뉴스매체의 보도 서술방식별 이슈 빈도를 살펴보자. 〈그림 14〉에 따르면, 경제적 이슈들이 평가/분석적, 사실/기술적 서술방식에서 많이 다루어졌고 다음으로 대외정책 관련 이슈들, 정치·건강보험·복지 관련 이슈들, 사회적 이슈들 순이다. 그러나 구체적인 내용을 살펴보면 그 정도에 따라 약간 차이가 있다. 대외정책 관련이슈들은 사실/기술적 방식(31.8%)과 평가/분석적 방식(32.2%)에서 거의 대등하게 다루어졌고, 경제적 이슈들은 평가/분석적 방식(34%)보다 사실/기술적 방식(43%)으로 더 많이 다루어졌다. 반대로 사회적 이슈들과 정치·건강보험·복지 관련 이슈들은 사실/기술적 방식보다 평가/분석적 방식에서 더 많이 보도되었다.

〈그림 14〉 한국 뉴스매체의 보도 서술방식별 이슈 빈도

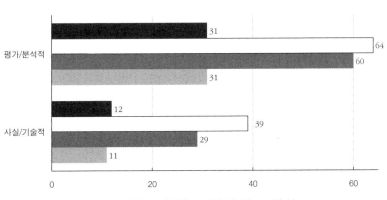

4. 뉴스보도에 일정한 패턴이 있는가?

선거기간 동안 주요 사건들과 각 후보들의 지지율은 한국의 뉴스매체가 후보자들의 이슈 입장을 보도하는 데 어떻게 영향을 미치는가? 먼저 선거기간 동안 주요 사건들과 뉴스매체의 호의적·부정적 논조와 보도 서술방식에 대해 알아보자. 선거기간(8월 1일~11월 5일) 동안 주요 사건들은 〈표 1〉에 나타나 있다. 롬니가 라이언을 부통령 후보로 지명한 직후인 8월 13일과 15일 사이 롬니의 이슈 입장에 대한 호의적, 부정적 논조가 눈에 띄게 증가하였다. 또 평가/분석적 보도 서술방식도 증가하였다. 공화당 전당대회를 즈음하여 롬니에 대한 호의적, 부정적 논조와 평가/분석적 서술방식이 증가하였다. 반대로 민주당 전당대회 직후에는 오바마에 대한 호의적 논조가 발견되었고, 오바마와 롬니를 동시에 비교하는 균형적인 논조도 발견되었다. 역시 오바마의 이슈 입장에 대한 집중조명이 이루어지는 평가/분석적 보도 서술방식도 눈에 띄게 증가되었다. 이슬람 무장 세력에 의한 리비아 벵가지 미영사관 피습 사태가 있은 9월 11일 이후로는 안보와 테러, 중동정책에

〈표 1〉 2012년 미국 대선 기간 중 주요 사건들

일자	주요 사건 내용
8.11.	롬니, 부통령 후보로 라이언 지명
8.28.~8.30.	공화당 전당대회
9.4.~9.6.	민주당 전당대회
9.11.	리비아 벵가지 미 영사관 피습
9.16.	오바마, 중국 정부를 WTO 제소 계획 발표
9.17.	롬니 '47%' 발언
10.3.	1차 TV 대선 토론회
10.16.	2차 TV 대선 토론회
10.22.	3차 TV 대선 토론회

대한 뉴스 보도가 증가하였다. 또 이 사태를 정치적으로 이용한 롬니에게는 오히려 부정적인 뉴스 논조가 눈에 띄었다.

오바마 대통령의 중국정부에 대한 세계무역기구(WTO)제소 계획 발표가 있었던 9월 16일 이후에는 대중국정책에 대한 각 후보들의 입장을 소개하는 평가/분석적 뉴스 보도 서술방식이 주를 이루었다. 롬니의 "47%" 발언 이후에는 롬니에 대한 부정적 보도 논조가 발견되었다. 10월 3일에 열렸던 1차 대선후보 TV 토론회 직후 10월 4일과 9일 사이에는 롬니에 우호적인 보도 논조가 현저히 증가하였는데 이것은 1차 TV 토론에서 롬니의 승리와 무관하지 않다고 볼 수 있다. 또 두 후보들의 이슈 입장에 대한 평가/분석적 보도 서술방식도 증가하였다. 마지막으로 10월 16일에 열린 2차 대선 후보 TV 토론회 직후 10월 17일과 21일 사이에는 두 후보들의 정책 입장에 대한 공정한 보도와 함께, 평가/분석적 보도 서술방식도 증가하였다.

두 후보 간의 지지율의 변동에 따른 한국 뉴스매체의 보도 반응도 흥미롭다. 대체로 롬니가 지지율을 회복하여 오바마와 치열한 지지율 싸움을 벌였던 공화당 전당대회 직후와 1차 대선후보 TV 토론 직후에는 롬니의 정책 입장에 대한 우호적인 뉴스보도와 평가/분석적인 보도 서술방식이 증가하는 경향을 보였다. 결론적으로 한국 뉴스매체의 미국 대선 후보자들의 이슈 입장에 대한 보도 패턴은 선거기간 동안의 주요 사건발생과 두 후보의 지지율에 민감하게 반응하면서 보도하는 경향을 보였다고 할 수 있다.

5. 이념성향별 언론들의 보도행태

뉴스매체들의 이념성향은 후보들의 이슈 입장에 대한 호의적 논조, 보도 서술방식, 그리고 기사화되는 이슈의 종류, 빈도와 관계가 있을 것이다. 〈그림 15〉는 이념성향별 한국 뉴스매체와 오바마, 롬니의 이슈 입장에 대한 호의적, 부정적 보도 논조의 관계를 보여주고 있다. 진보적 계열인 한겨레신문과 경향신문, 내일신문의 경우 보수적 후보자인 롬니의 이슈 입장에 대해

〈그림 15〉 이념성향별 한국 뉴스매체의 보도 논조

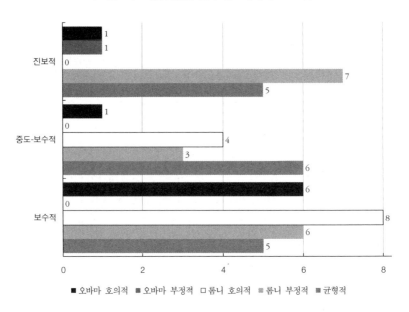

■ 오바마 호의적 ■ 오바마 부정적 □ 롬니 호의적 ▨ 롬니 부정적 ■ 균형적

부정적 성향의 논조를 보이고 있다. 반면 보수적 언론사인 동아일보, 문화일보, 세계일보, 국민일보는 롬니에 대해 호의적인 논조를 보였다. 중도-보수계열인 한국일보와 서울신문의 경우에는 오바마와 롬니에 대한 균형적 논조가 주를 이루는 보도 행태를 보였으며, 이런 공정한 논조를 보이려는 경향이 진보나 보수 계열의 신문사들보다 약간 더 높았다.

오바마, 롬니의 정책입장에 대한 이념성향별 한국 언론 보도 서술방식의 관계는 〈그림 16〉에 잘 나타나고 있다. 대체로 이념성향과 관계없이 한국의 뉴스매체는 두 후보의 이슈에 대한 입장을 평가/분석적 방식에서 서술하려고 하였으며 보수, 중도-보수, 진보 계열의 신문 순으로 그 빈도가 높았다.

마지막으로 오바마, 롬니의 이슈 입장에 대한 이념성향별 한국 뉴스매체의 보도 빈도를 살펴보자. 〈그림 17〉에 의하면, 진보성향 계열의 신문들은 주로 경제적 이슈들을 많이 다루었고, 중도-보수 계열의 신문들은 대외관계

이슈들을 가장 많이 다루었다. 보수 계열의 신문들 역시 경제적 이슈들을 많이 다루었으나 그에 못지않게 대외정책 관련 이슈들도 빈번히 보도하였다. 한 가지 흥미로운 사실은 진보적 계열의 신문들의 경우 다른 이념계열

〈그림 16〉 이념성향별 한국 뉴스매체의 보도 서술방식

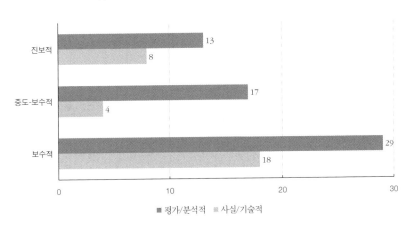

〈그림 17〉 이슈들에 대한 이념성향별 한국 뉴스매체의 보도 빈도

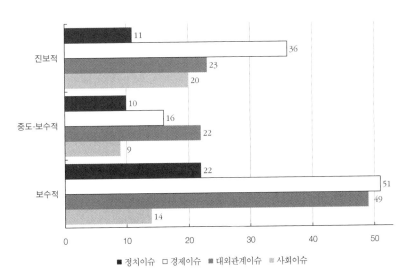

의 신문들보다 후보자들의 사회적 이슈 입장들(이민, 낙태, 동성결혼, 에너지, 교육 등)을 상대적으로 많이 다루었음을 알 수 있다.

IV. 결론

지금까지 2012년 미국 대선에서 주요 이슈들은 무엇이고 주요 후보들의 이슈 입장은 무엇인지 살펴보았다. 또 오바마와 롬니의 이슈 입장에 대한 한국 뉴스매체의 보도 반응을 여러 가지 분석 대상을 통해 살펴보았다.

구체적으로 한국 뉴스매체에 비친 두 후보자들의 이슈 입장과 보도빈도, 두 후보자들의 정책 입장에 대한 한국 뉴스매체의 보도 논조와 서술방식, 그리고 선거기간 동안 발생한 주요 사건들과 두 후보의 지지율 변화가 한국 뉴스매체의 보도 패턴에 미치는 관계, 마지막으로 이념성향별 한국 뉴스매체의 보도행태를 살펴보았다.

그 결과를 요약하면 2012년 미국 대선의 주요 전선이 경제적 문제를 중심으로 형성되는 것을 반영하듯 한국 언론들의 보도는 오바마와 롬니의 경제정책에 주로 초점을 맞추었다. 그리고 두 후보자들의 정책 입장을 보도하는데 있어서는 통찰력 있는 분석과 평가, 예상 파급효과 등을 심도 있게 다루었다. 또 대체로 오바마보다는 롬니에 대한 정책 입장을 호의적 또는 부정적으로 많이 다루었는데, 그 이유는 재선에 나서는 오바마에 비해 롬니의 정책들이 상대적으로 덜 알려진 탓이라 볼 수 있다. 선거기간 동안 발생한 주요 사건들과 두 후보들 간의 지지율 변동은 한국 언론들의 보도 패턴에 영향을 미쳤으며 이념성향에 따라 한국 뉴스매체의 보도 논조나 서술방식은 달랐다.

한국 뉴스매체의 미국 대선에 대한 보도 반응을 분석하면서 우리에게 시사하는 바가 무엇인지 살펴보는 것도 의미 있는 일이라 생각한다. 한국 대선에서 후보자들이 미국 대선의 주요 후보들처럼 상이한 가치와 이념에 입각하여 명확히 대비되는 정책대안들을 제시한다면 우리 언론의 보도 행태와 서술방식에 큰 변화가 있을 것이라 생각한다. 후보자들의 이런 노력들은 단순한 경마식 형태의 지지율 위주의 보도나 후보자의 개인적 실수나 흥밋거리의 기사에서 벗어나 선거를 정책분석의 장으로 몰아갈 유인들을 언론들에게 제공하게 될 것이다.

이미 앞에서 밝힌 것처럼, 정책영역별로 서로 다른 대안들을 소개하면서 한국 언론들은 특정 이슈에 대한 후보들의 주요 차이를 평가적, 분석적으로 소개할 것이고 주요 현안과 사건들을 보도함에 있어서 적극적이고 종합적으로 다루면서 유권자들의 알권리를 충족시키는 데 그 역할을 다할 것이다. 이런 점에서 우리나라 선거도 정책 중심으로 펼쳐지고 뉴스 매체들은 종합적이고 분석적인 정보를 유권자들에게 제공해줌으로써 경쟁하는 정책대안들을 선택하는 데 유용한 도움을 주는 언론의 역할을 기대해본다.

【참고문헌】

Iyengar, Shanto. 1991. *Is Anyone Responsible? How Television Frames Political Issues*. Chicago: The University of Chicago Press.

Iyengar, Shanto, and Donald R. Kinder. 2010. *News That Matters*. Chicago: The University of Chicago Press.

색인

집필진 소개(원고 게재 순)

▶ 김준석(Junseok KIM)
  - 동국대학교 정치외교학과 부교수, 뉴욕주립대 스토니브룩 정치학 박사

▶ 서현진(Hyun-Jin Seo)
  - 성신여자대학교 사회교육과 부교수, 퍼듀대학교 정치학 박사

▶ 류재성(Jae Sung Ryu)
  - 계명대학교 미국학과 조교수, 텍사스 오스틴주립대학 정치학 박사

▶ 유성진(Sung-jin Yoo)
  - 이화여자대학교 스크랜튼학부 교수, 뉴욕주립대 스토니브룩 정치학 박사

▶ 손병권(Byoung Kwon Sohn)
  - 중앙대학교 정치국제학과 교수, 미시간대학교 정치학 박사

▶ 정진민(Jin Min Chung)
  - 명지대학교 정치외교학과 교수, 미국 시러큐스대학 정치학 박사

▶ 장승진(Seung-Jin Jang)
  - 국민대학교 정치외교학과 조교수, 미국 컬럼비아대학교 정치학 박사

▷▶ 장혜영(Hyeyoung Chang)
  – 숙명여자대학교 글로벌서비스학부 초빙교수,
    미국 남가주대학교 정치학 박사

▷▶ 정수현(Soo Hyun Jung)
  – 숭실대학교 정치외교학과 강사, 플로리다주립대학교 정치학 박사

▷▶ 이소영(So Young Lee)
  – 대구대학교 국제관계학과 조교수, 텍사스대학교(오스틴) 정치학 박사

▷▶ 정회옥(Hoi ok Jeong)
  – 명지대학교 정치외교학과 조교수, 아이오와대학교 정치학 박사

▷▶ 정구연(Kuyoun Chung)
  – 한양대학교 정치외교학과 강의교수,
    캘리포니아 주립대 로스앤젤레스 캠퍼스 정치학 박사

▷▶ 박영환(Young Hwan Park)
  – 영남대학교 정치외교학과 강사, 앨라배마대 정치학 박사